Meyers Länderlexikon

für Kinder

Bibliografische Information der Deutschen Nationalbibliothek
Die Deutsche Nationalbibliothek verzeichnet diese Publikation in der Deutschen Nationalbibliografie; detaillierte bibliografische Daten sind im Internet über http://dnb.ddb.de abrufbar.

Redaktionelle Leitung Nina Schiefelbein
Redaktion Text und Bild CoLibris-Lektorat Dr. Barbara Welzel
Fachredaktion Ellen Astor
Text Liane Apel

Herstellerische Leitung Annette Aatz
Layout Horst Bachmann
Illustration Isabel Große Holtforth
Kartografische Leitung Jörg Radtke
Kartografische Bearbeitung IFB, Frank Brandl, www.ifb-brandl.de
Umschlaggestaltung Mischa Acker
Umschlagabbildungen
Bibliographisches Institut & F. A. Brockhaus AG, Mannheim: Flaggen und Karten
© CORBIS / Royalty-Free: Big Ben
Kessler-Medien, Saarbrücken: Pont du Gard
picture-alliance / Bildagentur Huber, Frankfurt am Main: Gebirge, Massai, Schüler
picture-alliance / Bildarchiv Okapia, Frankfurt am Main: Koalas
picture-alliance / dpa, Frankfurt am Main: Inuit, Karawane
picture-alliance / KNA, Frankfurt am Main: Junge an Tempel
picture-alliance / kpa photo archive, Frankfurt am Main: Uluru
picture-alliance / scanpix, Frankfurt am Main: Nilpferde
Satz Katrin Kleinschrot, Stuttgart
Druck und Bindung Offizin Andersen Nexö, Leipzig

Printed in Germany
ISBN 978-3-411-08881-2

Ganz herzlicher Dank geht an die Schülerinnen und Schüler der folgenden Klassen, die als Kritiker und Probeleser tolle Arbeit geleistet und uns damit sehr weitergeholfen haben:
Klasse 3a Grundschule Jettingen-Scheppach; Klasse 4b Grundschule Neu-Ulm Reutti;
Klasse 5a Kurpfalz-Gymnasium Schriesheim; Klasse 5b Gymnasium im GHZ Dinslaken;
Klasse 5 Heisenberg-Gymnasium Weinheim.

Meyers Länderlexikon

für Kinder

MEYERS

VORWORT

So findest du dich in deinem Länderlexikon zurecht

In diesem Buch wird jedes Land der Welt vorgestellt. Du erfährst etwas über den Alltag der Menschen, die dort leben, über die Tiere und die Natur, über die Kultur und die Geschichte. Wenn du möchtest, kannst du die Länder alle nacheinander wie auf einer **Weltreise** besuchen. Los gehts in Deutschland, von dort durch ganz Europa, Afrika, Asien und Australien über die vielen Inseln Ozeaniens bis nach Amerika. Auf den Bahamas ist unsere Reise zu Ende. Die ganze Reiseroute ist auf den Seiten 10 und 11 aufgezeichnet, sodass du sie mit dem Finger nachfahren kannst.

Bist du auf der Suche nach einem ganz bestimmten Land, kannst du im **Länderverzeichnis** auf den Seiten 7 bis 9 nachsehen. Dort sind alle Länder alphabetisch aufgelistet. Oder du schlägst im **Register** auf den Seiten 281 bis 288 nach. Hier sind außer den Ländern auch alle anderen wichtigen Begriffe, die im Buch vorkommen, verzeichnet. Besonders schwierige Begriffe sind im **Glossar** auf den Seiten 274 bis 280 erklärt.

Der Balken oben auf jeder Seite des Buches wechselt ein paarmal die Farbe und ist mit unterschiedlichen Tieren verziert. **Farbe** und **Tier** markieren den Kontinent, zu dem ein Land gehört. Europa ist blau, Afrika orange, Asien rot, Australien und Ozeanien violett und Amerika grün. Die Tiere werden jeweils auf der Einleitungsseite zum Kontinent vorgestellt. Auf dieser gibt es außerdem eine Übersichtskarte und eine Liste mit allen Ländern, die der Kontinent umfasst.

Zu manchen Ländern gibt es eine ganz besondere Zusatzseite. Aus der Zeitschrift GEOlino haben wir 25 Beiträge aus der Rubrik **„Menschenskinder“** ausgesucht. Sie erzählen eine ganz persönliche Geschichte von einem Kind aus dem jeweiligen Land. Stell dir doch mal vor, wie es wäre, wenn du dort leben würdest!

Im Anschluss an die Länderseiten findest du schließlich einige gelb unterlegte Seiten. Hier findest du spannende Informationen darüber, warum das Leben auf der Welt überhaupt so unterschiedlich ist. Dafür gibt es nämlich viele Gründe, zum Beispiel welches Klima in einem Land herrscht oder welche Regierung dort an der Macht ist.

Die Welt ist riesengroß und trotzdem steckt sie komplett in diesem Buch – und damit wünschen wir dir jetzt viel Spaß!

Auf dem **Globus** ist der jeweilige Kontinent rot hervorgehoben und die Lage des Landes durch einen Pfeil gekennzeichnet. So findest du das Land auch ganz einfach in der Karte auf der Einleitungsseite des Kontinents wieder.

In dieser **Liste** findest du zu jedem Land die Fläche, die Einwohnerzahl, die Hauptstadt, alle Amtssprachen und die Währung.

Zu jeder **Flagge** ist die Bedeutung der Farben und Symbole erklärt.

20 EUROPA

LUXEMBURG

FLÄCHE
2586 km²
EINWOHNER
451 600
HAUPTSTADT
Luxemburg
AMTSSPRACHEN
Französisch, Luxemburgisch, Deutsch
WÄHRUNG
1 Euro (EUR) = 100 Cent
FLAGGE

Die Flaggenfarben stammen aus dem Wappen des Luxemburger Großherzogs aus dem 13. Jahrhundert. Die Flagge ähnelt jener des Nachbarstaats Niederlande, mit dem Luxemburg bis 1890 verbunden war. Sie ist allerdings länger und das Blau etwas heller.

Von Betzdorf aus, einem kleinen Ort in Luxemburg, wird eine ganz spezielle Flotte kontrolliert. Allerdings sind es keine Schiffe, deren Bewegungen hier aufmerksam verfolgt werden, sondern Satelliten. Ins All geschossen, sorgen sie viele Kilometer über unseren Köpfen dafür, dass Radio- und Fernsehsignale in unsere Wohnzimmer kommen.

Zusammen mit Belgien (Be) und den Niederlanden (Nederland; Ne) bildet Luxemburg (Lux) die Beneluxländer. Luxemburg ist ein demokratisches Land, aber wie manche anderen europäischen Länder auch eine Monarchie. Das Staatsoberhaupt ist jedoch kein König, sondern ein Großherzog. Luxemburg ist ziemlich klein. Es grenzt im Süden an Frankreich, im Westen an Belgien und im Osten an Deutschland. Aus diesen Ländern kommen täglich viele Tausend Menschen nach Luxemburg, um dort zu arbeiten. Insgesamt ist es sogar fast die Hälfte aller, die in Luxemburg ihr Geld verdienen. Die meisten arbeiten bei den Einrichtungen der Europäischen Union oder den internationalen Banken, die hier ihren Sitz haben. Darum hört man in den Straßen auch viele verschiedene Sprachen und die Kinder lernen schon in der Schule die drei geläufigsten Fremdsprachen, die in Luxemburg gesprochen werden: Französisch, Deutsch und Englisch. Bis zur 9. Klasse werden im Schulunterricht die Landessprachen Luxemburgisch und Deutsch gesprochen. Französisch lernen die Kinder aber schon ab dem zweiten Schuljahr, und ab der zehnten Klasse wird dann oft der gesamte Unterricht auf Französisch gehalten.

In der Altstadt von Luxemburg gibt es ein einmaliges Netz von unterirdischen Hallen und Gängen. Sie werden Kasematten genannt und waren früher 23 km lang. Als sie vor etwa 400 Jahren gebaut wurden, dienten sie vor allem dazu, Menschen und Pferden bei Angriffen Schutz zu bieten. Aber auch Küchen und Räume zur Versorgung der Menschen hatten dort Platz. Heute kann man weite Teile der erhaltenen 17 km besichtigen. Am eindrucksvollsten sind die Bockkasematten unter der ehemaligen Burg und die Petrusstal-Kasematten, die fünf Stockwerke besitzen. Die Kasematten sind heute so eingerichtet, dass sie im Kriegsfall den Menschen als Unterkunft dienen könnten.

In der Hauptstadt Luxemburg gibt es eine Unterstadt, durch die der Fluss Alzette fließt, und eine Oberstadt, wo die Zugänge zu den Kasematten liegen.

Buurgplaatz 559 m
BELGIEN
DEUTSCHLAND
FRANKREICH
Ösling (Ardennen)
Vianden
Diekirch
Sauer
Echternach
Gutland
Alzette
Eisch
Grevenmacher
Mosel
LUXEMBURG
Esch an der Alzette
Düdelingen
0 10 20 km

SPRACHE

Hallo!

Luxemburgisch (Lëtzebuergesch)

Luxemburgisch ist die Nationalsprache der Luxemburger. Viele Wörter erinnern an die deutsche oder französische Sprache.

1 = eent
2 = zwee
3 = dräi
4 = véier
5 = fënnef

Hallo = Moien
Auf Wiedersehen = Äddi
Wie heißt du? = Wéi heeschs du?
Wie geht's? = Wéi geet et?
Danke = Merci
Bitte = Wann ech gelift
Entschuldigung = Entschëllegt

EUROPA 21

BELGIEN

FLÄCHE
30 528 km²
EINWOHNER
10,4 Mio.
HAUPTSTADT
Brüssel
AMTSSPRACHEN
Französisch, Niederländisch, Deutsch
WÄHRUNG
1 Euro (EUR) = 100 Cent
FLAGGE

Die Flaggenfarben verknüpfen die Wappenfarben der historischen Provinzen des Landes, also die von Brabant (Gelb-Schwarz), Flandern (Schwarz-Gelb) und Hennegau (Rot-Gelb).

In Brüssel, der Hauptstadt Belgiens, wird ziemlich viel Politik gemacht. Hier gibt es wichtige Einrichtungen der Europäischen Union wie etwa die Europäische Kommission, die Vorschläge für Gesetze macht, und den Rat der Europäischen Union, der diese Gesetze beschließt.

Nordsee
Knokke-Heist
Ostende
Brügge
Gent
Antwerpen
Flandern
Kortrijk
BRÜSSEL
Genk
Lüttich
Wallonien
Mons
Charleroi
Namur
Maas
Hohes Venn
694 m
Malmedy
Botrange
Ardennen
Bastogne
NIEDERLANDE
DEUTSCHLAND
LUXEMBURG
FRANKREICH
0 25 50 km

Die Europäische Union (abgekürzt EU) ist ein Zusammenschluss von mehr als 25 europäischen Ländern, die gemeinsame Ziele haben. Eines davon ist, den Frieden in Europa zu sichern. Zudem meinen die EU-Mitgliedstaaten, dass sie sich gemeinsam besser gegen mächtige Staaten wie die USA oder die aufstrebenden Staaten in Ost- und Südostasien behaupten können. In den letzten Jahren kamen deshalb auch immer mehr Länder zu dem Staatenverbund hinzu. Wer jedoch beitreten darf, wird immer genau geprüft. Die Länder müssen zum Beispiel die Menschenrechte einhalten, dürfen also nicht foltern oder die Menschen anderweitig schlecht behandeln.

In Brüssel gibt es aber nicht nur die großen Gebäude für die einzelnen Einrichtungen der EU, sondern beispielsweise auch das weltberühmte Atomium.

Das Atomium in Brüssel wurde als Zeichen für das Atomzeitalter und die friedliche Nutzung der Kernenergie gebaut.

Das Gebäude, das ein Eisenatom darstellt – aber 165 Milliarden Mal so groß, wie es in Wirklichkeit ist –, wurde 1958 gebaut. Dadurch wollte man anlässlich einer großen Ausstellung, der EXPO, zeigen, dass die Wissenschaft immer mehr über die kleinsten physikalischen Teilchen herausfindet. Mit seinen 110 m ist das Atomium ziemlich hoch. Es besteht aus neun Kugeln von jeweils 18 m Durchmesser, die durch lange Röhren miteinander verbunden sind. Über eine dieser Röhren gelangt man mit einem Aufzug in ein Restaurant, von dem aus man einen herrlichen Blick über die Stadt hat. In einem der schönen Altstadthäuser befindet sich das Comicmuseum. Denn Brüssel ist die Stadt des Comics. Hier entstanden so bekannte Figuren wie Tim und Struppi, Lucky Luke oder die Schlümpfe.

In Brüssel hört man die meisten Einheimischen Französisch sprechen, doch im Norden wird Flämisch – eine Variante des Niederländischen – und im Osten auch ein bisschen Deutsch gesprochen. Vor allem zwischen den ersten beiden Sprachgruppen – den französischsprachigen Wallonen und den flämischsprachigen Flandern – gibt es seit Jahrhunderten Streit, auch darüber, welche Sprache an den Schulen gelehrt werden soll. Früher war Belgien nämlich mal Teil von Frankreich, dann wieder Teil der Niederlande oder es regierte ein deutscher Kaiser über das Land. Und durch diese Zeit sind die Menschen noch immer ein wenig geprägt.

SOUVENIR

Pommes frites

Pommes frites – der Name kommt von den französischen Wörtern „pommes de terre" („Erdäpfel" = Kartoffeln) und „frites" (gebacken) – wurden schon vor über 300 Jahren in Belgien erfunden. Damals fingen vor allem die armen Leute Fische aus den Flüssen, um ihren Speisezettel zu erweitern. Dann frittierten sie ihren Fang in heißem Fett. Wenn die Gewässer zugefroren waren und es nicht möglich war zu angeln, schnitten die Einwohner Kartoffeln in Fischform und frittierten dann diese. Die schmackhafte Art, Kartoffeln zuzubereiten, verbreitete sich bald in ganz Europa.

Auf der Welt gibt es sehr viele **Sprachen**, die ganz anders klingen als Deutsch. Manche Sprachen werden auch in einer anderen Schrift geschrieben als in der lateinischen, die wir benutzen. Dann ist der Schriftzug für den Sprachennamen mit abgebildet.

Die **Landkarten** enthalten die Hauptstadt und weitere große Städte, wichtige Flüsse und Regionen, den höchsten Berg und alle angrenzenden Länder und Meere. Bei manchen Städten sind zwei Namen angegeben, der deutsche und der in der Landessprache.

Viele Dinge, die es bei uns gibt, stammen aus anderen Ländern. Irgendjemand hat sie – wie ein **Souvenir** – von dort mitgebracht. Manchmal merkt man das am ungewöhnlichen Namen, ganz oft ist uns aber gar nicht bewusst, dass diese Dinge nicht schon immer bei uns gab.

INHALT

Weltreise	10
Die Erde	12
Länderteil	14–259
Europa	14
Afrika	80
Asien	140
Australien und Ozeanien	198
Amerika	214
Arktis	256
Antarktis	257
Ozeane	258
Wer lebt wie auf der Welt?	260–273
Landschaft und Klima	260
Länder und Völker	262
Regierungsformen	264
Krieg	266
Wirtschaft und Arbeit	268
Religionen	270
Schule	272
Familie	273
Glossar	274
Register	281
Bildquellenverzeichnis	288

A

Afghanistan 164
- *Menschenskinder: Der Herr der Karten* 165

Ägypten 88
Albanien 58
Algerien 84
- *Menschenskinder: Vergessen in der Wüste* 85

Andorra 76
Angola 116
Antigua und Barbuda 250
Äquatorialguinea 110
Argentinien 239
Armenien 156
Aserbaidschan 158
Äthiopien 136
- *Menschenskinder: Gegen Aids mit Akrobatik* 137

Australien 200
- *Menschenskinder: Werkeln wie die Vorfahren* 203

B

Bahamas 255
Bahrain 145
Bangladesh 171
Barbados 248
Belgien 21
Belize 225
Benin 106
Bhutan 172
- *Menschenskinder: Ab ins Winterquartier* 173

Birma 190
- *Menschenskinder: Berufstraum Schneiderin* 191

Bolivien 237
Bosnien und Herzegowina 61
Botswana 121
Brasilien 243
- *Menschenskinder: Spielplatz auf dem Dach* 242

Brunei 195
Bulgarien 50
Burkina Faso 94
Burundi 131

C

Chile 236
China 175
Costa Rica 230

D

Dänemark 29
Demokratische Republik Kongo 114
- *Menschenskinder: Zuflucht am See* 115

Deutschland 16
- *Menschenskinder: Abgucken? Keine Chance!* 19

Djibouti 139
Dominica 249
Dominikanische Republik 251

E

Ecuador 233
El Salvador 227
Elfenbeinküste 103
Eritrea 138
Estland 33

F

Fidschi 207
Finnland 32
Frankreich 72
- *Menschenskinder: Cowboys in der Camargue* 75

G

Gabun 111
Gambia 99
Georgien 157
Ghana 104
Grenada 247
Griechenland 55
Großbritannien und Nordirland 23
Guatemala 226
Guinea 100
Guinea-Bissau 100
Guyana 245

H

Haiti 252
Honduras 228

I

Indien 167
Indonesien 196
Irak 154
Iran 155

Irland 26
Island 27
Israel 149
• *Menschenskinder: Foto für den Frieden* 151
Italien 68

J

Jamaika 253
Japan 183
• *Menschenskinder: Wer schreibt am schönsten?* 182
Jemen 142
Jordanien 148

K

Kambodscha 188
Kamerun 108
• *Menschenskinder: Ein Nilpferd als Fähre* 109
Kanada 216
Kap Verde 99
Kasachstan 161
Katar 145
Kenia 134
Kirgistan 163
• *Menschenskinder: Ein Steppke aus der Steppe* 162
Kiribati 206
Kolumbien 232
Komoren 129
Kongo → Demokratische Republik Kongo oder Republik Kongo
Korea → Nord-Korea oder Süd-Korea
Kroatien 62
Kuba 254
Kuwait 146

L

Laos 189
Lesotho 120
Lettland 34
Libanon 152
Liberia 102
Libyen 87
Liechtenstein 66
Litauen 35
Luxemburg 20

M

Madagaskar 126
• *Menschenskinder: Kleine Fischer auf Segeltour* 127
Makedonien 57
Malawi 124
Malaysia 194
Malediven 169
Mali 95
Malta 71
Marokko 82
• *Menschenskinder: Gefährliche Reise* 83
Marshallinseln 213
Mauretanien 96
• *Menschenskinder: Ein Schutzwall gegen die Verwüstung* 97
Mauritius 128
Mexiko 223
• *Menschenskinder: Wühlen im Kaffee* 222
Mikronesien 212
Moçambique 125
Moldawien 43
Monaco 72
Mongolei 179
Montenegro 59
Myanmar → Birma

N

Namibia 117
Nauru 213
Nepal 174
Neuseeland 204
Nicaragua 229
Niederlande 22
Niger 92
• *Menschenskinder: Die einzige Hoffnung* 93
Nigeria 107
Nord-Korea 180
Norwegen 28

O

Oman 143
Österreich 64
Osttimor 197

P

Pakistan 166
Palau 212
Panama 231
Papua-Neuguinea 210
- *Menschenskinder: Auf den Spuren der Ahnen* 211
Paraguay 238
Peru 235
- *Menschenskinder: Chance am Backofen* 234
Philippinen 186
Polen 44
Portugal 79

R

Republik Kongo 112
Ruanda 132
Rumänien 49
Russland 37
- *Menschenskinder: Jäger in der Kälte* 41

S

Saint Kitts und Nevis 250
Saint Lucia 249
Saint Vincent und die Grenadinen 248
Salomoninseln 208
- *Menschenskinder: Spielplatz unter Wasser* 209
Sambia 123
Samoa 205
San Marino 70
São Tomé und Príncipe 110
Saudi-Arabien 147
Schweden 30
Schweiz 66
Senegal 98
Serbien 60
Seychellen 129
Sierra Leone 101
Simbabwe 122
Singapur 195
Slowakische Republik 47
Slowenien 63
Somalia 135
Spanien 76
Sri Lanka 170
Südafrika 118
Sudan 90
Süd-Korea 181
Suriname 245
Swasiland 120
Syrien 153

T

Tadschikistan 163
Taiwan 185
Tansania 130
Thailand 192
- *Menschenskinder: Geschoren für den Glauben* 193
Togo 105
Tonga 205
Trinidad und Tobago 247
Tschad 91
Tschechische Republik 46
Tunesien 86
Türkei 51
- *Menschenskinder: Von Kontinent zu Kontinent* 53
Turkmenistan 159
Tuvalu 206

U

Uganda 133
Ukraine 42
Ungarn 48
Uruguay 241
USA → Vereinigte Staaten von Amerika
Usbekistan 160

V

Vanuatu 208
Vatikanstadt 70
Venezuela 246
Vereinigte Arabische Emirate 144
Vereinigte Staaten von Amerika 218
Vietnam 187

W

Weißrussland 36

Z

Zentralafrikanische Republik 113
Zypern 54

Grönland
(dänisch)
Baffinmeer
Beaufortsee
Victoria Island
Baffin Island
Davisstraße
Dänemarkstraße
Jan Mayen
(norw.)
ISLAND
Färöer
(dän.)
IRLAND
FRANK
PORTUGAL
Tschuktschensee
USSLAND
Beringstraße
Alaska
(zu USA)
KANADA
Hudson Bay
Golf von Alaska
Beringmeer
Aleuten
Neufundland
ATLANTISCHER
VEREINIGTE STAATEN VON AMERIKA (USA)
Azoren
(port.)
Bermudainseln
(brit.)
Kanarische Inseln
(span.)
MAROKKO
Westsahara
MAURETANIEN
BAHAMAS
Golf von Mexiko
MEXIKO
KUBA
HAITI
DOMINIKANISCHE REPUBLIK
SAINT KITTS UND NEVIS
ANTIGUA UND BARBUDA
JAMAIKA
BELIZE
HONDURAS
GUATEMALA
EL SALVADOR
NICARAGUA
COSTA RICA
PANAMA
Karibik
DOMINICA
SAINT LUCIA
BARBADOS
GRENADA
SAINT VINCENT UND DIE GRENADINEN
TRINIDAD UND TOBAGO
KAP VERDE
SENEGAL
GAMBIA
GUINEA-BISSAU
GUINEA
SIERRA LEONE
LIBERIA
ELFENBEINKÜSTE
Hawaii-Inseln
(USA)
I. d. Guadalupe
(mex.)
MARSHALL-INSELN
PAZIFISCHER
VENEZUELA
GUYANA
SURINAME
Französisch-Guayana
KOLUMBIEN
ECUADOR
Galapagosinseln
(ec.)
São Paulo
(bras.)
KIRIBATI
TUVALU
Tokelauinseln
(neus.)
Marquesasinseln
Wallis u. Futuna
(franz.)
SAMOA
VANUATU
TONGA
FIDSCHI
Niue
(neus.)
Gesellschaftsinseln
Tuamotuinseln
Polynesien
Französisch-Polynesien
Cookinseln
(neus.)
OZEAN
PERU
BRASILIEN
Ascencion
(brit.)
OZEAN
St. Helena
(brit.)
BOLIVIEN
PARAGUAY
Trinidade
(bras.)
Pitcairn
(brit.)
Osterinsel
(chil.)
CHILE
URUGUAY
ARGENTINIEN
Tristan da Cunha
(brit.)
Nordinsel
NEUSEELAND
Südinsel
Falklandinseln
(brit.)
Südgeorgien
(brit.)
Süd-Sandwich-Inseln
(brit.)
Süd-Orkney-Inseln
(brit.)
Süd-Shetland-Inseln
(brit.)
0 1000 2000 3000 4000 5000 6000 km
Südpola

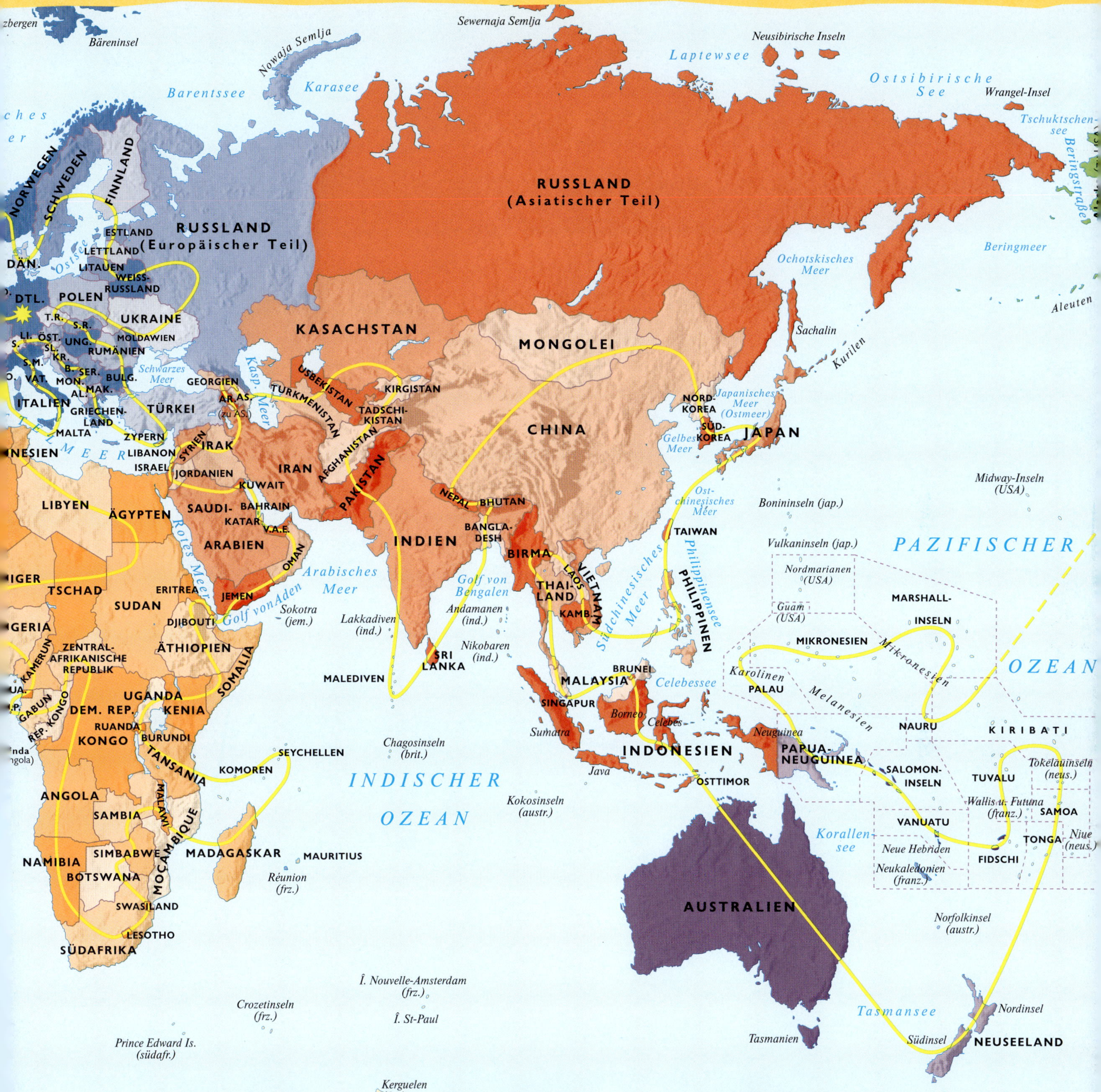

AL.	ALBANIEN	KAMB.	KAMBODSCHA	S.	SCHWEIZ
A.	ANDORRA	KR.	KROATIEN	SER.	SERBIEN
ÄQUA.	ÄQUATORIALGUINEA	LI.	LIECHTENSTEIN	S.R.	SLOWAKISCHE REPUBLIK
AR.	ARMENIEN	MAK.	MAKEDONIEN	SL.	SLOWENIEN
AS.	ASERBAIDSCHAN	MO.	MONACO	T.R.	TSCHECHISCHE REPUBLIK
BE.	BELGIEN	MON.	MONTENEGRO	UNG.	UNGARN
B.	BOSNIEN UND HERZEGOWINA	NIED.	NIEDERLANDE	VAT.	VATIKANSTADT
BULG.	BULGARIEN	ÖST.	ÖSTERREICH	V.A.E.	VEREINIGTE ARABISCHE EMIRATE
DÄN.	DÄNEMARK	S.U.P.	SÃO TOMÉ UND PRÍNCIPE		
DTL.	DEUTSCHLAND	S.M.	SAN MARINO		

GESAMTFLÄCHE
148,3 Mio km² Festland,
362 Mio km² Wasserfläche

EINWOHNER
6,4 Mrd

ANZAHL DER LÄNDER
194

GRÖSSTER SEE
Kaspisches Meer (Aserbaidschan, Iran, Kasachstan, Russland, Turkmenistan), 436 000 km²

LÄNGSTER FLUSS
Nil (Uganda/Tansania bis Ägypten), 6671 km

HÖCHSTER BERG
Mount Everest (Nepal, China), 8850 m

Spitzbergen
Franz-Josef-Land
Sewernaja Semlja
Neusibirische Inseln
Nowaja Semlja
Laptewsee
Ostsibirische See
Wrangelinsel
Barentssee
Karasee
Tschuktschensee
Beringstraße
Nördlicher Polarkreis
Lappland
Jenissei
Lena
Indigirka
Kolyma
Kolymagebirge
Untere Tunguska
Ural
Ob
Sibirien
Lena
Aldan
Ostsee
Wolga
Angara
Ochotskisches Meer
Kamtschatka
Beringmeer
Tobol
Asien
Europa
Dnjepr
Don
Irtysch
Baikalsee
Aleuten
Rhein
Donau
Karpaten
Alpen
Ural
Sayangebirge
Sachalin
Montblanc 4809 m
Kaukasus
Elbrus 5642 m
Schwarzes Meer
Kasp. Meer
Aralsee
Balchaschsee
Altai
Gobi
Mandschurei
Kurilen
Hokkaidō
Sardinien
Amudarja
Tien Shan
Tarimbecken
Japanisches Meer (Ostmeer)
Honshū
Sizilien
Taurus
Hindukusch
Kunlun Shan
Hwangho
Mittelmeer
Zypern
Tigris
Zagrosgebirge
Tibet
Gelbes Meer
Euphrat
Indus
Himalaja
Mt. Everest 8850 m
Jangtsekiang
Ostchinesisches Meer
Midway-Inseln
Arabische Halbinsel
Ganges
Bonininseln
Taiwan
Nördlicher Wendekreis
Ahaggar
Rotes Meer
Vulkaninseln
Sahara
Nil
Rub al-Chali
Arabisches Meer
Mekong
Hainan
Philippinensee
PAZIFISCHER
Golf von Bengalen
Luzon
Marianen
Tschadsee
Golf von Aden
Südchinesisches Meer
Guam
Sudan
Sokotra
Andamanen
Marshall-inseln
Afrika
Lakkadiven
Palawan
Äthiopisches Hochland
Nikobaren
Mindanao
Uele
Malayische Halbinsel
Karolinen
Mikronesien
Malediven
Sri Lanka
Celebessee
Kongo
Borneo
Äquator
Kongobecken
Victoriasee
Sumatra
Celebes
Melanesien
Kilimandscharo 5892 m
Seychellen
Neuguinea
Kasai
Tanganjikasee
Chagosinseln
Java
Komoren
INDISCHER
OZEAN
Malawisee
Mayotte
Kokosinseln
OZEAN
Straße von Moçambique
Neue Hebriden
Fidschi
Korallensee
Madagaskar
Große Sandwüste
Réunion
Kalahari
Neukaledonien
Südlicher Wendekreis
Namib
Australien
Orange
Große Victoriawüste
Great Dividing Range
Drakensberge
Norfolkinsel
Kap der Guten Hoffnung
Î. Nouvelle-Amsterdam
Nordinsel
Î. St-Paul
Tasmansee
Prince Edward Is.
Crozetinseln
Tasmanien
Südinsel
Neuseeland
Mt. Cook 3754 m
Kerguelen
Bouvetinsel
Südpolarmeer
Südlicher Polarkreis
Antarktis
40°
80°
120°
160°

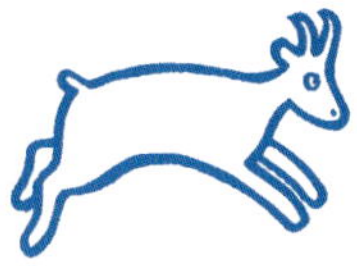

Gämsen leben im Hochgebirge und sind hervorragende Kletterer. Im Winter steigen sie zur Futtersuche auch in tiefer gelegene Wälder hinab. Ihre kurzen, an der Spitze gebogenen Hörner nennt man Krucken oder Krickel.

EUROPA

Europa ist nach Australien der zweitkleinste Kontinent der Erde. Genau genommen ist Europa gar kein eigener Kontinent. Das aus dem Lateinischen stammende Wort „Kontinent" bedeutet nämlich so viel wie „zusammenhängendes Land" – Europa hängt jedoch mit Asien zusammen. Streng genommen bildet es gemeinsam mit Asien einen großen Kontinent: Eurasien.

Obwohl Europa mit Asien zusammenhängt, wird es als eigener Kontinent betrachtet. Das hat vor allem mit der langen Geschichte und der Kultur zu tun, die die Europäer verbindet. Hier entwickelte sich beispielsweise das Christentum, das das Leben in den europäischen Ländern über Jahrhunderte – bis heute – stark beeinflusste.

Europa reicht von den Mittelmeerländern im Süden bis nach Skandinavien im Norden. Im Westen bildet der Atlantische Ozean die natürliche Grenze, im Osten ist es das russische Uralgebirge und im Südosten das Schwarze Meer bis zum türkischen Bosporus, der Meeresstraße, die die Türkei in zwei Teile unterteilt. Länder wie Russland und die Türkei liegen somit sowohl in Europa als auch in Asien.

Die verschiedenen Klimazonen in Europa prägen auch die Landschaften. Im Norden Skandinaviens und Russlands gibt es die baumlose Tundra, deren Böden – bis auf eine dünne Schicht an der Oberfläche – das ganze Jahr gefroren sind. Ähnlich unwirtlich ist es oberhalb der Baumgrenze der Hochgebirge, also in den Regionen über etwa 2000 m. Hier leben Steinböcke, Gämsen und Murmeltiere, in den tieferen Lagen auch Bären und Luchse. Südlich einer langen Gebirgskette, die sich von den spanisch-französischen Pyrenäen über die Alpen bis zu den Karpaten im Osten erstreckt, ist es im Sommer heiß und trocken. Auch hier gibt es nur wenige Bäume, doch ist das keine Folge des Klimas, sondern der Abholzung. Schon lange vor Christus rodeten hier die Griechen und Römer große Waldbereiche ab, um Holz für ihre Schiffsflotte und reichen Städte zu gewinnen.

Betrachtet man mitteleuropäische Länder – etwa Deutschland – auf der Weltkarte, fällt auf, dass sie etwa so weit nördlich liegen wie Kanada. Dennoch ist das Klima in Mitteleuropa viel milder als in Kanada. Grund dafür ist ein warmer Meeresstrom – der sogenannte Golfstrom –, der warmes Wasser aus der Karibik bis an die Küsten Englands und sogar Norwegens führt. Diese warme Strömung wirkt wie eine Warmwasserheizung und beschert Mittel- und Nordeuropa ein mildes Klima.

Im Westen Skandinaviens prägen steilwandige Meeresbuchten, die Fjorde, die Landschaft.

Gämsen ernähren sich von Gräsern und Kräutern. Im Winter begnügen sie sich mit Flechten.

GESAMTFLÄCHE
9,8 Mio. km² (mit dem europäischen Teil Russlands)

EINWOHNER
705 Mio.

ANZAHL DER LÄNDER
46

GRÖSSTER SEE
Ladogasee (Russland), 17 700 km²

LÄNGSTER FLUSS
Wolga (Russland), 3531 km

HÖCHSTER BERG
Montblanc (Frankreich, Italien), 4807 m

Albanien 58
Andorra 76
Belgien 21
Bosnien und Herzegowina 61
Bulgarien 50
Dänemark 29
Deutschland 16
Estland 33
Finnland 32
Frankreich 72
Griechenland 55
Großbritannien und Nordirland 23
Irland 26
Island 27
Italien 68
Kroatien 62
Lettland 34
Liechtenstein 66
Litauen 35
Luxemburg 20
Makedonien 57
Malta 71
Moldawien 43
Monaco 72
Montenegro 59
Niederlande 22
Norwegen 28
Österreich 64
Polen 44
Portugal 79
Rumänien 49
Russland 37
San Marino 70
Schweden 30
Schweiz 66
Serbien 60
Slowakische Republik 47
Slowenien 63
Spanien 76
Tschechische Republik 46
Türkei 51
Ukraine 42
Ungarn 48
Vatikanstadt 70
Weißrussland 36
Zypern 54

Aufgrund des günstigen Klimas war Europa schon vor Jahrtausenden ein beliebter Siedlungsraum für zahlreiche Völker. In den sanften Hügelländern und Talauen konnten sie ohne Mühen Ackerbau betreiben, und schon bald erwirtschafteten sie mehr Lebensmittel, als sie selbst essen konnten. So entwickelte sich ein reger Handel mit dem Überschuss. Nach und nach entstanden Dörfer, Städte und schließlich Staaten. Auf diese Weise kam es zu den vielen kleinen Staaten, die bis heute die europäische Landkarte prägen.

Auch aufgrund der vielen kleinen Staaten wurden in Europa früher viele Kriege geführt. Vor mehr als 50 Jahren – nach dem schrecklichen Zweiten Weltkrieg – haben sich deshalb zunächst sechs Länder zusammengeschlossen, um in Frieden und Sicherheit Handel zu treiben. Nach und nach schlossen sich immer mehr Länder an. Heute heißt dieser Staatenverbund Europäische Union, kurz EU, und vereinigt mehr als 25 der 46 europäischen Länder. In ihnen leben viele große und kleine Völker, die die unterschiedlichsten Sprachen sprechen: Nachfahren der Wikinger und vieler Germanenstämme wie der Teutonen oder Gallier, aber auch Slawen oder kleine Völker wie die Basken und Katalanen in Nordspanien. Leider gibt es trotz aller Bemühungen, den Frieden zu erhalten, auch in Europa oft Konflikte zwischen einzelnen Völkern oder Ländern, wie etwa in Nordirland, in Serbien oder im Baskenland an der französisch-spanischen Grenze.

Die Küste der portugiesischen Algarve ist ein beliebtes Urlaubsziel.

DEUTSCHLAND

FLÄCHE
357 030 km²

EINWOHNER
82,5 Mio.

HAUPTSTADT
Berlin

AMTSSPRACHE
Deutsch

WÄHRUNG
1 Euro (EUR) = 100 Cent

FLAGGE

Die Farben Schwarz-Rot-Gold haben ihren Ursprung in der Geschichte. Die Soldaten, die gegen Napoleon kämpften, trugen schwarze Uniformen mit roten Jackenaufschlägen und goldenen Knöpfen. Später wurden die Farben zu dem Motto eines geeinten Deutschland: Aus der Dunkelheit (schwarz) mit Herzblut (rot) in ein goldenes Zeitalter.

Schiffe über den Köpfen von Schiffen? Das gibt es wirklich – unter anderem beim Wasserstraßenkreuz Magdeburg, einem der größten Wasserstraßenkreuze der Welt. Hier überquert der Mittellandkanal in einer Trogbrücke die Elbe. Um auf die wassergefüllte Brücke zu kommen, müssen die Schiffe Schleusen und ein Schiffshebewerk passieren.

Nicht weit von Magdeburg kann man sich in einer speziellen Schule zum Binnenschiffer ausbilden lassen. Schließlich werden in Deutschland etwa ein Achtel aller Güter auf Flüssen transportiert. Vor allem auf dem Rhein sind viele Schiffe unterwegs – zahlreiche Frachtkähne, aber auch Ausflugsschiffe. Zwischen Koblenz und Bingen, wo sich das Rheintal verengt, sind es besonders viele. Dort sitzt auf einem Felsen hoch oben über dem Fluss die Loreley. Der Sage nach lockte diese wunderschöne Frau mit ihrer Stimme die Rheinschiffer an, die – durch den schönen Gesang abgelenkt – die gefährliche Strömung und die Riffe nicht beachteten und so an den Felsen zerschellten.

Etwas weiter nördlich, ebenfalls am Rhein, liegt Bonn. Jahrzehntelang war das die Hauptstadt Deutschlands, doch nach der Wiedervereinigung der beiden früheren deutschen Staaten beschloss man, die Regierung nach Berlin zu verlegen. Bis 1989 war Deutschland in zwei Teile geteilt. Im Westen lag die Bundesrepublik Deutschland (kurz BRD), im Osten die Deutsche Demokratische Republik (kurz DDR). Wie kam es zu der Teilung und späteren Wiedervereinigung der Länder? Ausgangspunkt war der schreckliche Zweite Weltkrieg, den der damalige Reichskanzler Adolf Hitler begann, als er 1939 den deutschen Truppen befahl, in Polen einzumarschieren. Die vier Länder USA, Großbritannien, Frank-

Das Wasserstraßenkreuz Magdeburg bei seiner Eröffnung

reich und die Sowjetunion konnten schließlich dem Krieg ein Ende setzen und teilten Deutschland im Jahre 1945 in sogenannte Besatzungszonen auf. Im Süden und Westen lagen die amerikanische, britische und französische Zone, im Osten die sowjetische Zone. 1949 wurde aus der amerikanischen, der britischen und der französischen Zone dann die BRD. Die Sowjetzone wurde zur DDR.

Berlin war damals ebenfalls zweigeteilt. Der Westteil der Stadt, die mitten in der DDR lag, gehörte zur BRD, der Ostteil zur DDR. Wer von Westberlin in die BRD wollte, durfte bei der Durchquerung der DDR nur wenige Straßen benutzen – oder man nahm den Zug oder das Flugzeug. 1961 ließ die Regierung der DDR quer durch die Stadt eine Mauer bauen. Entlang der Landesgrenze zur BRD errichtete man einen langen hohen Stacheldrahtzaun mit Wachtürmen. Die Grenzwälle sollten verhindern, dass die DDR-Bürger in den Westteil Deutschlands flohen. Viele Deutsche litten unter der Teilung. Familien lebten auseinandergerissen und hatten keinen oder nur wenig Kontakt zu ihren Verwandten. In der Bundesrepublik Deutschland gab es eine Demokratie mit vielen politischen Parteien und freien Wahlen, in der DDR regierte die sozialistische Einheitspartei SED. Die Menschen dort mussten auch aufpassen, was sie sagten. Wer sich gegen den Staat äußerte, wurde oft schwer bestraft.

Immer wieder hofften die Menschen in beiden Ländern, dass Deutschland eines Tages wieder vereinigt würde. Ihr Wunsch wurde von dem damaligen sowjetischen Präsidenten Michail Gorbatschow unterstützt. Er machte den Menschen Mut, gegen die DDR-Regierung zu demonstrieren. Am 9. November 1989 war es dann so weit: Die DDR-Regierung öffnete die Grenzen und die Menschen aus Ost und West konnten wieder zusammenkommen. Diese Zeit wird oft als „die Wende" bezeichnet. Am 3. Oktober 1990 wurde Deutschland offiziell wiedervereinigt. Der Tag wurde zum Nationalfeiertag.

Danach veränderte sich vieles. Die Menschen konnten wieder frei reisen, ehemalige DDR-Bürger nahmen Jobs im Westen an und umgekehrt. Die während der DDR-Zeit verfallenen Gebäude wurden renoviert und im Osten war plötzlich vieles zu bekommen, was man früher vermisst hatte. Aber es wurden auch viele Dinge, die es einst in der DDR gab, abgeschafft oder nicht mehr hergestellt. Ein Beispiel ist der „Trabbi", ein kleines, zum Teil aus Kunststoff hergestelltes Auto. Auch wenn man sie schon von Weitem knattern hört, gibt es heute noch viele Liebhaber des „Trabbis".

Der Trabbi war einer der wenigen Autotypen, die in der DDR zu kaufen waren.

In Berlin selbst änderte sich vielleicht am meisten, denn 1999 zog die Regierung dorthin. Um die neue Hauptstadt für Auslandsgäste noch attraktiver zu machen, wurden alte Gebäude umgebaut und viele neue errichtet. Da das Parlament in das Gebäude des früheren Reichstags einziehen wollte, dachte sich ein Architekt hierfür eine Besonderheit aus: Er baute über dem großen Versammlungssaal eine Glaskuppel, von der aus Besucher den Politikern auf die Köpfe schauen können. Aber auch für Kinder wird einiges in Berlin geboten: Außer dem Zoo, der mitten in der Stadt liegt, gibt es beispielsweise das

Im Reichstagsgebäude in Berlin arbeiten die Abgeordneten des Deutschen Bundestags.

DEUTSCHLAND Fortsetzung

MACHmit! Kindermuseum, das in einer ehemaligen Kirche untergebracht ist und ein riesiges labyrinthartiges Klettergerüst hat. Und im Museum für Naturkunde ist das höchste Dinosaurierskelett der Welt, ein Brachiosaurus, ausgestellt.

Berlin liegt im Bundesland Brandenburg. In seiner Südostecke und auch im angrenzenden Bundesland Sachsen – die Region heißt Lausitz – lebt ein kleines slawisches Volk, die Sorben. Diese Minderheit lebt hier schon seit dem Mittelalter und sie schaffte es, ihre Traditionen zu bewahren. Bei Festen tragen die Sorben ihre schön bestickten Trachten und singen uralte Lieder. Auch die sorbische Sprache wird gepflegt und an vielen Schulen in der Lausitz gelehrt. Es gibt sogar extra Schulbücher auf Sorbisch, etwa für den Politik- oder Geschichtsunterricht.

Berlin war auch der Ort, an dem im Jahre 1921 die erste Autobahn der Welt entstand. Sie hieß „Automobil-Verkehrs- und Übungsstraße" – kurz AVUS – und war 20 km lang. Sie wurde als Teststrecke für Rennautos gebaut. Einige Jahre später, im Jahre 1932, wurde dann die erste für jedermann befahrbare Autobahn Deutschlands eingeweiht. Sie führte von Köln nach Bonn. Heute hat Deutschland eines der dichtesten Autobahnnetze der Welt. Autobahnen führen durch vielerlei Landschaften Deutschlands. So verbindet beispielsweise die A7 – die längste deutsche Autobahn – die Voralpen nahe der Grenze zu Österreich, wo die Berge zum Wandern oder Skilaufen einladen, mit der dänischen Grenze. Dort im Norden Deutschlands ist die Landschaft flach. An der Nordseeküste kann man Sandburgen bauen und baden oder einfach nur im Watt wandern. Das Watt ist ein ganz flacher Küstenbereich, der bei Ebbe trockenfällt. Dann kann man zum Beispiel vom Festland zu den Halligen wandern. Das sind kleine Inseln, die bei starken Fluten vom Meerwasser überspült werden.

Blick auf die Innenstadt Münchens: die Frauenkirche mit ihren beiden Türmen und das Rathaus am Marienplatz

Wenn sich bei Ebbe das Meerwasser zurückzieht, werden Sandrippel und die Röhren der Wattwürmer sichtbar. Diese rund 30 cm langen Würmer fressen Sand, filtern Pflanzenreste heraus und scheiden den Sand wieder aus. Pro Jahr fressen alle Würmer zusammen einmal den Sand des gesamten Watts.

Aus dem Süden, aber auch dem Osten kommt eine weltbekannte deutsche Spezialität: die Bratwurst. Wer wirklich auf die Idee kam, Würste aus frischem, rohem Schweinefleisch auf dem Grill oder in der Pfanne zu braten, darüber streiten sich seit Urzeiten die Thüringer und die Franken. Immerhin haben die Thüringer die älteste schriftliche Erwähnung: eine Bratwurstrechnung aus dem Jahre 1404. Ihren Siegeszug trat die Bratwurst allerdings erst Ende des 19. und Anfang des 20. Jahrhunderts an, als es endlich große Maschinen zur Verarbeitung gab. Außerdem konnten die Würste konserviert und in alle Welt verschickt werden. Die weltweit wohl bekannteste Bratwurst ist die Currywurst. Sie wurde von einer Berliner Imbissbudenbesitzerin erfunden und wird immer – mit einem extra dafür entwickelten Currywurstschneider – geschnitten und mit viel Ketchup und Currypulver gegessen. Es gibt sogar Currywurstvereine und in Berlin wird bald ein Currywurstmuseum eröffnet.

Abgucken? Keine Chance!

Wenn Sven Glienke vor einer Mathearbeit sitzt, dann ist eines klar: Niemand wird ihn abschreiben lassen. Keiner wird ihm Lösungen zustecken. Und einen Spickzettel kann er sich auch sparen. Er ist in seiner Klasse nämlich der einzige Schüler und steht immer „unter Beobachtung“! Sven lebt auf der Hallig Nordstrandischmoor im Wattenmeer vor Husum. Halligen sind kleine, flache Inseln, die keine Deiche haben. Nur die Gebäude liegen auf Hügeln, den so genannten Warften – und die sind bei einer Sturmflut das Einzige, was noch aus dem Wasser ragt. Ganze 18 Einwohner, ein paar Schafe, vier Ferienwohnungen und eine Gaststätte gibt es auf Nordstrandischmoor – und eine winzige Schule. Außer Sven lernen hier nur noch zwei Grundschulkinder. Sven hat einen ganz normalen Stundenplan mit allen Fächern. Wenn er den Hauptschulabschluss in der Tasche hat, will er auf dem Festland eine Lehre machen. Und danach? Zurück auf die Hallig! Einen schöneren Ort kann sich Sven nicht vorstellen.

LUXEMBURG

FLÄCHE
2586 km²

EINWOHNER
451 600

HAUPTSTADT
Luxemburg

AMTSSPRACHEN
Französisch, Luxemburgisch, Deutsch

WÄHRUNG
1 Euro (EUR) = 100 Cent

FLAGGE

Die Flaggenfarben stammen aus dem Wappen des Luxemburger Großherzogs aus dem 13. Jahrhundert. Die Flagge ähnelt jener des Nachbarstaats Niederlande, mit dem Luxemburg bis 1890 verbunden war. Sie ist allerdings länger und das Blau etwas heller.

Von Betzdorf aus, einem kleinen Ort in Luxemburg, wird eine ganz spezielle Flotte kontrolliert. Allerdings sind es keine Schiffe, deren Bewegungen hier aufmerksam verfolgt werden, sondern Satelliten. Ins All geschossen, sorgen sie viele Kilometer über unseren Köpfen dafür, dass Radio- und Fernsehsignale in unsere Wohnzimmer kommen.

Zusammen mit Belgien (Be) und den Niederlanden (Nederland; Ne) bildet Luxemburg (Lux) die Beneluxländer. Luxemburg ist ein demokratisches Land, aber wie manche anderen europäischen Länder auch eine Monarchie. Das Staatsoberhaupt ist jedoch kein König, sondern ein Großherzog. Luxemburg ist ziemlich klein. Es grenzt im Süden an Frankreich, im Westen an Belgien und im Osten an Deutschland. Aus diesen Ländern kommen täglich viele Tausend Menschen nach Luxemburg, um dort zu arbeiten. Insgesamt ist es sogar fast die Hälfte aller, die in Luxemburg ihr Geld verdienen. Die meisten arbeiten bei den Einrichtungen der Europäischen Union oder den internationalen Banken, die hier ihren Sitz haben. Darum hört man in den Straßen auch viele verschiedene Sprachen und die Kinder lernen schon in der Schule die drei geläufigsten Fremdsprachen, die in Luxemburg gesprochen werden: Französisch, Deutsch und Englisch. Bis zur 9. Klasse werden im Schulunterricht die Landessprachen Luxemburgisch und Deutsch gesprochen. Französisch lernen die Kinder aber schon ab dem zweiten Schuljahr, und ab der zehnten Klasse wird dann oft der gesamte Unterricht auf Französisch gehalten.

In der Altstadt von Luxemburg gibt es ein einmaliges Netz von unterirdischen

In der Hauptstadt Luxemburg gibt es eine Unterstadt, durch die der Fluss Alzette fließt, und eine Oberstadt, wo die Zugänge zu den Kasematten liegen.

Hallen und Gängen. Sie werden Kasematten genannt und waren früher 23 km lang. Als sie vor etwa 400 Jahren gebaut wurden, dienten sie vor allem dazu, Menschen und Pferden bei Angriffen Schutz zu bieten. Aber auch Küchen und Räume zur Versorgung der Menschen hatten dort Platz. Heute kann man weite Teile der erhaltenen 17 km besichtigen. Am eindrucksvollsten sind die Bockkasematten unter der ehemaligen Burg und die Petrusstal-Kasematten, die fünf Stockwerke besitzen. Die Kasematten sind heute so eingerichtet, dass sie im Kriegsfall den Menschen als Unterkunft dienen könnten.

SPRACHE

Hallo!

Luxemburgisch (Lëtzebuergesch)

Luxemburgisch ist die Nationalsprache der Luxemburger. Viele Wörter erinnern an die deutsche oder französische Sprache.

1 = eent
2 = zwee
3 = dräi
4 = véier
5 = fënnef

Hallo = Moien
Auf Wiedersehen = Äddi
Wie heißt du? = Wéi heeschs du?
Wie geht's? = Wéi geet et?
Danke = Merci
Bitte = Wann ech gelift
Entschuldigung = Entschëllegt

BELGIEN

In Brüssel, der Hauptstadt Belgiens, wird ziemlich viel Politik gemacht. Hier gibt es wichtige Einrichtungen der Europäischen Union wie etwa die Europäische Kommission, die Vorschläge für Gesetze macht, und den Rat der Europäischen Union, der diese Gesetze beschließt.

Die Europäische Union (abgekürzt EU) ist ein Zusammenschluss von mehr als 25 europäischen Ländern, die gemeinsame Ziele haben. Eines davon ist, den Frieden in Europa zu sichern. Zudem meinen die EU-Mitgliedstaaten, dass sie sich gemeinsam besser gegen mächtige Staaten wie die USA oder die aufstrebenden Staaten in Ost- und Südostasien behaupten können. In den letzten Jahren kamen deshalb auch immer mehr Länder zu dem Staatenverbund hinzu. Wer jedoch beitreten darf, wird immer genau geprüft. Die Länder müssen zum Beispiel die Menschenrechte einhalten, dürfen also nicht foltern oder die Menschen anderweitig schlecht behandeln.

In Brüssel gibt es aber nicht nur die großen Gebäude für die einzelnen Einrichtungen der EU, sondern beispielsweise auch das weltberühmte Atomium.

Das Atomium in Brüssel wurde als Zeichen für das Atomzeitalter und die friedliche Nutzung der Kernenergie gebaut.

Das Gebäude, das ein Eisenatom darstellt – aber 165 Milliarden Mal so groß, wie es in Wirklichkeit ist –, wurde 1958 gebaut. Dadurch wollte man anlässlich einer großen Ausstellung, der EXPO, zeigen, dass die Wissenschaft immer mehr über die kleinsten physikalischen Teilchen herausfindet. Mit seinen 110 m ist das Atomium ziemlich hoch. Es besteht aus neun Kugeln von jeweils 18 m Durchmesser, die durch lange Röhren miteinander verbunden sind. Über eine dieser Röhren gelangt man mit einem Aufzug in ein Restaurant, von dem aus man einen herrlichen Blick über die Stadt hat. In einem der schönen Altstadthäuser befindet sich das Comicmuseum. Denn Brüssel ist die Stadt des Comics. Hier entstanden so bekannte Figuren wie Tim und Struppi, Lucky Luke oder die Schlümpfe.

In Brüssel hört man die meisten Einheimischen Französisch sprechen, doch im Norden wird Flämisch – eine Variante des Niederländischen – und im Osten auch ein bisschen Deutsch gesprochen. Vor allem zwischen den ersten beiden Sprachgruppen – den französischsprachigen Wallonen und den flämischsprachigen Flandern – gibt es seit Jahrhunderten Streit, auch darüber, welche Sprache an den Schulen gelehrt werden soll. Früher war Belgien nämlich mal Teil von Frankreich, dann wieder Teil der Niederlande oder es regierte ein deutscher Kaiser über das Land. Und durch diese Zeit sind die Menschen noch immer ein wenig geprägt.

FLÄCHE
30 528 km²

EINWOHNER
10,4 Mio.

HAUPTSTADT
Brüssel

AMTSSPRACHEN
Französisch, Niederländisch, Deutsch

WÄHRUNG
1 Euro (EUR) = 100 Cent

FLAGGE

Die Flagge verknüpft die Wappenfarben der historischen Provinzen des Landes, also die von Brabant (Gelb-Schwarz), Flandern (Schwarz-Gelb) und Hennegau (Rot-Gelb).

SOUVENIR

Pommes frites

Pommes frites – der Name kommt von den französischen Wörtern „pommes de terre“ („Erdäpfel“ = Kartoffeln) und „frites“ (gebacken) – wurden schon vor über 300 Jahren in Belgien erfunden. Damals fingen vor allem die armen Leute Fische aus den Flüssen, um ihren Speisezettel zu erweitern. Dann frittierten sie ihren Fang in heißem Fett. Wenn die Gewässer zugefroren waren und es nicht möglich war zu angeln, schnitten die Einwohner Kartoffeln in Fischform und frittierten dann diese. Die schmackhafte Art, Kartoffeln zuzubereiten, verbreitete sich bald in ganz Europa.

NIEDERLANDE

FLÄCHE
41 528 km²

EINWOHNER
16,26 Mio.

HAUPTSTADT
Amsterdam (Regierungssitz: Den Haag)

AMTSSPRACHE
Niederländisch

WÄHRUNG
1 Euro (EUR) = 100 Cent

FLAGGE

Die Flaggenfarben gehen auf das Haus Oranien zurück, aus dem die Königsfamilie stammt. Das ursprüngliche Orange, das heute noch vielfach für die Niederlande steht, wurde 1630 in Rot umgewandelt, damit die Flagge auf See besser zu erkennen war.

Tulpen, Tulpen, wohin man auch sieht! Im Frühjahr verwandelt sich ein Landstrich südlich von Amsterdam in ein wahres Tulpenmeer. Täglich werden mehr als 15 Millionen dieser beliebten Schnittblumen mit Flugzeugen in alle Welt versandt.

Die Liebe der Niederländer zur Tulpe ist schon 450 Jahre alt. Damals kamen die ersten Tulpen aus Konstantinopel, dem heutigen Istanbul in der Türkei, und waren unter den dortigen Herrschern sehr begehrt. Die Niederländer ließen sich von dieser Liebhaberei anstecken. Die Preise für Tulpen stiegen ins Unermessliche. Da konnte es schon vorkommen, dass jemand für eine Tulpe sein herrschaftliches Haus in Amsterdam eintauschte!

Viele Menschen verbinden mit den Niederlanden auch Käse. Er kommt aber bei Weitem nicht nur aus den Städten Gouda oder Edam, nach denen auch Käsesorten benannt sind. Es gibt auch Leerdamer, Old Amsterdamer, Maastrichter und viele andere. Der größte Käsemarkt der Niederlande findet in Alkmaar statt. Es ist jedes Mal ein Riesenspektakel, das viele Touristen anzieht. Die schweren Käselaibe werden auf dem Marktplatz ausgelegt, damit die Käufer sie begutachten können. Käseträger transportieren die Laibe dann mit speziellen Holzschlitten zu den Autos der Käufer. Überwacht wird alles vom sogenannten Käsevater, der unschwer an seinem schwarzen Holzstock mit einem silbernen Knauf zu erkennen ist.

Alkmaar liegt – wie ein großer Teil der Landes – unter dem Meeresspiegel. Vor Überflutung schützen viele Deiche.

Die Käseträger in Alkmaar tragen den Käse zuerst zur alten Stadtwaage im Rathaus und dann zu den Autos der Käufer.

Diese bauten die Niederländer schon vor etwa 800 Jahren, um Land zu gewinnen. Fast die Hälfte der Niederlande war früher Teil der Nordsee. Nach und nach hat man kleinere Bereiche eingedeicht und das Wasser mithilfe der vielen Windmühlen in die offene See befördert. Heute erledigen das gewaltige Pumpen, da sonst das Meerwasser zurückkäme. Die Polder – so nennt man das Land, das man durch den Deichbau gewonnen hat – sind von Kanälen durchzogen, die das Land ständig entwässern. Im Sommer sind sie wichtige Fahrrinnen für Schiffe, im Winter, wenn sie zugefroren sind, gehören sie den Schlittschuhläufern. Viele hoffen jedes Jahr auf eisige Temperaturen, damit die 200 km lange „Elfstedentocht" (Elfstädtefahrt) in Friesland stattfinden kann.

Eine Wasserstraße der Niederlande friert allerdings selten zu: der Rhein bzw. die Waal und der Lek, wie die Verlängerungen des Rheins in den Niederlanden heißen. Beide Mündungsarme fließen nach Rotterdam, der Stadt mit dem größten Hafen Europas. Rotterdam liegt in Südholland. Das ist eine von zwölf Provinzen der Niederlande. Viele Deutsche sagen aber oft einfach „Holland", wenn sie über die gesamten Niederlande sprechen.

GROSSBRITANNIEN UND NORDIRLAND

Seit mehr als 900 Jahren gibt es in Großbritannien eine ungewöhnliche Tradition: Im Tower of London – einer alten Festung, die ehemals als königlicher Palast, Gefängnis und Waffenkammer diente – leben acht Raben, die von dem weltweit einzigen königlichen Rabenmeister versorgt werden. Die Raben schützen einer Legende zufolge England vor Feinden. Das Königreich soll untergehen, wenn die schwarzen Vögel davonfliegen. Um dies zu verhindern, hat man ihre Flügel gestutzt.

Großbritannien ist auch heute noch ein Königreich. Allerdings trifft nicht mehr die Königin die Entscheidungen, sondern – ähnlich wie in Deutschland – die vom Volk gewählten Volksvertreter. Sie beraten sich im großen Parlamentsgebäude, den „Houses of Parliament", das an der Themse liegt, die durch London fließt. Das Parlament setzt sich aus zwei Teilen zusammen: dem Ober- und dem Unterhaus. Im Unterhaus sitzen die gewählten Volksvertreter, im Oberhaus hingegen vom Staat ernannte Beamte mit verschiedenen Funktionen, zum Beispiel Richter. Das Oberhaus, das auch House of Lords heißt, wird vom Lordkanzler geleitet. Dabei sitzt er auf dem sogenannten Wollsack, einem mit Wolle gefüllten Kissen, und trägt eine schwarze Robe mit goldenen Stickereien. Ungewöhnlich ist auch seine Kopfbedeckung: eine große weiße Perücke, wie sie vor Jahrhunderten modern war.

In London wird aber nicht nur Politik gemacht, hier ist es auch spannend, die Leute zu beobachten. Sie kommen aus aller Welt. Im Bus sitzt man nicht nur neben Briten, sondern auch neben Schwarzafrikanern, Australiern, Indern und Pakistanis. Sie alle stammen aus Ländern des sogenannten Commonwealth. Das ist ein Staatenbund, der aus Großbritannien und seinen ehemaligen Kolonien besteht. Die Bewohner der Mitgliedsstaaten sind lange Zeit in großer Zahl nach Großbritannien gekommen, wo sie Arbeit fanden. Deshalb sind das Leben, das Essen, die Musik und auch die Religion in Großstädten wie London sehr vielfältig. An jeder Ecke trifft man auf interessante Läden oder es steigt einem der Duft exotischer Gerichte in die Nase.

In den Parks in England kann man häufig ein ganz besonderes Spiel beobachten: Kricket. Es ist eine Mannschaftssportart und entfernt mit dem amerikanischen Baseball verwandt. Zwei Teams mit jeweils elf Spielern treten gegeneinander an, schlagen Bälle und rennen einen Parcours entlang, solange der Ball in der Luft ist. Die Spielregeln sind sehr kompliziert. Man braucht schon etwas Zeit, bis man sie ganz verstanden hat.

FLÄCHE
243 610 km²

EINWOHNER
60,21 Mio.

HAUPTSTADT
London

AMTSSPRACHE
Englisch

WÄHRUNG
1 Pfund Sterling (£) = 100 New Pence (p)

FLAGGE

Die Flagge, der sogenannte „Union Jack", ist eine Kombination aus den Flaggen Englands, Schottlands und der früheren Flagge von Irland.

Vom Oberdeck der Doppeldeckerbusse kann man viel von London sehen, beispielsweise den Uhrenturm des Westminster-Palastes, ein Wahrzeichen Londons.

GROSSBRITANNIEN UND NORDIRLAND Fortsetzung

Die Klippen von Dover an der Ostküste Englands bestehen aus Kalkstein, der aus der Kreidezeit stammt, also aus einer Zeit, als die Dinosaurier noch lebten.

Großbritannien besteht aus England, Schottland, Wales und Nordirland. England liegt im Süden. Aufgrund des Golfstroms, einer warmen Meeresströmung, die Großbritannien im Westen streift, ist das Klima am westlichen Zipfel Englands so mild, dass dort sogar Palmen wachsen. Aber nicht nur in diesem Landesteil laden Buchten und tolle Sandstrände zum Baden ein, sondern auch im Südosten des Landes. Und dort, wo der Ärmelkanal – der Meereskanal zwischen Frankreich und Großbritannien – am schmalsten ist, fallen die strahlend weißen Kreidefelsen von Dover senkrecht zum Meer ab. Sie sind ein Wahrzeichen Englands. Bei gutem Wetter kann man sie sogar von Frankreich aus sehen.

Bis 1994 gelangte man mit dem Schiff oder einem Luftkissenfahrzeug von Frankreich aus über den Ärmelkanal nach England. Heute kann man mit dem Zug von Land zu Land fahren – durch den 50 km langen Euro- oder Kanaltunnel. Der größte Teil der Strecke liegt 65 m unter dem Meeresboden. Für den Bau des Tunnels hatte man die besten Bauarbeiter der Welt eingestellt. Die Tunneltiger, wie sie auch genannt wurden, arbeiteten sich fünf Jahre lang von Frankreich und England aus mit riesengroßen Bohrern durch den Meeresboden, bis sie sich am 1. Dezember 1990 trafen.

Im Süden Englands liegt auch Stonehenge, das für seine gewaltigen Steinkreise berühmt ist. Sie wurden vor mehr als 4000 Jahren von Menschen geschaffen und geben den Forschern bis heute Rätsel auf: Warum wurden sie errichtet, von wem und vor allem wie? Die Steine sind bis zu 40 Tonnen schwer und über 7 m hoch, und man kann sich kaum vorstellen, wie die Menschen sie zur damaligen Zeit – ganz ohne Maschinen – aufstellen konnten. Da die Steine nach einem ganz bestimmten Muster angeordnet sind, geht man davon aus, dass sie den Menschen zur Beobachtung von Sternen, Mond und Sonne dienten.

Im Norden Großbritanniens liegt Schottland. Das Hochland, das oft in Nebel eingehüllt ist, die geheimnisvollen Moore und die tief eingeschnittene

Die Steinkreise von Stonehenge in Südengland: Aus der Luft kann man die Anordnung der Steine gut sehen.

Der Buckingham Palast, in dem die Königin lebt, hat 602 Zimmer.

SOUVENIR

Die Ampel

Bei Rot stehen – bei Grün gehen! Diese Regel kennt jedes Kind. Ampeln regeln den Straßenverkehr und sorgen dafür, dass man sicher über die Straße kommt. Die erste Ampel wurde 1868 in London aufgestellt. Damals regelte sie den Verkehr von Kutschen und Pferdekarren und wurde noch mit Gaslicht betrieben. Die praktische Erfindung wurde dann schnell von anderen Ländern übernommen.

Die langhaarigen Schottischen Hochlandrinder sind bei Bauern sehr beliebt: Sie sind gutmütig, robust und können das ganze Jahr auf der Weide bleiben, auch in kalten Wintern.

Küste sind beeindruckend. Jedes Jahr werden hier die Highland Games (übersetzt: Hochlandspiele) veranstaltet. Dabei treten Männer in ganz außergewöhnlichen Sportarten gegeneinander an. Tauziehen, Baumstammschleudern oder Hammerwerfen sind nur drei von mehr als 30 Disziplinen. Die Sportler tragen dabei einen Kilt, also einen Schottenrock. Zwischen den Wettkämpfen spielen Dudelsackspieler alte Lieder und viele Besucher essen Haggis, das Nationalgericht der Schotten. Es besteht aus dem Magen eines Schafs, der mit Herz, Hirn, Leber, Lunge, Nierenfett vom Schaf, Zwiebeln und Hafermehl gefüllt wird.

Im Westen Großbritanniens liegt Wales, wo es doppelt so viele Schafe wie Menschen geben soll. Dort gibt es auch die Ortschaft mit der längsten Internetadresse Europas, die aus nur einem Wort besteht: www.llanfairpwllgwyngyllgogerychwyrndrobwllllantysiliogogogoch.co.uk. Der Ort selbst heißt auch so, aber alle sagen nur kurz „Llanfair PG". Der Ortsname ist Walisisch und heißt so viel wie „Marienkirche in einer Mulde weißer Haseln in der Nähe eines schnellen Wirbels und der Thysiliokirche, die bei einer roten Höhle liegt". Die Sprache stammt – wie auch das Gälische in Irland und Schottland – von den Kelten, die früher hier lebten, und wurde lange Zeit nur noch von wenigen Walisern beherrscht. Heute wird sie aber wieder in den Schulen gelehrt.

Dudelsackspieler blasen über eine Blaspfeife Luft in den Sack, die sie dann mit dem Arm in die Spiel- und Klangpfeifen drücken.

Im vierten Landesteil des britischen Königreichs, Nordirland, kam es bis vor wenigen Jahren immer wieder zu Unruhen zwischen katholischen Iren und eingewanderten protestantischen Engländern. Dieser Konflikt ist schon mehr als 500 Jahre alt und wurde verstärkt, als der Nordteil der „grünen Insel" Großbritannien unterstellt wurde. Der Süden wurde ein selbstständiger Staat: Irland. Damals entflammte der Freiheitskampf der Iren erneut. Im Kampf für die Unabhängigkeit von Großbritannien ging die Terrororganisation IRA (die Irish Republican Army) besonders brutal vor. Sie versuchte, die Vereinigung Irlands und die Vertreibung der Briten aus Nordirland mit Waffengewalt zu erzwingen. Viele unschuldige Menschen mussten sterben. Im Jahre 1998 wurde ein Friedensabkommen unterzeichnet.

SOUVENIR

Fußball

Fußball ist die beliebteste Sportart der Welt. Man schätzt, dass mehr als 240 Millionen Menschen Fußball spielen. Die ersten Fußballregeln wurden 1848 von Studenten der englischen Universität Cambridge aufgeschrieben. Neun Jahre später wurde der erste Fußballklub der Welt, der Sheffield F.C., gegründet. Dann ergriff ganz England das Fußballfieber. Da Großbritannien so viele Kolonien hatte, steckte es auch andere Nationen an. So gelangte das Spiel in alle Welt.

IRLAND

FLÄCHE
70 273 km²

EINWOHNER
4,23 Mio.

HAUPTSTADT
Dublin

AMTSSPRACHEN
Irisch, Englisch

WÄHRUNG
1 Euro (EUR) = 100 Cent

FLAGGE

Grün steht für das Land und den katholischen Bevölkerungsteil, Weiß für Frieden, Orange für die protestantische Bevölkerung.

Schafe, Schafe und nichts als Schafe! In Irland gibt es mehr als acht Millionen Schafe. In ländlichen Gegenden muss man im Straßenverkehr besonders gut aufpassen. Viele Straßenschilder weisen darauf hin, dass Schafe „Vorfahrt“ haben. Und manchmal dauert es ziemlich lange, bis sich eine Schafherde entschließt, sich von der Straße fortzubewegen.

In den Großstädten sieht das Leben freilich ganz anders aus. In Dublin, der Hauptstadt, ist immer viel los und die Wirtschaft Irlands zählt heute zu den erfolgreichsten in Europa. Das war aber nicht immer so. Früher lebten die Menschen von der Landwirtschaft und bauten in erster Linie Kartoffeln an. In den Jahren zwischen 1845 und 1850 befiel die Kartoffeln dann eine Krankheit, die Kartoffelfäule. Eine schlimme Hungersnot brach aus. Innerhalb weniger Jahre verhungerte etwa die Hälfte aller Iren. Viele waren verzweifelt und suchten einen Ausweg. Mehr als 1,5 Millionen von ihnen wanderten nach Amerika und Australien aus und bauten sich in der Fremde ein neues Leben auf. Daher besitzen viele Amerikaner und Australier Vorfahren von der „Grünen Insel“, wie Irland auch genannt wird.

Grün ist die Nationalfarbe Irlands – das bemerkt man vor allem am Saint Patrick's Day, dem irischen Nationalfeiertag, der jedes Jahr am 17. März gefeiert wird. Das Datum geht auf den Todestag des irischen Schutzpatrons Saint Patrick zurück, der am 17. März 461 starb. Der Heilige Patrick war der erste katholische Missionar. Um den Menschen die Dreieinigkeit im christlichen Glauben, also von Vater, Sohn und Heiligem Geist zu erklären, verwendete er ein dreiblättriges Kleeblatt, das dadurch zum Nationalsymbol wurde. Es schmückt viele Gegenstände, auch Souvenirs. Am Saint Patrick's Day gehen viele Iren in die Kirche. Danach finden oft Paraden durch die belebten Straßen statt.

Die vielen Ruinen, wie dieser rund 800 Jahre alte und 30 m hohe Rundturm eines Klosters in der Nähe von Cork, zeugen von der ereignisreichen Geschichte Irlands.

Nicht ganz so grün ist es in der Burren-Region im Westen Irlands. Der Name kommt von dem irischen Begriff „An Bhoireann“, was so viel heißt wie „steiniger Ort“. Und in der Tat bestehen die Burren aus unzähligen großen und kleinen Kalksteinblöcken. Durch die vielen Mäuerchen, Kloster- und Burgruinen, Höhlen und alten Steinkreuze der Kelten wirkt die Landschaft fast etwas geisterhaft.

Ob auf dem Land oder in der Stadt – überall hört man irische Musiker, die mal traurige, mal fröhliche Lieder singen. Zur irischen Musik gehören Geigen und Harfen. Und eine kleine Flöte, die Tin Whistle genannt wird. Sie war früher tatsächlich aus dem Metall Zinn (englisch: „tin“) und ist anfangs einfach zu erlernen. Die Kinder beginnen schon früh, sie zu spielen, doch bis sie die Flöte wie einige der weltberühmten irischen Musiker beherrschen, müssen sie sehr viel üben.

ISLAND

Island – der Name bedeutet „Eisland“ – liegt im Nordatlantik nahe dem Polarkreis. Hier kann es auch im Sommer schon mal schneien. Im Südosten der Insel liegt Europas gewaltigster Gletscher, der Vatnajökull. Die Isländer sprechen den Namen „Vatnajökudll“ aus. An ihrem dicksten Punkt ist seine Eiskappe mehr als 1000 m dick.

Island ist eine Insel der Vulkane. An manchen Stellen tritt immer wieder glühende Lava aus: aus Vulkankratern, aber auch einfach nur aus tiefen Felsspalten. Der Grund dafür: Island liegt an der Nahtstelle, an der sich die amerikanische und die europäische Erdplatte voneinander wegbewegen.

Vulkanlandschaft in der Nähe des Myvatn – übersetzt heißt der See „Mückenwasser“.

Auseinandergedrückt werden die beiden Platten durch Magma – aufgeschmolzenes Gestein –, das hier aus dem Erdinneren aufsteigt und an der Nahtstelle ein langes Gebirge aufwirft. Man nennt es „Mittelatlantischer Rücken“, weil es sich durch den ganzen Atlantik zieht. Im Norden tritt der Bergrücken an die Meeresoberfläche, und zwar in Form einer Vulkaninsel: Island.

Die Hitze in der Erde macht sich auf der Insel deutlich bemerkbar. Überall hört und sieht man dampfende Seen und tosende Geysire: Das sind Quellen, die heißes Wasser in einem gewaltigen Strahl unter Zischen und Rauschen viele Meter in die Luft emporschießen. Das Wort Geysir ist Isländisch und bedeutet treffenderweise „wildes Strömen“. Die Erdwärme wird in Island auch genutzt, um Strom und Heizwärme zu gewinnen. Dazu baute man sogenannte Geothermiekraftwerke. „Geo“ bedeutet „Erde“ und „Thermie“ heißt „Wärme“. Um warmes Wasser zum Heizen zu gewinnen, pumpt man hier Wasser in die Erde, wo es sich auf etwa 100 °C erwärmt. Dann wird es in die Heizungen der Wohnungen geleitet.

Island ist auch das Land der Elfen und Trolle. Auf speziellen Landkarten sind ihre Wohnorte verzeichnet. Es gibt sogar eine staatliche Elfenbeauftragte! Sie wird immer dann gerufen, wenn eine Straße oder ein Haus gebaut werden soll. Denn die Elfen und Trolle sollen nicht zu Schaden kommen. Wer weiß denn schon, was sie aushecken, wenn man sie stört?

Die Kinder auf der Insel Heimaey freuen sich jedes Jahr im August auf die „Nächte der kleinen Papageitaucher“. Dann helfen sie diesen jungen Seevögeln, wenn sie versuchen, ihren Weg zum Meer zu finden. Denn Papageitaucher sind miserable Starter und verirren sich zudem leicht in der Dunkelheit. Die Inselkinder sammeln die gestrauchelten Jungtiere ein und verhelfen ihnen zu einem Neustart.

Papageitaucher sind Zugvögel und fliegen im Winter bis nach Südafrika.

FLÄCHE
103 000 km²

EINWOHNER
293 300

HAUPTSTADT
Reykjavík

AMTSSPRACHE
Isländisch

WÄHRUNG
1 Isländische Krone (ikr)
= 100 Aurar

FLAGGE

Die Flagge zeigt das für Skandinavien typische Kreuz. Blau und Weiß gelten als alte isländische Farben und symbolisieren das Meer (Blau) sowie die Fontänen der Geysire (Weiß). Rot steht für das Feuer der Vulkane.

NORWEGEN

FLÄCHE
323 802 km²

EINWOHNER
4,58 Mio.

HAUPTSTADT
Oslo

AMTSSPRACHE
Norwegisch

WÄHRUNG
1 Norwegische Krone (nkr) = 100 Øre

FLAGGE

Das skandinavische Kreuz der Flagge besteht aus den Farben der Französischen Revolution, die für Freiheit in Europa stehen.

Norwegen ist das Land der Fjorde. Das sind schmale Meeresbuchten, die weit ins Landesinnere hineinreichen. Diese tiefen Täler mit ihren steilen Felswänden wurden während der Eiszeit, also vor vielen Tausend Jahren durch Gletscher gebildet. Viele von ihnen sind mehr als 1000 m tief.

Weit draußen vor dieser beeindruckenden Fjordküste stehen künstliche Inseln in der flachen Nordsee, die Norwegen einen großen Reichtum bescheren: Bohrinseln. Hier bohren große Erdölunternehmen nach Erdöl und Erdgas, die über Pipelines zur Verarbeitung ans norwegische Festland, aber auch direkt nach Deutschland transportiert werden.

Ganz im Norden Norwegens, weit nördlich des Polarkreises, liegt die nördlichste Stadt Europas: Hammerfest. Hier wird es zwischen Mitte Mai und Ende Juli auch nachts nicht dunkel. Dafür wird es im Winter nie richtig hell. Zum Glück gibt es den Mond – und Straßenlaternen. Kein Wunder, dass Hammerfest als erste Stadt Norwegens im Jahre 1891 eine Straßenlaterne erhielt. Heute kann man die Stadt mit den Schiffen der Hurtigrute (= „Schnellverbindung") besuchen und vom Schiff aus die faszinierende Küstenlandschaft genießen. Früher war dies die Route der Postschiffe, die damals oft die einzige Verbindung und Versorgungsmöglichkeit für die Menschen im hohen Norden waren.

Der Winter in Norwegen ist lang, er kommt schon im November und geht erst Ende April. Deshalb ist Norwegen ein Paradies für Skifahrer. Vor allem der Langlauf ist Volkssport für die ganze Familie. Überall gibt es Loipen und im Hochgebirge kann man auf Skiern durch verschneite Winterlandschaften wandern und in einer der kleinen Holzhütten übernachten, die immer kostenfrei für die Wanderer offen sind. Nur seine Verpflegung muss man selbst mitbringen.

Die Tradition des Skifahrens als Fortbewegungsart ist in Norwegen sehr alt. Auf der Halbinsel Rødøy südlich von Bodø hat man eine 4000 Jahre alte in Stein gemeißelte Abbildung eines Skifahrers entdeckt. Sogar in Oslo, dem Sitz der königlichen Familie, kann man Ski fahren. Im nördlichen Stadtgebiet, auf dem Berg Holmenkollen, steht die älteste Sprungschanze der Welt.

Eine der vielen Bohrinseln vor der norwegischen Küste: Von ihnen aus werden die großen Erdöl- und Erdgasmengen gefördert, die unter der Nordsee liegen.

SPRACHE

Norwegisch (Norsk)

Norwegisch sprechen nur etwa fünf Millionen Menschen. Es ist eng mit dem Dänischen und Isländischen verwandt.

1 = en
2 = to
3 = tre
4 = fire
5 = fem

Hallo = Hei
Tschüs = Hah de
Wie heißt du? = Wa hehter dü?
Ich heiße … = Jäi hehter …
Wie geht's? = Wurdan gor de?
Danke = Takk
Bitte schön = Wahrscho guh
Entschuldigung = Ünnschüll

Drei Viertel der Norweger leben weniger als 15 km von der Küste entfernt.

DÄNEMARK

Den größten Teil Dänemarks bildet die Halbinsel Jütland, die weit in die Nordsee hineinragt und eine natürliche Barriere zwischen Nord- und Ostsee bildet. Hier weht fast immer eine ziemlich steife Meeresbrise. Überall stößt man auf riesige Windräder, die vom Seewind angetrieben werden und umweltfreundlich Strom erzeugen.

In Jütland – genauer gesagt in der Stadt Billund 20 km westlich von Vejle – gibt es eine besondere Attraktion: Legoland. Hier wurde alles Mögliche aus den weltbekannten Legosteinen nachgebaut: etwa der Pariser Eiffelturm und andere Wahrzeichen, aber auch Schlösser und Burgen, Tiere, Wikinger. Die bunten Bausteine wurden 1932 von einem dänischen Tischler erfunden, der sie ursprünglich aus Holz anfertigte. Er dachte sich auch den Namen Lego aus. Das ist die Abkürzung für „Leg godt", was auf Dänisch „Spiel gut!" bedeutet. Seit es Lego gibt, wurden riesige Mengen der kleinen Bausteine verkauft, insgesamt mehr als 300 Milliarden Stück! Das ist eine Drei mit elf Nullen!

Ilulissat ist die drittgrößte Stadt Grönlands. Hier leben aber nur rund 4500 Menschen.

Neben der Halbinsel Jütland gehören noch knapp 500 Inseln zu Dänemark. Viele davon sind jedoch sehr klein und unbewohnt. Kopenhagen, die Hauptstadt Dänemarks, liegt auf der größten Insel, auf Seeland. Sie ist durch Fährverbindungen und Brücken mit dem Festland und anderen dänischen Inseln verbunden. Seit 2000 gibt es auch eine Straßen- und Bahnverbindung über den Øresund. So heißt die Meeresstraße, die zwischen Dänemark und Schweden liegt. Zuerst fährt man von Kopenhagen in einem Tunnel unter dem Øresund durch, dann steigt die Straße an, um über eine Hängebrücke nach Malmö zu führen.

Zum Königreich Dänemark gehört auch Grönland, die größte Insel der Welt. Weite Teile Grönlands sind von ewigem Inlandeis bedeckt. Der Großteil der 57 000 Inselbewohner lebt an der Südwestküste, wo das Klima durch den nahen warmen Golfstrom günstiger ist. Die meisten Grönländer sind Inuit oder Eskimos, wie man sie früher bezeichnet hat. Sie besitzen eine eigene Sprache, aber in der Schule lernen die Kinder zusätzlich Dänisch. Außerdem gibt es in den Schulen einen ungewöhnlichen Werkunterricht. Die Kinder lernen, wie man Kajaks baut. Diese schmalen, leichten Boote erfanden die Inuit einst, um auch zu Wasser jagen zu können, etwa nach Robben oder Walen.

FLÄCHE
43 098 km²

EINWOHNER
5,4 Mio.

HAUPTSTADT
Kopenhagen

AMTSSPRACHE
Dänisch

WÄHRUNG
1 Dänische Krone (dkr) = 100 Øre

FLAGGE

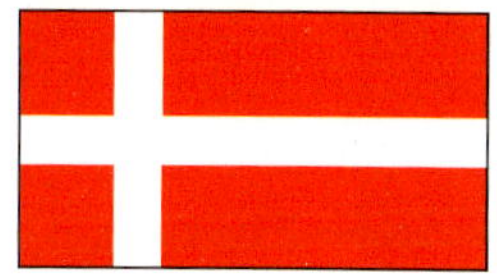

Die Flagge „Danebrog" ist vermutlich die älteste Flagge der Welt. Das liegende Kreuz tragen heute die Flaggen aller skandinavischen Länder. Der Sage nach erschien es dem Dänenkönig Waldemar II. 1229 im Traum und verhalf ihm zum Sieg gegen die Esten.

An Dänemarks Küsten stehen viele Leuchttürme. Sie weisen die Seeleute und Fischer auf das nahe Ufer hin.

SCHWEDEN

FLÄCHE
450 295 km²
EINWOHNER
9,01 Mio.
HAUPTSTADT
Stockholm
AMTSSPRACHE
Schwedisch
WÄHRUNG
1 Schwedische Krone (skr) = 100 Öre
FLAGGE

Die Flagge zeigt das für Skandinavien typische Kreuz. Die Farben gehen auf alte schwedische Wappen zurück.

Die Abenteuer von Pippilotta Viktualia Rollgardina Pfefferminza Efraims Tochter Langstrumpf – kurz Pippi Langstrumpf – kennen Kinder auf der ganzen Welt. Erfunden hat sie Astrid Lindgren, die wohl berühmteste Schriftstellerin Schwedens. Sie schrieb auch die Geschichten über die mutige Ronja Räubertochter und den frechen Michel aus Lönneberga, einem kleinen Dorf in Südschweden.

Süd- und Mittelschweden werden zum großen Teil von Wald- und Moorgebieten eingenommen. Sie sind die Heimat vieler Elche. Die Tiere sind mit den bei uns lebenden Hirschen verwandt, werden aber viel größer und schwerer. Manche bringen 800 kg auf die Waage. Ihr gewaltiges, bis zu 2 m großes Schaufelgeweih werfen sie jeden Winter ab. Es wächst dann im Frühjahr wieder nach – etwa 2–3 cm pro Tag! Elche sind ganz ausgezeichnete Schwimmer. Mit ihren langen Beinen und spreizbaren Hufen können sie sich im Sumpf oder im Schnee hervorragend bewegen. Sowohl die Schweden als auch die Touristen lieben die Tiere mit dem langen Schädel, und so sind die Souvenirläden voll von Elchen: Sie schmücken Tassen oder Schlüsselanhänger, und manchmal bekommt man sogar „Älgspillning“ (Elchmist) im Glas angeboten.

In Richtung Norden wird Schweden immer hügeliger und gebirgiger. Nahe der Grenze zum Nachbarland Norwegen sind die Berge um die 2000 m hoch. Ganz im Norden, nicht weit vom höchsten Berg Schwedens, dem Kebnekajse (2111 m), liegt die Stadt Kiruna. Sie wuchs aus einem kleinen Dorf heran, als bekannt wurde, dass in diesem Gebiet ein wertvolles Gestein vorkommt: Magnetit. Das ist ein Erz, aus dem Eisen gewonnen wird. Zum Abtransport der riesigen Erzmengen, die man hier abbaute, wurde eine Eisenbahnlinie in die an sich nur dünn besiedelte Region gebaut. Sie führt einerseits in das norwegische Narvik und andererseits an die Ostseeküste nach Luleå.

Kaum 50 km von Kiruna liegt eine ungewöhnliche Station: Esrange, ein Startplatz für Höhenforschungsraketen. Dort werden auch Flugexperimente durchgeführt, bei denen man untersucht, wie sich Materialien in der Schwerelosigkeit verhalten. Das Klima in dieser Gegend nördlich des Polarkreises ist arktisch. Das bedeutet, dass es einen langen, kalten Winter und einen kurzen Sommer gibt. Die Temperaturen können im Winter bis auf – 40 °C sinken. Diese klirrende Kälte machen sich die Menschen in Jukkasjärvi, einem kleinen Dorf bei Kiruna, zunutze. Sie bauen jedes Jahr im November in wochenlanger Arbeit aus 30 000 Tonnen Schnee und etwa 10 000 Tonnen meterdicken

Viele Schilder weisen Autofahrer darauf hin: Langsam, hier könnte ein Elch kreuzen!

40 Prozent aller Schweden haben einen Familiennamen der auf -son endet.

Eisblöcken einen Hotelpalast aus Eis. Das Hotel hat 60 Eiszimmer, eine Eisbar und sogar eine Eiskirche. Selbst die Möbel sind aus Eis. Im April jeden Jahres, wenn die Temperaturen wieder steigen, ist die Saison vorbei: Das Hotel schmilzt.

Weil die Sommer in Schweden relativ kurz sind, wird jedes Jahr Ende Juni das Mittsommerfest gefeiert. Der 21. Juni ist der längste Tag des Jahres und der lang ersehnte Beginn des Sommers. An Midsommar, wie die Schweden sagen, trifft man sich meistens auf dem Land mit Verwandten oder Freunden. Es gibt viel Leckeres zu essen, zum Nachtisch oft die ersten Erdbeeren des Jahres mit viel Sahne. Außerdem singt, spielt und tanzt man und freut sich, dass die Tage so lang sind!

Vor der Küste Schwedens gibt es Hunderttausende kleiner Inseln. Man nennt sie Schären. Es sind Felsen, die während der Eiszeit von Gletschern abgeschliffen und abgerundet wurden. Einige Schären sind nur wenige Meter groß, andere groß genug, um darauf zu wohnen. Sie ragen oft nur wenige Meter aus dem Wasser. Auch Stockholm, die Hauptstadt Schwedens, liegt über mehrere solcher kleinen Inseln verteilt. Deshalb wird sie oft auch als „Venedig des Nordens" bezeichnet. Überall trifft man auf Seen, Kanäle und Brücken. Und während der Lachssaison kann man sogar mitten in der Innenstadt Lachse angeln!

Drei der bekanntesten Schwedinnen: Kronprinzessin Victoria, Pippi Langstrumpf und Astrid Lindgren bei einer Ehrung der bekannten Kinderbuchautorin

Etwa ein Drittel der Stadtfläche Stockholms ist von Wasser bedeckt. Auch die Altstadt liegt auf einer Insel.

Von der Altstadt aus kann man mit einem kleinen Dampfschiff zum Schloss Drottningholm fahren. Dort lebt der schwedische König mit seiner Familie. Zu seinen Pflichten gehört auch, einmal im Jahr den Nobelpreis zu verleihen. Der Preis geht auf Alfred Nobel zurück, den Erfinder des Dynamits. Er wurde 1833 in Schweden geboren. Nobel wurde durch seine Erfindung sehr reich. Er wollte, dass nach seinem Tod von seinem Geld Preise an Menschen vergeben werden, die besondere Dinge für die Menschheit geleistet haben. Die Preise gibt es für verschiedene Bereiche: Physik, Chemie oder Medizin und Literatur. Menschen, die sich besonders um die Erhaltung des Friedens auf der Welt verdient gemacht haben, erhalten den Friedensnobelpreis. Er wird allerdings nicht in Stockholm, sondern in Norwegen durch den norwegischen König verliehen.

SOUVENIR

Das Knäckebrot

Früher, als es noch keine Supermärkte gab, stellten die Menschen im Norden Schwedens im Herbst ein haltbares Brot her, das ihnen half, über den langen Winter zu kommen. Dazu buken sie den Brotteig bei sehr hohen Temperaturen und trockneten es anschließend noch zusätzlich. So wurde das Brot hart und spröde und man konnte es sehr lange lagern. Da Knäckebrot aber nicht nur praktisch ist, sondern auch noch gut schmeckt, wurde es nach und nach auch in Mitteleuropa bekannt.

FINNLAND

FLÄCHE
338 145 km²

EINWOHNER
5,2 Mio.

HAUPTSTADT
Helsinki

AMTSSPRACHEN
Finnisch, Schwedisch

WÄHRUNG
1 Euro (EUR) = 100 Cent

FLAGGE

Die Flagge trägt das skandinavische Kreuz. Blau steht für die Farbe der finnischen Seen und des Himmels, Weiß erinnert an die schneebedeckte Landschaft im Winter.

60 000 Seen und schier unendliche Waldgebiete: Das ist Finnland oder, wie die Finnen sagen, Suomi – „Land der Seen und Sümpfe“. Zu Recht, denn vor allem im Südosten des Landes liegen zahllose Seen, von denen viele über kleine Kanäle miteinander verbunden sind. Ein Paradies für Kanuwanderer!

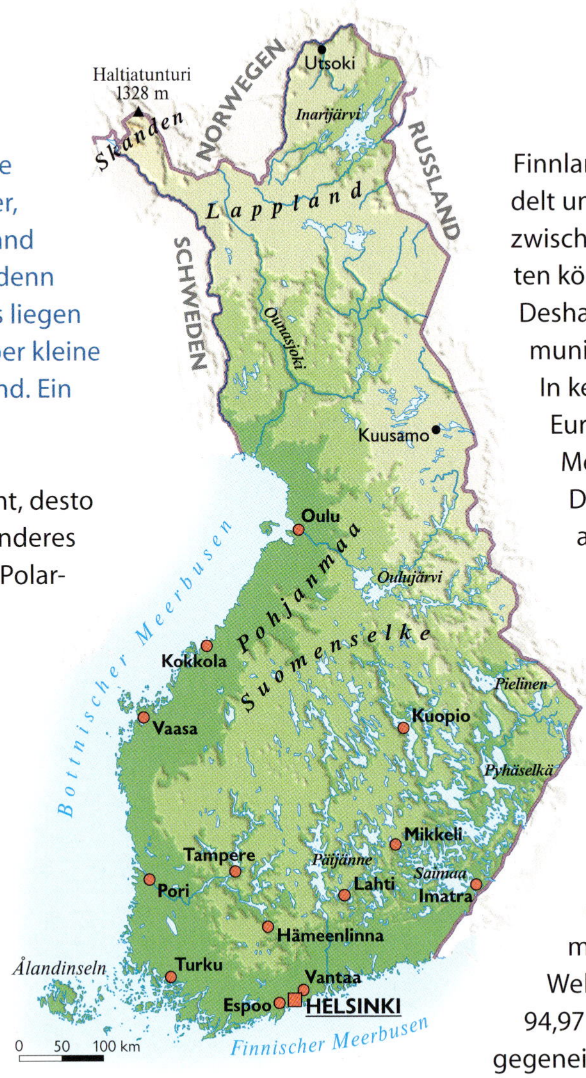

Je weiter man nach Norden kommt, desto häufiger kann man ein ganz besonderes Naturschauspiel beobachten: die Polar- oder Nordlichter. Elektrisch geladene Teilchen, die von der Sonne kommen – Fachleute sagen dazu „Sonnenwind“ –, erzeugen beim Auftreffen auf die Atmosphäre der Erde diese beeindruckenden Himmelslichter.

In Finnland gibt es keine Gebirge, doch im Norden erheben sich einzeln stehende sogenannte Tunturi aus der flachen Landschaft. Der höchste Berg, der 1328 m hohe Haltiatunturi, liegt nahe der norwegischen Grenze – in Lappland. Lappland ist die Heimat der Samen, die oft auch als „Lappen“ bezeichnet werden. Die Samen leben auch in Schweden, Norwegen und Russland und sprechen eine eigene Sprache. In ihr „joiken“ sie auch. Dieser Gesang hört sich ähnlich wie der bayerische Jodler an und wechselt schnell von tiefen zu hohen Tönen. In ihren Liedern singen sie vor allem von ihrem früheren Leben mit den Rentierherden.

Die Stärke des Polarlichts hängt vom sogenannten Sonnenwind ab, also von den Geschehnissen auf der fernen Sonne.

Finnland ist nur dünn besiedelt und die Entfernungen zwischen Dörfern und Städten können sehr groß sein. Deshalb ist moderne Kommunikation sehr wichtig. In keinem anderen Land Europas haben so viele Menschen ein Handy. Damit bestreiten sie auch einen verrückten Wettbewerb: Im finnischen Savonlinna – etwa 80 km nordöstlich von Mikkeli – finden jedes Jahr die Weltmeisterschaften im Handy-Weitwurf statt. Im Jahr 2005 erreichte der Sieger mit seinem Handy die Weltrekordweite von 94,97 m. Auch Kinder treten gegeneinander an. Hier liegt der Rekord bei 45,51 m.

Handy heißt auf Finnisch „kännykkä“. Das klingt für unsere Ohren seltsam. Es gibt nur wenige Sprachen, die mit dem Finnischen verwandt sind: die Sprache der Samen, Estnisch und Ungarisch zum Beispiel. Neben Finnisch wird in Finnland auch Schwedisch gesprochen, und im Radio und Fernsehen werden einige Sendungen in Schwedisch ausgestrahlt. Das liegt daran, dass viele Finnen schwedischer Herkunft sind und bis heute ihre Sprache und Kultur pflegen.

Zum finnischen Alltag gehört die Sauna. Jeder nutzt sie, auch kleine Kinder und alte Leute. Die Saunabäder reinigen, sind gesellig und entspannend und helfen, gesund und fit zu bleiben. Da die Sauna den Finnen so wichtig ist, hat fast jeder eine daheim, selbst in Mietwohnungen.

ESTLAND

Estland ist ein Land der Sänger und wird auch oft als das „Land der 1000 Stimmen" bezeichnet. Gemeint sind die mehr als 1000 Chöre, die sehr beliebt sind. Alle fünf Jahre treffen sich die Chöre zu einem riesigen Sängerfest in einem Vorort der Hauptstadt Tallinn.

Die Sängerfeste gibt es schon sehr lange. Schon immer drückten die Menschen in ihren Liedern das aus, was sie bewegte: Liebe, Freude, aber auch Protest gegen fremde Herrscher. Das war auch 1988 so. Damals war Estland noch ein Teil der großen Sowjetunion, wollte aber unabhängig sein. Um ihren Wunsch auszudrücken, versammelten sich mehr als 300 000 Menschen und sangen ihre Lieder. Viele von diesen Liedern waren verboten, aber die Esten sangen sie trotzdem. Sie taten sich mit den Menschen aus den beiden anderen Staaten des Baltikums, Lettland und Litauen, zusammen und bildeten im August 1989 gemeinsam eine Menschenkette, um für ihre Unabhängigkeit zu demonstrieren. Sie war 600 km lang und reichte von Tallinn über Riga in Lettland bis nach Vilnius, der Hauptstadt Litauens. Deshalb wird diese Zeit als die „Singende Revolution" bezeichnet. Zwei Jahre später wurde Estland dann tatsächlich unabhängig.

Im Unterschied zu vielen anderen europäischen Städten besitzt Tallinn eine vollständig erhaltene Altstadt. Moderne Bürogebäude gibt es dort kaum.

Blick auf die verwinkelte Innenstadt Tallinns – im Hintergrund sieht man die Ostsee.

Die Häuser stammen aus dem Mittelalter, aus dem 13. bis 15. Jahrhundert. Wenn man durch die verschlungenen Gassen schlendert, kann man vieles entdecken: imposante Wehrtürme, interessante Malereien und Schnitzereien. Das hat auch den sowjetischen Filmemachern so gut gefallen, dass sie in Tallinn viele Märchenfilme drehten.

Während die mittelalterlichen Fassaden der Häuser an vergangene Zeiten erinnern, ist das Innere oft topmodern. Vor allem das Internet spielt in Estland eine große Rolle. In vielen öffentlichen Gebäuden, etwa in Postämtern oder Bibliotheken, stehen Computer, über die man ins Internet gehen kann. Estnische Schüler haben es noch einfacher, denn alle Schulen haben Internetzugänge, die sie nutzen können, um sich zu informieren. In Estland gibt es sogar ein Gesetz, das den Bürgern einen kostenlosen Internetzugang garantiert.

Fährt man von Tallinn ins Landesinnere, steht man bald buchstäblich im Wald. Estland ist fast zur Hälfte bewaldet. In den Seen dieser Waldgebiete leben viele Biber. Mit ihren scharfen Zähnen fällen sie Bäume, mit denen sie Dämme errichten, um Bäche aufzustauen. In diesen Dämmen legen sie ihren Bau an, die sogenannte Biberburg, deren Eingang meist unterhalb der Wasseroberfläche liegt. Gleichzeitig wachsen in dem angestauten Teich Wasserpflanzen, die dem Biber als Nahrung dienen. Er schafft sich also seinen Lebensraum selbst.

FLÄCHE
45 227 km²

EINWOHNER
1,36 Mio.

HAUPTSTADT
Tallinn

AMTSSPRACHE
Estnisch

WÄHRUNG
1 Estnische Krone (ekr)
= 100 Senti

FLAGGE

Blau steht für die Treue der Esten zu ihrem Land, das Meer und die Seen, Schwarz für die Unterdrückung in der Vergangenheit, Weiß für den Schnee und den Kampf um Freiheit.

Biber sind geschickte Schwimmer. Ihr breiter Schwanz, Kelle genannt, dient dabei als Steuerruder.

LETTLAND

FLÄCHE
64 589 km²

EINWOHNER
2,33 Mio.

HAUPTSTADT
Rīga

AMTSSPRACHE
Lettisch

WÄHRUNG
1 Lats (Ls) =
100 Santim (s)

FLAGGE

Weiß symbolisiert Gerechtigkeit, Wahrheit und die Ehre des Volkes. Rot steht für das Blut, das für die Selbstständigkeit und die Freiheit vergossen wurde.

In der lettischen Kleinstadt Sigulda dreht sich im Winter alles um Schnelligkeit. Hier werden Jahr für Jahr Weltcuprennen im Rennrodeln und Bobfahren ausgetragen. Dann jagen die Bobfahrer und Rennrodler in atemberaubender Geschwindigkeit durch die 17 Kurven des 1420 m langen Eiskanals.

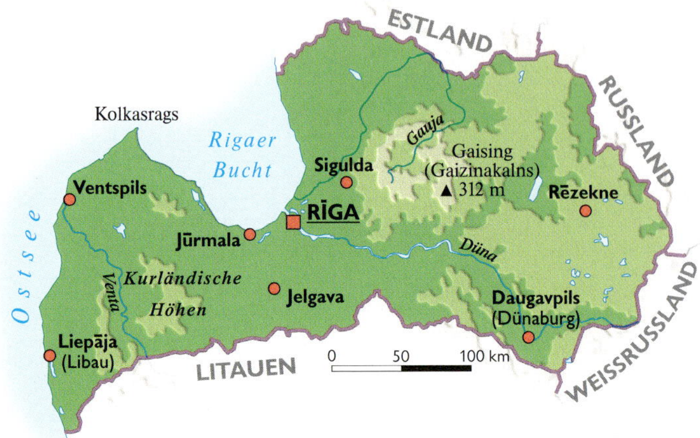

Der Wintersportort Sigulda liegt im Gauja-Nationalpark, einem Naturschutzgebiet mit riesigen Wäldern und schönen Auen entlang des Gauja, des zweitlängsten Flusses Lettlands. Hier verbringen viele Rigenser, wie man die Einwohner der Hauptstadt Rīga nennt, ihren Urlaub. Rīga selbst liegt in einer Bucht an der Ostsee und war schon früher eine sehr bedeutende Stadt. Sie wurde vor 800 Jahren von Kaufleuten aus Bremen gegründet, die den Handel in der ganzen Ostseeregion kontrollieren wollten. Im Laufe der Zeit schlossen sich etwa 200 Städte – Rīga gehörte dazu – zu einem Städtebund zusammen, der sich Hanse nannte. Durch diesen Verbund konnten die Städte ihre Handelsinteressen gegenüber anderen Nationen besser vertreten. Die Kaufleute dieser Hansestädte halfen sich gegenseitig und waren für lange Zeit sehr erfolgreich.

In der Altstadt von Rīga stehen noch viele Häuser aus dieser Zeit. Sie sind zum Teil sehr groß und erinnern an den Reichtum, den die Hanse der Stadt gebracht hat. Am Übergang von der Altstadt zur Neustadt steht das Freiheitsdenkmal, das für die Letten besonders wichtig ist. Es zeigt eine schlanke Frauenfigur, die drei Sterne in den Himmel streckt. Die Sterne stehen für die drei Landschaften, in die Lettland früher aufgeteilt war: Kurland, Livland und Lettgallen. Lettland wurde wie die beiden anderen baltischen Staaten Estland und Litauen lange Zeit von der Sowjetunion beherrscht. Im Sommer 1987 aber begannen hier am Freiheitsdenkmal die ersten Demonstrationen gegen die Fremdherrschaft. Das Denkmal wurde Ausgangs- und Endpunkt unzähliger Demonstrationen, bis Lettland schließlich 1991 seine Unabhängigkeit von der Sowjetunion erklärte. Zur Erinnerung an diese Zeit besuchen auch heute noch viele Letten das Denkmal und legen dort Blumen nieder.

Nur eine halbe Stunde Bahnfahrt von Rīga und man steht an der Ostsee. Hier liegen viele kleine und große Kurorte, die es schon zu sowjetischen Zeiten gab. An den kilometerlangen Stränden kann man stundenlang spazieren gehen, entlang an modernen Hotels, kleinen Hütten, verlassenen Hotelruinen aus der Sowjetzeit, kleinen Kiefernwäldchen und Sanddünen.

Viele Letten pflegen ihre Traditionen – wie diese Folkloretänzer auf dem Rathausplatz in der Altstadt von Rīga.

LITAUEN

In dem kleinen Dorf Purnuškės nördlich der Hauptstadt Vilnius liegt der geografische Mittelpunkt Europas. Dort, inmitten eines schönen Parks hat ein litauischer Künstler eine kleine Pyramide geschaffen. Von hier ist es gleich weit bis zum nördlichsten, südlichsten, westlichsten und östlichsten Punkt von Europa. Dazu muss man allerdings wissen, dass der Kontinent Europa bis zum Ural-Gebirge in Russland reicht.

Der Berg der Kreuze in der Nähe von Šiauliai ist ein Wallfahrtsort für Menschen aus aller Welt.

Etwa 200 km nordwestlich von Vilnius liegt eine andere Besonderheit des Landes: der Berg der Kreuze in der Nähe der Stadt Šiauliai. Der Ort ist ein Wallfahrtsort vieler Katholiken, hierher pilgern jährlich Tausende von Menschen und Jahr für Jahr werden es mehr. Viele Pilger stellen – verbunden mit einer Bitte oder Dank – immer neue kunstvoll verzierte Kreuze auf. Die ältesten Kreuze stehen hier wohl erst seit rund 150 Jahren, heute sind es rund 60 000. Als Litauen noch unter der Herrschaft der Sowjetunion stand, wollte die sowjetische Regierung nicht, dass sich die Menschen hier trafen. Deshalb zerstörten sie viele Kreuze. Doch die Litauer hielten an ihrem Wallfahrtsort fest. Viele der Kreuze, die hier stehen, erinnern an den Widerstand gegen die sowjetischen Herrscher.

Westlich von Šiauliai, an der Ostseeküste Litauens, lebte einer Legende nach die Riesin Neringa. Immer wieder glättete sie die stürmischen Meereswogen und beschützte damit die Fischer. Doch der Gott der Wellen war immer stärker als sie. So baute Neringa eines Tages einen langen Wall aus Sand, der den Fischern Sicherheit bieten sollte: Auf diese Weise bildete sich der Legende nach die Kurische Nehrung. In Wirklichkeit entstand die 98 km lange und sehr schmale Landzunge vor vielen Tausend Jahren dadurch, dass durch eine Meeresströmung entlang der Küste viel Sand angespült wurde und sich ablagerte. Sand bestimmt auch heute noch die Landschaft. 70 m hohe Dünen türmen sich auf und nur der Seewind erinnert einen daran, dass man sich nicht in der Sahara befindet.

An der litauischen Küste ist eine ganz besondere Kostbarkeit zu finden: Bernstein. Er entstand vor rund 70 Millionen Jahren, also in einer Zeit, als die Dinosaurier lebten! Damals tropfte Harz von den Bäumen, die hier standen, und wurde im Laufe der Zeit fest. Manchmal wurden kleine Tiere oder Pflanzen von der zähflüssigen Masse eingeschlossen. Da Bernstein – das versteinerte Baumharz – durchsichtig ist, sind die Einschlüsse oft sehr gut zu erkennen.

Die Litauer sprechen Litauisch. Die Sprache kennt keine Artikel wie „der, die, das" im Deutschen. Derlei Unterschiede werden durch Endungen wie -as oder -is ausgedrückt. Und diese Endungen hängen die Litauer auch an Fremdworte oder Eigennamen: Aus Ananas wird Ananasas und aus dem Schauspieler Brad Pitt wird Bradas Pittas.

FLÄCHE
65 300 km²

EINWOHNER
3,45 Mio.

HAUPTSTADT
Vilnius

AMTSSPRACHE
Litauisch

WÄHRUNG
1 Litas (LTL, Lt) = 100 Centai (ct)

FLAGGE

Gelb steht für den reifen Weizen und somit als Symbol für die Landwirtschaft, Grün für die Wälder und die Hoffnung, Rot für die Blumen und die Liebe der Menschen zu ihrem Land.

Fliegen, Mücken oder andere Kleintiere – all das kann man im Bernstein entdecken.

WEISSRUSSLAND

FLÄCHE
207 595 km²
EINWOHNER
9,90 Mio.
HAUPTSTADT
Minsk
AMTSSPRACHEN
Weißrussisch, Russisch
WÄHRUNG
1 Belarus-Rubel (BYR) = 100 Kopeken
FLAGGE

Rot symbolisiert den Kommunismus, Grün Wald und Landwirtschaft. Das rot-weiße Muster am Rand stellt ein traditionell gewebtes Tuch dar, das für die Geschichte des Landes steht.

In Weißrussland bringt nicht das Christkind am Jahresende die Geschenke, sondern Väterchen Frost. Ihre Wunschzettel an diesen Weihnachtsmann können die Kinder der Hauptstadt Minsk in einen Briefkasten werfen, der eigens zu diesem Zweck in einem Stadtpark aufgehängt wurde. Doch leider kam es auch schon vor, dass der Briefkasten geklaut wurde!

Ein halbes Jahr nach Weihnachten sind Ritter, Burgfräuleins, Gaukler und Minnesänger am Zuge, wenn sich in den Festungsruinen der weißrussischen Stadt Nowogrudok jedes Jahr 200 Rittervereine treffen. Bei diesem Spektakel, bei dem es zugeht wie im tiefsten Mittelalter, ist dann zwei Tage lang allerhand geboten: Musiker mit fremd klingenden mittelalterlichen Instrumenten, Wettbewerbe im Armbrustschießen oder Ritterzweikämpfe im Burggraben.

Solche Ritterspiele gab es zu Zeiten, als Belarus – so heißt das Land auf Weißrussisch – zur Sowjetunion gehörte, nicht. Seit 1991 ist Weißrussland ein unabhängiger Staat und wird seit 1994 von dem Präsidenten Alexander Lukaschenko regiert. Er wird auch als „der letzte Diktator Europas" bezeichnet, denn er allein bestimmt, was im Lande geschehen darf und was nicht. Viele Menschen haben Angst vor ihm und behalten ihre Meinung über seine Regierung lieber für sich. Zudem ist Lukaschenko dafür bekannt, dass er sich seine eigenen Gesetze macht. Im Jahr 2004 hat er beispielsweise ein Gesetz so verändert, damit er zum dritten Mal Präsident werden konnte, obwohl dies eigentlich nur zweimal erlaubt war.

Viele Weißrussen gehen im Winter dem Eislochfischen nach, um Abwechslung in ihren Speiseplan zu bringen.

Im Grenzgebiet zu Polen, in der Nähe der Grenzstadt Brest, liegt der Nationalpark Beloweschskaja Puschtscha. Man schätzt, dass mehr als 1000 der hier stehenden Eichen 300–700 Jahre alt sind. In deutschen Wäldern werden sie meist nur um die 150 Jahre alt. Der Nationalpark, der sich bis nach Polen erstreckt, gilt auch als der letzte Urwald Europas. Das bedeutet, dass der Mensch hier keine Bäume fällt oder neu anpflanzt, aber auch keine Schädlinge bekämpft – hier wächst einfach alles natürlich. „Belowesch", wie der Park kurz genannt wird, ist auch die Heimat von mehr als 400 Wisenten. Das sind etwa 2 m hohe Wildrinder mit dickem Fell, die eng mit dem amerikanischen Bison verwandt, aber etwas kleiner als diese sind. Die heutigen Herden sind streng geschützt, da die Tiere durch Wilderer und Krankheiten vom Aussterben bedroht sind.

In Brest selbst ist immer Betrieb. Im dortigen Bahnhof treffen die westeuropäischen Gleise mit einer Spurweite von 1435 mm und die osteuropäischen mit einer Spurweite von 1520 mm aufeinander – ein Unterschied von fast 10 cm! Damit die Waggons dennoch weiterfahren können, wird hier „umgespurt". Dazu werden die Fahrgestelle der Waggons gelöst, die Wagenkästen angehoben und die Fahrgestelle gegen solche mit der passenden Spurweite ausgetauscht.

RUSSLAND

Russland ist das größte Land der Erde. Es erstreckt sich sogar über zwei Kontinente: Europa und Asien. Ein Gebirge, der Ural, trennt die beiden Kontinente. Während auf der europäischen Seite im Westen des Urals viele Städte liegen – deshalb wird Russland auch meist zu Europa gezählt –, erstrecken sich östlich des Urals riesige gering besiedelte Ebenen mit einigen hohen Gebirgen.

Der größte Teil des östlichen Russlands wird Sibirien genannt. Meist ist das Klima dort extrem. Im Sommer klettert das Thermometer manchmal auf +40 °C, im Winter ist es oft bitterkalt. In Sibirien liegt auch das Dorf Oimjakon, in dem 1964 die bislang niedrigste Temperatur auf der Nordhalbkugel gemessen wurde: –78 °C (der absolute Kälterekord liegt in der Antarktis: –89 °C). Je weiter man nach Norden kommt, desto mehr bestimmen Wälder die Landschaft. Die großen Waldgebiete nennt man auch Taiga. Durch die dichten Laub- und Nadelwälder Sibiriens streift unter anderem der Sibirische Tiger. Er kann bis zu 3,3 m lang werden. Da sein Fell so schön aussieht und im Winter besonders dicht ist, haben ihn die Menschen lange gejagt. Vor wenigen Jahren war er bis auf 20 Tiere ausgerottet, doch durch Schutzprogramme ist seine Zahl glücklicherweise wieder auf rund 300 Tiere angestiegen.

Noch weiter im Norden, wo das Klima noch rauer und der Boden so karg ist, dass keine Bäume mehr wachsen, erstreckt sich die baumlose Tundra. Die Böden sind dort oft das ganze Jahr über gefroren. Hier findet man immer wieder uralte tiefgefrorene Tierkörper. Manche sind für die Forschung von großer Bedeutung wie etwa Mammuts, die seit der letzten Eiszeit, also seit mehr als 10 000 Jahren im Boden liegen. Dadurch, dass sie in einer natürlichen „Tiefkühltruhe“ lagen, sind sie meist in einem sehr guten Zustand. Selbst die Haare und das Fleisch sehen aus, als seien die Mammuts eben erst gestorben. Entdeckt werden die Tiere übrigens meistens durch den kilometerweit wahrnehmbaren Gestank, der von ihnen ausgeht, wenn sie erst mal

Im Jahre 1977 fand ein sibirischer Jäger dieses vollständig erhaltene Mammutbaby. Es starb vor ca. 40 000 Jahren.

beginnen aufzutauen. Und das wird voraussichtlich immer öfter der Fall sein, da sich das Weltklima immer stärker erwärmt. Früher allerdings dachten die Menschen in Sibirien, dass die Mammuts wie riesige Maulwürfe unter der Erde leben und erst sterben, wenn sie ans Tageslicht kommen.

In der Tundra ist die Schnee-Eule heimisch. Die weißen Vögel sitzen meist ziemlich auffällig auf Hügeln, Steinen oder Baumstämmen. So sehen sie Feinde und Beutetiere schon von Weitem. Dabei ruhen sie oft stundenlang, ohne sich zu bewegen – aufrecht oder leicht vornübergebeugt, wobei sie die Füße und Flügel mit ihrem üppigen und lockeren Körpergefieder umhüllen. Nur bei starker Sonneneinstrahlung suchen die Schnee-Eulen einen Unterstand auf, bei Regen und Schneefall bleiben sie einfach sitzen. Damit sie nicht im Schnee einsinken, sind ihre Füße und Zehen dicht befiedert und sehen dadurch fast wie kleine Schneeschuhe aus.

In Südsibirien liegt der faszinierende Baikalsee. Er wird von den Völkern, die hier leben, auch als „Perle Sibiriens“ bezeichnet. Er ist 636 km lang, zwischen 27 und 80 km breit und mit 1637 m Tiefe

Durch die schier endlosen Wälder der Taiga schlängeln sich auch einige Flüsse.

FLÄCHE
17,08 Mio. km²

EINWOHNER
143,5 Mio.

HAUPTSTADT
Moskau

AMTSSPRACHE
Russisch

WÄHRUNG
1 Rubel (Rbl) = 100 Kopeken

FLAGGE

Die Flaggenfarben gehen auf Zar Peter den Großen zurück, der nach einem Aufenthalt in Holland die Farben der niederländischen Flagge für die russische Seefahrt festlegte. Nur die Reihenfolge der Streifen ist anders als bei der niederländischen Flagge.

RUSSLAND Fortsetzung

Die Transsibirische Eisenbahn fährt auch entlang des sibirischen Baikalsees.

der tiefste See der Welt. Da der See durch rund 300 Zuflüsse ständig mit Süßwasser gefüllt ist, ist er das größte Trinkwasserreservoir der Erde. Im Winter friert der See vollständig zu. Dann wird hier Eishockey gespielt und es entsteht auf dem Eis ein reger Autoverkehr von Ufer zu Ufer – mit Fahrbahnen und sogar Parkverbotsschildern! Wenn im März das Eis durch die Frühjahrssonne dünner und dünner wird, müssen die Autos weichen und die Menschen wieder um den See herum fahren, wenn sie an die gegenüberliegende Seite möchten.

Der Baikalsee ist die Heimat von vielen Tieren. Manche davon sind für den See besonders wichtig: winzige Krebstiere. Sie sorgen dafür, dass das Wasser des Baikalsees immer sauber ist. Eine Krebsart, der Baikal-Epischura, ist zwar nur ein paar Millimeter lang, vertilgt aber Unmengen an kleinsten Algen und Bakterien. Im Verlauf eines Jahres ist eine Heerschar dieser unersättlichen kleinen Krebse in der Lage, dreimal die oberste 50 m dicke Wasserschicht zu säubern. Typisch für den Baikalsee sind auch kleine Flohkrebse, die sich von toten Fischen und ertrunkenen Tieren ernähren und auf diese Weise den See sauber halten.

Am Südufer des Baikalsees fährt die berühmte Transsibirische Eisenbahn oder „Transsib" entlang. Sie befährt die längste durchgehende Bahnstrecke der Welt: Jeden zweiten Tag verlässt der „Zug Nr. 2" – so heißt der Zug, der von Moskau bis zum mehr als 9289 km entfernten Wladiwostok fährt –

den Bahnhof in der Hauptstadt, um nach fast sieben Tagen die Endstation am Japanischen Meer zu erreichen. Während der langen Fahrt passiert der Zug acht verschiedene Zeitzonen, das heißt, die Reisenden müssen immer wieder ihre Uhr um eine Stunde vorstellen.

Um in Moskau rechtzeitig am Bahnhof zu sein, benutzen viele Reisende die Metro. Die Stationen wurden schon um 1935 herum gebaut und sind zum Teil sehr prunkvoll: Man sieht goldene Mosaikbilder, marmorverkleidete Wände und Säulen sowie kunstvolle Ornamente aus Stuck (Gips). In vielen Stationen sorgen goldfarbene Kronleuchter für einen besonderen Glanz. An einigen Ecken stehen aber auch arme, obdachlose Kinder, die um Geld betteln. Davon gibt es in Moskau sehr viele. Sie fliehen aus ihren Familien, da ihre Eltern zu arm sind, um sie zu ernähren.

Steigt man an der Station Alexandrowskij Sad aus der Metro, gelangt man zum sogenannten Kreml. Er ist ein Wahrzeichen Moskaus und zudem ein Zeichen für die Macht Russlands. Hinter den bis zu 6,5 m dicken und bis zu 19 m hohen Mauern liegt eine Befestigungsanlage, die schon im 12. Jahrhundert für die mächtigen russischen Herrscher, die Zaren, gebaut wurde. Heute kann man deren Gemächer, prächtige Paläste und Rüstkammern besichtigen. Innerhalb der Kreml-Mauern steht auch die Mariä-Verkündigungs-Kathedrale mit vielen vergoldeten Zwiebeltürmen, die Hauskirche der Zaren. Es ist eine russisch-orthodoxe Kirche.

Manche Metrostationen sehen innen aus wie Paläste.

Der Moskauer Kreml am Ufer der Moskwa – ehemals die Festung der Zaren – ist heute der Sitz des russischen Präsidenten.

Im Innern kann man viele Heiligenbilder bewundern. Die Gläubigen küssen sie voller Verehrung. Da sich die russisch-orthodoxe Kirche schon vor vielen Hundert Jahren von der katholischen Kirche in Rom getrennt hat, gibt es viele Unterschiede zwischen den beiden Kirchen. Zum Beispiel stehen die Menschen hier während der Gottesdienste und sitzen oder knien nicht. Und das religiöse Oberhaupt ist nicht der Papst in Rom, sondern der sogenannte Patriarch von Moskau.

Mit der russischen Oktoberrevolution im Jahre 1917 ging die Herrschaft der Zarenfamilie zu Ende. An der Spitze der Revolution stand Wladimir Iljitoch Lenin. Er hatte wie viele seiner Mitstreiter besondere Vorstellungen, wie die Menschen in Zukunft zusammenleben sollten. Die Idee entstand in der späten Zarenzeit, als viele arme Menschen in Fabriken arbeiten mussten und die wenigen Fabrikbesitzer immer reicher wurden. Man dachte, dass es gerecht wäre, wenn es kein Privateigentum mehr gäbe und die Maschinen und Geräte allen Menschen gemeinsam gehören würden. Diese Idee

RUSSLAND Fortsetzung

nennt man auch Kommunismus. Die Revolutionäre erreichten ihr Ziel und nach der Oktoberrevolution wurden Industrie- und Landwirtschaftsbetriebe zu Volkseigentum. Aus dem ursprünglichen Zarenreich wurde einige Jahre später die Sowjetunion oder korrekt die „Union der Sozialistischen Sowjetrepubliken" (kurz UdSSR), die aus 15 Unionsrepubliken bestand. Lenin starb im Jahre 1924. Für ihn wurde auf dem Roten Platz, direkt vor dem Moskauer Kreml, ein Mausoleum erbaut. Dort liegt sein einbalsamierter Leichnam – bis heute – in einem beleuchteten Kristallsarg.

Nach Lenins Tod übernahm Josef Stalin die Macht. Er war ein Diktator. Das heißt, er hatte sehr viel Macht und duldete keine Gegner. Die Menschen durften ihre Meinung nicht mehr frei sagen. Wenn sie es doch taten, wurden sie festgenommen, gefoltert oder sogar umgebracht. Stalin starb 1953. Seine Nachfolger übernahmen viele seiner politischen Vorstellungen. Eine Wende trat erst mit dem Politiker Michail Gorbatschow im Jahre 1985 ein. Er vertrat eine Politik der Offenheit und Freiheit, die dazu führte, dass viele der Sowjetrepubliken ihre Unabhängigkeit erklärten. Dadurch zerfiel die ehemals mächtige Sowjetunion. Die ehemalige Russische Sowjetrepublik wurde zu dem neuen Staat Russland.

Unter Gorbatschow wurde auch der jahrzehntelange Streit zwischen der Sowjetunion und dem Westen, besonders mit den Vereinigten Staaten von Amerika, beigelegt. Dieser Konflikt, der auch als „Kalter Krieg" bezeichnet wird, wurde sogar im Weltall geführt. Beide Staaten versuchten viele Jahre, immer die Ersten zu sein, wenn es um Entwicklungen in der Raumfahrt ging. Den ersten Sieg errang die Sowjetunion. Im Jahre 1957 schoss sie den ersten Satelliten ins All: „Sputnik 1". Er wog über 80 kg und sendete drei Wochen lang Funksignale zur Erde. Die Amerikaner waren geschockt, als sie das Piepen aus dem All hörten, wollten sie doch die Ersten im All sein. Im Jahre 1961 wurden sie noch einmal geschlagen: Der Russe Juri Gagarin flog als erster Mensch – für 108 Minuten – ins All. 1969 dann triumphierten die Amerikaner, als Neil Armstrong als erster Mensch den Mond betrat.

Heute ist Russland ein beliebtes Touristenziel. Vor allem in die ehemalige Zarenstadt Sankt Petersburg kommen viele Besucher. Sie ist nach Moskau die zweitgrößte Stadt Russlands und die am nördlichsten gelegene Millionenstadt der Welt. Die meisten Gäste kommen Ende Juni zu den „Weißen Nächten" hierher, wenn es auch nachts nicht vollständig dunkel wird. Das liegt an der Lage im hohen Norden, denn bis zum Polarkreis sind es nur noch wenige Hundert Kilometer.

Auf dem Wolga-Ostsee-Kanal, der Sankt Petersburg (das ehemalige Leningrad) und den Fluss Wolga verbindet, verkehren viele Flusskreuzfahrtschiffe.

Traditionelle Matroschka: Sie hat viele weitere solcher Steckpuppen in ihrem Bauch. Diese stehen für die Kinder, die eine Mutter bekommt.

SPRACHE

Hallo!

Russisch **Русский**

Russisch ist eine Weltsprache und wird von ungefähr 145 Millionen Menschen als Muttersprache gesprochen. Geschrieben wird es mit kyrillischen Buchstaben.

1 = adin
2 = dwa
3 = tri
4 = tschityri
5 = pjat

Hallo = Priwjet
Tschüs = Paka
Wie geht's? = Kak dila?
Wie heißt du? = Kak tibja sawut?
Ich heiße … = Minja sawut …
Danke = Sspassiba
Bitte schön = Paschalssta

Jäger in der Kälte

Es ist ein hartes Leben, das die Nenzen in Sibirien führen. Selbst im tiefsten Winter, bei Temperaturen um minus 30 °C, wohnen viele von ihnen in Zelten – so wie es dieses Volk seit Jahrhunderten getan hat. Praktisch: Wenn man an einem Ort nicht mehr bleiben will, baut man das Zelt ab, legt die Zeltstangen und die lederne Zeltplane auf einen Rentierschlitten und zieht weiter. Viele Nenzen leben von der Rentierzucht. Aber weil niemand immer nur Rentierfleisch essen mag, gehen die Männer hin und wieder auf die Jagd. Meist bringen sie Hasen oder Vielfraße heim. Sie schmecken nicht nur gut, ihr Fell leistet auch als Mütze oder Handschuhe gute Dienste. Dieser Nenzen-Junge will eines Tages auch ein großer Rentierzüchter werden. Ob es allerdings, bis er groß ist, noch genug Weideplatz für die Tiere gibt, ist nicht gewiss. Vor einigen Jahren wurden nämlich in der Region Erdgas und Erdöl gefunden, und ihr Abbau und die vielen Pipelines, die die baumlose Tundra durchziehen, zerstören das Land immer mehr.

UKRAINE

FLÄCHE
603 700 km²

EINWOHNER
47,2 Mio.

HAUPTSTADT
Kiew

AMTSSPRACHE
Ukrainisch

WÄHRUNG
1 Hrywnja (UAH) =
100 Kopijki (Kopeken)

FLAGGE

Blau symbolisiert den Himmel, Gelb die Weizenfelder.

Was wäre Ostern ohne verzierte Eier? Auch in der Ukraine hält man an dem Brauch fest, für die Osterfeiertage Eier auszublasen und zu bemalen. Viele bestreichen die Eier zunächst mit flüssigem Kerzenwachs und legen sie dann in ein Farbbad. Nach Ablösung des Wachses bleiben grafische Muster auf der Schale zurück. Pisanki, „die Bemalten", nennt man diese Eier hier.

Seit 1986 in der Ukraine ein schlimmes Unglück passiert ist, ist das Land fast allen Europäern bekannt. Damals – am 26. April – kam es in dem ukrainischen Kernkraftwerk Tschernobyl zu einem schrecklichen Zwischenfall. Eines der Gebäude, ein sogenannter Reaktor, explodierte und damit wurde radioaktives Material in die Luft geschleudert. Bis man um das Gebäude einen Betonmantel gebaut hatte, trat ständig Radioaktivität aus, die sich über ganz Nord-, Ost- und Mitteleuropa verteilte. Radioaktive Strahlen sind weder sichtbar noch kann man sie riechen. Aber sie sind für den Menschen sehr gefährlich. Seit dem Unfall sind viele Menschen an Krebs und anderen schlimmen Krankheiten erkrankt und gestorben. Auch der fruchtbare Boden war über weite Teile, auch in den Nachbarstaaten Weißrussland und Russland, stark verseucht. Das hatte besonders für die Landwirtschaft, von der viele Ukrainer leben, verheerende Folgen. Die Ackerpflanzen nahmen nämlich auch die Stoffe, die radioaktive Strahlung abgaben, auf. Wer solches Gemüse oder Getreide aß, nahm damit auch die gefährlichen Stoffe zu sich. Nachdem all diese Zusammenhänge bekannt geworden waren, wollte niemand mehr diese Ackerprodukte kaufen, und viele Bauern verloren ihre Arbeit.

Das Schloss Schwalbennest auf der Halbinsel Krim thront 40 m über dem Schwarzen Meer.

Weiter im Süden der Ukraine liegt am Schwarzen Meer eine Halbinsel, die Krim. Sie ist für ihren Wein- und Obstbau und den berühmten Krimsekt bekannt. Von der radioaktiven Verseuchung war sie kaum betroffen, da der Wind damals so wehte, dass er die gefährlichen Stoffe nach der Explosion nicht bis an das Schwarze Meer trug.

Auf der Krim und um den Fluss Dnjepr leben bis heute viele Kosaken. Das waren ursprünglich russische und ukrainische Bauern, die den Großgrundbesitzern gehörten, für die sie die Äcker bestellten. Eines Tages flohen sie in die Steppe und gründeten dort eigene Siedlungen. Sie wehrten sich erfolgreich gegen zahlreiche Überfälle, wodurch sie als kämpferisches Reitervolk bekannt wurden.

Der größte Mann der Welt kommt aus der Ukraine. Er misst 2,56 m!

MOLDAWIEN

Das Kernland Moldawiens liegt zwischen zwei langen Flüssen. Der Pruth bildet die Grenze zum Nachbarland Rumänien, der Dnjester fließt nahe der Grenze zur Ukraine. Der schmale ebene Landstrich zwischen dem Dnjester und dem ukrainischen Nachbarn heißt Transnistrien.

In Moldawien, das bis 1991 Teil der riesigen Sowjetunion war, gibt es immer wieder Streit zwischen den hier lebenden Völkern. Das sind Moldawier, Gagausen, Russen und Ukrainer. Im Osten Moldawiens – in der Region Transnistrien – leben vor allem Russen und Ukrainer. Sie wollen unabhängig leben und haben die Republik Transnistrien gegründet. Sie wird aber von den anderen Ländern der Welt nicht anerkannt, weil sie viele international geltende Gesetze nicht einhält, zum Beispiel die Menschenrechte.

Moldawien ist eines der ärmsten Länder Europas. Viele Kinder wachsen in Armut auf, bekommen keine warme Mahlzeit am Tag und haben oftmals kaum Kleidung oder Spielzeug. Da sie so arm sind und oft keinen Ausweg aus der Armut sehen, trinken viele Erwachsene zu viel Alkohol. Doch dann können sie sich nicht mehr um ihre Kinder kümmern – ein Teufelskreis. Andere Eltern gehen auf der Suche nach Arbeit ins Ausland, müssen aber ihre Kinder zurücklassen, die dann mehr oder weniger alleine zurechtkommen müssen. So kann es sein, dass Zwölfjährige ihre Geschwister schon ganz alleine versorgen.

Viele junge Mädchen erhoffen sich eine gute Stelle im Ausland und geraten dabei manchmal in die Hände von Menschenhändlern. Diese versprechen den Mädchen tolle Jobs, aber in Wirklichkeit müssen die Mädchen als Prostituierte oder billige Arbeitskraft arbeiten. Seitdem man das weiß, gibt es in den Schulen Moldawiens auch Unterricht, in dem die Kinder über den Menschenhandel aufgeklärt werden. Das ist sehr wichtig. Denn je mehr die Kinder darüber wissen, desto weniger haben die Menschenhändler eine Chance, sie zum Mitkommen zu überreden.

Vor langer Zeit mussten sich moldawische Städte oft gegen Eindringlinge und Räuber wehren. Davon zeugt die Stadt Soroca im Norden des Landes. Hier – über dem Fluss Dnjester gelegen – wurde im Mittelalter eine runde Festung mit fünf runden Wehrtürmen erbaut, in deren Schutz die einheimische Bevölkerung auch lange Belagerungen überlebte. Einer Legende zufolge schafften sie das aber nicht ganz alleine: Ein Storch soll ihnen geholfen haben, der sie immer wieder mit Trauben versorgte. Schließlich wurde damals – wie heute auch – in Moldawien viel Wein angebaut.

FLÄCHE
33 843 km²

EINWOHNER
4,44 Mio.

HAUPTSTADT
Chișinău

AMTSSPRACHE
Moldawisch

WÄHRUNG
1 Moldau-Leu (MDL) = 100 Bani

FLAGGE

Die Farben orientieren sich an denen der rumänischen Flagge. Das Wappen in der Mitte zeigt einen Adler. Sein Brustschild steht für die historische Landschaft Bessarabien, der goldene Auerochsenkopf auf dem Schild für das alte Fürstentum Moldau.

In ländlichen Gegenden fahren die Kinder mit dem Schulbus zur Schule.

POLEN

FLÄCHE
312 685 km²

EINWOHNER
38,20 Mio.

HAUPTSTADT
Warschau

AMTSSPRACHE
Polnisch

WÄHRUNG
1 Złoty (Zł) =
100 Groszy (Gr)

FLAGGE

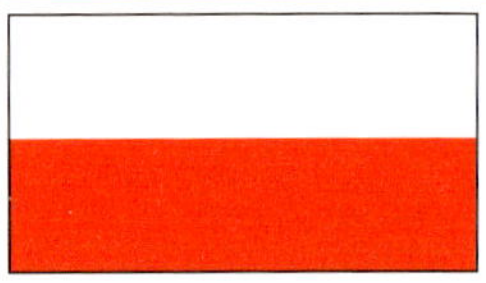

Die Flagge stammt von dem alten Herzogtum Warschau, die Farben gehen auf eine alte Darstellung eines weißen Adlers auf rotem Grund zurück.

Im Nordosten Polens liegt die Masurische Seenplatte, eine Landschaft mit mehr als 3000 kristallklaren Seen. Paddler ziehen hier im Sommer von See zu See, andere baden, rudern oder segeln. Im Winter kann man hier nicht nur wunderbar Schlittschuh fahren, sondern auch mit Eisseglern über die zugefrorenen Seen gleiten.

Westlich von Masuren liegt die Stadt Danzig an der Ostsee. Sie ist auch für ihre Werft, also eine Schiffbaufabrik, bekannt. Der Schiffbau spielte schon in der Zeit, als Danzig der Hanse beitrat, einem Handelsverbund in der Ostseeregion, eine große Rolle. Richtig bekannt wurden die Danziger Werften aber erst im Jahre 1980. Damals gründete sich die Gewerkschaft Solidarność (übersetzt: Solidarität), deren Vorsitzender der Werftarbeiter Lech Wałęsa war. Eine Gewerkschaft ist eine Gemeinschaft von Arbeitern, die sich zusammentun, um ihre Interessen besser durchsetzen zu können. So kämpfte Solidarność für gute Löhne, kürzere Arbeitszeiten und mehr Mitbestimmung – und für eine Demokratie in Polen. Um diese Ziele zu erreichen, legten viele Arbeiter unter der Führung von Lech Wałęsa ihre Arbeit nieder. Diese Streiks hatten ihre Wirkung. 1989 gab es freie Wahlen und Lech Wałęsa wurde 1990 für fünf Jahre Staatspräsident Polens. Für seinen friedlichen Kampf um Demokratie bekam er 1983 den Friedensnobelpreis.

Die Masurische Seenplatte im Nordosten Polens ist ein Paradies für Wassersportler.

Polen stand lange Zeit unter dem Einfluss der Sowjetunion. Überhaupt wurde Polen häufig von anderen Ländern beherrscht. Im 18. Jahrhundert wurde Polen unter den damaligen Ländern Russland, Preußen und Österreich aufgeteilt. Nach einer kurzen Phase der Unabhängigkeit geschah dies im Zweiten Weltkrieg erneut, diesmal teilten sich Deutschland und die Sowjetunion das Land. Dass Gebiete Polens einmal deutsch waren, bemerkt man vor allem an der deutschen Minderheit, die noch hier lebt, und daran, dass viele Städte unter einem deutschen und einem polnischen Namen bekannt sind.

Die meisten Polen gehören der römisch-katholischen Kirche an und auch viele Kinder und Jugendliche gehen regelmäßig in die Kirche. Sie sind auch sehr stolz darauf, dass der verstorbene Papst Johannes Paul II. aus Polen kam. Katholische Traditionen spielen hier eine große Rolle, wie etwa der Namenstag. Er ist für viele wichtiger als der Geburtstag und wird mit einem großen Fest

begangen. Damit man weiß, wann man Namenstag hat, gibt es einen Kalender, in dem für jeden Tag des Jahres die Namen stehen. Am 24. Dezember beispielsweise ist der Namenstag von Adam und Ewa (also Adam und Eva) und am 31. Dezember der von Melania und Sylwester (Melanie und Silvester).

Ein anderer beliebter Name ist Mikolaj (Nikolaus). So hieß auch der Mann, der im Jahre 1473 in der polnischen Stadt Thorn zur Welt kam und der die Ansichten über unsere Welt grundlegend verändern sollte: Nikolaus Kopernikus. Damals gab es in Krakau schon eine Universität, an der der junge Kopernikus Mathematik und Astronomie studierte. Er untersuchte unser Sonnensystem und fand heraus, dass sich die Planeten auf Kreisbahnen um die Sonne bewegen. Mit seiner Idee stand Kopernikus zunächst alleine da und er erzählte nur wenigen von seinen Ergebnissen, da er sich damit gegen die Vorstellungen der mächtigen Kirche stellte. Zur damaligen Zeit dachten die Kirchenväter nämlich noch, dass die Erde im Mittelpunkt des Universums stünde und alle Himmelskörper sie umkreisen würden. Doch nach und nach verbreitete sich das Wissen von Kopernikus und er wurde zu einem der bedeutendsten Menschen seiner Zeit.

Nikolaus Korpernikus, der große Astronom: In der Hand hält er ein Modell dessen, wie er sich unser Sonnensystem vorstellte. Im Zentrum die Sonne, um die die Erde und andere Planeten kreisen.

Nur wenige Kilometer von Kraukau entfernt wurde schon zu Kopernikus' Zeiten im Salzbergwerk Wieliczka Salz abgebaut. Damit ist es eines der ältesten Salzbergwerke der Welt. Die Bergleute gruben sich neun Stockwerke in die Tiefe und bauten hier unten sogar eine Kapelle. Selbst die Heiligenfiguren sind aus Salz gemeißelt. Seit 1993 wird in dem Bergwerk kein Salz mehr abgebaut, dafür können Touristen es besichtigen und 130 m tief in die Stollen und Höhlen einfahren.

Die Marienkirche auf dem Marktplatz in Krakau gehört zu den Wahrzeichen der Stadt.

An der Grenze zur Tschechischen Republik liegt das Riesengebirge, das ein Teil der westlichen Sudeten ist. Hier soll der Berggeist Rübezahl beheimatet sein. Der Sage nach ist Rübezahl ein launischer Riese. Guten Menschen gegenüber ist er freundlich und lehrt sie das Wissen über die Kräuter. Wer ihn, der sich oft in einer Mönchskutte zeigt, aber verspottet, ist vor seiner Rache nicht sicher. Dann schickt er schreckliche Unwetter, foppt Wanderer oder leitet sie ganz gezielt in die Irre. Oder er lähmte die Pferde von Reisenden und zerbrach fahrenden Händlern ein Rad ihres Wagens. Wer nicht an diese Sage glaubt und sich nicht fürchtet, kann im Riesengebirge die Nationalparks erkunden und sich unter den Wasserfällen abkühlen.

Über den Hauptkamm des Riesengebirges verläuft die Wasserscheide zwischen Nordsee und Ostsee. Das bedeutet, dass alles Regen- und Quellwasser an der tschechischen Südseite des Bergzuges über die Elbe schließlich in die Nordsee fließt und alles Wasser an der polnischen Nordseite über die Oder in die Ostsee.

TSCHECHISCHE REPUBLIK

FLÄCHE
78 866 km²

EINWOHNER
10,21 Mio.

HAUPTSTADT
Prag

AMTSSPRACHE
Tschechisch

WÄHRUNG
1 Tschechische Krone (Kč) = 100 Heller (h)

FLAGGE

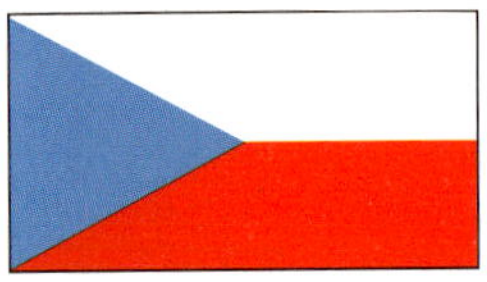

Blau-Weiß-Rot sind die typischen Farben der slawischen Staaten, sie stammen aus der russischen Flagge.

Spejbl (rechts) und sein Sohn Hurvínek (links)

Eine Möglichkeit, durch die Tschechische Republik zu reisen, ist, das berühmte Stück „Die Moldau" von dem Komponisten Friedrich Smetana zu hören. Beim Zuhören spürt man förmlich, wie sich die Quellwasser dieses Flusses sammeln, über Stock und Stein springen, um schließlich als träger breiter Strom die Hauptstadt Prag zu durchfließen.

Prag mit seiner mittelalterlichen Altstadt ist der kulturelle Mittelpunkt des Landes mit vielen Museen, Kirchen, Opernhäusern und Theatern. Eine Besonderheit ist das Nationale Marionettentheater. Es zeigt Stücke wie Mozarts Oper „Don Giovanni" für die ganze Familie. Auch die Marionetten Spejbl und Hurvínek sind bekannt, sie waren auch schon oft auf Tournee in Deutschland. Spejbl ist der etwas eigenbrötlerische Vater, Hurvínek der aufgeweckte Sohn, der seinem Vater oft Löcher in den Bauch fragt. Dann ist da noch Manička. Sie ist Hurvíneks beste Freundin, erlebt mit ihm viele Abenteuer und findet die Ansichten ihrer Oma Kateřina manchmal sehr altmodisch.

Das Theater, das Stücke für Kinder, aber auch für Jugendliche und Erwachsene zeigt, wurde im Jahre 1930 in der Stadt Pilsen gegründet. Die Stadt ist aber vor allem für ihr Bier bekannt, das dort 1295 erfunden wurde: das Pilsener, kurz Pils, das auf eine spezielle Art gebraut wird. Pilsen liegt in Böhmen, dem bewaldeten westlichen Teil der Tschechischen Republik. Der östliche Teil wird Mähren genannt.

Die Tschechische Republik und Deutschland verbinden auch sehr wichtige Ereignisse, die noch nicht allzu lang zurückliegen. Im September 1989 flohen viele Tausend Menschen aus der damaligen Deutschen Demokratischen Republik (DDR) in die westdeutsche Botschaft in Prag. Sie waren mit ihrer Regierung sehr unzufrieden und wollten in die Bundesrepublik Deutschland einreisen, was ihnen aber verboten war. Also reisten

In Prag führen viele Brücken über die Moldau, darunter auch die Karlsbrücke aus dem 14. Jahrhundert.

sie nach Prag, denn das war erlaubt. Sie hofften, über diesen Umweg vielleicht nach Deutschland zu gelangen. Und in der Tat ging dieser Plan auf. Als die Botschaft völlig überfüllt war – 3500 DDR-Bürger waren dorthin geflohen – und im Radio und Fernsehen über dieses Ereignis berichtet wurde, entschied die damalige DDR-Regierung, die Flüchtlinge nach Westdeutschland ausreisen zu lassen. Letztlich waren es dann insgesamt fünfmal so viele, die auf diesem Wege die Bundesrepublik erreichten. Mit ihrem Mut veränderten sie vieles in der DDR, aber auch in der Tschechoslowakei, wie das Land damals noch hieß. Beide Länder öffneten wenig später für jedermann die Grenzen, die viele Jahre lang zum Westen hin geschlossen waren.

SLOWAKISCHE REPUBLIK

Gold, Gold! Diesen Ausruf kann man heute noch in einigen Bergbaustädten der Slowakischen Republik hören. Früher wurden in den Bergwerken große Mengen an Gold und Silber abgebaut. Heute kann man einige Minen besichtigen und mit etwas Geduld beim Goldschürfen ein kleines Stückchen Gold finden.

Die Bergbaustädte liegen in der Mittelslowakei, südlich von einem der kleinsten Hochgebirge der Welt. Dieses Gebirge heißt Hohe Tatra. Dazu gehören rund 20 bis zu 2655 m hohe Berge – und die sogenannten „Meeraugen". Das sind kleine kristallklare Seen. Sie entstanden, als am Ende der Eiszeit die Gletscher schmolzen. Am Fuße von kleinen Bergeinkerbungen, die mit Schotter gefüllt sind, der sich unter den Gletschern angesammelt hatte, bildeten sich diese Schmelzwasserseen. Davon gibt es in der Hohen Tatra viele, genauso wie seltene Tiere: zum Beispiel Braunbären, Wölfe und Luchse. Während der Luchs in Westeuropa bis etwa 1960 weitgehend ausgerottet war, fand er in der Hohen Tatra immer ein Rückzugsgebiet. Mit seinen 65 cm Schulterhöhe ist der Luchs die größte Katzenart Europas. Der Einzelgänger mit den typischen Pinselohren jagt vor allem nachts. Seine Leibspeise sind Hasen und Hühner, aber auch Rehe. Seine Beute versteckt er gerne unter Ästen und Blättern und kehrt danach bis zu fünf Tage lang zum Fressen dorthin zurück.

Südlich der Tatra schließt sich das Slowakische Erzgebirge an. Im östlichen Teil liegt das sogenannte „Slowakische Paradies". Es ist eine Hochebene aus Kalkstein mit tiefen Schluchten, spektakulären Wasserfällen und vielen Höhlen. In dem Ort Dobšiná kann man in einer Eishöhle in eine Märchenwelt abtauchen. Dort erwarten einen unzählige unterschiedlich geformte Gebilde: Eiszapfen, ganze Eissäulen, die vom Boden bis zur Höhlendecke reichen, oder spitz zulaufende, kegelförmige Eishaufen, die ständig wachsen, bis sie mit dem Zapfen über ihnen zusammenkommen.

Eine weitere Bergregion, die Kleine Fatra nur wenig westlich der Hohen Tatra, war die Heimat des slowakischen Nationalhelden Juraj Jánošik. Er wurde 1688 geboren und entschied sich für ein Leben als Räuberhauptmann. Mit seinen Anhängern stellte er sich – wie Robin Hood – auf die Seite der unterdrückten und verarmten Bevölkerung, beraubte die Reichen und beschenkte die Armen. Das gefiel natürlich den Herrschenden nicht und er wurde festgenommen und hingerichtet.

Überhaupt hat die Slowakische Republik eine bewegte Geschichte hinter sich. Mal war sie Teil Ungarns, dann wieder unabhängig und bildete zuletzt 50 Jahre lang zusammen mit der Tschechischen Republik die Tschechoslowakei. Ende der 1980er-Jahre protestierten unzufriedene Bürger dann gegen die damals herrschende kommunistische Partei und die Einmischung der großen Sowjetunion. Da der Protest friedlich zum Ziel führte, wird er auch „Samtene Revolution" genannt. Danach veränderte sich vieles. Das Land rief freie Wahlen aus und trennte sich bald von der Tschechischen Republik.

Der europäische Luchs ist ein hervorragender Kletterer.

FLÄCHE
49 034 km²

EINWOHNER
5,38 Mio.

HAUPTSTADT
Bratislava

AMTSSPRACHE
Slowakisch

WÄHRUNG
1 Slowakische Krone (Sk) = 100 Heller (h)

FLAGGE

Die Flagge trägt die slawischen Farben Blau-Weiß-Rot. Das Wappen zeigt ein Herrscherkreuz mit zwei Querbalken. Es steht auf einem sogenannten Dreiberg, der drei wichtige Gebirgszüge symbolisiert: die Tatra, Fatra und Matra (im Grenzgebiet zu Ungarn).

UNGARN

FLÄCHE
93 030 km²

EINWOHNER
10,12 Mio.

HAUPTSTADT
Budapest

AMTSSPRACHE
Ungarisch

WÄHRUNG
1 Forint (Ft) =
100 Filler (f)

FLAGGE

Die Flaggenfarbe Rot symbolisiert das Blut, das für das Land vergossen wurde, Weiß steht für die Tugend, Grün für die Hoffnung.

Im Westen Ungarns liegt der Plattensee, der größte See Mitteleuropas. Der Balaton, wie man ihn auf Ungarisch nennt, ist knapp 80 km lang und bis zu 15 km breit. Die Einheimischen bezeichnen ihn auch gerne als „Ungarisches Meer", doch das ist ein wenig übertrieben. Der See ist an den meisten Stellen nur 3 m tief.

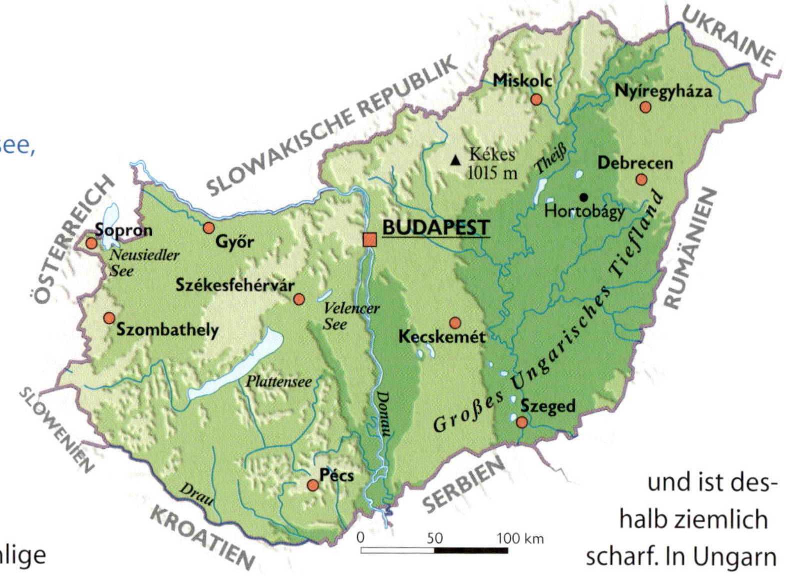

An den Ufern des Plattensees reihen sich an schönen Sandstränden unzählige Badeorte aneinander. Der See ist aber nicht nur ein Urlaubsparadies für Wassersportler, sondern aufgrund seines Fischreichtums auch ein beliebter Ort für Angler. Sie ziehen hier Aale, Karpfen, Hechte und den wohlschmeckenden Balaton-Zander, der nur hier vorkommt, aus dem Wasser.

Viele Menschen verbinden aber noch eine andere Landschaft mit Ungarn: die Puszta. Diese baumlose Grassteppe fasziniert durch ihre Weite, wie man sie sonst nur in Zentralasien findet. Hier hüteten früher Hirten ihre Rinderherden und lebten in strohgedeckten Hütten. Da man das Land aber nach und nach durch Bewässerung in Ackerland verwandelte, ist die weite Steppenlandschaft Puszta, die früher das ganze Große Ungarische Tiefland einnahm, heute bis auf wenige unter Naturschutz gestellte Gebiete verschwunden.

Zur Puszta gehört auch Gulyás, ein Eintopf aus Rindfleisch, Kartoffeln, Gemüse und Zwiebeln – je nachdem, was man gerade hat –, der ursprünglich eine Spezialität der Hirten war. Was bei uns als ungarischer Gulasch gilt, heißt in Ungarn hingegen Pörkölt. Meistens enthält er viel Paprikagewürz und ist deshalb ziemlich scharf. In Ungarn werden viele verschiedene Sorten Paprika angebaut. Auch das Wort Paprika kommt aus dem Ungarischen und wurde später von vielen europäischen Sprachen übernommen.

Mitten durch Ungarn fließt die Donau. Sie entspringt im Süden Deutschlands, fließt durch Österreich und die Slowakei und ist auf ihrem langen Weg zu einem breiten Fluss angeschwollen, der Budapest, die Hauptstadt Ungarns, in zwei Teile teilt. Am östlichen, flachen Flussufer liegt Pest, am bergigeren Westufer heißen die alten Stadtteile Buda und Óbuda. Früher waren das drei selbstständige Orte, heute sind sie längst zu einer großen Stadt verschmolzen: zu „Buda-Pest". Verbunden werden die beiden Flussufer durch neun Brücken.

Das ungarische Parlamentsgebäude in der Hauptstadt Budapest liegt direkt am Donauufer.

SPRACHE

Hallo!

Ungarisch (Magyar nyelv)

Bis auf die finnische und estnische Sprache ist Ungarisch mit keiner der anderen europäischen Sprachen verwandt. Die Sprache gilt als schwierig. Wo „gy" geschrieben wird, spricht man „dsch".

1 = egy
2 = kettö
3 = három
4 = négy
5 = öt

Hallo = Szervusz
Auf Wiedersehen = Viszontlátásra
Wie geht's? = Hogy vagy?
Wie heißt du? = Hogy hívják?
Ich heiße … = … vagyok
Bitte = Kérem
Danke = Köszönöm
Entschuldigung = Bocsánatot kérek

RUMÄNIEN

Viele haben schon einmal von einem ganz besonderen Gebiet in Rumänien gehört: von Transsilvanien, wo in einem schaurigen Schloss ein blutsaugender Vampir namens Graf Dracula leben soll. In Wirklichkeit gibt es aber keine Vampire und die gruselige Geschichte hat sich vor mehr als 100 Jahren ein Ire ausgedacht.

Als der irische Schriftsteller Bram Stoker die Geschichte von Graf Dracula schrieb, hatte er aber einen Menschen vor Augen, der wirklich vor über 500 Jahren in Rumänien lebte. Es war der berüchtigte Fürst Vlad Ţepeş, auch „der Pfähler“ genannt, weil er seine türkischen Feinde auf Pfählen aufspießen ließ. Er war der Sohn des Fürsten Vlad Dracul, was ihm den Namen Draculea oder Dracula einbrachte, was „Sohn des Dracul“ bedeutet. Gleichzeitig bedeutet das Wort aber auch „kleiner Teufel“.

Auch Transsilvanien gibt es wirklich – es ist die rumänische Bezeichnung für Siebenbürgen, eine mal fruchtbare und hügelige, dann wieder gebirgige Landschaft im Nordwesten Rumäniens. Es ist die Heimat von Rumäniendeutschen, die man auch als Siebenbürger Sachsen bezeichnet. Die meisten sind Nachkommen von deutschen Bauern, Handwerkern und Händlern, die vor vielen Hundert Jahren von ungarischen Herrschern ins Land gerufen wurden, um das damals bevölkerungsarme Land zu besiedeln und zu beackern. Während des Zweiten Weltkriegs mussten viele Deutschstämmige dann das Land verlassen oder zogen wegen der großen Armut, die im Land herrschte, nach Deutschland zurück. Die Siebenbürger, die in Ungarn geblieben sind, sprechen bis heute einen deutschen Dialekt.

Im Süden und Osten Siebenbürgens liegen die Karpaten, ein Gebirge, das Rumänien wie ein großer Haken durchzieht. Es ist das Rückzugsgebiet für viele seltene Tiere, vor allem für Raubtiere wie Braunbären und Wölfe. In Rumänien stehen sie nicht unter Schutz, und so reisen immer wieder Jäger nach Rumänien, um sie abzuschießen und ein Bären- oder Wolfsfell mit nach Hause zu bringen.

In vielen Ortschaften in Siebenbürgen stehen sogenannte Wehrkirchen, die den Dorfbewohnern bei Überfällen Schutz boten.

Da die Trophäenjäger viel Geld dafür bezahlen, wird die Jagd nicht verboten. Und Geld war dem armen Land bislang wichtiger als der Schutz der Tiere.

Dass Rumänien so arm ist, hat viel mit der etwa 30-jährigen Herrschaft des Staatspräsidenten Nicolae Ceauşescu zu tun. In dieser Zeit ging es der Wirtschaft des Landes immer schlechter. 1989 gab es deshalb große Aufstände und Ceauşescu musste abdanken. Doch das Land konnte sich nur langsam von den Folgen jahrzehntelanger Diktatur und Misswirtschaft erholen. Auch heute noch sind viele Menschen arbeitslos. Besonders schlecht geht es dem umherziehenden Volk der Roma, alten Menschen, Kindern und behinderten Menschen. Vor einigen Jahren fand man in Rumänien Heime vor, in denen Kinder und Behinderte unter schlimmen Verhältnissen leben mussten. Die Heime sind auch heute noch voll, da vielen Eltern das Geld fehlt, ihre Kinder zu versorgen. Doch zum Glück gibt es mittlerweile Hilfsprojekte, die versuchen, das Leben in den Heimen zu verbessern.

FLÄCHE
238 391 km²

EINWOHNER
21,7 Mio.

HAUPTSTADT
Bukarest

AMTSSPRACHE
Rumänisch

WÄHRUNG
1 Leu (l) = 100 Bani

FLAGGE

Die Flagge trägt die Farben der drei historischen Regionen Moldau (Rot), Siebenbürgen (Gold) und Walachei (Blau), die das Land Rumänien umfasst.

BULGARIEN

FLÄCHE
110 994 km²

EINWOHNER
7,8 Mio.

HAUPTSTADT
Sofia

AMTSSPRACHE
Bulgarisch

WÄHRUNG
1 Lew (Lw) =
100 Stotinki (St)

FLAGGE

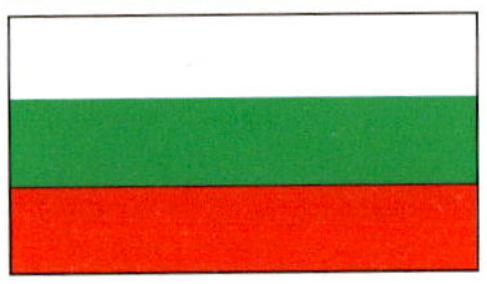

Die Flaggenfarben gehen auf die russischen Farben Blau-Weiß-Rot zurück, das Blau wurde jedoch durch Grün ersetzt. Es steht für Wald und Landwirtschaft, Weiß für Freiheit und Frieden, Rot für das Blut, das für die Erlangung der Freiheit vergossen wurde.

Wer durch Bulgarien reist, muss sich an bestimmte Umgangsformen gewöhnen. Während Kopfschütteln bei uns „nein“ und ein Nicken „ja“ bedeutet, ist das in Bulgarien genau andersherum.

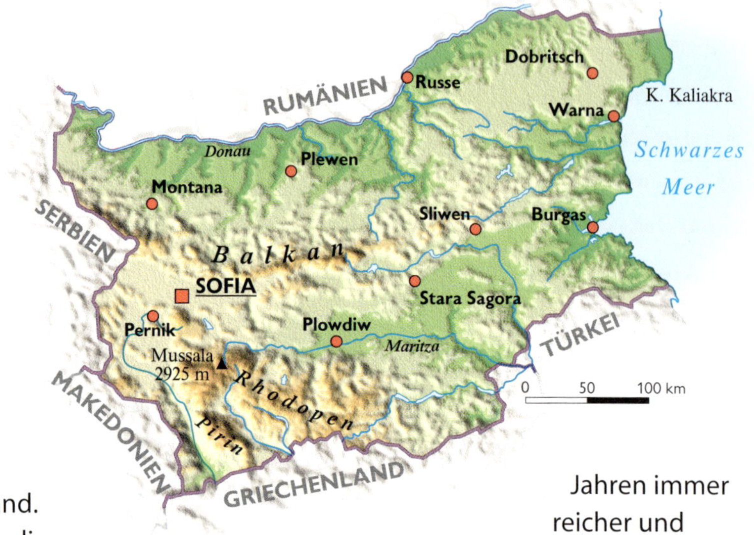

In Bulgarien gibt es wunderschöne Landschaften. An der Schwarzmeerküste im Osten Bulgariens gibt es schöne Strände mit Namen wie Sonnenstrand und Goldstrand. Wer sich vom Sonnenbad erholen will, kann die vielen alten Ruinen und Kirchen besuchen oder den 50 Millionen Jahre alten steinernen Wald in der Umgebung von Warna bestaunen. Die versteinerten Baumstämme ragen bis zu 6 m in den Himmel. Sie entstanden dadurch, dass die Bäume, die hier einmal standen, vor vielen Millionen Jahren unter einer Schlammschicht begraben wurden. Da dadurch keine Luft mehr an die Stämme kam, zerfielen sie nur langsam. Stattdessen sickerte mineralhaltiges Wasser durch die Schlammschicht und die Minerale ersetzten nach und nach die Zellen der Bäume. Und wenn Minerale hart werden, werden daraus Kristalle: Die Stämme wurden zu Stein.

Im Landesinneren hingegen durchzieht ein schmales, hohes Gebirge von Westen nach Osten das Land: der sogenannte Balkan. Er gab auch der ganzen Halbinsel im Südosten Europas den Namen und ist ein beliebtes Wandergebiet mit tiefen Schluchten und über 100 m hohen Wasserfällen.

Etwas südlich davon, im Südwesten des Landes, liegt das kleine, fast 3000 m hohe Rila-Gebirge. Heute kann man hier Skifahren, aber vor vielen Hundert Jahren spielte sich hier das religiöse Leben ab. Ein Mönch erbaute hier ein kleines Kloster, das in den folgenden Jahren immer reicher und größer wurde. Heute steht das Rila-Kloster als Weltkulturerbe unter dem Schutz der UNESCO und ist den bulgarisch-orthodoxen Christen sehr wichtig.

Von allen christlichen Festen finden die bulgarischen Kinder das Osterfest am schönsten. Doch dort werden die Ostereier nicht versteckt, sondern man trägt mit einem Gegenspieler einen regelrechten Kampf damit aus. Jeder wählt ein Ei aus, das man mit dem seines Gegners zusammenschlägt. Derjenige, dessen Ei nicht zerbricht, ist der Sieger, und man hofft, dass er im kommenden Jahr das erfolgreichste Familienmitglied sein wird.

Dass Bulgarien auch die Heimat vieler Muslime ist, zeigt sich in vielen Ortschaften. Hier findet man nicht nur Kirchen und Kathedralen, sondern auch Moscheen mit ihren schlanken hohen Türmen, die man Minarette nennt.

Versteinerte Bäume in der Nähe von Warna

SOUVENIR

Der Joghurt

Bulgarien ist die Heimat des Joghurt. In früheren Zeiten wurde Joghurt auch aus ganz praktischen Gründen zubereitet. Das Säuern, wie es beim Eindicken von Milch geschieht, war das einzige Mittel, die Milch auch an heißen Sommertagen vor dem Verderb zu bewahren. Wie der Joghurt dann nach Mitteleuropa kam, ist nicht ganz klar. Sicher ist, dass 1906 ein Pariser Arzt das hohe Alter von bulgarischen Bauern mit deren Alltagskost in Verbindung brachte – mit dem Joghurt. Daraufhin wurde auch in Westeuropa Joghurt hergestellt, da sich schließlich jeder ein langes Leben wünscht.

TÜRKEI

Die türkische Stadt Istanbul ist die einzige Stadt der Welt, die auf zwei Kontinenten liegt. Die europäische Seite im Westen wird durch eine Meerenge – den Bosporus – von der asiatischen Seite im Osten getrennt. Istanbul ist eine der ältesten Städte der Welt und mit ihren rund 10 Millionen Einwohnern eine der größten Europas.

Fährt man durch die belebte Stadt, trifft man sowohl auf hohe Wolkenkratzer als auch auf sehr alte Gebäude. Die Altstadt mit ihren engen Gassen und Toren beherbergt einen riesigen überdachten Markt – den sogenannten Basar – mit über 4000 kleinen Läden. Hier kann man Nähern, Schuhmachern oder Kupferschmieden beim Arbeiten über die Schulter schauen.

Nicht weit davon entfernt steht der Topkapı-Palast, wo jahrhundertelang die Sultane, also die Herrscher des Osmanischen Reichs, lebten und regierten. Seit 1923 ist hier jedoch ein ganz besonderes Museum untergebracht. Es besitzt unter anderem Kostbarkeiten, die für Muslime sehr wichtig sind. Es sind Dinge, die mit Mohammed, dem Propheten der Muslime, in Verbindung gebracht werden. So werden zum Beispiel in der Schatzkammer des Palastes Barthaare Mohammeds aufbewahrt.

In Istanbul trifft man aber nicht nur auf schöne Basare und Paläste, sondern auch auf Elendsviertel, in denen Tausende Menschen in schlecht gebauten Häusern leben. In der Türkei, wo man immer wieder mit schweren Erdbeben rechnen muss, ist das besonders schlimm, da dann gerade die alten und instabilen Bauten einstürzen. Dadurch sterben immer wieder viele Menschen – auch in Istanbul.

Die Hagia Sophia in Istanbul war früher eine Kirche, später wurde sie als Moschee genutzt. Heute ist sie ein Museum. Sie liegt auf der europäischen Seite des Bosporus.

Die Beben kommen dadurch zustande, dass im Gebiet der Türkei die Nahtstellen zwischen drei Erdplatten verlaufen: zwischen der eurasischen, der anatolischen und der arabischen Platte. Da sie nicht immer reibungslos aneinander vorbeigleiten, kommt es hin und wieder zu einem Ruck, den wir an der Erdoberfläche als Erdbeben spüren.

FLÄCHE
773 473 km²

EINWOHNER
73,6 Mio.

HAUPTSTADT
Ankara

AMTSSPRACHE
Türkisch

WÄHRUNG
1 Neue Türkische Lira (YTL) = 100 Neue Kuruş (YKr)

FLAGGE

Rot war die Farbe der Osmanen, die früher in diesem Gebiet herrschten. Der Halbmond und der Stern sind Symbole des Islams.

TÜRKEI Fortsetzung

Das Wasser der Quellen von Pamukkale ist ungefähr 35 °C warm.

Forscher haben festgestellt, dass bei den Beben immer wieder neue Quellen entstehen. Die wohl bekannteste – eine große Thermalquelle – liegt in Pamukkale bei Denizli im Südwesten der Türkei. Schon von Weitem kann man dieses Naturwunder erkennen: Die weißen Kalkterrassen erinnern fast an einen Märchenpalast aus Eis und Schnee. Die Farbe Weiß hat dem Ort auch seinen Namen gegeben: Pamukkale heißt auf Türkisch „Baumwollburg". Die Terrassen wurden im Laufe von Jahrtausenden durch das kalkhaltige Wasser geformt. Zunächst ist der Kalk in dem warmen Quellwasser gelöst, wenn es jedoch an die Oberfläche tritt und abkühlt, setzt sich der Kalk ab und wird fest.

Oft sind es Touristen, die von den Stränden der türkischen Riviera im Süden oder der Ägäis im Westen der Türkei eine Tagestour nach Pamukkale unternehmen. Die meisten verbringen aber ihren ganzen Urlaub an den schönen Mittelmeerstränden. In den Touristenhotels finden viele Türken Arbeit. Ein Großteil von ihnen kommt aus dem Landesinneren, wo selten Touristen hinkommen und wo die Bevölkerung von der Landwirtschaft lebt und sehr arm ist.

Der südöstliche Teil der Türkei wird von den Bergen und Seen des Taurusgebirges beherrscht. Hier grenzt die Türkei an Syrien, den Irak und Iran. Dieses Grenzgebiet ist die Heimat der Kurden. In der Türkei leben etwa 12–14 Millionen Kurden. Sie sprechen eine eigene Sprache und besitzen viele Traditionen, die sich von der türkischen Kultur unterscheiden. Das gefiel der türkischen Regierung lange Zeit nicht. Sie wollte, dass die Kurden sich an die türkische Lebensweise anpassten. Deshalb verboten sie beispielsweise den Kurden, ihre eigene Sprache zu sprechen. Damit waren aber viele Kurden nicht einverstanden, sie taten sich zusammen und kämpften gegen die türkische Unterdrückung. Dabei mussten viele Menschen sterben. Da die europäischen Staaten aber immer mehr Druck auf die türkische Regierung ausübten, hat sich die Situation der türkischen Kurden seit einiger Zeit verbessert.

Dass die Türkei lange Zeit bestrebt war, alles, was nicht türkisch war, zu unterdrücken, begann mit ihrem Staatsgründer Mustafa Kemal Atatürk um 1920. Er war der Begründer der modernen Türkei, die nach dem Ersten Weltkrieg aus dem Osmanischen Reich hervorging. Zudem war er der erste Präsident der jungen Republik. Zur Erinnerung an den Tag, an dem das Parlament der frisch gegründeten Türkei zum ersten Mal zusammentrat, widmete Atatürk diesen Tag den Kindern. Und so findet jedes Jahr am 23. April das Kinderfest Çocuk Bayramı statt. Dann übernehmen Schüler die Rolle ihrer Lehrer, andere die Arbeit der Abgeordneten und „regieren" für einen Tag das Land.

Basare gibt es in der ganzen Türkei. Auf diesen Märkten kann man auch das magische Auge kaufen, einen Talisman, der Unglück von einem fernhalten soll.

SPRACHE

Türkisch (Türkçe)

Türkisch ist die Muttersprache von rund 58 Millionen Menschen in der Türkei und etwa 2 Millionen in Deutschland. Das „ç" wird wie „tsch" ausgesprochen, das „ş" wie „sch".

1= bir
2 = iki
3 = üç
4 = dört
5 = beş

Hallo = Merhaba
Tschüs = Eyvallah
Wie geht's dir? = Nasılsın?
Wie heißen Sie? = Isminiz ne?
Ich heiße … = Ismim …
Bitte = Lütfen
Danke = Teşekkürler
Entschuldigung = Özür dilerim

Von Kontinent zu Kontinent

In einem anderen Stadtteil, vielleicht im Nachbarort oder in der nächsten Stadt, okay – aber wer kann schon behaupten, auf einem anderen Kontinent zur Schule zu gehen? Asli kanns. Die kleine Türkin lebt in Istanbul, der größten Stadt des Landes – und der einzigen Großstadt der Welt, die auf zwei Kontinenten liegt. Zwei Brücken über die Meerenge Bosporus verbinden den europäischen Teil, in dem das Mädchen wohnt, mit der asiatischen Seite, wo seine Schule steht. Doch was für uns außergewöhnlich klingt, ist für die Bewohner von Istanbul vollkommen normal: Mehrere Hunderttausend Menschen überqueren jeden Tag das Wasser – auf dem Weg zur Arbeit oder eben in die Schule. Glücklicherweise sind die beiden Brücken nicht die einzige Möglichkeit, auf die andere Seite zu kommen, denn diese Verbindung ist meist total verstopft. Wer kann, nimmt eine der vielen Fähren, die regelmäßig über den Bosporus fahren. Wie oft Asli schon in Asien war? Das hat sie nie gezählt.

ZYPERN

FLÄCHE
9251 km²

EINWOHNER
980 000

HAUPTSTADT
Nikosia

AMTSSPRACHEN
Neugriechisch, Türkisch

WÄHRUNG
1 Zypern-Pfund (Z£) = 100 Cent (c)

FLAGGE

Die weiße Farbe und der Olivenzweig symbolisieren den Wunsch nach Aussöhnung der griechischen und türkischen Bevölkerungsgruppe. Die Insel ist in der Farbe von Kupfer gehalten, das dem Land seinen Namen gab.

Der Name Zypern kommt von dem griechischen Wort für Kupfer. Die großen Vorkommen dieses Metalls wurden hier schon vor Tausenden von Jahren abgebaut. Es wurde bis in das alte Rom und Ägypten geliefert und brachte den zyprischen Städten großen Reichtum. Bei dem antiken Ort Tamassos südwestlich der Hauptstadt Nikosia wurde das Metall in großen Mengen abgebaut.

Zypern ist die drittgrößte Insel im Mittelmeer. Sie liegt zwischen Europa, dem Nahen Osten und Afrika und war deshalb im Laufe der Geschichte schwer umkämpft. Im Jahre 1925 wurde Zypern britische Kronkolonie. Viele Dinge des täglichen Lebens erinnern noch heute an diese Zeit. Am auffälligsten ist der Linksverkehr, den die Zyprer auch nach ihrem Unabhängigkeitskampf im Jahre 1960 beibehielten. In diesem Jahr gründeten sie die Republik Zypern, doch bereits wenige Jahre später kam es wieder zu Kämpfen, diesmal zwischen griechischen und türkischen Zyprern. Da man sich nicht einigen konnte, wurde die Insel geteilt. Noch heute besteht sie aus einem griechischen Teil im Süden und einem türkischen Teil im Norden.

Die Teilung geht sogar mitten durch die Hauptstadt Nikosia. Hier gibt es auch einen Grenzübergang und man kann mittlerweile wieder mit einem Tagesvisum in den anderen Teil der Insel reisen und Freunde oder Verwandte besuchen. Das war lange Zeit nicht so einfach möglich und vieles erinnert an die Situation, wie sie noch vor rund zwanzig Jahren im geteilten Deutschland herrschte. Die Wiedervereinigung der beiden Teile ist aber noch nicht geklärt. Im Jahre 2004 gab es eine Umfrage unter beiden Bevölkerungsteilen: Die türkische Bevölkerung in Nordzypern stimmte für eine Vereinigung, die griechische Bevölkerung im Süden der Insel war dagegen. Der Grund dafür war, dass der Südteil Zyperns in die EU aufgenommen werden wollte und eine Vereinigung diesen Schritt verzögert hätte. 2004 wurde der Süden dann Mitgliedsstaat in der EU.

Am Grenzübergang vom griechischen in den türkischen Teil Nikosias steht ein Schild mit der Flagge und dem Namen des türkischen Inselteils.

Sowohl im Norden als auch im Süden der Insel laden schöne Sandstrände und felsige Buchten zum Baden ein. Dort leben viele Zyprer vom Tourismus. Auf der Insel gibt es aber auch Gebirgsketten, zum Beispiel das Troodos-Gebirge im Westen der Insel. Dort liegt auch der höchste Berg Zyperns, der 1951 m hohe Olympos. Im Winter kann man hier Ski fahren, im Sommer ausgedehnte Wanderungen unternehmen. Mit ein bisschen Glück sieht man hier auch Wildschafe, die man Mufflons nennt. Besonders prächtig anzusehen sind die Männchen, deren schneckenförmig eingedrehte Hörner bis zu 80 cm lang werden.

Ausgewachsene Mufflonwidder haben eine Schulterhöhe von bis zu 90 cm und ein Gewicht von rund 50 kg .

GRIECHENLAND

Etwas südlich von Saloniki, der zweitgrößten Stadt Griechenlands, liegt der 2917 m hohe Olymp. Er ist nicht nur der höchste Berg des Landes, sondern den Sagen zufolge auch der Sitz der Götter, an die die Menschen früher in der Antike glaubten. Die vielen Göttersagen wurden bereits vom 8. Jahrhundert vor Christus an von Gelehrten aufgeschrieben, sodass wir heute viel über sie wissen.

Zeus war oberster Gott und Herrscher über Himmel und Erde. Der Sage nach war er der jüngste Sohn von Kronos und Rheia. Da Kronos Angst hatte, seine Kinder könnten die Macht an sich reißen, verschlang er sie kurz nach der Geburt. Als Rheia ein weiteres Kind erwartete, wollte sie wenigstens dessen Leben retten und floh auf die größte Insel Griechenlands, das teils sehr gebirgige Kreta. Dort brachte sie Zeus in einer Höhle zur Welt. Danach reichte sie Kronos einen in Windeln gewickelten Stein, den dieser für Zeus hielt und verschlang. Zeus selbst wurde fern der Eltern von Nymphen großgezogen. Später zwang Zeus seinen Vater, die verschlungenen Kinder wieder auszuspucken, und konnte Kronos mithilfe seiner Geschwister entmachten. Von da an teilte sich Zeus mit seinen Brüdern Poseidon und Hades die Welt: Zeus herrschte im Himmel und auf der Erde, Poseidon im Meer, Hades in der Unterwelt.

Den Göttern zu Ehren bauten die Menschen im antiken Griechenland viele Tempel oder feierten Feste. Damals – 776 vor Christus – fanden auch die ersten Olympischen Spiele statt. Sie waren Zeus gewidmet und wurden seitdem alle vier Jahre in der griechischen Stadt Olympia auf der gebirgigen Halbinsel Peleponnes abgehalten. Im Jahre 393 nach Christus wurden die Spiele aufgegeben und es vergingen viele Jahrhunderte, bis sie wieder aufgenommen wurden. Die ersten Sommerspiele der Neuzeit fanden 1896 in Athen statt. Seit 776 vor Christus sind viele Disziplinen dazugekommen. Ein besonderer Wettkampf ist der Marathonlauf,

Im Herzen von Athen steht die berühmte Akropolis, eine riesige Tempelanlage, die schon vor über 2400 Jahren erbaut wurde.

der ebenfalls seine Wurzeln in Griechenland hat. Marathon ist ein griechischer Ort nordwestlich der heutigen Hauptstadt Athen. Im Jahre 490 vor Christus kam es in der Nähe des Ortes zu einem Kampf zwischen Griechenland und Persien, einem damals großen Reich in Asien. Obwohl die Armee der Perser zahlenmäßig überlegen war, siegten die Griechen. Der Legende nach schickte der griechische Feldherr nach dem Sieg einen Boten ins 40 km entfernte Athen, um die gute

FLÄCHE
131 957 km²
EINWOHNER
11,21 Mio.
HAUPTSTADT
Athen
AMTSSPRACHE
Neugriechisch
WÄHRUNG
1 Euro (EUR) = 100 Cent
FLAGGE

Blau symbolisiert den Himmel und das Meer, Weiß die Reinheit des Kampfes im Unabhängigkeitskrieg. Die neun Streifen stehen für die neun griechischen Silben des Wahlspruchs für den griechischen Befreiungskrieg („Freiheit oder Tod“), das Kreuz für den christlichen Glauben.

GRIECHENLAND Fortsetzung

Da das Kanalbett des Kanals von Korinth nur 24 m breit ist, dürfen die Schiffe hier nicht selbst manövrieren, sondern werden geschleppt.

Nachricht zu überbringen. Dort brach der Läufer vor Erschöpfung tot zusammen. In Anlehnung an diesen legendären Lauf fand 1896 der erste Marathonlauf statt. Dass die Athleten heute aber nicht nur 40 km, sondern 42,195 km laufen, liegt am britischen Königshaus. 1908, als die Olympischen Spiele in London stattfanden, wurde die Strecke an die Entfernung zwischen dem Schloss und der königlichen Loge im Stadion angepasst. Und die betrug genau 42,195 km.

Griechenland ist aber nicht nur die Wiege der Olympischen Spiele, sondern auch der Demokratie. Der Begriff setzt sich aus den beiden griechischen Wörtern „demos" (das Volk) und „kratia" (die Herrschaft) zusammen und bedeutet dementsprechend „Herrschaft des Volkes". Das Volk bestimmt durch Wahlen, wer ein Land regiert. Diese Form der Mitbestimmung der Bevölkerung entwickelte ein griechischer Staatsmann um 600 vor Christus. Sie geriet jedoch später wieder in Vergessenheit, als die meisten Länder von Königen oder Kaisern beherrscht wurden. Da sie aber die fairste Regierungsform ist, ist sie heute in Europa überall verbreitet.

Athen liegt an der Küste auf dem Festland der sogenannten Ägäischen Halbinsel. Die Stadt ist im Westen, Norden und Osten von Bergen umringt und das Klima ist noch trockener und wärmer als in anderen Landesteilen. Deshalb gedeihen hier Oliven- und Zitronenbäume sehr gut. Wesentlich angenehmer sind die Temperaturen auf den über 2000 griechischen Inseln, die man mit Fährschiffen erreichen kann. Davon sind allerdings nur rund 200 bewohnt. Das Leben auf den Inseln ist gleichzeitig auch ein Leben am und mit dem Meer. Das ist sicherlich ein Grund für die große Rolle, die die Seefahrt und der Seehandel im Leben der Griechen schon immer spielt. Heute ist die griechische Handelsflotte sogar die größte in der Europäischen Union. Damit die Schiffe von Piräus aus, dem Hafen Athens, nicht immer die 400 km lange Fahrt um die Halbinsel Peleponnes auf sich nehmen mussten, baute man um 1890 herum den 6,3 km langen Kanal von Korinth, der die Landenge zwischen der Halbinsel und dem Festland durchsticht.

Die meisten Griechen gehören der griechisch-orthodoxen Kirche an. Das Oberhaupt der Kirche ist nicht wie bei den Katholiken der Papst in Rom, sondern der Erzbischof in der Hauptstadt Athen. Auch die Gottesdienste unterscheiden sich ein wenig von denen der katholischen Kirche. Die Kirchen duften stark nach Weihrauch, die Priester tragen oft prachtvolle Gewänder, und die Gläubigen küssen wie in Russland voller Verehrung die goldgeschmückten Ikonen. Außerdem braucht man ganz schön viel Ausdauer: Die meisten Gottesdienste dauern etwa drei Stunden.

Die Vulkaninsel Santorin ist eine der südlichsten Inseln der Kykladen östlich der Peleponnes. Hier werden die meisten Häuser weiß getüncht, Türen, Fensterläden und Kuppeln sind blau.

SPRACHE

Hallo!

Griechisch **Ελληνικά**

Es gibt zwei Formen von Griechisch: Das Altgriechisch, das die alten Griechen bis um etwa 1500 nach Christus sprachen. Danach entwickelte sich daraus eine modernere Handelssprache, das Neugriechisch.

1 = ena
2 = dhio
3 = tria
4 = tessera
5 = pende

Guten Tag (Morgen) = Kalimera
Guten Abend = Kalispera
Tschüs = Jiaßu
Wie heißt du? = Pos ße lene
Ich heiße … = Me lene …
Wie geht's? = Ti kanis?
Danke = Efharisto
Bitte = Parakalo
Entschuldigung = Signomi

Die griechische Nationalhymne ist mit 158 Strophen die längste der Welt.

MAKEDONIEN

Die kleine Republik Makedonien liegt auf der Balkanhalbinsel und grenzt an Serbien, Bulgarien, Griechenland und Albanien. Es ist ein gebirgiges Land. Der höchste Gipfel ist der 2753 m hohe Korab, der längste Fluss der Vardar, dessen dicht bevölkertes Tal sich quer durch das Land zieht.

Makedonien ist eigentlich der Name einer Landschaft auf der Balkanhalbinsel. Der südliche Teil liegt in Nordgriechenland, ein kleiner Teil in Bulgarien und der nördliche Teil in der heutigen Republik Makedonien. Da sowohl die Landschaft als auch die Republik den gleichen Namen besitzen, befürchtet Griechenland, dass die Republik Makedonien auch den Landschaftsteil für sich beanspruchen will, der in Griechenland liegt. Um die Wogen dieses Konflikts ein bisschen zu glätten, haben die Vereinten Nationen dem Land einen vorübergehenden Namen gegeben, bis sich die beiden Länder einigen können. International heißt das Land bis auf Weiteres etwas umständlich „Ehemalige jugoslawische Republik Mazedonien". Schließlich war Makedonien bis 1991 Teil des früheren Jugoslawiens.

Der wohl bekannteste Makedonier in der Geschichte war Alexander der Große. Er wurde 356 vor Christus als Sohn des makedonischen Königs Philipp II. und der Prinzessin Olympia geboren. Alexander bestieg bereits im Alter von 20 Jahren den Thron. Er besiegte die aus Asien einfallenden Perser, die damals wiederholt versucht hatten, Makedonien zu besetzen. Sein Reich wurde nach und nach größer, bald gehörten auch Syrien und Ägypten dazu. Alexander, der heute als der größte Feldherr der Antike bezeichnet wird, gelang es sogar, sein Reich bis ins ferne Indien auszudehnen. Als er bereits im Alter von 33 Jahren auf einem Feldzug an einer Krankheit starb, zerfiel sein Reich nach und nach wieder.

Dass Makedonien in der Vergangenheit immer wieder umkämpft und von vielen fremden Ländern besetzt war, ist auch der Grund für die vielen verschiedenen Völker, die hier leben. Insgesamt sind es über 20, und viele von ihnen besitzen ihre eigene Sprache, Kultur und Religion. In der Hauptstadt Skopje fallen vor allem die Moscheen mit ihren hohen Minaretten und die vielen „Hammams" auf. Das sind türkische Bäder, in denen man sich reinigen, pflegen und entspannen kann. Im Gegensatz zur Sauna handelt es sich dabei um ein warmes bis heißes Dampfbad. Die Luft in einem Hammam ist also nicht trocken, sondern feucht.

Feucht ist das Klima auch im Grenzgebiet zu Albanien und Griechenland. Hier liegen zwei der ältesten Seen der Welt: der Prespasee und der Ohridsee. Man schätzt, dass sie vor über 2,6 Millionen Jahren entstanden sind. Viele der hier lebenden Tierarten kommen nur hier vor. Dazu zählt auch eine besondere Forellenart, die Ohridforelle, die für die am See lebenden Fischer eine wichtige Einnahmequelle ist.

FLÄCHE
25 713 km²

EINWOHNER
2,04 Mio.

HAUPTSTADT
Skopje

AMTSSPRACHEN
Makedonisch, Albanisch

WÄHRUNG
1 Denar (Den) = 100 Deni

FLAGGE

Rot ist die traditionelle Landesfarbe, die Sonne steht für Licht und Freiheit.

Der Flughafen in Skopje wurde vor Kurzem umbenannt: Jetzt trägt er den Namen von Alexander dem Großen.

ALBANIEN

FLÄCHE
28 748 km²

EINWOHNER
3,09 Mio.

HAUPTSTADT
Tirana

AMTSSPRACHE
Albanisch

WÄHRUNG
1 Lek = 100 Quindarka

FLAGGE

Der Adler mit zwei Köpfen war das Symbol des Freiheitskämpfers und Nationalhelden Skanderberg, der Albanien in einem Aufstand im 15. Jahrhundert gegen das Osmanische Reich anführte.

Albanien ist ein sehr gebirgiges Land. Hoch oben in den Bergen leben die Menschen vor allem von der Viehzucht, und viele Jungen ziehen schon früh morgens mit ihren Schafherden auf die saftigen Bergwiesen. Seite an Seite mit ihren Hunden verbringen sie ihren Tag. Das ist nicht immer ungefährlich, denn hier leben auch Wölfe und Bären.

Der Großteil der albanischen Bevölkerung lebt in der Nähe der Adriaküste, wo das Klima mild und der Boden fruchtbar ist. Das wussten auch die antiken Erbauer von Butrint zu schätzen. Die Stadt wurde vor 2600 Jahren errichtet und war seitdem stark umkämpft. Unter dem berühmten Feldherren Julius Cäsar gehörte sie zum Römischen Reich. Dann wurde sie von den Türken eingenommen und später von dem handelnden Stadtstaat Venedig, der hier eine Festung errichtete und Butrint als Handelsstützpunkt nutzte. Die Ruinen der ehemaligen Festung sind noch heute in der Nähe der südalbanischen Stadt Sarandë zu besichtigen.

In der flachen Küstenebene im Westen Albaniens liegt Tirana, die Hauptstadt des Landes. Die Stadt platzt aus allen Nähten. Jeden Tag kommen neue Menschen in die Stadt, in der Hoffnung, hier ein besseres Leben führen zu können. Doch das ist auch in Tirana sehr schwer, denn

Die Moschee Ethem-beg am Skanderbergplatz – dem Platz des albanischen Nationalhelden – in der Hauptstadt Tirana

Albanien ist sehr arm. Viele Kinder können beispielsweise nicht zur Schule gehen, da sich die Eltern den Schulbesuch nicht leisten können. Stattdessen müssen die Kinder arbeiten, als Küchenhilfe, als Putzhilfe oder als Hilfe auf Baustellen.

Viele Albaner suchen ihr Glück auch im Ausland, wo sie hoffen, Arbeit zu finden. So auch im Jahre 1991, als Tausende Albaner aus ihrem Land flohen. Es war eine lebensgefährliche Flucht auf alten, überfüllten Schiffen. Ziel war Griechenland oder die nur 50 km entfernte italienische Küste. Doch obwohl Italien die meisten Flüchtlinge wieder zurückschickte, gelang etwa 500 000 Albanern die Flucht.

Ein Grund für die Armut war das kommunistische Herrschaftssystem, unter dem das Land lange Zeit stand. Es gab nur eine kommunistische Partei, die über das Leben der Menschen bestimmte. Kontakte zum Ausland gab es kaum und das Land war zu dieser Zeit sehr rückständig. Im Jahre 1967 verbot die Regierung auch die Ausübung aller Religionen. Als 1992 dann Demokraten an die Regierung kamen, wurde auch das Religionsverbot aufgehoben.

Heute sieht man in Albanien vor allem muslimische Gotteshäuser. Viele der Muslime gehören hier einem besonderen Orden an, der Bektaschi heißt und seinen Sitz in Tirana hat. Über die Grenzen Albaniens bekannt sind vor allem die Tänze des Ordens. Dabei drehen sich Frauen und Männer immer und immer wieder im Kreis mit dem Ziel, Gott im Herzen zu spüren.

MONTENEGRO

Bis vor wenigen Jahren bildete Montenegro gemeinsam mit Serbien einen Staat namens Serbien und Montenegro. Im Mai 2006 entschieden die Montenegriner dann in einer Volksabstimmung, sich von Serbien loszulösen und einen eigenen Staat zu gründen. Kurze Zeit später wurde der neue Staat von der internationalen Staatengemeinschaft UNO anerkannt.

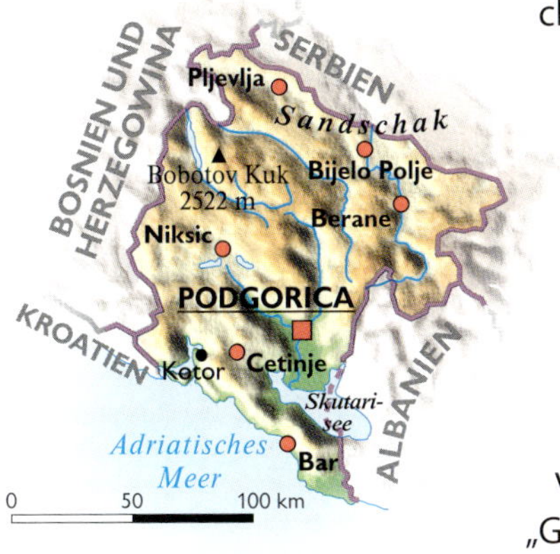

Montenegro ist ein kleines gebirgiges Land und deshalb größtenteils nur dünn besiedelt. Besonders der Nordwesten ist von hohen Bergen und Felsen geprägt. Dort, im Nationalpark Durmitor, der nach seinem höchsten Bergmassiv benannt ist, liegt nicht nur der höchste Berg Montenegros, der Bobotov Kuk (2522 m), sondern auch die Taraschlucht. Die Tara ist der längste Fluss des Landes und schneidet sich hier über 1000 m in das umgebende Gebirge ein. Die Schlucht ist damit der tiefste Cañon Europas. Im Sommer besuchen viele Touristen den Park und treiben Wildwassersport oder wandern durch die dichten Bergkiefernwälder, die auch die Heimat von Bären und Wölfen sind. Im Winter verwandelt sich der Park in ein beliebtes Skigebiet.

Ganz anders ist das Klima in dem schmalen Küstenstreifen am Adriatischen Meer. Es ist so mild, dass hier Oliven-, Zitronen- und Orangenbäume und sogar Palmen wachsen. Besonders schön ist die Bucht von Kotor mit der kleinen gleichnamigen Hafenstadt. Sie ist fast 2000 Jahre alt und für ihre vielen mittelalterlichen Häuser, Kirchen und Fürstenpaläste berühmt. Leider wurden viele Gebäude während eines schweren Erdbebens im Jahre 1979 zerstört, doch wenige Jahre später konnten die meisten mit ausländischer Hilfe wieder aufgebaut werden.

Nicht weit von Kotor liegt das denkmalgeschützte Städtchen Perast. Nicht weit davon, draußen in der Bucht von Kotor, liegen zwei kleine Inseln Sveti Juraj und Gospa od Škrpjela. Beide spiegeln die tiefe Religiosität der Montenegriner wider. Auf Sveti Juraj steht ein sehr altes Kloster des Benediktinerordens aus dem 12. Jahrhundert. Auf Gospa od Škrpjela steht eine Kirche auf einer künstlichen Insel, die dadurch entstand, dass man mit Steinen beladene Schiffe versenkte. Daraus entstand eine Tradition, die bis heute gepflegt wird: Jedes Jahr treffen sich die Einheimischen am 22. Juli und werfen Steine in das Meer, um die Insel zu vergrößern. Der Bau der Kirche auf Gospa od Škrpjela – und vielleicht auch die ungewöhnliche „Gründung“ der Insel – geht auf eine Legende zurück. Zwei Brüder sollen hier 1452 beim Fischen ein leuchtendes Madonnenbild entdeckt haben. Sie brachten das Bild nach Perast, aber es verschwand von dort immer wieder und kehrte auf die kleine Insel zurück. Daraufhin erbauten die Brüder dort eine Kirche.

FLÄCHE
13 812 km²

EINWOHNER
620 000

HAUPTSTADT
Podgorica

AMTSSPRACHE
Serbisch

WÄHRUNG
1 Euro (EUR) = 100 Cent

FLAGGE

Die Flagge geht auf die Flagge Montenegros vor 1860 zurück. Der Löwe im Brustschild des Adlers ist ein altes nationales Symbol.

Umgeben von den Gipfeln des Dinarischen Gebirges ist die steilwandige Bucht von Kotor einer der besten Naturhäfen Europas.

SERBIEN

FLÄCHE
88 361 km²

EINWOHNER
9,59 Mio

HAUPTSTADT
Belgrad

AMTSSPRACHE
Serbisch

WÄHRUNG
1 Serbischer Dinar (CSD) = 100 Para (p)

FLAGGE

Die Farben Blau-Weiß-Rot sind die so genannten slawischen Farben. Man findet sie in den Flaggen vieler Länder in Mittel-, Ost- und Südosteuropa.

Serbien gehört zu den größten Himbeerlieferanten der Welt. Die roten Beeren werden vor allem an den Hängen der vielen Hügel in Westserbien angebaut. Aber auch sonst wird in Serbien viel Ackerbau betrieben und überall sieht man Felder, Weinberge und Obstplantagen.

Serbien ist von vielen Staaten umgeben: von Bosnien und Herzegowina, Kroatien, Ungarn, Rumänien, Bulgarien, Makedonien, Albanien und Montenegro. Vor gar nicht allzu langer Zeit gehörten viele dieser Länder noch zu dem sozialistischen Jugoslawien. Das war ein Vielvölkerstaat mit vielen verschiedenen Traditionen, Sprachen und Religionen. Serbien war der mächtigste Teil davon. In den 1990er-Jahren, als die kommunistische Sowjetunion zusammenbrach, machten sich Kroatien, Slowenien, Bosnien und Herzegowina sowie Makedonien selbstständig. Leider kam es dabei zu mehreren Kriegen, und einige westeuropäische Staaten griffen ein, um die Kämpfe zu beenden. Bis allerdings Serbien die Unabhängigkeit der anderen Länder anerkannte, vergingen Jahre. Ab 2003 hieß der Nachfolgestaat Serbiens dann Serbien und Montenegro. Da sich Montenegro jedoch 2006 ebenfalls für die Unabhängigkeit entschied, heißt die übrig gebliebene serbische Republik seitdem nur noch Serbien.

Belgrad, die Hauptstadt Serbiens, liegt dort, wo die Save in die mächtige Donau mündet.

Bis heute kritisch ist die Situation im Kosovo, einem Gebiet an der Grenze zu Albanien. Die dort wohnenden muslimischen Albaner werden seit Langem von den christlichen Serben unterdrückt und streben deshalb nach Unabhängigkeit. So kam es ab 1997 immer wieder zu Kämpfen zwischen den Kosovo-Albanern und den Serben. 1999 wurden sie beendet, doch die die Lage ist noch immer gespannt. Deshalb steht das Gebiet unter der Verwaltung der Organisation der Vereinten Nationen.

In Serbien wird viel und gerne gefeiert. Zu einem Fest gehört meist ein mehrgängiges Essen, oft sogar mit sechs aufeinanderfolgenden Gängen. Beliebt sind zum Beispiel Čevapčići, die Tschewaptschitchi ausgesprochen werden. Es sind fingerdicke gegrillte Röllchen aus Hackfleisch, die mit reichlich Knoblauch, Salz, Pfeffer und Paprika gewürzt sind. Sehr bekannt sind auch die serbische Bohnensuppe und mit Hackfleisch gefüllte Kohlrouladen, die in Serbien Sarma heißen. Auch Süßes zum Nachtisch gibt es reichlich, und vieles erinnert an orientalische Desserts, wie zum Beispiel Baklava, ein Gebäck aus mit Nüssen gefülltem Blätterteig. Das Ganze wird in noch heißem Zustand in einen Sirup aus Honig, Zucker, Gewürzen und Rosenwasser gelegt.

Im Nordwesten der Hauptstadt Belgrad liegt das Naturschutzgebiet Deliblatska peščara, auf Deutsch Deliblat-Dünen. Es ist eine Sanddünenlandschaft mit richtig hohen Sanddünen – und das mitten im Balkan. In Serbien wird sie auch „Evropska Sahara" (Europäische Sahara) genannt.

BOSNIEN UND HERZEGOWINA

Die Landschaft von Bosnien und Herzegowina wird von den Dinarischen Alpen geprägt. Ihr höchster Gipfel, der 2386 m hohe Maglic, liegt in der Herzegowina (auf Deutsch: Herzogsland) im Süden, dem kleineren der beiden Landesteile. Da hier nur wenig Menschen leben, sind die Berge ideale Rückzugsgebiete für Tiere wie Steinböcke, Gämsen und Reptilien.

Eines der Reptilien, die in den Bergen der Herzegowina leben, ist die giftige Sandotter. Sie ist sehr scheu und flüchtet sofort, wenn sie merkt, dass ein Wanderer ihren Weg kreuzt. Manchmal sind die Menschen aber unvorsichtig, laufen barfuß oder pflücken Beeren zwischen dicht gewachsenen Sträuchern, in deren Schutz sich Schlangen aufhalten. Dann kann es schon einmal passieren, dass man gebissen wird. Der Biss der Sandotter ist zwar nicht lebensbedrohlich, aber man muss auf jeden Fall einen Arzt aufsuchen.

Als Anfang der 1990er-Jahre das ehemalige Jugoslawien in seine Teilrepubliken zerfiel, die nach und nach ihre Selbstständigkeit erklärten, tat dies auch Bosnien und Herzegowina. Danach brach zwischen katholischen Kroaten, orthodoxen Serben und muslimischen Bosniern ein schrecklicher Bürgerkrieg aus. Die Kämpfe forderten viele Opfer, mehr als 2 Millionen Menschen flüchteten vor dem Krieg. Die Kämpfe hörten erst 1995 auf und Bosnien und Herzegowina wurde ein unabhängiger Staat.

Die Sandotter kann schwimmen. Zuweilen klettert sie auch Bäume hoch.

Nachdem die Steinbrücke von Mostar im Krieg zerstört worden war, wurde sie als Zeichen der Versöhnung im Juli 2004 wiedereröffnet.

Während des Krieges wurden viele Städte und Dörfer zerstört. In der Stadt Mostar beispielsweise stand die alte Steinbrücke Stari Most. Sie wurde im 16. Jahrhundert erbaut und gilt als die längste Steinbogenbrücke der Welt, die mit nur einem einzigen Bogen einen Fluss überspannt. In der Stadt lebten vor dem Krieg auf der einen Seite muslimische Bosnier und auf der anderen Seite orthodoxe Serben. Die Brücke verband die beiden Seiten. 1993 wurde sie während des Krieges zerstört. Da die Brücke eine solch bewegte Vergangenheit hat, wurde sie nach dem Krieg mit der Hilfe der Vereinten Nationen wieder aufgebaut. Für die Menschen in Bosnien und Herzegowina ist sie ein Zeichen der Versöhnung und Hoffnung. Auch wenn die Spuren des Krieges vielerorts noch sichtbar sind, können die Kinder wieder zur Schule gehen und ohne Angst auf den Bolzplätzen Fußball spielen.

Weiter nördlich von Mostar liegt die ebenfalls im Krieg stark zerstörte Hauptstadt Sarajevo. Nur wenige Jahre vor dem Krieg fanden hier 1984 die Olympischen Winterspiele statt.

FLÄCHE
51 129 km²

EINWOHNER
4,3 Mio.

HAUPTSTADT
Sarajevo

AMTSSPRACHEN
Bosnisch, Serbisch, Kroatisch

WÄHRUNG
1 Konvertible Mark (KM) = 100 Fening

FLAGGE

Das Dreieck zeichnet die Form des Landes nach und symbolisiert die drei Bevölkerungsgruppen. Die Sterne und der blaue Hintergrund erinnern an die Europäische Union und sind Sinnbild für eine friedliche Zukunft.

KROATIEN

FLÄCHE
56 542 km²

EINWOHNER
4,47 Mio.

HAUPTSTADT
Zagreb

AMTSSPRACHE
Kroatisch

WÄHRUNG
1 Kuna (K)
= 100 Lipa (lp)

FLAGGE

In der Mitte der Flagge mit den panslawischen Farben Rot, Weiß und Blau liegt das für Kroatien traditionelle rot-weiß karierte Schild. Auf der Wappenkrone sind die Symbole der historischen Landesteile dargestellt: Illyrien, Dubrovnik, Dalmatien, Istrien und Slawonien.

Kroatien wird auch „Land der 1000 Inseln" genannt. Tatsächlich dürfte die Zahl der kroatischen Adriainseln jedoch weit über 1000 liegen. Jedes Jahr kommen Hunderttausende Urlauber, um sich auf den 66 bewohnten Inseln vor der zerklüfteten Küste des Landes zu erholen.

Innerhalb der von dicken Mauern umgebenen Altstadt von Dubrovnik ist Autofahren verboten.

Eine ganz besondere Touristenattraktion hat der Nationalpark Plitwitzer Seen in den Dinarischen Alpen zu bieten. Hier wurde in den 1960er-Jahren der erste Winnetou-Film nach dem Roman von Karl May gedreht: „Der Schatz im Silbersee". Inmitten der kleinen Seen und Wasserfälle des kroatischen Nationalparks erleben der Apachen-Häuptling Winnetou und sein weißer Blutsbruder Old Shatterhand im Film viele Abenteuer. Zwar spielt die Handlung in Nordamerika, aber die kroatischen Seen boten die perfekte Kulisse für den Film.

Etwa 100 km nördlich der Seen liegt Zagreb, die Hauptstadt Kroatiens. Hier, im Flusstal der Save, findet seit 1966 jedes Jahr das Internationale Folklore-Festival statt. Aus der ganzen Welt reisen Mitglieder unterschiedlichster Kulturen und Nationen an, um ihre Trachten, Musik und Tänze vorzustellen. Dass das Festival hier stattfindet, ist kein Zufall, denn in Kroatien spielen Trachten bis heute eine große Rolle. Sie unterscheiden sich von Region zu Region. Am Meer besteht die Tracht der Männer aus einer meist blauen knöchellangen Hose, einem Hemd, einer Weste, einem breiten Seidengürtel, einer roten Kappe, Baumwollstrümpfen und Riemenschuhen.

Im Landesinneren hingegen trägt man aufgrund der kalten Winter und des strengeren Klimas viel Wolle und Pelz. Zur Tracht zählen stets eine dicke Weste, eine Jacke und ein Mantel. Die Füße sind mit Leinen umwickelt, das die Funktion der Strümpfe übernimmt – natürlich nur bei Festen und nicht im Alltag. Darüber zieht man Riemenschuhe oder im äußersten Norden Kroatiens auch Stiefel.

Das Leinen für die Trachten, aber auch für den Weiterverkauf, wird nach wie vor in Kroatien hergestellt. Die fruchtbaren Flusstäler im Norden Kroatiens sind ideale Anbaugebiete für den Flachs, aus dessen Pflanzenstängeln die Leinenfaser gewonnen wird. Der Samen der Flachspflanze wird zu einem Öl verarbeitet, mit dem man Holz behandelt.

Ganz im Süden des Landes, kurz vor der Grenze zu Bosnien und Herzegowina, liegt das gut befestigte Dubrovnik. Die Stadtmauer ist rund 1500 m lang, bis zu 6 m breit und rundherum begehbar. Sie schützt seit etwa 1280 die Altstadt, die nach den Zerstörungen des Bürgerkriegs, der hier zwischen 1991 und 1995 herrschte, wieder aufgebaut wurde. In einem der Klöster Dubrovniks befindet sich auch eine der ältesten Apotheken Europas. Sie ist seit 1317 stets für die Kranken da.

SLOWENIEN

Abgesehen von dem fruchtbaren Hügelland in der Landesmitte und dem Tieflandgebiet in Küstennähe ist Slowenien ein Gebirgsland. Im Nordwesten liegen die fast 3000 m hohen Julischen Alpen. Im Süden gehen diese in die Dinarischen Alpen über, die sich die gesamte Adriaküste bis nach Nordalbanien entlangziehen.

Das Dinarische Gebirge besteht vorwiegend aus Kalkstein. In Verbindung mit Wasser löst sich dieses Gestein im Laufe der Zeit auf. Wo viel Wasser fließt, entstehen tiefe Rinnen, Tröge, scharfkantige Risse und Hohlräume. Eine solche, von Wasser zerfurchte Gegend bezeichnet man als Karstlandschaft.

Der 2864 m hohe Triglav

Im slowenischen Karstgebiet trifft man auf zerklüftete Felsen und über 1000 Höhlen. Zu den größten Tropfsteinhöhlen zählen die Adelsberger Grotten bei Postojna. Die 22 km langen unterirdischen Gänge beherbergen ein ganz besonderes Tier: den Grottenolm. Das ist ein bis zu 30 cm langer Schwanzlurch, der sich an das Leben in der Dunkelheit angepasst hat: Seine Augen haben sich zurückgebildet und liegen unter der Haut, die Haut selbst ist farblos, da sie sich nicht gegen Sonnenlicht schützen muss. Früher glaubten die Menschen, dass Grottenolme die Jungtiere von Drachen wären.

In den Julischen Alpen, genauer gesagt im Planica-Tal, stehen drei Skischanzen, darunter die größte Skiflugschanze der Welt. Deshalb nennt man das Tal im Dreiländereck Slowenien, Italien und Österreich auch „Tal der Schanzen". Im Jahre 2005 konnte ein Norweger hier den bislang weitesten Sprung erreichen. Er flog 239 m durch die Luft! Ganz in der Nähe liegt auch der Triglav-Nationalpark. Er ist ein beliebtes Ziel von Bergsteigern, die den höchsten Berg Sloweniens, den Triglav, besteigen wollen. Die letzten 300 m zum Gipfel sind nur über einen Klettersteig mit vielen Eisenklammern und Haltebolzen erreichbar.

In der Karstlandschaft an der slowenisch-italienischen Grenze liegt das Dorf Lipica. Hier wurden 1580 andalusische (südspanische) Hengste mit einheimischen Stuten gekreuzt. Die neue Rasse nannte man zunächst „Spanische Karster", später wurden sie in Lipizzaner umbenannt. Während des Ersten Weltkriegs wurden viele Tiere nach Österreich in Sicherheit gebracht und mittlerweile werden sie in vielen Ländern gezüchtet. Als Slowenien noch zu Jugoslawien gehörte, wurde das Gestüt nur wenig beachtet. Nach der Loslösung von Jugoslawien im Jahre 1991, die im Unterschied zu den anderen ehemaligen jugoslawischen Teilrepubliken ohne Krieg erfolgte, baute man das Gestüt zu einem Besucherzentrum aus.

FLÄCHE
20 256 km²

EINWOHNER
2,0 Mio.

HAUPTSTADT
Ljubljana

AMTSSPRACHE
Slowenisch

WÄHRUNG
1 Tolar (SIT) = 100 Stotinov

FLAGGE

Die Flagge trägt die slawischen Farben Blau-Weiß-Rot. Im Wappen sieht man den dreigipfeligen Triglav, den höchsten Berg des Landes. Die Wellenlinien stehen für die Flüsse Drau und Save.

Viele Lipizzaner werden in der sogenannten Spanischen Hofreitschule in Wien ausgebildet.

FLÄCHE
83 871 km²

EINWOHNER
8,27 Mio.

HAUPTSTADT
Wien

AMTSSPRACHE
Deutsch

WÄHRUNG
1 Euro (EUR) = 100 Cent

FLAGGE

Die Flagge geht auf ein Wappen der Babenberger zurück, ein altes Adelsgeschlecht in Bayern und Österreich. Der Legende nach soll ein verwundeter Ritter nach einer Schlacht seinen Gürtel von seinem roten, von Blut durchtränkten Waffenrock gelöst haben. Darunter war sein Gewand noch frei von Blut – weiß.

ÖSTERREICH

Langlauf, Snowboarden, Rodeln, Abfahrtslauf, Klettern, Gletscherwandern, Gleitschirmfliegen – das sind nur einige Sportarten, denen man in den österreichischen Alpen nachgehen kann. Der höchste Berg ist mit 3798 m der Großglockner. Doch nicht ganz Österreich wird von Hochgebirge eingenommen, im Osten des Landes flachen die Berge ab und gehen schließlich in eine fruchtbare Ebene über.

Sowohl in den flachen Regionen als auch im Voralpenland laden unzählige Seen zum Baden ein. Allerdings gibt es an dem größten See Österreichs, dem Neusiedler See, nur einen einzigen Badestrand. Das Seeufer ist nämlich fast überall mit hohem Schilf bestanden. Da dieser Schilfgürtel ein sicheres Rückzugsgebiet für Millionen Vögel ist, hat man den See zum Schutzgebiet erklärt.

Österreich ist ein sogenanntes Transitland: Viele Urlauber und unzählige Lastwagen durchqueren Österreich auf ihrem Weg nach Italien oder Osteuropa. Die empfindliche Natur in den Bergen leidet aber unter dem ständigen Lärm und den Abgasen der vielen Autos. Besonders viel Verkehr herrscht am Brennerpass im Grenzgebiet zwischen Österreich und Italien. Ihn befahren täglich mehr als 5000 Lkw, denn er ist der niedrigste Pass, der über den österreichischen Alpenhauptkamm führt.

Der Brennerpass ist seit Jahrhunderten eine wichtige Verbindung zwischen Österreich und Italien. Hier sieht man die alte Brennerstraße, die streckenweise unter der neuen Brennerautobahn entlangführt.

50 km westlich des Brennerpasses machte man 1991 einen sensationellen Fund. Man entdeckte hoch oben in einem Gletscher der Ötztaler Alpen, im Grenzgebiet zu Italien, eine rund 5000 Jahre alte Mumie eines Mannes. Durch die eisige Umgebung blieb „Ötzi", wie man die Mumie bald nannte, sehr gut erhalten. So konnten Forscher in den Folgejahren viel über den Mann herausfinden: Gestorben war er vermutlich durch einen Pfeilschuss in die linke Schulter. Ansonsten war der Körper des etwa 45 Jahre alten und ungefähr 1,58 m großen Mannes nahezu unversehrt. In seinen Haaren konnte man Spuren von Metall feststellen, weshalb die Wissenschaftler glauben, dass sich der Mann mit der Verarbeitung von Kupfer beschäftigte.

Die Berge Österreichs haben auch noch etwas anderes, sehr Wichtiges zu bieten: Wasser. Mit strömendem Wasser lässt sich mithilfe eines Kraftwerks Strom gewinnen. Und das funktioniert so: Man leitet das Wasser durch Turbinen, die

sich dadurch drehen. Mit diesen Turbinen werden Generatoren angetrieben, die diese Arbeit in elektrische Energie umsetzen. Wasserkraftwerke sind in den Bergen, zum Beispiel in den Hohen Tauern, besonders häufig, da man die großen Höhenunterschiede zwischen Berg und Tal gut nutzen kann. Dort wird das Wasser in Stauseen gesammelt und durch riesige Rohre ins tiefer liegende Tal geleitet. Hier stehen die Turbinen, die durch das Wasser angetrieben werden.

Großstädte verbrauchen besonders viel Strom, so auch Wien, die Hauptstadt Österreichs, die auf der ganzen Welt für ihre Kaffeehäuser bekannt ist. Früher wie heute werden hier lebhafte Gespräche geführt und die Luft duftet nach frischem Kaffee. Heute gibt es viele verschiedene Bezeichnungen dafür – z. B. Melange für Milchkaffee –, früher hingegen bestellte man seinen Kaffee nach einer Farbpalette, auf der von Schwarz bis Milchig-Weiß alle Farben des Kaffees zu sehen waren. Zum Kaffee gibt es leckere Süßspeisen. Weltbekannt ist der Kaiserschmarrn, der aus einem Pfannkuchenteig, also aus Mehl, Eiern und Milch besteht. Um den Namen des Kaiserschmarrns ranken sich viele Legenden. Eine besagt, dass einem Hofkoch ein Pfannkuchen, der für den Kaiser bestimmt war, misslang. Er machte das Beste daraus, fügte dem missglückten und zerrissenen Pfannkuchen Rosinen und Kirschen hinzu, streute Puderzucker darüber und servierte dem Kaiser das Ganze als etwas ganz Neues. Seitdem heißt der zerrissene Pfannkuchen Kaiserschmarrn.

Zu jener Zeit gab es in Wien noch keine Autos, aber ein Fortbewegungsmittel, das die Zeit überdauert hat. Gemeint sind Kutschen, die in Wien als Fiaker bezeichnet werden. Das Wort wurde 1693 aus Paris übernommen, wo ein Gastwirt in der Rue de Saint-Fiacre Kutschen verlieh. Während es früher eher wohlhabende Wiener waren, die sich eine Kutschfahrt leisteten, sind es heute Touristen, die sich vom Fiaker aus die Stadt ansehen, in der der berühmte Komponist Wolfgang Amadeus Mozart viele seiner Stücke schrieb.

Viele Wiener Pferdekutschen – Fiaker genannt – sind schon über 100 Jahre alt. In den ruhigen Wintermonaten werden sie restauriert.

Die Geburtsstadt Mozarts ist Salzburg. Ihren Namen hat die Stadt von den Salzvorkommen in der Region. Rund 60 km von Salzburg liegt Hallstatt, wo sich eines der ältesten Salzbergwerke der Welt befindet. Die Geschichte des Salzabbaus beginnt schon um 1300 vor Christus. Zunächst arbeitete man mit Pickel und Schaufel, später füllte man Wasser in den Berg, damit sich das Salz aus dem Gestein lösen konnte. Hall ist übrigens ein altes Wort für Salz. Westlich von Hallstatt liegt eine weitere Bergbaustadt: Hallein. Dort kann man in einem umgestalteten Bergwerk wie die Bergleute früher auf dem Hosenboden in die Tiefe des Bergwerks rutschen! Die erste Rutsche ist 27 m lang, die zweite, die einen noch tiefer in den Berg führt, sogar 42 m lang. Da es beim Rutschen ziemlich heiß unter dem Hintern wird, legt man sich besser eine kleine Matte unter.

Innsbruck im Bundesland Tirol ist einer der Austragungsorte der Vierschanzentournee des Skispringens.

LIECHTENSTEIN

FLÄCHE
160 km²

EINWOHNER
34 300

HAUPTSTADT
Vaduz

AMTSSPRACHE
Deutsch

WÄHRUNG
1 Schweizer Franken (sfr) = 100 Rappen (Rp)

FLAGGE

Die Farben haben vermutlich ihren Ursprung in den Farben der Dienstkleidung am früheren Liechtensteiner Fürstenhof.

Das kleine Land Liechtenstein gilt als Paradies für Briefmarkensammler. Immer wieder gibt der Mini-Staat, der zwischen der Schweiz und Österreich liegt, schöne Briefmarken heraus, die unter Sammlern heiß begehrt sind.

Das Fürstenschloss oberhalb der Hauptstadt Vaduz

Liechtenstein ist ein Fürstentum, Staatsoberhaupt ist der Fürst von Liechtenstein. Ohne seine Zustimmung tritt beispielsweise kein neues Gesetz in Kraft. Es gibt aber auch ein vom Volk gewähltes Parlament, dem 25 Abgeordnete angehören.
In Liechtenstein leben – neben Liechtensteinern natürlich – viele Österreicher, Schweizer, Italiener und Deutsche. Sie machen etwa ein Drittel der Einwohner Liechtensteins aus. Zudem fahren täglich viele Tausend Österreicher und Schweizer nach Liechtenstein, um in einer der vielen Firmen oder Banken hier zu arbeiten. Dass sich hier so viele Unternehmen niederlassen, liegt daran, dass die Steuern, die die Firmen an den Staat bezahlen müssen, im Vergleich zu vielen anderen europäischen Staaten sehr gering sind. Deshalb gibt es Firmen, die Liechtenstein als ihren Firmensitz angeben, in Wirklichkeit aber woanders produzieren. Da diese Firmen offiziell einen Briefkasten in Liechtenstein haben, nennt man sie auch „Briefkastenfirmen".

SCHWEIZ

FLÄCHE
41 285 km²

EINWOHNER
7,44 Mio.

HAUPTSTADT
Bern

AMTSSPRACHEN
Deutsch, Französisch, Italienisch, Rätoromanisch

WÄHRUNG
1 Schweizer Franken (sfr) = 100 Rappen (Rp)

FLAGGE

Die Flagge ist eine der wenigen quadratischen der Welt. Sie beruht auf uralten Militärabzeichen der Schwyzer.

Je nachdem, wo man gerade ist, wird man in der Schweiz auf unterschiedliche Weise begrüßt. Im deutschsprachigen Norden und Osten hört man die Kinder auf Schwyzerdütsch „Grüezi" sagen, im Süden, wo Italien nicht weit ist, grüßen sie mit einem freundlichen „Buon Giorno", und in der Westschweiz, wo Frankreich nahe ist, sagen sie „Bonjour". Und in einem kleinen Gebiet im Südosten wird man mit „Bien di" begrüßt.

Die Begrüßung „Bien di" ist Rätoromanisch. Rätoromanisch ist eine Art Mischung aus Italienisch und Französisch und wird nur von ganz wenigen Menschen gesprochen. So kann es deutschsprachigen Touristen passieren, dass sie in einem Dorf Schwyzerdütsch hören und im Nachbarort kein Wort mehr verstehen, da die Menschen Rätoromanisch sprechen. Damit es den Schweizern nicht genauso geht, lernen die Kinder meistens zwei oder mehr Sprachen.

In der Schweiz gibt es viele Berge und Seen, wie etwa den Zürichsee, an dem die Bankenstadt Zürich liegt, und den Genfer See an der Grenze zu Frankreich. Zu den bekanntesten Seen gehört auch der Vierwaldstätter See in der Zentralschweiz. An ihn grenzen vier der Schweizer Kantone. Ein Kanton ist so etwas wie ein Bundesland in Deutschland. Drei der an den See grenzenden Kantone – Uri, Unterwalden und Schwyz – sollen sich hier auf

einer Wiese am See im Jahre 1291 die ewige Treue geschworen haben. Dieser Eid gilt als der eigentliche Anfang der „Schweizerischen Eidgenossenschaft“ – wie die Schweiz offiziell heißt.

Der höchste Schweizer Berg ist die 4634 m hohe Dufourspitze im Monte-Rosa-Massiv. Im Hochgebirge, ab etwa 2000 m gibt es aufgrund der Kälte keine Bäume mehr. Dafür wachsen Gräser und Alpenblumen wie der blaue Enzian und das Edelweiß. Und wenn man sich vorsichtig und ruhig bewegt, kann man auch die scheuen Alpentiere beobachten: einen Steinbock, wie er steile Felsen emporklettert, oder ein Murmeltier, wie es seine feine Nase aus dem Bau streckt. Man muss aber schon Glück haben, um diesen Nager zu Gesicht zu bekommen. Murmeltiere halten von Oktober bis April einen ausgedehnten Winterschlaf. Im Sommer fressen sie sich dafür eine dicke Fettschicht an und polstern ihre Wohnhöhlen mit viel Gras aus. Murmeltierfamilien überwintern immer gemeinsam. So können sie sich gegenseitig wärmen, während es draußen eisig kalt ist.

Manchmal kann man in den Schweizer Bergen oder auch unten in den Tälern ganz eigenartige Töne hören. Sie kommen von Alphornbläsern, die auf ihren langen Blasinstrumenten aus Tannenholz spielen. Das größte Alphorn, das jemals gebaut wurde, ist 46 m lang, also ungefähr halb so lang wie ein Fußballfeld! Früher wurden die Hörner von Viehhirten gebaut. Sie brauchten die Instrumente, um sich über weite Strecken zu verständigen, denn der Klang eines Alphorns ist auch noch in großer Entfernung zu hören. Heute spielt man sie bei Konzerten oder Festen.

In den Murmeltierkolonien halten immer ein paar Tiere Wache und pfeifen, wenn sich ein Feind nähert.

Ein Alphornbläser vor dem 4478 m hohen Matterhorn, dem wohl bekanntesten Berg der Schweiz

In der Schweiz gibt es viele Bergbauern, die Kühe und Ziegen halten. Aus der Milch wird oft Käse hergestellt. Aber wie kommen die Löcher in den Schweizer Käse? Die Käselöcher bilden sich, während der Käse im Keller reift. Während der Reifung entsteht ein Gas, das aufgrund der festen Käserinde nicht nach außen entweichen kann und sich in Hohlräumen sammelt. Schneidet man den Käse in Scheiben, erscheinen die Blasen als Löcher.

Aber nicht nur der Schweizer Käse ist weltberühmt, sondern auch die Schweizer Uhren. Sie galten lange als die präzisesten und robustesten Uhren. Auch die erste Uhr auf dem Mond war eine Schweizer Uhr: Der amerikanische Astronaut Buzz Aldrin trug sie, als er 1969 zusammen mit Neil Armstrong den Mond betrat.

SPRACHE

Hallo!

Schweizerdeutsch (Schwyzerdütsch)

Der Begriff Schweizerdeutsch fasst die deutschen Dialekte zusammen, die in der Schweiz gesprochen werden. Viele Wörter kommen aus dem Französischen und Italienischen.

Guten Tag (für Leute, die man siezt) = Grüezi
Hallo (für Leute, die man duzt) = Hoi
Auf Wiedersehen = Uf Widerluege
Dankeschön = Merssi
Entschuldigung = Äxgüsi

Und noch ein paar ungewöhnliche Worte:
Küchenschrank = Chuchichäschtli
Limonade = Blööterliwasser
Mädchen = Maitli / Meitschi
(Kleiner) Junge = Pfüdäri
(Kleines) Mädchen = Zischgäli

ITALIEN

FLÄCHE
301 341 km²

EINWOHNER
58,46 Mio.

HAUPTSTADT
Rom

AMTSSPRACHEN
Italienisch, Französisch, Deutsch

WÄHRUNG
1 Euro (EUR) = 100 Cent

FLAGGE

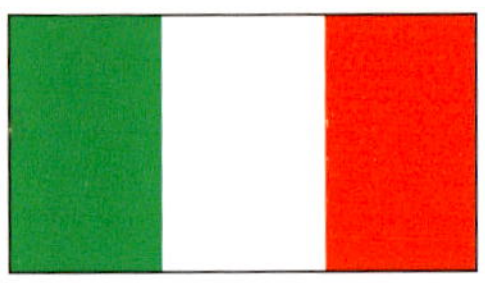

Das Aussehen der italienischen Flagge lehnt sich an das der französischen an, allerdings wurden andere Farben gewählt: Grün und Weiß waren die Uniformfarben der Mailänder Miliz. Als diese zur Nationalgarde erhoben wurde, kam Rot hinzu.

Italien ist vielen Menschen wegen seiner Form bekannt: Es liegt wie ein großer langer Stiefel im Mittelmeer. An seiner engsten Stelle ist der Stiefel 130 km, an seiner breitesten Stelle 250 km breit. Von den Alpen, die die Stiefelkrempe bilden, bis zu den schroffen Gebirgsküsten Kalabriens, das die Stiefelspitze formt, sind es mehr als 1000 km.

Die Drei Zinnen sind die bekanntesten Gipfel der Dolomiten. Um sie zu besteigen, muss man geübter Kletterer sein.

Wer von den Italienischen Alpen bis nach Sizilien fährt, kommt durch viele verschiedene Landschaften. Im Norden sind es die hohen weißen Kalkberge der Dolomiten, dann durchquert man die fruchtbare Poebene, in der zum Beispiel die Modestadt Mailand liegt. Nicht weit von Mailand, in Monza, findet jedes Jahr ein Formel-1-Rennen, der „Große Preis von Italien" statt. Zu den schnellsten und teuersten Autos der Welt gehört der knallrote Ferrari, der im weiter südlich gelegenen Maranello gebaut wird – einer Kleinstadt mit gerade einmal 16 000 Einwohnern.

„Alle Wege führen nach Rom!" lautet ein Sprichwort, und in der Tat finden die meisten Reisenden irgendwann in die Hauptstadt Italiens. Seinen Ursprung hat das Sprichwort im frühen Mittelalter, als Rom – der Sitz des Papstes – als Mittelpunkt der christlichen Welt galt. Die Stadt ist aber viel älter. Einer Legende zufolge wurde sie 753 vor Christus von dem Zwillingspaar Romulus und Remus gegründet. Sie waren im Säuglingsalter von ihrem Onkel ausgesetzt worden, der Angst hatte, dass die Brüder Anspruch auf den Herrscherthron erheben würden, auf den er selbst gerne wollte. Die beiden Knaben wurden aber von einer Wölfin gefunden und von Hirten aufgezogen. Viele Jahre später gründeten sie an den Hügeln, auf denen sie aufgewachsen waren, ihre eigene Stadt: Rom.

In vielen Kriegen erweiterte Rom sein Reich, vor allem unter dem Herrscher Julius Cäsar. In der Kaiserzeit – das Wort „Kaiser" leitet sich von Cäsar ab –, die 27 vor Christus begann, erreichte es seine größte Ausdehnung: Es reichte von Britannien im Norden bis zum Fluss Euphrat im Osten (im heutigen Irak) und zur Sahara im Süden. Viele Bauwerke, die man heute in der Stadt Rom besichtigen kann, stammen aus dieser Zeit. Eines der imposantesten ist das Kolosseum, ein Amphitheater. Das ist ein Theater, bei dem die Zuschauerränge im Halbrund angeordnet sind, sodass jeder eine gute Sicht auf die Bühne hat. Es ist rund 50 m hoch und bot 50–60 000 Zuschauern Platz.

Vieles, was wir über das alte Rom wissen, haben wir den damaligen Gelehrten zu verdanken, die alles sehr genau festhielten. Dazu schrieben sie mit den Buchstaben der lateinischen Schrift, die wir noch heute benutzen. Es gab damals aber nur Großbuchstaben. Geschrieben wurde auf Papier aus einer schilfartigen Pflanze, der Papyrusstaude. Die beschriebenen Bögen wurden nicht zu Büchern verarbeitet, sondern gerollt.

Durch die überlieferten Schriften ist auch viel über die damaligen Speisen bekannt. So wissen wir, dass die Römer bereits Eiscreme kannten. Sie wurde freilich nicht in Eisdielen, wie man sie heute in ganz Italien findet, verkauft, sondern war ein Luxus, den sich nur die Kaiser leisten konnten. Zur Herstellung der Eiscreme ließen sie durch Läufer Schnee und Eis aus den Bergen im Norden in die Hauptstadt bringen und in tiefen Kellern lagern.

Ein Berg, der eher für Hitze als für Kälte sorgt, ist der Vesuv bei Neapel. Der Vulkan brachte der Region von jeher fruchtbare Böden und damit Wohlstand. Doch im Jahre 79 nach Christus geschah ein schlimmes Unglück. Tausende Menschen wurden vom bisher größten Ausbruch des Vesuvs überrascht. Bei der gewaltigen Explosion ergossen sich Geröll, Steine, Erde, Lava und Asche über die Umgebung und begruben ganze Städte unter sich. Eine davon war Pompeji. Sie verschwand unter einer 5 m hohen Ascheschicht. Die Überlebenden der Katastrophe gründeten neue Siedlungen,

Das Kolosseum hatte über 80 Eingänge. So konnte sich das Theater innerhalb von 15 Minuten mit Zuschauern füllen.

und die verschütteten Städte gerieten in Vergessenheit – bis Archäologen vor etwa 250 Jahren Pompeji wiederentdeckten und mit Ausgrabungen begannen. Unter der Ascheschicht war alles sehr gut erhalten geblieben. Man konnte sogar sehen, in welcher Haltung die Menschen vom Ascheregen begraben worden waren, da ihre Körper Hohlräume in der Asche hinterlassen hatten.

Der Vesuv brach zum letzten Mal im Jahre 1944 aus. Doch Forscher wissen, dass es tief in seinem Inneren brodelt, und warnen vor einem erneuten Ausbruch, der jederzeit passieren kann. Dann sind Millionen Menschen in Gefahr, die an den Hängen des Vulkans leben. Es gibt zwar Pläne, die Menschen in einem solchen Fall zu evakuieren, aber ob dazu nach den ersten Anzeichen eines Ausbruchs noch genug Zeit bleibt, ist nicht sicher.

Weniger gefährlich ist der Ätna auf der italienischen Insel Sizilien. Der höchste Vulkan Europas ist zwar sehr aktiv und speit immer wieder Feuer – manchmal mehrmals pro Jahr, dann wieder ein paar Jahre nicht. Aber da er dabei nicht explodiert wie der Vesuv, sondern die Lava eher ruhig aus den Kratern ausfließt, kamen hier nur selten Menschen zu Schaden.

Der Ätna auf Sizilien während eines Ausbruchs: Am Tage sieht man nur Aschewolken, in der Nacht glühend rote Lavaströme.

SAN MARINO

FLÄCHE
61,19 km²

EINWOHNER
30 500

HAUPTSTADT
San Marino

AMTSSPRACHE
Italienisch

WÄHRUNG
1 Euro (EUR) = 100 Cent

FLAGGE

Weiß steht für Frieden und symbolisiert die Wolken und den Schnee auf den Bergen, Blau steht für die Freiheit und symbolisiert den Himmel.

Mitten in Italien liegt San Marino, ein Mini-Staat mit gerade mal 30 000 Einwohnern. Das Herzstück San Marinos bildet die Felslandschaft des 756 m hohen Monte Titano mit seinen jahrhundertealten Burgen. Von hier aus kann man bis zur Adriaküste im Westen sehen.

Der Legende nach stammt der Gründer San Marinos von der italienischen Adriaküste. Es war der heilige Marinus von Rimini, der unter dem römischen Kaiser Diokletian wegen seines christlichen Glaubens verfolgt wurde. Er flüchtete sich im Jahr 301 auf den Monte Titano, wo er auch anderen Christen Schutz bot. Ob die Geschichte wahr ist, weiß keiner so genau. Wahr ist aber, dass San Marino schon seit 1263 ein demokratisches Land ist. Und das war zur damaligen Zeit etwas Besonderes, denn damals wurde Europa noch von Königen und Fürsten regiert und das Volk hatte meist nichts zu sagen. Besonders an Schlechtwettertagen fahren zahlreiche Badegäste von der Adriaküste in den Zwergstaat. Viele kaufen hier einige der schönen Briefmarken, für die San Marino in der ganzen Welt bekannt ist. Zudem gibt San Marino, obwohl es nicht zu den Mitgliedsstaaten der EU zählt, eigene Euro-Münzen heraus. Das wird dem Staat ermöglicht, weil er auch früher immer die gleiche Währung wie Italien hatte. Und da dort nun mit dem Euro bezahlt wird, hat auch San Marino das Recht auf eigene Euro-Münzen.

Die Rückseite der 2-Euro-Münze zeigt den Regierungspalast von San Marino.

VATIKANSTADT

FLÄCHE
0,44 km²

EINWOHNER
800

AMTSSPRACHEN
Italienisch, Latein

WÄHRUNG
1 Euro (EUR) = 100 Cent

FLAGGE

Das Wappen zeigt die Krone des Papstes, darunter die Schlüssel des heiligen Petrus.

Vatikanstadt, der kleinste Staat der Welt, liegt mitten im italienischen Rom. Dort fallen einem sofort die Wachmänner auf. Mit ihren blau-rot-gelben Uniformen und weißen Halskrausen sehen sie aus, als gehörten sie zu einer längst vergangenen Zeit.

Vatikanstadt ist der Sitz des Papstes – er ist das Oberhaupt der römisch-katholischen Kirche und des kleinen Staates. Die uniformierten Wachmänner, die man in der Nähe seiner Residenz sieht, gehören der Schweizergarde an, die seit 1506 den Papst schützt. Nicht jeder wird in die päpstliche Schweizergarde aufgenommen. Es gelten strenge Vorschriften. Die Soldaten müssen katholische Schweizer sein, eine Armee- und Berufsausbildung vorweisen, männlich, unter 30 Jahren und mindestens 174 cm groß sein. Zudem müssen junge Bewerber unverheiratet sein.

Der Staat, der nur rund 800 Einwohner hat, wurde dort gegründet, wo der Apostel Petrus, ein Begleiter von Jesus Christus, begraben liegt: auf einem Hügel namens Vatikan. Ein römischer Kaiser ließ über sein Grab eine Kirche bauen – St. Peter, die heutige Peterskirche. Später wurde der Vatikan Sitz der katholischen Päpste und bis heute kann man hier zu speziellen Anlässen den Papst sehen. Vatikanstadt besitzt sogar eine eigene Post, gibt regelmäßig neue Briefmarken heraus und prägt Euro-Münzen. Außerdem werden Neuigkeiten über den Radiosender „Radio Vaticano" gesendet.

MALTA

Zum Inselstaat Malta gehören die Inseln Malta, Gozo und Comino sowie zwei unbewohnte Inseln. Die Landschaft ist bis an die Küsten felsig und rau, doch die schönen ruhigen Buchten ziehen viele Badegäste an. In ihren Hotels merken sie kaum, dass der Inselstaat eines der wasserärmsten Länder der Welt ist.

Trinkbares Süßwasser ist in Malta absolute Mangelware. Es gibt kaum natürliche Süßwasserquellen und die aufgefangenen Regenmengen und die tiefen Brunnen reichen kaum aus, die Felder zu bewässern. Darum muss das Trinkwasser für die einheimische Bevölkerung und die vielen Touristen anderweitig beschafft werden. Zum einen kommen regelmäßig Trinkwassertanker von Italien, um die Insel zu beliefern, zum anderen wird das Meerwasser in teuren und energiefressenden Anlagen „entsalzt". In einem komplizierten Verfahren wird das Meerwasser durch eine superfeine Membran gepresst, die wie ein Filter das Salz und andere Stoffe aus dem Meerwasser abtrennt.

Trotz der Trockenheit ist die Insel seit Jahrtausenden bewohnt. Das weiß man, weil man hier riesige Steintempel aus tonnenschweren Steinen fand, von denen Wissenschaftler herausfanden, dass sie aus der Steinzeit stammen. Mehrere Tausend Jahre später – um 50 nach Christus herum – soll der Apostel Paulus auf der Insel gestrandet sein. Der Weggefährte von Jesus Christus bekehrte mehrere Insulaner zum Christentum. Etwa 800 Jahre später eroberten arabische Völker die Insel, und weitere 200 Jahre darauf kamen sogar die Wikinger aus dem fernen Skandinavien auf ihren Eroberungszügen bis hierher.

Auch Frankreich und Großbritannien haben ihre Spuren hinterlassen. Die Fremdherrschaften werden unter anderem in der maltesischen Sprache deutlich. Sie hat sich aus der arabischen Sprache entwickelt, wird aber mit lateinischen Buchstaben geschrieben. Und wenn man genau hinhört, erinnern viele Wörter an Italienisch, Französisch und Englisch. Ein weiteres Erbe der langen britischen Kolonialzeit sind der Linksverkehr und die vielen Sprachschulen, an denen man Englisch lernen kann.

Auf einem Felsen vor der Küste von Gozo gibt es eine rötlich-braune, etwa 20 cm große Pflanze, die nur hier wächst. Im 16. und 17. Jahrhundert war sie das Allheilmittel des gr oßen Hospitals in Valletta, der heutigen Hauptstadt Maltas. Der dunkelrote Sud, den man aus der Pflanze gewann, wurde zur Behandlung von Verletzungen genutzt. Man verkaufte ihn sogar für viel Geld an die europäischen Fürstenhäuser. Den Felsen, auf dem die Pflanze wuchs, konnte man nur in einem Korb erreichen, der an 35 m langen Seilen zwischen Gozo und der Felseninsel hin- und hergezogen wurde. Die Malteser hüteten die Pflanze, die sie Malteserschwamm nannten, eifersüchtig und errichteten zu ihrem Schutz sogar einen Wachturm.

Auf der Insel Gozo gewinnen die Bewohner Salz. Dazu wird Meerwasser in kleine Becken gespült und mehrfach umgeleitet, um Verunreinigungen zu entfernen. Ist alles Wasser verdunstet, bleibt Salz übrig.

FLÄCHE
316 km²

EINWOHNER
400 000

HAUPTSTADT
Valletta

AMTSSPRACHEN
Maltesisch, Englisch

WÄHRUNG
1 Maltesische Lira (Lm) = 100 Cent (c)

FLAGGE

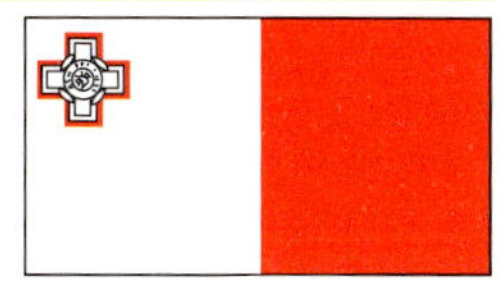

Die Flaggenfarben stammen vermutlich von den Farben des normannischen Grafen Roger, der die Insel 1090 eroberte. Das Kreuz wurde den Maltesern vom englischen König Georg VI. für ihren tapferen Widerstand im Zweiten Weltkrieg verliehen.

MONACO

FLÄCHE
1,95 km²
EINWOHNER
33 100
AMTSSPRACHE
Französisch
WÄHRUNG
1 Euro (EUR) = 100 Cent
FLAGGE

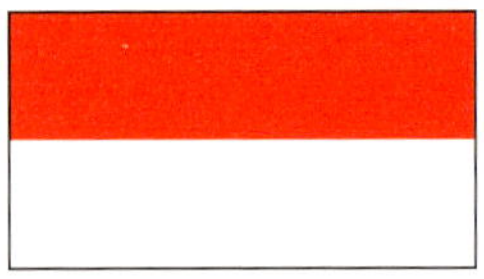

Rot und Weiß sind die Farben des Wappens der herrschenden Fürstenfamilie Grimaldi.

„Rien ne va plus!" Diesen französischen Satz, der auf Deutsch „Nichts geht mehr!" bedeutet, hört man im Casino des Fürstentums Monaco täglich unzählige Male. Er bezieht sich auf das Roulettespiel und bedeutet, dass die rollende Kugel in dem runden Zahlenfeld bald stillsteht und die Spieler kein Geld mehr setzen können.

Das Casino brachte das Fürstentum Monaco im 19. Jahrhundert zu Reichtum, da Glücksspiel anderswo streng verboten war. Deshalb reisten viele Reiche und die, die es werden wollten, nach Monaco und versuchten ihr Glück. Reiche kann man auch heute noch in dem kleinen Staat sehen, der rund 200 km östlich der französischen Hafenstadt Marseille am Mittelmeer liegt. Da hier die Steuern – also der Teil des Einkommens, den man an den Staat zahlen muss – im Vergleich zu anderen Staaten nur sehr gering sind, verlegen viele Reiche, Stars und Supersportler ihren Wohnsitz nach Monaco. So besitzen von den 30 000 Einwohnern Monacos nur etwa 5000 die monegassische Staatsbürgerschaft.

Hoch über der nur rund 4 km langen Küste Monacos findet einmal im Jahr der Große Preis von Monaco statt, das Formel-1-Rennen, das mitten durch den Stadtteil Monte Carlo führt. Für die Rennfahrer bedeutet dies eine sehr kurvenreiche Strecke mit störenden Fahrbahnmarkierungen.

FRANKREICH

FLÄCHE
543 965 km²
EINWOHNER
59,64 Mio.
HAUPTSTADT
Paris
AMTSSPRACHE
Französisch
WÄHRUNG
1 Euro (EUR) = 100 Cent
FLAGGE

Die sogenannte Trikolore entstand in der Zeit der Französischen Revolution, als König Ludwig XVI. die Pariser Stadtfarben (Blau und Rot) auf sein weißes militärisches Abzeichen heftete.

Frankreich ist das größte Land Westeuropas. Seine Form ähnelt einem Sechseck. An drei Seiten grenzt es an seine Nachbarstaaten, an den anderen Seiten ans Meer: im Norden an den Ärmelkanal, im Westen an den offenen Atlantik und im Süden an das Mittelmeer.

Zwischen zwei der Meere, an die Frankreich grenzt, liegt ein hoher Gebirgszug: die Pyrenäen. Sie sind nicht nur Wanderern, sondern auch Radsportlern gut bekannt. Hier fallen häufig schon Vorentscheidungen bei der Tour de France, dem anstrengendsten Radrennen der Welt. Jedes Jahr im Juli legen die durchtrainierten Fahrer der rund 20 Teams innerhalb von drei Wochen zwischen 3500 und 4000 km zurück. Manchmal sind es pro Tag über 230 km, die zu schaffen sind. Die Bergetappen durch die Pyrenäen und die Alpen sind besonders hart. Nach jeder der etwa 20 Etappen werden Siege

In den französischen Alpen liegt der höchste Berg Europas, der 4807 m hohe Montblanc. Seine Eiskappe kann bis zu 28 m dick werden.

gefeiert: Derjenige, der am schnellsten über die Berge kommt, erhält ein weißes Trikot mit roten Punkten, der beste Sprinter trägt Grün und der Fahrer, der die bislang zurückgelegte Gesamtstrecke am schnellsten schaffte, darf sich das Gelbe Trikot überstreifen. Die Tour endet immer in Paris auf den Champs-Élysées, wo die Siegerehrung stattfindet, zu der viele Tausend Besucher anreisen.

Paris lockt aber nicht nur zur Schlussetappe der Tour de France Touristen an, sondern das ganze Jahr hindurch. In die „Stadt der Liebe", wie die Hauptstadt an dem Fluss Seine auch oft bezeichnet wird, kommen viele auch wegen der weltberühmten Bauwerke, wie etwa dem faszinierenden Eiffelturm. In drei Pfeilern des Turmes kann man per Fahrstuhl eine Aussichtsplattform erreichen, von der aus man einen herrlichen Blick auf die Stadt hat. Fernab der touristischen Sehenswürdigkeiten gibt es unzählige schöne Gässchen mit kleinen Cafés und Läden. Wer es sich leisten kann, flaniert auf den Champs-Élysées und kehrt in die teuren Geschäfte ein. In keiner anderen Stadt der Welt gibt es mehr Modeschöpfer, Juweliere und Parfümerien. Eine der bekanntesten Modeschöpferinnen war Coco Chanel. Sie schuf um 1925 herum elegante Mode für Frauen. Auf der ganzen Welt berühmt wurden ihre Kostüme aus Tweedstoff für Geschäftsfrauen. Ihre Röcke waren so kurz, dass sie zur damaligen Zeit fast einen Skandal auslösten. Viele Frauen waren aber froh, endlich keine knöchellangen Kleider mehr tragen zu müssen.

In Paris wird, wie in vielen anderen Regionen Frankreichs auch, meist ausgiebig gegessen. Den Abschluss einer Mahlzeit bildet oft etwas Käse. Schließlich werden in Frankreich rund 300 Käsesorten produziert. Bekannt ist der Roquefort, der aus Schafsmilch gemacht wird. Die Herstellung ist zwar nicht kompliziert, aber fest an einen Ort gebunden: an ein kleines Dorf in den südlichen Ausläufern des Zentralmassivs. Zunächst gießt der Käser die Morgenmilch mit der Abendmilch des Vortages zusammen, fügt dem Gemisch nach kurzer Zeit einen speziellen Schimmelpilz bei und lässt alles in Tongefäßen reifen. Dann, nach kurzem Salzen, werden die Käselaibe mehrere Monate in Höhlen nahe dem Dorf Roquefort-sur-Soulzon gelagert, bis sie in den dunklen Gewölben den typischen Geschmack entwickelt haben.

Fast so bekannt wie französischer Käse sind die Abenteuer von Asterix und Obelix, die seit 1959 die Comic-Fans auf der ganzen Welt begeistern. Die erste Geschichte führt in ein Dorf in der Bretagne im Nordwesten des Landes – zu einer Zeit, als die Römer Gallien, das heutige Frankreich, besetzten. Nur ein gallisches Dorf wehrt sich erfolgreich gegen die römischen Besatzer und bleibt unabhängig. Es ist das Dorf von Asterix und seinem Freund Obelix, der mithilfe eines Zaubertranks so stark ist, dass er tonnenschwere Hinkelsteine tragen kann. Solche Hinkelsteine gibt es in der Bretagne tatsächlich, etwa bei dem Dorf Carnac,

Der Eiffelturm, ein 300 m hoher Stahlturm, wurde von dem Ingenieur Gustave Eiffel zur Weltausstellung (EXPO) im Jahre 1889 erbaut.

FRANKREICH Fortsetzung

Der Name des Ortes Carnac leitet sich von dem keltischen Wort „karn" für Grabhügel ab. Vielleicht gehörten all die Menhire früher zu einem großen Grab.

wo mehr als 3000 davon stehen. Manche dieser Menhire, wie man die aufrecht stehenden Steinblöcke hier nennt, sind nur 50 cm hoch, andere ganze 12 m – und viele davon sind kreisförmig angeordnet. Warum, versuchen Wissenschaftler zu erforschen.

Fährt man vom bretonischen Carnac nach Süden, überquert man bald den Mündungsbereich der Loire. Sie ist für die vielen Schlösser bekannt, die an ihren Ufern liegen. Noch weiter südlich erhebt sich bei Arcachon die höchste Düne Europas: Sie ist mehr als 100 m hoch und etwa 3 km lang. Auch wenn sie oft als „Wanderdüne" bezeichnet wird, wandert sie nicht. Aber ihr Sand wird ständig umgeschichtet, sodass sie doch immer ein bisschen in Bewegung ist.

Ganz anders begegnet einem die Landschaft im Südwesten Frankreichs. Sie heißt Provence und ist für ihre riesigen duftenden Lavendelfelder, ihre Kräuter und beeindruckenden Baudenkmäler bekannt. Sie stammen aus Zeiten, als die Region zum Römischen Reich gehörte. Dazu zählen etwa der Aquädukt Pont du Gard, eine alte römische Wasserleitung, die das Flüsschen Gard überbrückt, oder das Amphitheater von Nîmes. Hier erstreckt sich auch das Rhônedelta, das die Heimat der wild lebenden Camargue-Pferde ist. Sie haben sich seit Jahrhunderten an die rauen Salzsteppen und Sümpfe angepasst. Ausgewachsene Tiere sind weiß, die Fohlen kommen allerdings braun oder schwarz zur Welt und verfärben sich erst im Laufe der ersten sechs Lebensjahre.

Über den Pont du Gard flossen zu Zeiten der Römer täglich rund 20 Millionen Wasser ins nahe gelegene Nîmes.

Im Mündungsbereich der Rhône – sie entspringt unweit der Rheinquelle in der Schweiz – liegt auch die Millionenstadt Marseille. Sie ist von der 800 km entfernten Hauptstadt in nur drei Stunden zu erreichen. Möglich ist das durch den TGV, den „Train à Grande Vitesse", was übersetzt Hochgeschwindigkeitszug bedeutet. Auf speziellen Schienenstrecken rast er mit mehr als 320 km dahin. Damit fährt er etwas schneller als der deutsche ICE.

In Frankreich gehen die Kinder von 8 Uhr morgens bis 17 Uhr am Abend zur Schule. Nach dem Unterricht müssen die Kinder noch ihre Schulaufgaben machen. Manche Schüler haben sogar samstags Unterricht. Auf den Mittwoch freuen sich wohl alle französischen Kinder am meisten. Grundschüler haben an diesem Wochentag meistens ganz frei. Kinder, die schon älter sind, gehen nur am Mittwochvormittag zur Schule.

Der TGV fährt für die französische Bahngesellschaft SNCF. Im normalen Betrieb fährt er höchstens 320 km/h. Auf Teststrecken erreichte der neueste Zug aber eine Spitzengeschwindigkeit von 574,8 km/h.

Cowboys in der Camargue

Eigentlich sind ja Sommerferien und Thibault könnte endlich mal ausschlafen. Aber dafür hat der Junge aus der Camargue in Südfrankreich heute keine Zeit! In der Stadt Saint-Maries-de-la-Mer wird ein „Gardian"-Fest gefeiert. Thibault soll für seinen Vater zwei Pferde zur Arena bringen. Der ist nämlich auch ein Gardian, ein französischer Cowboy, der in dem riesigen Naturpark der Camargue über die frei umherlaufenden Stierherden wacht. In der Arena werden Thibaults Vater und seine Kollegen heute zeigen, was sie können: schnell reiten, Stiere zusammentreiben und ihnen ein zwischen den Hörnern befestigtes Abzeichen abnehmen. Waghalsig! Aber zuerst muss Thibault seinen Auftrag erledigen. Und das ist nicht so einfach. Die beiden Pferde sind ihm ausgebüxt, und er musste sie auf seinem Lieblingspferd Cavallo wieder einfangen. Eine gute Übung für Thibault – schließlich will er selbst bald ein Gardian werden. Die Chancen sind groß, meist wird der Beruf vom Vater an den Sohn weitergegeben.

ANDORRA

FLÄCHE
468 km²

EINWOHNER
72 300

HAUPTSTADT
Andorra la Vella

AMTSSPRACHE
Katalanisch

WÄHRUNG
1 Euro (EUR) = 100 Cent

FLAGGE

Die Flaggenfarben sind den Flaggen von Spanien und Frankreich entnommen. Die vier Felder des Wappens stehen für vier Fürsten.

Mitten in den Pyrenäen, dem Gebirge, das die natürliche Grenze zwischen Frankreich und Spanien bildet, liegt das kleine Fürstentum Andorra. Es ist etwa so groß wie Bremen, gehört aber zu den reichsten Ländern der Welt.

Vor allem französische und spanische Touristen kommen im Winter nach Andorra, um in den schnee- und sonnensicheren Bergen Ski oder Snowboard zu fahren. Viele Besucher kommen aber auch zum Einkaufen hierher, da hier alles sehr viel billiger ist als in Frankreich und Spanien. Das liegt daran, dass das Land im Vergleich zu den beiden großen Nachbarstaaten kaum Steuern erhebt. Das bedeutet, dass die Ladenbesitzer nicht einen Teil des Preises, den die Kunden bezahlen, an den Staat abführen müssen. Dadurch können sie ihre Waren billiger anbieten als die Läden jenseits der Grenze. Andorra war über Jahrhunderte der Grund für Streitigkeiten zwischen Franzosen und Spaniern. Seit 1993 ist es unabhängig. Dass Andorra in der Vergangenheit französisch und spanisch war, ist auch in den Schulen zu spüren: Für die Katalanisch sprechenden Andorraner gibt es andorranische Schulen, die vielen Spanisch sprechenden Kinder gehen in spanische, die Franzosen in französische Schulen.

SPANIEN

FLÄCHE
506 030 km²

EINWOHNER
43,98 Mio.

HAUPTSTADT
Madrid

AMTSSPRACHE
Spanisch

WÄHRUNG
1 Euro (EUR) = 100 Cent

FLAGGE

Die Flagge trägt die spanischen Nationalfarben Rot und Gelb. Das Wappen symbolisiert die vier spanischen Kernlandschaften: Kastilien, Aragonien, León und Navarra.

Tapas, Chorizo und Serranoschinken – das sind Begriffe aus der spanischen Küche, die man auch bei uns kennt. Tapas sind kleine Häppchen, die man zwischendurch isst. Das können Oliven, kleine omeletteartige Tortillas, etwas Brot mit roter Chorizo – einer mit viel Paprika gewürzten Wurst – oder ein paar Scheiben des luftgetrockneten Serranoschinkens sein.

Spanien ist ein gebirgiges Land. Ganz im Süden liegt die Sierra Nevada, was übersetzt „verschneites Gebirge" heißt. Und tatsächlich besitzt die Gebirgskette bis in den Mai hinein schneebedeckte Gipfel und ist das südlichste Skigebiet Europas. Die Berge der Sierra Nevada reichen zum Teil bis an die Meeresküste heran. Während man oben vom Skitourismus lebt, nutzt man unten im Tal ein anderes lebenswichtiges Gut der Berge: Wasser. Ohne die Quellen und das Schmelzwasser der Sierra Nevada wäre der Küstenstreifen am Mittelmeer sehr trocken, doch mithilfe des Wassers aus den Bergen wird hier erfolgreich Gemüse angebaut. Aus der Vogelperspektive sehen weite Gebiete entlang der Mittelmeerküste wie verpackt aus. Anstatt feste Gewächshäuser zu bauen, wie es in den nördlicheren

Ländern Europas üblich ist, werden in Südspanien viele Felder einfach mit riesigen Plastikfolien abgedeckt. Darunter staut sich die Wärme, die die Gemüsepflanzen zum Wachsen benötigen. Der Gemüseanbau schafft viele Arbeitsplätze für Spanier und Gastarbeiter, aber es gibt auch Nachteile: Damit das Gemüse unbeschadet in die Supermärkte kommt und nicht von Schädlingen befallen wird, setzt man Insektenschutzmittel ein, die in den Boden gelangen und das Grundwasser verschmutzen.

Das Wasser der Sierra Nevada versorgt auch umliegende Städte wie Granada. Die Stadt gehört zu den meistbesuchten Städten der Welt. Zu verdanken hat sie dies den Bauwerken, die die Mauren – muslimische Völker aus Nordafrika – hier hinterlassen haben. Während ihrer Herrschaft über Spanien, die um 700 nach Christus begann, schufen sie auf einem Hügel Granadas die Alhambra. Zunächst war dies eine Festung, später wurde diese Zitadelle zum Regierungs- und Verwaltungssitz für die Machthaber ausgebaut.

Nicht weit von Granada liegt Gibraltar, ein 425 m hoher Kalksteinfelsen, der an der nur rund 25 km breiten Meerenge zwischen Afrika und Europa weit ins Meer ragt. Von hier aus konnte man schon immer hervorragend den Schiffsverkehr zwischen Atlantik und Mittelmeer kontrollieren. Aufgrund dieser strategischen Lage war der Felsen lange umkämpft. 1830 wurde das kleine Gebiet um den Felsen britische Kronkolonie und ist es trotz zäher Verhandlungen mit Spanien bis heute geblieben. In der Stadt Gibraltar, die am Fuße des Felsens liegt, trifft man viele Matrosen und Touristen aus aller Welt sowie britische Soldaten. Einer von ihnen hat eine ganz besondere Aufgabe. Auf dem Felsen leben Berberaffen, die versorgt werden müssen. Da sie ziemlich frech sind und bei Hunger auch schon mal in Mülltonnen stöbern oder den Touristen das Essen aus der Hand reißen, gibt ihnen der „Affenoffizier" regelmäßig zu fressen. Die Affen sind die einzigen frei lebenden Affen Europas. Eigentlich sind sie in Nordafrika heimisch. Wie und wann sie nach Gibraltar kamen, weiß man heute nicht mehr so genau.

Die etwa 240 Berberaffen Gibraltars leben in Gruppen von 10–40 Tieren. Die Weibchen führen die Gruppen an.

Hinter der Alhambra in Granada erheben sich die Berge der Sierra Nevada.

Spanien ist – egal ob am ruhigen Mittelmeer oder am rauen Atlantik – für seine schönen Küsten bekannt. Zwischen der Atlantikküste und den Pyrenäen, die die natürliche Grenze zwischen Frankreich und Spanien bilden, liegt Pamplona. Dort findet seit 1591 jedes Jahr im Juli ein großes Stiertreiben statt. Für die Tiere bedeutet

SPRACHE

Hallo!

Spanisch (Español)

Spanisch wird von 360 Millionen Menschen gesprochen. Bei Fragen wird dem Satz ein auf dem Kopf stehendes Fragezeichen vorangestellt – sozusagen als Warnung, dass jetzt eine Frage folgt.

1 = uno
2 = dos
3 = tres
4 = cuatro
5 = cinco

Guten Morgen = Buenos días
Hallo = Hola
Auf Wiedersehen = Adiós
Wie geht's? = ¿Qué tál?
Wie heißt du? = ¿Cómo te llamas?
Ich heiße … = Me llamo …
Bitte = Por favor
Danke = Gracias
Entschuldigung = Perdón

SPANIEN Fortsetzung

Um den Wind abzuschirmen, werden die Weinreben auf der Kanareninsel Lanzarote in kleine runde Mäuerchen gepflanzt.

das Treiben eine Qual. Sie erleiden große Schmerzen und rennen panisch vor Angst durch die engen Altstadtgassen. Am Ende des Tages werden sie in der Stierkampfarena getötet. Viele Spanier lieben solche Spiele mit Stieren, andere halten sie für Tierquälerei und kämpfen dafür, dass sie abgeschafft werden.

In Buñol, einer Stadt in der Nähe von Valencia an der Ostküste Spaniens, findet jedes Jahr im August ein ganz anderes Getümmel statt: eine Tomatenschlacht. Dafür werden ungefähr 140 Tonnen – also 140 000 kg – überreife Tomaten angekarrt. Nach einem Startschuss geht es los: Dann dürfen sich Tausende Menschen eine Stunde lang mit den weichen Tomaten bewerfen, bis ein zweiter Schuss ertönt. Nach dem Spektakel fließen regelrechte Bäche aus Tomatensaft durch die Straßen. Woher der Brauch der „Tomatina“ kommt, weiß keiner mehr so genau. Manche meinen, dass Passanten einen Straßenmusiker mit Tomaten bewarfen und dieser prompt zurückwarf, andere glauben an einen Nachbarschaftsstreit, der in eine Tomatenschlacht ausartete.

Die Flamencotänzerinnen tragen meist ein langes, sehr weites Kleid.

Je nachdem, wo man sich gerade in Spanien befindet, hört man verschiedene Sprachen. In Valencia und angrenzenden Orten sprechen die Menschen Katalanisch, im Nordwesten des Landes Galicisch, in Pamplona Baskisch und in der Hauptstadt Madrid Kastilisch, das oft mit Spanisch gleichgesetzt wird. Und so kann es durchaus vorkommen, dass ein Madrider, der sich in Buñol im Tomatenwerfen misst, kein Wort von dem versteht, was seine Mitstreiter ihm gerade zurufen. Im Süden Spaniens werden andalusische Dialekte gesprochen. Hier kommt auch der weltberühmte Flamenco her, ein von Gesang und Gitarre begleiteter Tanz. Männer und Frauen tanzen nicht paarweise, sondern alleine. Dabei tragen sie Schuhe, deren Absätze mit Metallnägeln versehen sind. Damit schlagen – ja stampfen – sie den Rhythmus. Die Zuschauer folgen meist fasziniert den schwungvollen, aber auch oft abrupten Bewegungen der Tanzenden, die strengen Regeln folgen.

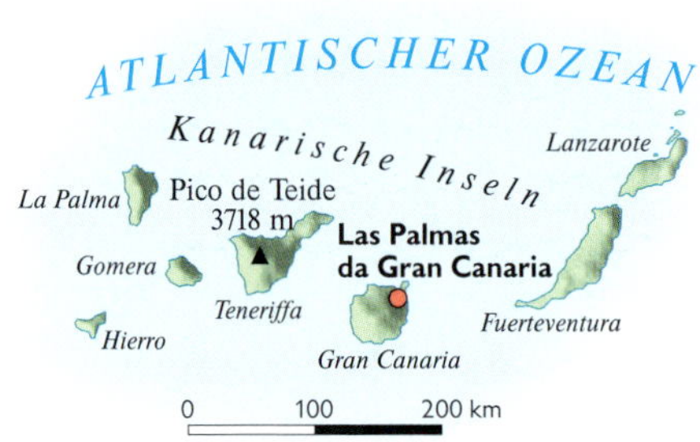

Zu Spanien gehören auch die Balearen, eine kleine Inselgruppe im Mittelmeer mit Mallorca als Hauptinsel, und die weit entfernten Kanarischen Inseln im Atlantik vor der Nordwestküste Afrikas. Ihre viel besuchten Strände sind zumeist schwarz, denn die Inseln sind vulkanischen Ursprungs. Auf der Insel Teneriffa erhebt sich auch der höchste Berg Spaniens, der 3718 m hohe Vulkan Pico de Teide. Auf La Gomera, einer der kleineren Inseln der Kanaren, gibt es eine ungewöhnliche Sprache: die Pfeifsprache „El Silbo“, die ursprünglich von den Ureinwohnern La Gomeras stammt. Dazu werden ein oder zwei Finger in den Mund genommen und die freie Hand zum Schalltrichter geformt. El Silbo wird noch heute von Hirten und Feldarbeitern benutzt, um sich in der bergigen Landschaft über die Täler hinweg auszutauschen.

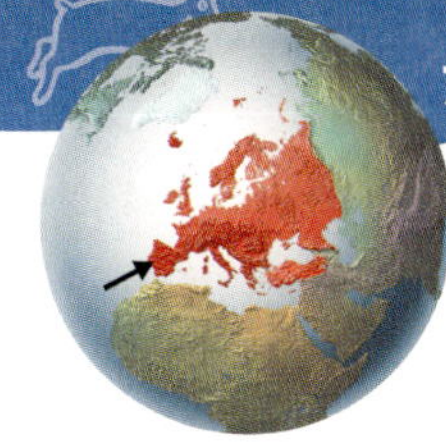

PORTUGAL

Eichen so weit das Auge reicht! In Portugal, dem südwestlichsten Land Europas, werden unzählige Korkeichen angebaut. Aus ihrer Rinde wird Kork gewonnen, der dann zu Tischtennisschlägern, Korkböden, Sandalen und Flaschenkorken verarbeitet wird.

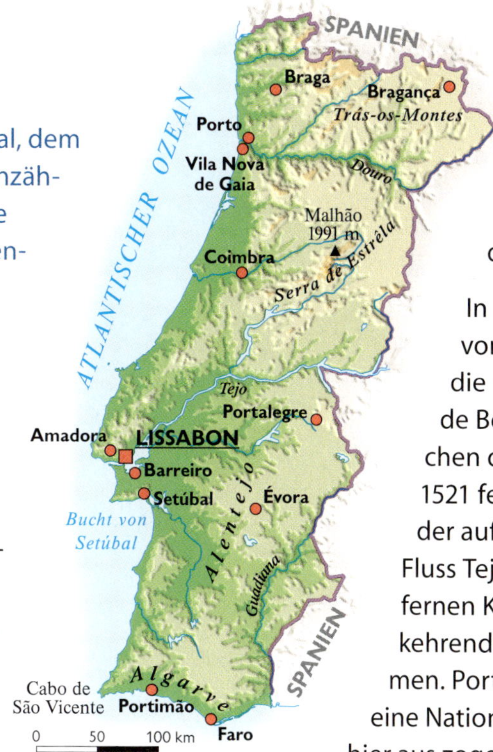

An den steilen Hängen der Serra de Monchique in der Algarve im äußersten Süden Portugals gibt es besonders viele der knorrigen Korkeichen. Hier in den Bergen wachsen auch Mandel- und Orangenbäume und bei Wanderungen kann man manchmal sogar Adler beobachten, wie sie über den Berggipfeln kreisen. Ganz anders sieht es nur wenige Kilometer entfernt an der Küste aus. Für die vielen Touristen, die wegen der langen Sonnentage und schönen Strände an die Küste der Algarve kommen, hat man hier große Hotels, Supermärkte und Diskotheken gebaut. Der Name der Region geht auf die aus Afrika stammenden muslimischen Mauren zurück, die hier lange herrschten: Al Gharb – übersetzt „der Westen" – bezog sich auf den westlichsten Landstrich ihres Reiches, den sie vom 8. bis 13. Jahrhundert besetzt hielten.

An der Westküste Portugals, dort wo der Tejo in den Atlantik mündet, liegt die Hauptstadt Lissabon. Sie ist für ihre steilen Altstadtviertel und die „Eléctrico" bekannt, die in fast ganz Lissabon fährt. Die erste dieser Straßenbahnen wurde im Jahre 1873 in Betrieb genommen, damals zogen jedoch noch Pferde die Schienenwagen. Knapp 20 Jahre später nahm dann die erste elektrische Straßenbahn ihren Betrieb auf. In der Altstadt laden viele Restaurants zum Essen ein. In den meisten kann man auch das portugiesische Nationalgericht „Bacalhau" essen. Bacalhau ist Kabeljau, der durch Trocknen und viel Salz haltbar gemacht wird. Er wird vor der Zubereitung wieder in Wasser gelegt und dann gekocht, gebraten, gegrillt und manchmal sogar roh gegessen. Die Portugiesen sagen von sich, dass sie 365 Bacalhau-Rezepte kennen, also für jeden Tag des Jahres eines.

In Belém, einem Vorort von Lissabon, erwartet die Reisenden der Torre de Bélem, das Wahrzeichen der Hafenstadt. Der 1521 fertiggestellte Turm, der auf einer kleinen Insel im Fluss Tejo liegt, hieß die aus fernen Kontinenten zurückkehrenden Schiffe willkommen. Portugal war zu jener Zeit eine Nation der Seefahrer. Von hier aus zogen viele Schiffsleute aus, um im Auftrag des Königs bessere Handelswege in ferne Länder zu erkunden. So fuhr zum Beispiel Vasco da Gama im Jahre 1497 um die Südspitze Afrikas herum und fand so den Seeweg nach Indien. Dadurch war der Weg nach Südostasien frei, wo Portugal viele Kolonien gründete. Zu Ehren dieser großen Seefahrer wurde 1960 in der Nähe des Torre de Bélem ein Entdeckerdenkmal errichtet, von dem aus viele portugiesische Entdecker aufs Meer hinausschauen.

Das Denkmal der Entdeckungen steht seit 1960 im Lissabonner Vorort Belém am Ufer des Flusses Tejo.

FLÄCHE
92 112 km²

EINWOHNER
10,54 Mio.

HAUPTSTADT
Lissabon

AMTSSPRACHE
Portugiesisch

WÄHRUNG
1 Euro (EUR) = 100 Cent

FLAGGE

Grün steht für die Hoffnung, Rot für die sozialistisch geprägte Revolution von 1910, die die Monarchie beendete. Hinter dem Wappen kann man ein altes Navigationsinstrument erkennen, das an die Seefahrertradition erinnert.

Zebras sind eng mit Pferden und Eseln verwandt, lassen sich aber nicht zähmen. Jedes Zebra hat eine einmalige schwarz-weiße Fellzeichnung, an der sich die Tiere gegenseitig erkennen. Sie leben in großen Herden in den Graslandschaften, den Savannen.

AFRIKA

Vor einigen Jahren haben Forscher in Ostafrika eine sensationelle Entdeckung gemacht: die bisher ältesten Schädel von Urmenschen, die man je fand. Diese direkten Vorgänger des Menschen lebten vor drei bis vier Millionen Jahren, hatten einen aufrechten Gang und jagten mit ihren bloßen Händen. Werkzeuge kannten sie noch nicht. Die Funde lassen darauf schließen, dass sich die ersten Menschen der Erde auf dem afrikanischen Kontinent entwickelten. Darum wird Afrika oft auch als die „Wiege der Menschheit" bezeichnet.

Frauen in Benin auf dem Weg zum Markt

Afrika ist nach Asien zwar hinsichtlich seiner Fläche nur der zweitgrößte Kontinent der Erde, doch hat er die meisten Staaten der Welt: 53. Dass es hier so viele Länder gibt und diese obendrein oft durch geradlinige Grenzen voneinander getrennt sind, liegt an der Kolonialzeit vor etwa 150 Jahren. Damals entdeckten einige europäische Staaten – vor allem Frankreich, Großbritannien und Portugal – afrikanische Landesteile für sich und unterwarfen die dort lebenden Menschen. Die europäischen Kolonialherren zogen dabei die Grenzen zwischen den von ihnen besetzten Gebieten auf der Landkarte. Ob dabei Völker auseinandergerissen wurden, interessierte sie nicht. Es ging ihnen meist nur um die Bodenschätze. Heute sind die ehemaligen Kolonien unabhängig, doch oft haben die früheren europäischen Länder noch großen wirtschaftlichen Einfluss im Land.

In Afrika gibt es stark bevölkerte Regionen, etwa an den Küsten, und solche, die fast menschenleer sind, wie die Sahara im Norden des Kontinents. Sie ist die größte Wüste der Erde und reicht fast bis an das Mittelmeer. Bis auf einen schmalen Küstenstreifen mit großen Städten wie Kairo, Tunis oder Algier leben hier überwiegend Nomaden. Sie haben im Gegensatz zu den schwarzhäutigen Afrikanern südlich der Sahara eine helle Hautfarbe. Im Süden geht die Sahara in die Sahelzone über, die vom Senegal im Westen bis nach Äthiopien im Osten reicht. Es handelt sich dabei überwiegend um trockenes dorniges Grasland, wo ein wenig, wenn auch spärlicher Ackerbau möglich ist. Hier leben aber auch zahlreiche Nomadenvölker mit ihren Viehherden. Da die Bevölkerung immer mehr anwächst, halten die Menschen auch immer größere Herden. Sie schaden allerdings dem Boden: Die Weidetiere fressen die Pflanzen samt Wurzel und trampeln den Boden so fest, dass dort innerhalb kürzester Zeit nichts mehr wächst. Auf diese Weise verdorrt das Land zunehmend und die Wüste breitet sich in der Sahelzone immer mehr aus.

Südlich der Sahelzone schließt sich ein grüner fruchtbarer Gürtel an, der, je weiter man nach Süden kommt, in dichten Regenwald übergeht. Aufgrund der hohen Luftfeuchtigkeit gibt es hier viele Insekten, die Krankheiten übertragen – gefährliche Tropenkrankheiten wie Gelbfieber, die Schlafkrankheit oder Malaria. Sie gehen alle mit hohem

Bonobos sind dunkler und haben längere Arme als Schimpansen.

GESAMTFLÄCHE
30 Mio. km²

EINWOHNER
900 Mio.

ANZAHL DER LÄNDER
53

GRÖSSTER SEE
Victoriasee (Kenia, Tansania, Uganda), 68 000 km²

LÄNGSTER FLUSS
Nil (Uganda / Tansania bis Ägypten), 6671 km

HÖCHSTER BERG
Kilimandscharo (Tansania), 5892 m

Fieber einher und enden zum Teil tödlich. Vielen Tieren kann das offensichtlich nichts anhaben, schließlich leben hier Gorillas, Schimpansen, ihre kleineren Verwandten, die Bonobos, und Waldelefanten genauso wie kleine Antilopenarten.

Die „Big Five" – die fünf großen Tierarten, die gerne von Großwildjägern gejagt werden – leben hingegen in den großen Graslandschaften im Süden und im Osten des Kontinents. Gemeint sind Elefant, Nashorn, Büffel, Löwe und Leopard. Sie teilen sich das Gras- und Buschland der Savanne mit Giraffen, Zebras, Gnus, Hyänen, Straußenvögeln, Warzenschweinen und verschiedenen Geierarten.

Ägypten 88
Algerien 84
Angola 116
Äquatorialguinea 110
Äthiopien 136
Benin 106
Botswana 121
Burkina Faso 94
Burundi 131
Demokratische Republik Kongo 114
Djibouti 139
Elfenbeinküste 103
Eritrea 138
Gabun 111
Gambia 99
Ghana 104
Guinea 100
Guinea-Bissau 100
Kamerun 108
Kap Verde 99
Kenia 134
Komoren 129
Lesotho 120
Liberia 102
Libyen 87
Madagaskar 126
Malawi 124
Mali 95
Marokko 82
Mauretanien 96
Mauritius 128
Moçambique 125
Namibia 117
Niger 92
Nigeria 107
Republik Kongo 112
Ruanda 132
Sambia 123
São Tomé und Príncipe 110
Senegal 98
Seychellen 129
Sierra Leone 101
Simbabwe 122
Somalia 135
Südafrika 118
Sudan 90
Swasiland 120
Tansania 130
Togo 105
Tschad 91
Tunesien 86
Uganda 133
Zentralafrikanische Republik 113

MAROKKO

FLÄCHE
458 730 km²

EINWOHNER
31,0 Mio.

HAUPTSTADT
Rabat

AMTSSPRACHE
Arabisch

WÄHRUNG
1 Dirham (DH) =
100 Centime (C)

FLAGGE

Rot steht für die marokkanische Königsfamilie, Grün für den Islam. Der fünfzackige Stern in der Mitte ist ein Symbol für Gesundheit und Leben.

Schlangenbeschwörer und Geschichtenerzähler wie in den Märchen aus Tausendundeiner Nacht – so kann man es täglich auf dem Platz Djemaa el-Fna in Marrakesch erleben. Vor allem abends macht sich durch die unzähligen Lampen, die die Essensstände beleuchten, eine besondere Stimmung breit. Dann strömen Touristen wie Einheimische auf den Platz.

Auf dem Djemaa el-Fna kann man unter anderem Gewürze und leckere Gerichte mit Couscous – gedämpftem Grieß aus Weizen oder anderem Getreide – kaufen. Außerdem findet man getrocknete Hennablätter und Hennapulver auf dem Markt. Daraus wird eine Art Paste hergestellt, mit der hier – wie auch in vielen anderen arabischen Ländern – Hände und Füße kunstvoll bemalt werden. Meistens sind die Muster sehr aufwendig und es dauert Stunden, bis sie fertig sind.

Mit Henna schmücken sich auch viele Berber-Frauen. Die Berber leben im und südlich vom Atlasgebirge, das sich über 2410 km von der Atlantikküste Marokkos bis nach Tunesien erstreckt. Die meisten Berber sind Viehzüchter und stolz auf ihre unabhängige nomadische Lebensweise und ihre Traditionen. Sie unterscheiden sich von jenen der Araber, die die andere Hälfte der marokkanischen Bevölkerung ausmachen. Die Araber besiedelten Marokko erst sehr viel später als die Berber und brachten ihre Religion, den Islam, in das Land. Aus diesem Grund gibt es in Marokko viele Moscheen, wie die islamischen Gotteshäuser heißen.

Hennabemalung hält bis zu sechs Wochen auf der Haut.

In der Stadt Fès zum Beispiel steht die über 1000 Jahre alte Karawijin-Moschee, die so groß ist, dass sich darin 20 000 Menschen zum Gebet versammeln können. Fès war früher auch die Königsstadt Marokkos.

In den engen Gassen Marrakeschs gibt es viele Straßenmärkte, die man hier Souk nennt.

Heute residiert der König allerdings in der Hauptstadt Rabat an der Küste. Marokko ist bis heute ein Königreich, das einzige in Nordafrika. Auch wenn es ein vom Volk gewähltes Parlament gibt, besitzt der König doch viel Einfluss und kann viele Entscheidungen alleine fällen.

Was nur wenige über Marokko wissen: Hier wurden auch Reste von Dinosauriern gefunden. Meist handelt es sich bei den Funden um Zähne des 12 m langen Meeresbewohners Mosasaurus, aber 1995 stießen amerikanische Wissenschaftler auf etwas ganz Besonderes: auf einen 160 cm langen Schädel, der damit länger als der des Tyrannosaurus rex ist. Man ermittelte aber später, dass das Gehirn der Sauriers nur halb so groß war wie das des berüchtigten „T-Rex“.

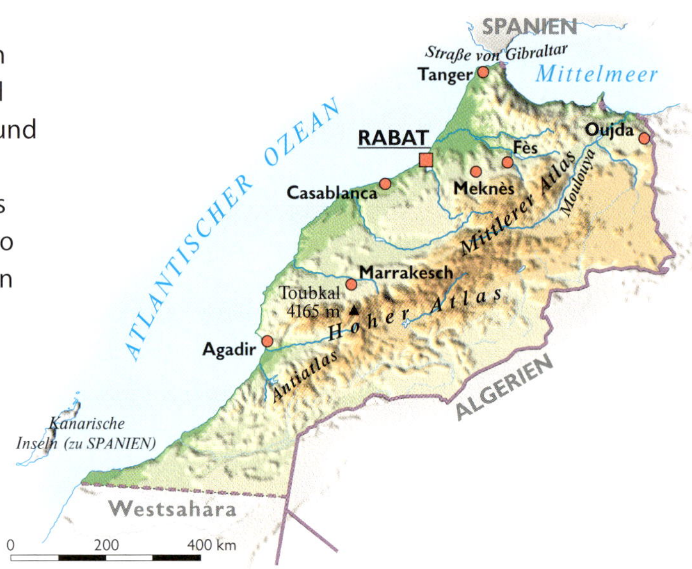

Gefährliche Reise

Nachts ist der Hafen das beste Versteck in der marokkanischen Stadt Tanger. Mohamed und seine Freunde kommen deshalb jeden Abend hierher. Aber nicht, um zu spielen! Zwischen Fischernetzen, Fässern und einer Menge Müll halten die Jungen Ausschau nach einem Kutter, der sie nach Spanien mitnimmt. Europa ist ihr Ziel. Sie kommen aus Ländern, die von Dürren oder Kriegen betroffen sind, wie etwa Niger, Sierra Leone oder Nigeria. Zum Teil sind sie wochenlang durch die riesige Sahara gewandert oder gefahren, um Nordmarokko zu erreichen. Nun schlafen sie auf der Straße und versuchen, als blinde Passagiere hinüber nach Europa zu kommen. Ein verbotener und ziemlich gefährlicher Plan: Jedes Jahr sterben mehr als 1500 Menschen bei dem Versuch, die kaum 15 km breite Meeresstraße von Gibraltar zu überqueren. Und wer drüben erwischt wird, den schicken die spanischen Behörden gleich wieder zurück. Mohamed schreckt das jedoch nicht: Eines Nachts wird er schon Glück haben. Glaubt er.

ALGERIEN

FLÄCHE
2 381 741 km²
EINWOHNER
32,56 Mio.
HAUPTSTADT
Algier
AMTSSPRACHE
Arabisch
WÄHRUNG
Algerischer Dinar (DA)
= 100 Centime (CT)
FLAGGE

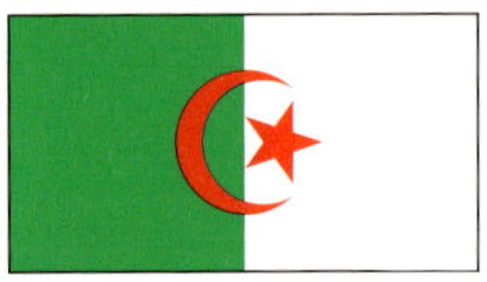

Weiß steht für Reinheit. Grün sowie der Stern und der Halbmond symbolisieren den Islam. Die rote Farbe bedeutet Freiheit.

Algerien ist nach dem Sudan das zweitgrößte Land Afrikas und etwa sechsmal so groß wie Deutschland. Das Leben spielt sich aber fast ausschließlich entlang des 200 km breiten Küstenstreifens am Mittelmeer und dem dahinterliegenden Bergland ab.

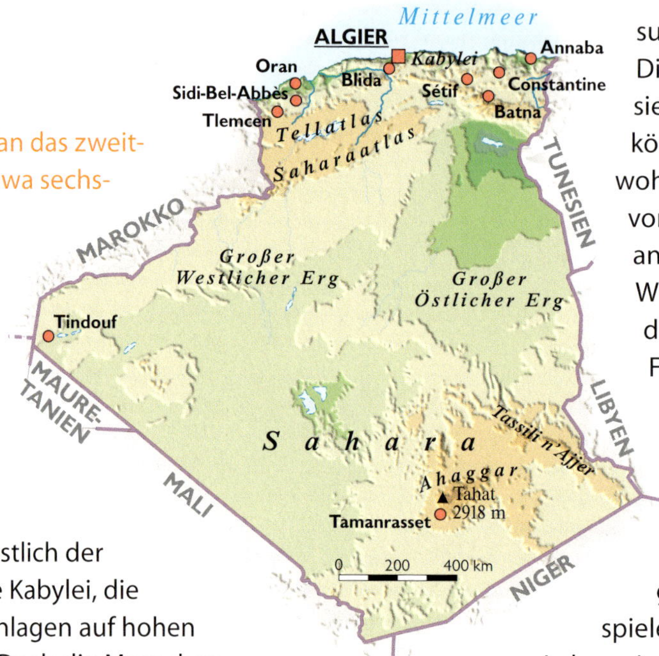

An der Küste, nur 100 km östlich der Hauptstadt Algier, liegt die Kabylei, die für ihre malerischen Dorfanlagen auf hohen Bergkämmen bekannt ist. Doch die Menschen, die hier leben, sind arm. Der steinige Boden ist nur schwer zu beackern und zudem gibt es immer wieder Unruhen. Deshalb wandern viele Kabylen nach Frankreich, wozu Algerien einmal gehörte, aus.

Südlich der Küstenregion erstreckt sich die Sahara mit ihren riesigen Dünenfeldern, die man Erg nennt. Ganz im Südosten des Landes erheben sich recht unvermittelt hohe Berge: der Hoggar oder Ahaggar mit seinen bizarren steilen Kuppen. Östlich davon, im Hochland von Tassili n'Ajjer, hat ein Franzose im Jahre 1933 eine einzigartige Entdeckung gemacht: jahrtausendealte Felszeichnungen von Rindern, Pferden und Kamelen. Sie zeigen, dass die heutige Stein- und Geröllwüste vor Jahrtausenden anders ausgesehen haben muss und dass dort viel mehr Menschen lebten als heutzutage.

Heute sind die Menschen in der Sahara von den wenigen Brunnen und Oasen, in denen ausreichend Wasser zur Verfügung steht, abhängig. Die Oasen werden auch von Nomaden wie den Tuareg besucht, die sich hier mit Dingen versorgen, die sie nicht selbst anbauen können. Die Oasenbewohner selbst pflanzen vor allem Dattelpalmen an. Sie gedeihen im Wüstenklima gut, spenden Schatten und ihre Früchte werden in die großen Städte des Nordens verkauft. Die süßen Datteln werden gerne zum ebenso süßen Tee gegessen. Außerdem spielen sie im religiösen Leben eine Rolle. Die Algerier sind Muslime. Einmal im Jahr – im Fastenmonat Ramadan – wird von Sonnenauf- bis Sonnenuntergang weder etwas gegessen noch getrunken. Am Abend beginnt man traditionell die erste Mahlzeit mit Datteln und einem Glas Wasser.

Tief unter dem Geröll und Gestein der Sahara schlummert ein kostbarer Schatz: Erdöl- und Erdgasfelder, die Algerien zu einem der reichsten Länder Afrikas machen. Die Pipelines verbinden die Lagerstätten mit der Mittelmeerküste, von wo die Rohstoffe in die ganze Welt verschifft werden.

Mitten in der algerischen Sahara erheben sich steile Felskegel aus vulkanischem Gestein: der Ahaggar.

SPRACHE

Hallo!

Tamaschek ⵜⴰⵎⴰⵌⴰⵆ

Die Tuareg schreiben Tamaschek nicht nur in arabischer Schrift, sondern auch in einem alten Alphabet, das Tifinagh genannt wird.

1 = iyen
2 = essin
3 = kerad
4 = okkoz
5 = semmus

Hallo = Ma-idjan
Tschüs = Ar essaghat
Danke = Tanemert
Bitte sehr = Walanderran
Wie heißt du? = Indek isem ennek?
Ich heiße ... = Isem in ...
Wie geht's? = Ma tolahed?

Die Tuareg trinken ihren süßen Tee aus Gläsern, die nur so groß sind wie Schnapsgläser.

Vergessen in der Wüste

Heiß ist es, unerträglich heiß. Ahmoud, Dahman und die anderen Kinder leben in einer Einöde aus Steinen, Sand und Sonne. Aber nicht freiwillig: Ihre Eltern und Verwandten wohnten einst in der Westsahara. Aus diesem Land wurden sie 1976 von der marokkanischen und der mauretanischen Regierung vertrieben, vor allem, weil es dort viele wertvolle Bodenschätze gibt. Zehntausende der Sahraoui genannten Menschen flohen damals in das Nachbarland Algerien – tief hinein in die Sahara. Dort leben sie bis heute: Vertriebene ohne Rechte, ohne wirkliche Heimat. Die Sahraoui hausen in Zelten und einfachen Hütten. Im Sommer herrschen dort bis zu 48 °C, im Winter werden die Nächte eiskalt. Das Wasser aus den Tanks schmeckt meist schrecklich, das Essen ist oft knapp. Wie gern würden die Sahraoui in ihre Heimat zurückkehren! Doch bislang sieht es nicht so aus, als ob ihnen ihr Land je zurückgegeben würde. Und so müssen Ahmoud, Dahman und die anderen Sahraoui weiter in der trostlosen Wüste ausharren.

FLÄCHE
164 150 km²

EINWOHNER
10,12 Mio.

HAUPTSTADT
Tunis

AMTSSPRACHE
Arabisch

WÄHRUNG
1 Tunesischer Dinar (tD) = 1000 Millime (M)

FLAGGE

Rot ist die Farbe des Osmanischen Reiches, zu dem Tunesien früher gehörte. Die weiße Scheibe stellt die Sonne dar. In ihr liegen zwei islamische Symbole: ein fünfzackiger Stern und eine Mondsichel.

TUNESIEN

Unermessliche Hitze und Wüstenlandschaften – so sieht es in den südlicheren Landesteilen Tunesiens aus. Da kann einem schon einmal in der Mittagshitze eine Fata Morgana erscheinen. Man glaubt, eine Wasserfläche zu sehen, aber in Wirklichkeit ist es nur eine Lichtspiegelung, die durch heiße, flirrende Luftschichten entsteht.

An der Grenze zu Algerien liegt der Schott el-Djerid, ein riesiger Salzsee. Doch das Wort „See" täuscht: Im Sommer handelt es sich um eine brettebene Fläche von salzigem Ton, in den Wintermonaten um gefährliche Salzsümpfe. Dann kommen nach Regenfällen im Norden Flüsse aus den Bergen, deren Wasser in der Senke nicht abfließen kann und stattdessen den Salzton aufweicht. Früher war dann die Durchquerung dieser Region lebensgefährlich, heute kann man sie mit Jeeps auf besonderen Wegen durchfahren und beispielsweise die Oasenstadt Tozeur besuchen. Hier wachsen Obst, Gemüse und Dattelpalmen. Früher wurden die Datteln von den Berbern, die mit ihren Kamelen durch die Wüste zogen, in die Städte gebracht. Heute besitzt Tozeur einen Flughafen und verschickt die Ernte in die ganze Welt.

Im Südosten des Landes, am Rande des Dahar-Berglandes gibt es eine andere Besonderheit: Hier haben sich die Menschen zum Schutz vor den heißen Sommern und kalten Winternächten in einigen Orten ganz besondere Wohnformen zu eigen gemacht. In Matmata etwa leben sie schon seit Jahrhunderten in bis zu 10 m tiefen Höhlenwohnungen, die man teilweise besuchen kann, in Médénine bewohnen sie bienenwabenförmig gestapelte Tonnengewölbe.

In Médénine werden die erhaltenen Tonnengewölbe noch immer als Vorrats- und Wohnräume genutzt.

Die meisten Tunesier wohnen jedoch an der touristischen Ost- oder der fruchtbaren Nordküste. Das angenehme Mittelmeerklima im Norden wird schon seit Jahrtausenden für den Anbau von Obst und Gemüse genutzt. Ganz in der Nähe der Hauptstadt Tunis kann man sich ein Bild von dem damaligen Leben machen, denn hier liegen die Ruinen von Karthago, einer Handelsstadt der Phönizier. Sie waren ein Handelsvolk aus dem Nahen Osten, das hier 814 vor Christus Karthago als Handelsposten gründete und von dort aus den ganzen Mittelmeerraum beherrschte. Das gefiel den Römern überhaupt nicht und es kam in dieser Zeit zu mehreren Kämpfen zwischen den Puniern – so nannten die Römer die Karthager – und den Römern. Letztlich waren die Römer stärker und zerstörten Karthago 146 vor Christus. An seine Stelle bauten sie eine Stadt, deren Ruinen heute ebenfalls zu bewundern sind. Auf die Römer folgten die Araber, die das Land im 7. Jahrhundert eroberten und bis heute dort leben.

LIBYEN

In Libyen zeigt sich, dass Wüsten alles andere als öde Landschaften sein müssen. In der Nähe von Sebha, einer Oasenstadt in der Sahara, liegen inmitten hoher Dünen die von Palmen gesäumten Mandaraseen. Allerdings ist ihr Wasser so salzhaltig, dass man es nicht trinken darf. Doch die salzliebenden Dattelpalmen halten es hier aus.

Die wenigen Menschen und Tiere, die in der Sahara leben, sind sehr unterschiedlichen Temperaturen ausgesetzt. Während es im Sommer weit über 40 °C heiß wird, kann es im Winter zwar tagsüber auch warm sein, aber nachts zu Frost kommen. Temperaturschwankungen von 30 °C zwischen Tag und Nacht sind keine Seltenheit. Und im Frühjahr und Herbst sind es die heißen Sand- und Staubstürme, die gefürchtet werden.

Die meisten Libyer leben deshalb in den Städten an der Küste. Hier gibt es zumindest einige Wadis, also Flussläufe, die nach Regenfällen Wasser führen, dann aber wieder trockenfallen. Süßwasser ist hier also Mangelware.

Vorsicht Kamele! Diesem Schild kann man dort, wo die Wege von Nomaden und Karawanen Autostraßen kreuzen, oft begegnen.

Da ein Leben ohne Trinkwasser aber nicht möglich ist, wurde vor ungefähr 20 Jahren etwas fast Unglaubliches ins Leben gerufen: Die riesigen unterirdischen Süßwasserseen, die tief unter der Sahara liegen, wurden durch Brunnen angezapft. So werden die Städte und Dörfer an der Küste heute mit dem wertvollen Gut versorgt. Dafür wurden 4400 km lange Leitungsrohre mit einem Durchmesser von 4 m von der Wüste bis zur Küste verlegt. Libyen hat für den „großen künstlichen Fluss", wie diese Wasserversorgung genannt wird, etwa 30 Milliarden Euro ausgegeben. Experten schätzen, dass das Wasser, das aus der Eiszeit stammt, noch ungefähr 50 Jahre ausreicht. Danach sind die Seen leer und keiner weiß, wie die Menschen dann mit Wasser versorgt werden.

Ebenfalls unter der Sahara liegen große Erdöl- und Erdgaslagerstätten, die Libyen heute zu einem reichen Land machen. Das Land war aber auch schon in der Antike reich. Davon zeugen beispielsweise die Ruinen von Leptis Magna, einer Handelskolonie der Phönizier, die nach dem Untergang von Karthago im heutigen Tunesien zum Römischen Reich gehörte. Für die Römer hatte Leptis Magna, das östlich der heutigen libyschen Hauptstadt Tripolis liegt, eine ganz besondere Bedeutung: Es war ein wichtiges Handelszentrum für exotische Tiere. Hierher wurden über lange Karawanenwege durch die Sahara all jene Löwen, Leoparden und Elefanten aus dem Herzen Afrikas gebracht, die die Römer für ihre vielen Zirkusspiele benötigten.

Wie durch ein Wunder werden die Mandaraseen nicht durch die mächtigen Sandwände der Sahara verschüttet.

FLÄCHE
1 759 540 km²

EINWOHNER
6,0 Mio.

HAUPTSTADT
Tripolis

AMTSSPRACHE
Arabisch

WÄHRUNG
1 Libyscher Dinar (LD.) = 1000 Dirham

FLAGGE

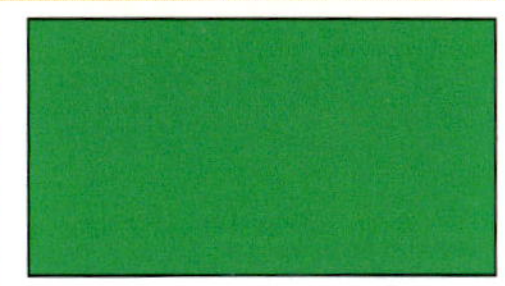

Libyen hat die einzige einfarbige Flagge der Welt. Das Grün war die Lieblingsfarbe des islamischen Propheten Mohammed und steht deshalb für den Islam.

ÄGYPTEN

FLÄCHE
1 001 449 km²

EINWOHNER
69,95 Mio.

HAUPTSTADT
Kairo

AMTSSPRACHE
Arabisch

WÄHRUNG
1 Ägyptisches Pfund (ägypt£) = 100 Piaster (PT) = 1000 Millieme

FLAGGE

Rot, Weiß und Schwarz sind die panarabischen Farben. Der Adler ist ein Symbol des Sultans Saladin, der im 12. Jahrhundert regierte.

Durch Ägypten fließt der Nil, der mit rund 6670 km Länge der längste Fluss der Erde ist. Seit jeher bestimmt er das Leben der Menschen, die an seinem Ufer leben. Früher wurden die Nilufer regelmäßig überschwemmt, wenn es tief im Süden seines Verlaufs heftig geregnet hatte. Der fruchtbare Schlamm, der anschließend auf den Feldern lag, brachte den Bauern eine reiche Ernte ein.

Im letzten Jahrhundert wollte man den Nil, den die Menschen hier „heiligen Fluss" nennen, bändigen. Dafür baute man im Süden des Landes den Assuan-Staudamm. Dahinter breitet sich der Nassersee, einer der größten Stauseen der Welt, aus. Mit dem Damm kann man regulieren, wie viel Wasser der Nil bis zu seiner Mündung an der Mittelmeerküste führen soll. Dadurch können Schiffe den Nil ganzjährig befahren. Außerdem wird mit dem aufgestauten Wasser Strom erzeugt. Aber es gibt auch viele Nachteile des Staudamms: Der fruchtbare Schlamm, die kostbare Fracht des Nils, wird durch den Damm zurückgehalten. Deshalb muss das Land heute künstlich gedüngt werden. Das können sich jedoch viele Bauern nicht leisten, zudem verschmutzt der Dünger das Grundwasser. Im Nil leben mittlerweile auch viel weniger Fische, was natürlich für die Fischer schlecht ist. Auch für die Menschen, die früher aus dem Nilschlamm Tonerde für Keramik und Ziegel gewonnen haben, gibt es nur noch wenig zu tun. Außerdem lagen dort, wo jetzt der Stausee ist, früher Dörfer und viele wertvolle Denkmäler. Die Menschen mussten wegziehen. Einige der kostbarsten Denkmäler setzte man um, damit sie nicht im See versinken, wie etwa den berühmten Felsentempel von Abu Simbel.

Die gewaltigen Pharaostatuen von Abu Simbel sind 22 m hoch. Um den Tempel umzusetzen, zersägte man ihn in mehr als 1000 Teile und setzte sie in sicherer Entfernung vom Nassersee wieder zusammen.

Zum Glück sind die weltberühmten Pyramiden von Giseh weit entfernt. Sie sind das einzige noch erhaltene der sieben Weltwunder der Antike und liegen im Norden Ägyptens, ganz in der Nähe der

Auf Wandmalereien in Gräbern sind oft Dinge dargestellt, die den alten Ägyptern wichtig waren: oben ein Papyrusboot auf dem Nil, unten ein großer Skarabäus-Käfer.

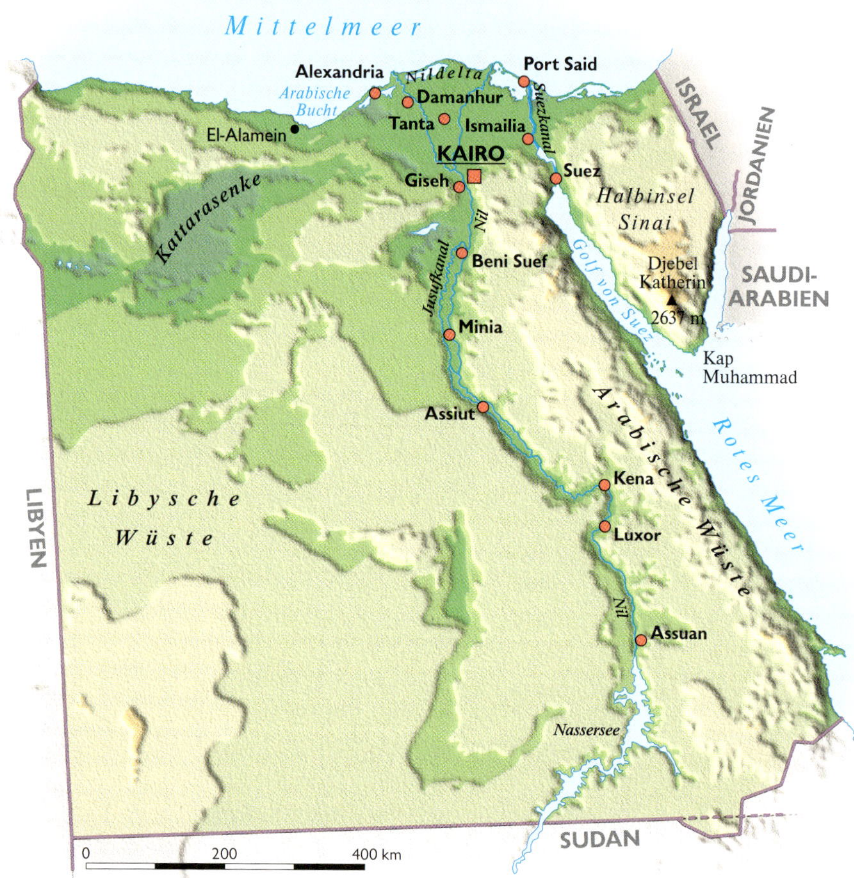

Hauptstadt Kairo. Vor über 4500 Jahren wurden sie als Grabstätten der Pharaonen, wie man die ägyptischen Könige nannte, gebaut. In ihrem Innern führen labyrinthartige Gänge zu den Grabkammern, wo die Könige zusammen mit Gold und anderen wertvollen Dingen in kostbare Särge gelegt wurden. Ihre Körper wurden mit Salz behandelt und in Leintücher gewickelt, um als Mumien für die Ewigkeit erhalten zu bleiben.

Im Inneren der Pyramiden findet man auch viele Darstellungen eines kleinen, aber sehr wichtigen Käfers: Der Pillendreher oder Skarabäus, der den Mist von Tieren zu kleinen Kugeln dreht und damit für dessen Abtransport sorgt, galt im alten Ägypten als Symbol der Morgensonne und der Kraft der Natur. Dass er heute noch als Glücksbringer verehrt wird, geht auf eine alte Geschichte zurück: Noch bevor der Nil jedes Jahr über seine Ufer trat und den fruchtbaren Schlamm brachte, erschienen die Käfer in den Häusern und kündigten den Menschen das ersehnte Nilhochwasser an.

Vor den Pyramiden ist immer viel los. Touristen aus aller Welt reisen seit Jahrhunderten hierher. Damit alles seine Ordnung hat, gibt es Polizisten, die auf Kamelen sitzen und aufpassen, dass niemand auf die Pyramiden klettert. Aber nicht nur die Pyramiden, sondern auch die schönen Badestrände am Roten Meer sind bei Urlaubern beliebt. Viele kommen zum Tauchen hierher, denn unter Wasser eröffnet sich eine Welt voller wunderbarer Korallenriffe und deren farbenprächtige Bewohner. Das Wasser ist blau, wie auch anderswo auf der Welt. Wie das Rote Meer zu seinem Namen kam, weiß man nicht genau. Die häufigste Erklärung ist, dass sich das Wasser ab und zu durch eine Algenart rot verfärbt.

Das Meer entstand vor etwa 30 Millionen Jahren. Damals bildeten die arabische Halbinsel und Afrika noch eine Einheit. Doch nach und nach quoll flüssiges Gestein – sogenanntes Magma – entlang einer Linie aus dem Erdinnern nach oben und drückte die Kontinente Asien und Afrika langsam auseinander. Von Süden her drang Meerwasser in diese neu geschaffene Senke ein: Das war der Beginn des Roten Meeres. Nur im Norden blieben die Erdplatten über die Halbinsel Sinai miteinander verbunden. Hier half der Mensch nach. Im Jahre 1859 begann man mit dem Bau des Suezkanals, eines einzigartigen Unternehmens. 1,5 Millionen Menschen waren daran beteiligt, etwa jeder Zehnte von ihnen starb während der Bauarbeiten. Vor dem Bau des Kanals mussten alle Schiffe, die von Europa nach Indien wollten, um das Kap der Guten Hoffnung im Süden Afrikas fahren. Danach ging die Fahrt um vieles schneller und heute fahren mehr als 15 000 Schiffe im Jahr durch den Kanal.

Die größte Pyramide in Giseh, die des Pharao Cheops, wurde aus drei Millionen Steinblöcken errichtet.

Fährt man von hier aus etwa 200 km Richtung Westen, gelangt man nach Kairo, der größten Stadt Afrikas. In der Innenstadt herrscht schon frühmorgens ein Verkehrschaos. Es wird gehupt und gehupt – und um jeden Meter Straße gekämpft. Die schwarzen Taxis versuchen, ihre Fahrgäste zu ihrem Ziel zu bringen. Wer kann, benutzt die Metro, eine S- bzw. U-Bahn. Allerdings gibt es bisher nur zwei Linien: Eine davon führt in den Süden Kairos, wo viele Familien davon leben, Müll zu sammeln und ihn zu verwerten. Es sind meist Kopten – ägyptische Christen –, die in den kleinen Seitengassen, wo die Fahrzeuge der Müllabfuhr nicht hinkommen, die Abfälle aus den Haushalten abholen.

Von der Aussichtsplattform des Kairo Tower kann man ganz Kairo überblicken: die Nilbrücken, die modernen Hotels, den Souk mit seinen flachen Dächern und die Restaurantschiffe, die fest verankert am Nilufer liegen.

Zur Zeit der Pharaonen rasierten sich die Ägypter die Kopfhaare ab, damit sich kein Ungeziefer einnisten konnte. Auf dem geschorenen Kopf trugen sie schwarze Perücken.

SUDAN

FLÄCHE	2 505 813 km²
EINWOHNER	35,04 Mio.
HAUPTSTADT	Khartoum
AMTSSPRACHEN	Arabisch, Englisch
WÄHRUNG	1 Sudanesischer Dinar (sD) = 10 Sudanesische Pfund (sud £) = 1000 Piaster (PT.)

FLAGGE

Die Flaggenfarben sollen die Verbundenheit Sudans mit den islamischen arabischen Staaten zeigen, vor allem Grün steht für den Islam. Rot steht für Revolution und Fortschritt, Weiß für Frieden und Licht, Schwarz symbolisiert den afrikanischen Kontinent.

Bei der Hauptstadt des Sudans, Khartoum, vereinigen sich der Weiße und der Blaue Nil zum längsten Fluss der Erde, dem Nil. Der Fluss ist für den regenarmen Sudan sehr wichtig. Doch das gilt auch für das Nachbarland Ägypten am Unterlauf des Nils. Welches Land dem Nil wie viel Wasser entnehmen darf, ist in einem alten Vertrag geregelt, der den größten Teil Ägypten zusichert – ein ständiger Streitpunkt zwischen den beiden Ländern.

Aufgrund des Bürgerkriegs leben viele Sudanesen nicht in ihrer Heimatregion, sondern in Flüchtlingslagern.

Ist man zwischen Khartoum und Assuan in Ägypten auf dem Nil unterwegs, muss man seine Reise immer wieder wegen gefährlicher Stromschnellen unterbrechen. Sie werden von riesigen Granitfelsen verursacht, die im Flussbett liegen. Zwischen dem 3. und 4. Katarakt lohnt sich eine Unterbrechung ohnehin, denn hier liegt der heilige Berg Barkal mit Resten eines Tempels, eines Königspalasts und von spitz zulaufenden Pyramiden, die zwischen 900 vor Christus und 350 nach Christus erbaut wurden. Der 1. und der 2. der sechs früher gefürchteten Katarakte sind heute vom aufgestauten ägyptischen Nassersee bedeckt.

Im regenarmen Norden des größten Landes Afrikas erstrecken sich große Wüstengebiete, die Richtung Süden in eine dünne Graslandschaft mit Dornengewächsen übergehen. Und ganz im Süden, wo es eine Regenzeit gibt, liegt das Überschwemmungsgebiet des Weißen Nil, der Sudd.

Große Unterschiede gibt es auch in der sudanesischen Bevölkerung. Im Norden leben hellhäutige Araber, die dem Islam angehören, im Süden sind es vor allem Schwarzafrikaner. Sie sind Christen oder Angehörige einer der vielen Naturreligionen. Leider versucht der Norden schon seit Langem, die Bevölkerungen des Südens zu unterdrücken, weshalb im Sudan – das Wort ist arabisch und bedeutet „schwarz" – seit Jahrzehnten Bürgerkrieg herrscht. Viele Menschen mussten seitdem sterben, wurden vertrieben oder flohen in eines der Nachbarländer.

Die Dinka im Südsudan sind eines der über 570 Völker, die im Sudan leben. Sie sind Halbnomaden. In der Regenzeit leben sie in ihren Dörfern und bauen auf ihren Feldern Hirse an. Wenn die Trockenzeit anbricht, ziehen sie mit ihren Rindern von Wasserstelle zu Wasserstelle. Die Rinder sind für die Dinka so wichtig, dass sie ihnen zu Ehren Lieder singen und Tänze aufführen. Milch und Butter sind wichtige Nahrungsmittel, aber auch Kuhmist wird verbrannt und seine Asche als altbewährtes Insektenschutzmittel auf die Haut aufgetragen. Und der Urin der Rinder wird zum Reinigen von Wunden verwendet.

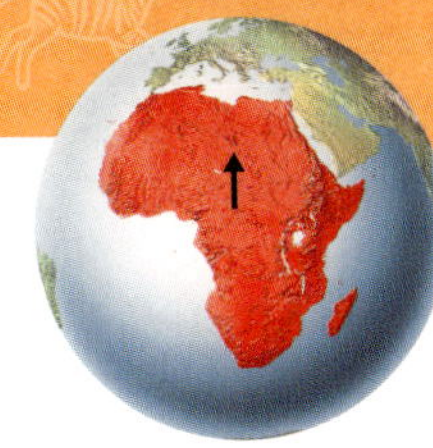

TSCHAD

Im Westen des Tschad liegt der Tschadsee, der einst zu den größten Seen der Erde zählte. Aber seit einigen Jahrzehnten schrumpft der See, der an seiner tiefsten Stelle mittlerweile nur noch 7 m tief ist. Schuld daran sind die abnehmenden Regenfälle in den letzten Jahren. Dadurch führen auch die Zuflüsse zum See immer weniger Wasser.

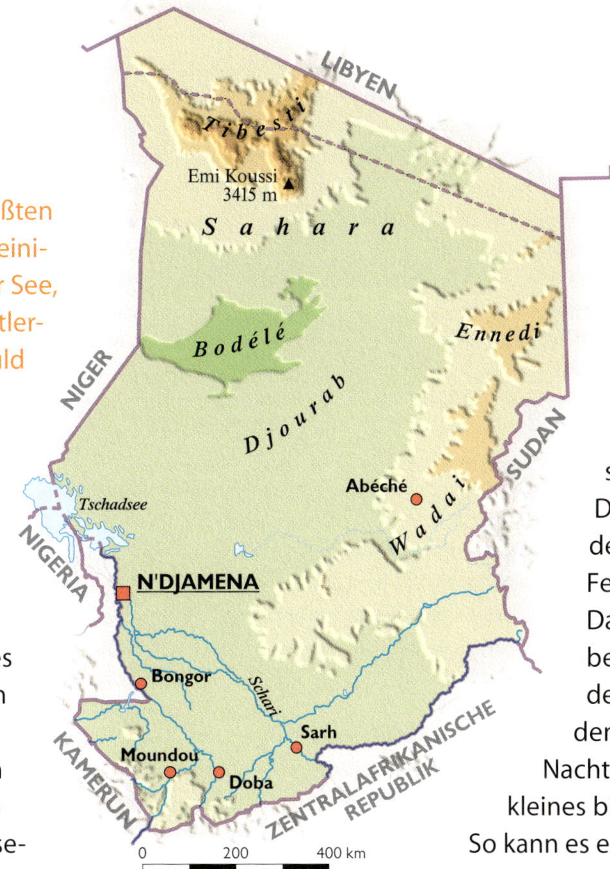

Der Tschadsee liegt inmitten der Sahelzone, die seit Mitte des letzten Jahrhunderts von vielen Dürren heimgesucht wurde. Die Bauern, die an seinen Ufern leben, zapfen dem See deshalb immer mehr Wasser zur Bewässerung ihrer Felder ab. Aber nicht nur das: Es ziehen auch immer mehr Menschen an den See – auch Nomaden –, da ein Leben in der umliegenden Sahelzone durch die jahrelange Regenarmut immer schwieriger wird. Am Tschadsee, der auch an Kamerun, Nigeria und Niger grenzt, leben mittlerweile mehrere Millionen Menschen – eine große Belastung für den See. Wenn er weiterhin schrumpft, müssen sich die Menschen bald wieder eine neue Heimat suchen.

Sowohl am Tschadsee als auch in anderen Landesteilen können es sich die Eltern oft nicht leisten, ihre Kinder zur Schule zu schicken. Der Schulbesuch kostet nämlich eine Gebühr und außerdem muss man eine Schuluniform kaufen. Aber das ist nicht alles: Es gibt nicht überall Schulen und viele werden häufig noch durch Stürme zerstört. Dann müssen alle zusammenarbeiten und es geht an den Neuaufbau.

Aber der Tschad hat auch wunderschöne Seiten. Im Norden, den Ausläufern der Sahara, erstreckt sich das Tibesti-Gebirge, wo sich längst erloschene Vulkane bis in eine Höhe von 3415 m erheben. Da tagsüber eine unglaubliche Hitze herrscht, im Winter aber auch Nachtfröste keine Seltenheit sind, ist das Gestein großen Temperaturunterschieden ausgesetzt. Dann gefriert nachts der Tau in kleinen Felsspalten und -rissen. Da sich Wasser aber beim Gefrieren ausdehnt, drückt das Eis in den Spalten das Gestein Nacht für Nacht immer ein kleines bisschen auseinander. So kann es eines Tages passieren, dass ein riesiger Felsblock plötzlich wie von Geisterhand mit lautem Getöse auseinanderbricht. Aber auch die gefürchteten Winde tragen dazu bei, dass sich das Gestein an manchen Stellen stark verändert und über die Jahrtausende hinweg immer weiter abgetragen wurde. So entstanden faszinierende Höhlen, Türme und Torbögen aus Felsen.

FLÄCHE
1 284 000 km²

EINWOHNER
8,53 Mio.

HAUPTSTADT
N'Djamena

AMTSSPRACHEN
Arabisch, Französisch

WÄHRUNG
CFA-Franc

FLAGGE

Blau symbolisiert den Himmel und den wasserreichen Süden, Gelb die Sonne und den wüstenhaften Norden, Rot den Fortschritt und das für die Unabhängigkeit vergossene Blut.

Die Nomaden leben in Zelten, die schnell auf- und abzubauen sind, so können sie mit ihren Rindern, Schafen und Ziegen umherziehen.

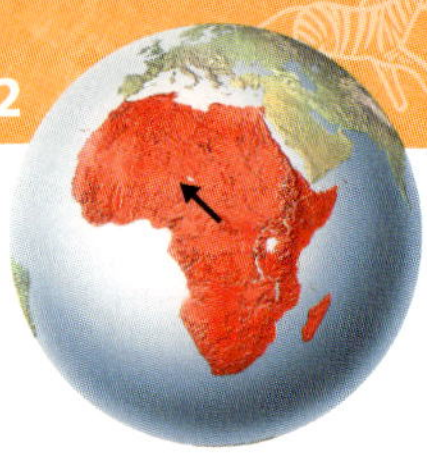

NIGER

FLÄCHE
1 267 000 km²

EINWOHNER
11,93 Mio.

HAUPTSTADT
Niamey

AMTSSPRACHE
Französisch

WÄHRUNG
CFA-Franc

FLAGGE

Die Streifen versinnbildlichen die Natur des Landes: Orange die Sahara im Norden, Weiß die Sahelzone, Grün das fruchtbare Tal des Niger im Süden. Weiß steht zudem für Freiheit und die orangefarbene Scheibe für die heiße Sonne, die im Niger scheint.

Die Wüste Ténéré, was in der Tuareg-Sprache so viel wie „das leere Land" bedeutet, ist so groß wie Österreich.

Niger ist ein großes, aber auch ein leeres Land. Im Norden erstrecken sich riesige Wüstengebiete, aus denen sich Gebirge erheben, weiter südlich geht die Wüste in die schwer zu beackernden Felder der Sahelzone über, die oft von Heuschreckenschwärmen heimgesucht werden. Über Nacht ist dann die ganze Ernte vernichtet.

Der Niger ist das Land der Tuareg, die auch in anderen nordafrikanischen Ländern leben. Sie selbst nennen sich Imohagh, was so viel wie „die Freien", „die Unabhängigen" bedeutet. Der Name bezieht sich auf ihre frühere Lebensweise. Die Tuareg sind ursprünglich Wanderhirten und Viehzüchter, die mit ihren Kamelen von Oase zu Oase ziehen und die dort lebenden Menschen mit lebenswichtigen Dingen versorgen. So gelangen schon seit Jahrhunderten über besondere Handelswege Tee, Reis, Hirse und Salz in die abgelegenen Wüstenorte. Das aus den Salzpfannen bei Bilma in Ostniger gewonnene Salz wird zu runden Laiben geformt, den Salzbroten. Sie werden über eine der wichtigsten Karawanenrouten in der Sahara nach Agadès gebracht. Meist führt die Route über den Arbre du Ténéré, einen wichtigen Orientierungspunkt mitten in der Wüste. Bis vor wenigen Jahren stand hier ein knorriger Baum, eine Schirmakazie. Sie wurde aber von einem Lkw-Fahrer umgefahren und steht nun im Nationalmuseum in der Hauptstadt Niamey. An ihrer Stelle wurde ein „Metallbaum" errichtet, da dieser Orientierungspunkt in dieser endlosen Weite nicht fehlen darf.

Heute leben aber nur noch wenige Tuareg als Nomaden. Die anhaltenden Dürren, der Einsatz von Lkws, Vertreibung und Kriege haben fast alle Tuareg zu einem sesshaften Leben als Bauern im Süden des Landes gezwungen. Doch ihre Traditionen haben sie zum großen Teil bewahrt. Zum Beispiel tragen bei den Tuareg – im Unterschied zu vielen anderen Völkern in arabischen Ländern – nicht die Frauen, sondern die Männer einen Gesichtsschleier. Es ist ein meterlanges, oft blaues Tuch zum Schutz vor Sonne, Wind, Sand und bösen Geistern.

Im äußersten Südwesten durchzieht der Fluss Niger, der dem Staat seinen Namen gegeben hat, das Land. Dort, wo der Flusslauf ein großes „W" beschreibt, liegt auch ein Schutzgebiet für die letzten Giraffen der Sahelzone und andere Tiere wie Löwen, Flusspferde und Antilopen: der Nationalpark „W".

Der aus 6 m Stoff bestehende Gesichtsschleier der Tuareg-Männer heißt Tagelmust.

Die einzige Hoffnung

Eine kurze Pause hat Lolos Vater erlaubt, dann muss das Mädchen aus dem Süden Nigers weiterarbeiten. Mit letzter Kraft beackert ihre Familie das Feld – in der Hoffnung, dass darauf bald etwas wächst, womit sie ihren Hunger stillen können. Die letzte Ernte wurde von Millionen Heuschrecken aufgefressen. Zwar frisst eine einzige von ihnen nur so viel, wie sie wiegt – ungefähr zwei Gramm –, aber eine Heuschreckenwolke kann in wenigen Stunden die Felder eines ganzen Dorfes ratzekahl fressen. Nähert sich ein Schwarm, bleibt den Menschen nur, sich mit irgendetwas zu bewaffnen, womit man auf die Tiere einschlagen kann. Dass dadurch auch die Pflanzen Schaden nehmen, ist nicht so wichtig, denn es bleiben sicher ein paar kleine Triebe erhalten. Die Heuschrecken hingegen fressen alle Pflanzenteile. Auch die Samen, die für die nächste Aussaat benötigt werden. Lolos Vater konnte zum Glück bei Verwandten etwas Saatgut bekommen. Nun muss der Boden schnell mit der Hacke aufgelockert werden, damit ausgesät werden kann.

BURKINA FASO

FLÄCHE
274 200 km²

EINWOHNER
13,57 Mio.

HAUPTSTADT
Ouagadougou

AMTSSPRACHE
Französisch

WÄHRUNG
CFA-Franc

FLAGGE

Die Flagge ist in den panafrikanischen Farben gehalten: Rot steht für das im Unabhängigkeitskampf vergossene Blut, Grün für die Fruchtbarkeit des Landes. Der Stern ist ein Symbol für die revolutionären Gedanken der neuen Machthaber.

Film ab! In Ouagadougou, der Hauptstadt Burkina Fasos, findet seit 1969 alle zwei Jahre das größte Filmfestival Afrikas statt. Es wird von europäischen Ländern, auch von deutscher Seite, unterstützt. Die Burkinabé, wie die Landesbewohner heißen, sind sehr stolz darauf, dass ihr Land dann für eine Woche das Schaufenster Afrikas ist.

Burkina Faso bedeutet so viel wie „Land der ehrbaren Männer“. Bis zu seiner Unabhängigkeit von Frankreich im Jahre 1960 hieß das Land „Obervolta“ oder auf Französisch „Haute Volta“. Der Name bezieht sich auf den einzigen ständig wasserführenden Fluss des Landes, den Schwarzen Volta. Er fließt zum größten Teil durch den regenreicheren Südwesten, wo viele Menschen Hirse anpflanzen. Das ist ein Getreide, das ein wenig Mais ähnelt – nur dass die Fruchtkolben aus feineren Körnern bestehen. Hirse kann man nicht nur essen. Aus ihr wird von den Frauen auch ein beliebtes Bier, das Dolo genannt wird, gebraut. Man trinkt es aus Kalebassen, das sind ausgehöhlte kleine Kürbisse.

Im Nordosten hingegen ist es so trocken, dass Ackerbau nicht möglich ist. Hier leben vor allem zwei Nomadenvölker: die Fulbe und Tuareg. Obwohl Burkina Faso nicht ganz so groß wie Deutschland ist, ist es die Heimat von mehr als 60 Völkern, die ganz unterschiedliche Traditionen haben. Zu den größten Gruppen gehören die Bwa. Sie siedeln im Westen. An Markttagen kann man ihre

Manche Moscheen, wie diese in Bobo-Dioulasso, sind aus Lehmziegeln gebaut und dann von außen mit Lehm verputzt. Man muss sie häufig ausbessern.

beeindruckenden Masken bestaunen, wie etwa die Schlangenmasken. Sie sind aus einem Stück Holz geschnitzt, fast 5 m lang und werden bei Tänzen getragen. Durch die wendigen Bewegungen der Tänzer scheinen sich die Masken plötzlich wie echte Pythonschlangen zu bewegen. Die meisten Tänzer haben dafür lange geübt und schon als Kinder an Maskentänzen teilgenommen.

Viele Bwa leben in Bobo-Dioulasso, der zweitgrößten Stadt Burkina Fasos. Hier gibt es auch eine Schule, in der Kinder Kunst-, Theater- und Musikunterricht erhalten. Mit Kostümen, Leinwand, Trommeln, Xylofonen oder kleinen Geigen wird dann geübt, was das Zeug hält. In dem armen Land ist das eine willkommene Abwechslung zu dem normalen Schulunterricht. Der wird in der Amtssprache Französisch abgehalten, die für viele Kinder schwer zu verstehen ist, da sie in ihrer Familie oft mit einer anderen Sprache aufgewachsen sind. In Burkina Faso werden nämlich auch mehr als 60 Sprachen gesprochen. Außerdem sind die Schulklassen mit 60–100 Schülern oft riesengroß. All das macht es oft schwer, den Lehrern zu folgen.

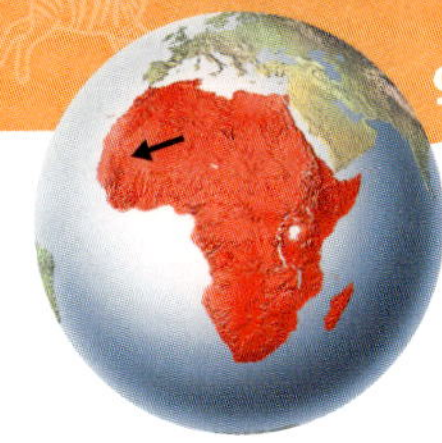

MALI

Beinahe die Hälfte von Mali wird von Wüste eingenommen und ist bis auf einige Orte fast menschenleer. Zu den wenigen Orten gehört auch Taoudenni im Norden, wo die größten Salzvorkommen der Sahara liegen. Hier beginnt die 700 km lange Reise der Salzkarawanen, quer durch die lebensfeindliche Wüste bis zum großen Salzmarkt in Timbuktu.

Timbuktu liegt am Niger, dem drittgrößten Fluss Afrikas. In Richtung Süden bis nach Ségou bildet der Niger mit seinem Nebenfluss Bani ein riesiges Labyrinth aus Nebenflüssen, Inseln und Seen. Von Juni bis November, der Regenzeit, ist das Gebiet oft überflutet, danach verwandelt sich der Süden in ein endloses grünes Meer aus Gräsern und Sträuchern. Im Überflutungsbereich des Niger leben die Menschen als Fischer und Bauern. Hier wird sehr viel Baumwolle angebaut, die auch nach Europa kommt und zu T-Shirts oder Jeans verarbeitet wird.

Die Menschen Malis nutzen den Fluss auch für den Hausbau. Der Lehm aus dem Niger wird mit Wasser, Stroh und Mist zu Ziegeln geformt und an der Sonne getrocknet. In Häusern aus solchen Ziegeln ist es auch bei großer Hitze angenehm kühl. Auch Moscheen werden hier so gebaut, etwa in Djenné, einer Stadt auf einer Insel mitten im Niger. Hier steht die größte aus Lehm gebaute Moschee der Welt. Sie muss jedes Jahr restauriert werden, da die Lehmziegel in der Regenzeit aufweichen und jedes Mal eine dicke Schicht des Putzes weggeschwemmt wird.

Die Dogon bauten ihre Häuser, Kultstätten und die Getreidespeicher mit den spitzen Grasdächern ganz eng an den schützenden Fels.

Fährt man von Djenné nach Nordosten, kommt man in das Land der Dogon. Sie lebten früher direkt an den Steilhängen einer Hochebene, die Bandiagara genannt wird. Hierher hatten sie sich im 10. Jahrhundert zurückgezogen, da sie nicht islamisiert werden wollten. Heute sind dennoch viele Dogon Muslime, wobei sie ihre Naturreligion nicht ganz vergessen haben. Ihre Dörfer liegen heute am Fuße oder oben auf der Hochebene, wo ihre Felder und Gärten schon von Weitem zu erkennen sind. Die Dogon sind so gute Ackerbauern, dass das ganze Land – auch der fruchtbare Südosten des Landes – mit ihren Tomaten und Zwiebeln versorgt wird.

FLÄCHE
1 240 192 km²

EINWOHNER
12,0 Mio.

HAUPTSTADT
Bamako

AMTSSPRACHE
Französisch

WÄHRUNG
CFA-Franc

FLAGGE

Die Flagge trägt die panafrikanischen Farben, die gemäß der französischen Trikolore angeordnet sind. Grün steht für die Natur, Gelb für die Bodenschätze des Landes. Das rote Band steht für das für die Unabhängigkeit vergossene Blut.

SPRACHE

Hallo!

Bambara

Bambara wird in ganz Westafrika, vor allem aber in Mali gesprochen.

1 = kelen
2 = fla
3 = saba
4 = naani
5 = duurun

Hallo = I ni tsche
Auf Wiedersehen = N taara
Wie geht's? = I ka kene wa?
Ich heiße … = Ne togo …
Danke = Foli
Entschuldigung = Hake to
Ja = Awo
Nein = Aji

MAURETANIEN

FLÄCHE
1 030 700 km²

EINWOHNER
2,84 Mio.

HAUPTSTADT
Nouakchott

AMTSSPRACHE
Arabisch

WÄHRUNG
1 Ouguiya (UM) =
5 Khoums (KH)

FLAGGE

Die Farbe Grün, die Mondsichel und der Stern symbolisieren den Islam. Die gelbe Farbe des Emblems steht für die Sahara.

Gelber Sand, roter Sand, grober Sand, feiner Sand – die Landschaft Mauretaniens wird von der Sahara geprägt. Seit Jahrhunderten haben die Menschen in diesem Land mit und von der Wüste gelebt. Doch zunehmend müssen sie gegen sie kämpfen, da der Sand immer weiter in ihre Orte vordringt.

Die meisten Mauretanier gehören dem Volk der Mauren an. Ihre Tiere, mit denen sie früher umhergezogen sind, lieferten ihnen die wichtigsten Rohstoffe für die wenigen Dinge, die sie von Lager zu Lager mitnahmen: Decken, Zeltplanen, Wassersäcke, Seife, Seile und vieles mehr. Da sich die Wüste aber immer mehr ausbreitet und die Nomaden immer weniger Gras für ihre Viehherden finden, ziehen viele in den fruchtbareren Süden und leben dort als Bauern. In den Städten erinnert allerdings noch vieles an ihre vergangene Lebensweise. Auf den Märkten kann man beispielsweise ihre wunderschönen Ledertaschen oder Teppiche aus Ziegen- und Kamelhaar kaufen.

Neben den alten Kamelrouten gibt es heute zwei andere Möglichkeiten, tief in die Wüste Mauretaniens zu gelangen: eine Straße und eine Eisenbahnlinie. Die 1100 km lange „Straße der Hoffnung", die in der Hauptstadt Nouakchott an der Küste beginnt, zieht sich durch ganz Mauretanien bis nach Nema im Südosten. Planierraupen gehören hier zum Alltag. Sie müssen ständig die Straße vom Wüstensand befreien. Ähnlich ergeht es auch der Karawanenstadt Chinguetti. Sie liegt am westlichen Rand der Sahara im Adrar-Bergland und war – wie auch drei weitere Siedlungen – ein wichtiger Versorgungsposten entlang der Handelsrouten, die früher regelmäßig von Kamelnomaden besucht wurden.

Hinter den unscheinbaren Häusern Chinguettis verbergen sich schöne Innenhöfe und eine beeindruckende Steinmoschee.

Ebenso vom Sand bedroht ist die 720 km lange Eisenbahnlinie, die weit in die Sahara führt. Alle 100 km ist ein Entsandungstrupp stationiert, der die vom Sand zugeschütteten Gleise wieder freischaufelt. Die Bahnstrecke wurde gebaut, um die derzeit wertvollsten Ausfuhrgüter des Landes – Eisenerz und Gips – aus der Wüste zur Verschiffung an die Küste zu transportieren. Von dort aus gelangen sie ebenso nach Europa wie der Fisch, der an den Küsten gefangen wird.

Aus den Brunnen schöpfen die Viehhirten mithilfe von ledernen Säcken Wasser für sich und ihre Tiere.

An der Nordküste Mauretaniens erstreckt sich eines der weltweit größten Brut- und Überwinterungsgebiete von Zugvögeln: der Nationalpark Banc d'Arguin. Hier ist das Wasser an vielen Stellen – bis zu 60 km von der Küste entfernt – nur 5 m tief. Deshalb finden die vielen Vogelarten, die hier ganzjährig leben oder Rast machen, reichlich zu fressen.

Ein Schutzwall gegen die Verwüstung

In Mauretanien haben die Menschen ein ernstes Problem: Der größte Teil ihres Landes wird von der Sahara bedeckt, einer riesigen Wüste – und der Wind treibt den Sand immer weiter in die Städte und Dörfer hinein. Das Schlimmste daran ist, dass der Sand auch in die mühevoll gegrabenen Brunnenschächte fällt: Die Brunnen versanden. Auch den Menschen in Limams Dorf nahe der Stadt Chinguetti ist das Wasser ausgegangen. Deshalb haben sie drei Kilometer vom Dorf entfernt einen anderen Brunnen gegraben und Dattelpalmen gepflanzt, um eine neue Oase aufzubauen. Den Kindern fällt die wichtige Aufgabe zu, die empfindlichen jungen Pflanzen täglich zu gießen, damit sie nicht vertrocknen. Das Wasser dafür müssen sie viele Hundert Meter weit schleppen. Am Rand der Oase stehen außerdem große Netze, die den Wüstensand auffangen. Immer wieder müssen Limam und die anderen großen Jungs aus dem Dorf diese „Barrikaden“ freischaufeln – ein endloser Kampf gegen die Sahara.

SENEGAL

FLÄCHE
196 722 km²

EINWOHNER
10,69 Mio.

HAUPTSTADT
Dakar

AMTSSPRACHE
Französisch

WÄHRUNG
CFA-Franc

FLAGGE

Nach der Ablösung von Mali behielt Senegal die panafrikanischen Farben bei und fügte einen Stern für Freiheit und Hoffnung hinzu.

Senegal liegt ganz im Westen Afrikas und besitzt eine 500 km lange, wunderschöne Küste am Atlantischen Ozean, die viele Touristen anlockt. Der größte Teil des Landesinneren ist flach und vor allem im Norden sehr trocken. Dort wächst der merkwürdig aussehende Affenbrotbaum oder Baobab.

Der Affenbrotbaum hat einen mächtigen Stamm, sehr knorrige Äste, kann bis zu 25 m hoch und viele hundert Jahre alt werden. In der Regenzeit saugt er viele Tausend Liter Wasser auf und speichert sie für die lange Trockenzeit.

Aus der Rinde des Baobab werden auch Seile hergestellt.

Die im Osten des Landes lebenden Elefanten nutzen den Baobab zuweilen als Feuchtigkeitsquelle. Mit den Stoßzähnen brechen sie seine Rinde auf, entfernen mit dem Rüssel die feuchten Fasern im Bauminnern und kauen diese. Der Baobab ist der Nationalbaum des Senegal und hoch geschätzt, da man so gut wie alles von ihm nutzen kann: Die Rinde wird zu Fasern verarbeitet, die Blätter dienen als Heilmittel, die bis zu 40 cm langen Früchte werden gegessen und aus den Samen wird Öl gepresst.

Für das Überleben der Senegalesen spielt aber der Anbau von Baumwolle und Erdnüssen eine weitaus wichtigere Rolle. Die Erdnüsse werden zu Öl verarbeitet, landen in Dosen, auf Keksen oder in der Erdnussbutter. Erdnüsse wachsen nicht am Baum, sondern wie Erbsen an Büschen. Nur dass sich die Blütenstiele nach der Bestäubung in die Erde bohren. Dort reifen dann die Früchte, die Erdnüsse – daher ihr Name. Die Büsche kamen ursprünglich aus Südamerika nach Westafrika. Wie sie nach Afrika kamen, kann man heute auf der kleinen Felseninsel Gorée bei der Hauptstadt Dakar erfahren. Dort gründeten viele europäische Länder Handelsstützpunkte, von denen aus vom 16. bis 19. Jahrhundert Sklaven aus Westafrika nach Amerika verschifft wurden. Auf ihrem Rückweg brachten die Schiffe neue Pflanzen aus Amerika mit. Dazu gehörten auch Erdnüsse und Zuckerrohr.

Der Lebensunterhalt der kleinen Fischer ist durch die Überfischung durch die großen Fischfangflotten mehr und mehr gefährdet.

SPRACHE

Wolof

Obwohl die Amtssprache im Senegal Französisch ist, sprechen fast alle Senegalesen Wolof, ihre angestammte Sprache.

1 = benn
2 = ñaar
3 = ñett
4 = ñeent
5 = juróom

Guten Tag = Salaamaalekum
Auf Wiedersehen = Ba beneen
Wie geht es dir? = Nan nga def?
Mir geht es gut = Maa ngi fi rekk
Danke = Jëre-jëf
Ja = Waaw
Nein = Déedéet

KAP VERDE

Vor der Westküste Afrikas, mitten im Atlantischen Ozean, liegt die Gruppe der Kapverdischen Inseln. Sie besteht aus 15 meist gebirgigen Inseln, von denen aber nur zehn bewohnt sind. Sie sind allesamt vulkanischen Ursprungs.

Die Inseln wurden im 15. Jahrhundert von portugiesischen Seefahrern entdeckt und als wichtige Handelsstation für den Sklavenhandel genutzt. Einige Sklaven konnten fliehen und versteckten sich in den Bergen. Die heutige Bevölkerung ist deshalb auch eine Mischung aus den ehemaligen Sklaven und Portugiesen. Man nennt sie Kreolen. Die Portugiesen gaben den Inseln den Namen „Capo Verde", also „grünes Kap" – nach der 600 km weiter östlich gelegenen Halbinsel Kap Verde in Senegal. Entgegen ihrem Namen sind die Kapverdischen Inseln nicht besonders grün.

Blick über die Vulkanlandschaft von Kap Verde

Das liegt an dem Nordostpassat, einem ständig wehenden Wind, der trockene Luft aus der Sahara mit sich führt. Trotz der Trockenheit bauen viele Menschen Obst und Gemüse an. Für den Verkauf ihrer Ernte sind meist die Frauen zuständig. Männer sieht man auf den Märkten nur selten, da viele in der Hoffnung auf Arbeit ins Ausland ziehen, von wo sie dann Geld an ihre Familien schicken.

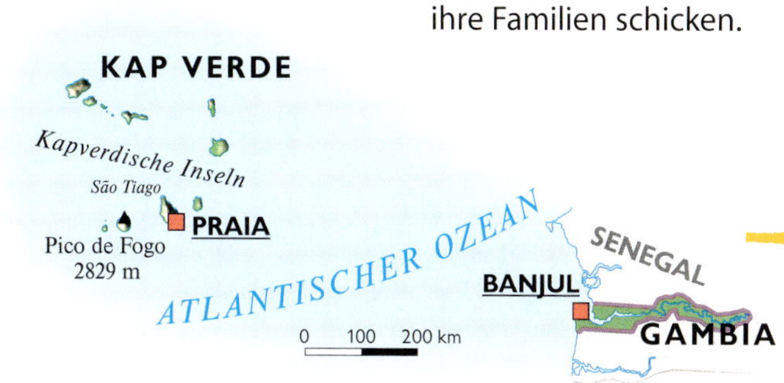

FLÄCHE
4033 km²

EINWOHNER
469 500

HAUPTSTADT
Praia

AMTSSPRACHEN
Portugiesisch, Kreolisch

WÄHRUNG
1 Kap-Verde-Escudo (KEsc) = 100 Centavo (CTS)

FLAGGE

Blau steht für das Meer, Rot für die Tatkraft des Volkes, Weiß für den Frieden. Die Sterne symbolisieren die Hauptinseln des Landes.

GAMBIA

Gambia ist das kleinste Land des afrikanischen Festlands. Nur einige ostafrikanische Staaten im Indischen Ozean sind kleiner. Es ist nach dem Fluss Gambia benannt, der das schmale Land der Länge nach durchfließt.

Bis auf den kurzen Küstenstreifen am Atlantik wird Gambia vollständig vom großen Nachbarn Senegal umschlossen. Früher, als es noch keine Straßen gab, war der Fluss der wichtigste Verkehrsweg und seine Uferwälder waren voller Tiere. Auch heute noch leben hier verschiedenste Vogelarten, Leoparden, Affen, Antilopen, Krokodile und Flusspferde. Hinter den Uferzonen erstrecken sich weite, hügelige Graslandschaften, die vielerorts landwirtschaftlich genutzt werden. Wie im Nachbarland Senegal werden auf den sandigen Böden Erdnüsse angebaut, das Hauptexportgut des Landes.

Egal, ob man auf dem Land oder in der kleinen Hauptstadt Banjul unterwegs ist, immer wieder hört man ein typisch westafrikanisches Musikinstrument, die Kora. Sie sieht mit ihrem großen Kürbisbauch ein wenig aus wie eine Gitarre, ist aber eigentlich eine Harfe. Damit die Spieler die 21 Saiten mit beiden Händen anzupfen können, stellen sie das Instrument vor sich auf den Boden.

Die Musik der Koraspieler kann man auch während Gottesdiensten hören.

FLÄCHE
11 295 km²

EINWOHNER
1,42 Mio.

HAUPTSTADT
Banjul

AMTSSPRACHE
Englisch

WÄHRUNG
1 Dalasi (D) = 100 Bututs (b)

FLAGGE

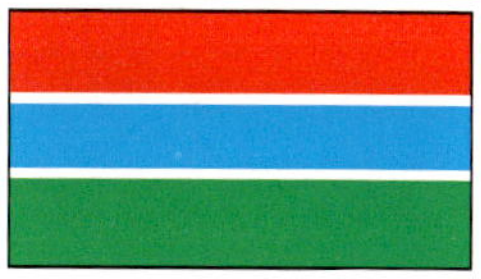

Rot steht für die Sonne, Blau für den Fluss Gambia, Grün für die Naturschätze. Die weißen Streifen symbolisieren die Völker des Landes.

GUINEA-BISSAU

FLÄCHE
36 125 km²

EINWOHNER
1,43 Mio.

HAUPTSTADT
Bissau

AMTSSPRACHE
Portugiesisch

WÄHRUNG
CFA-Franc

FLAGGE

Die Flagge trägt die afrikanischen Farben Rot, Grün und Gelb. Der Stern symbolisiert die Freiheitsbewegung für die Unabhängigkeit von Portugal.

Das kleine Land Guinea-Bissau ist nicht viel größer als das deutsche Bundesland Baden-Württemberg. Es ist überwiegend flach, hat viele Sumpflandschaften, kleine Flüsse und rund 60 kleine Inseln, die Bissagosinseln.

Früher wuchsen an der Küste von Guinea-Bissau viele Mangroven. Das sind Bäume mit stelzenartigen Wurzeln, die auch in salzhaltigem Wasser wachsen. Um Platz für die lebenswichtigen Reisfelder zu gewinnen, hat man viele dieser Bäume gefällt. Das bringt allerdings auch Probleme mit sich, denn die Bäume haben mit ihrem kräftigen stelzenartigen Wurzelwerk auch heftigen Fluten standgehalten. Ohne sie gelangt nun das Meerwasser bei Hochwasser ungehindert weit ins Landesinnere und die Küstenbereiche werden oft überflutet.

Wasser, Flüsse und das Meer prägen das Leben der Menschen. Die Bewohner der Bissagosinseln beispielsweise bauen nicht nur sehr gute Boote, sondern auch interessante Holzmasken. Eine davon hat die Form eines Rochens. Damit ahmen die Menschen bei ihren Tänzen gefährlich aussehende Sägerochen nach, die auf der Suche nach Fischen mit ihrer „Säge" den Meeresboden aufwühlen. Die bis zu 2 m lange Säge ist in Wirklichkeit der verlängerte Unterkiefer dieser Rochenart. Und die seitlich abstehenden Zacken, die zu dem Namen „Säge" führten, waren ursprünglich Zähne. Die platten, langen Fische schwimmen aber oft auch einfach in große Fischschwärme hinein, schlagen heftig um sich und töten dabei mit ihrer „Säge" ihre Beute.

GUINEA

FLÄCHE
245 857 km²

EINWOHNER
8,14 Mio.

HAUPTSTADT
Conakry

AMTSSPRACHE
Französisch

WÄHRUNG
Guinea-Franc (F. G.)

FLAGGE

Die afrikanischen Farben stehen hier für Opferbereitschaft und Arbeit (Rot), die Fruchtbarkeit des Landes (Grün) und für Gerechtigkeit (Gelb).

Im Hochland Guineas, in dem Fouta Djalon mit seinen tropischen Wäldern und ausgedehnten Weideflächen, entspringen drei der bekanntesten Flüsse Afrikas, nach denen andere Länder benannt sind: der Gambia, der Niger und der Senegal.

Guinea besitzt viele Bodenschätze. Nach Australien liefert das kleine Land am meisten Bauxit für den Weltmarkt. Aus Bauxit wird Aluminium hergestellt, das unter anderem für den Bau von Flugzeugen gebraucht wird. Die Bodenschätze gelangen über Staub- und Schotterpisten in die Hauptstadt Conakry, von wo aus sie verschifft werden. Die Stadt wird täglich größer. Viele Menschen kommen vom Land in der Hoffnung hierher, Arbeit zu finden, andere stammen aus den Nachbarländern Liberia und Sierra Leone, wo immer wieder Unruhen oder gar Bürgerkrieg herrschen.

Egal, ob auf dem Land oder in den Städten, ob im Fußballstadion oder bei offiziellen Anlässen, überall ist ein bestimmtes Musikinstrument zu hören: die Djembe, eine schlanke, mit geschorenem Ziegenfell bespannte Trommel. Sie wird bei fast allen der etwa 20 hier lebenden Völker gespielt, zum Beispiel bei den Fulbe, die als Nomaden mit ihren Rindern fast die ganze Sahelzone durchstreifen.

Die berühmteste Wüstenrallye der Welt, die Rallye Dakar, führt auch durch Labé im Norden Guineas.

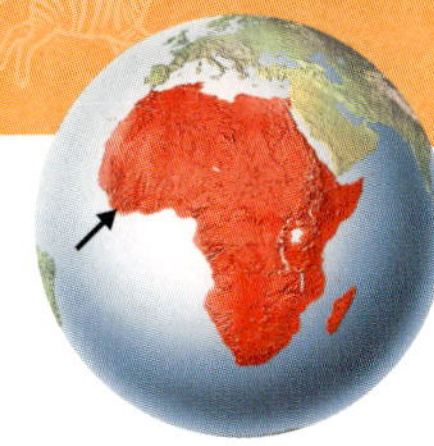

SIERRA LEONE

Sierra Leone verdankt seinen Namen einer Legende. Als die ersten portugiesischen Seefahrer im 15. Jahrhundert hier ankamen, hielten sie den Gewitterdonner im Küstengebirge für Löwengebrüll. Sie nannten das Land deshalb „Serra da Leao", was so viel wie „Löwengebirge" bedeutet. Später wurde der Name dann ins Spanische übersetzt.

Nach den Portugiesen kamen die Briten nach Sierra Leone. Sie versuchten, das Land zu bebauen, doch viele vertrugen das tropische Klima nicht, wurden krank und starben. Deshalb siedelten die Briten hier ehemalige Sklaven aus ihren Kolonien an, die dort für Großbritannien gekämpft hatten. Diese gründeten die heutige Hauptstadt Freetown, was übersetzt „Freie Stadt" bedeutet – als Erinnerung an ihre Freilassung aus der Sklaverei.

30 Jahre nach Erlangen der Unabhängigkeit von Großbritannien begann in Sierra Leone ein schlimmer Bürgerkrieg, der erst 2002 beendet werden konnte. In diesem Krieg mussten 100 000 oder mehr Menschen sterben, Städte und Dörfer wurden verwüstet. Sierra Leone ist seitdem eines der ärmsten Länder der Welt. Viele Kinder, sogar schon zwölfjährige, mussten während des Krieges als Soldaten dienen, andere konnten jahrelang nicht zur Schule gehen. Und auch heute mangelt es oft an Lehrern, Schulen und Büchern. Auch ein Großteil der Erwachsenen kann nicht lesen und schreiben.

Kinder sind erfinderisch, wenn es ums Spielen geht. Hier hat eine Gruppe eines der zahlreichen Autowracks im Land für sich entdeckt.

Sierra Leone besitzt viele Rohstoffe wie Gold, Bauxit und Diamanten. Die Diamanten aus Sierra Leone werden oft als „Blutdiamanten" bezeichnet. Während des Bürgerkriegs wurden Menschen gezwungen, in den Gruben zu arbeiten. Dazu mussten sie den ganzen Tag vornüber gebeugt knietief im Wasser stehen und tonnenweise Schlamm schaufeln, waschen und nach Diamanten durchsuchen. Aus dem Erlös des Diamantenverkaufs kauften die Kriegsparteien Waffen. Blutvergießen war die Folge.

Sowohl im schwer umkämpften Landesinneren, wo die Bodenschätze liegen, als auch an der Küste Sierra Leones regnet es viel. Die Regenzeit dauert von April bis November. Im Juli und August regnet es mehr als in Hamburg über das ganze Jahr verteilt. An der Küste gibt es deshalb viele Sümpfe. Das ist ein idealer Lebensraum für Krokodile. Sie sind sehr gute Schwimmer und jagen meistens bei Dämmerung. Dazu tauchen sie im Wasser unter, bis nur noch die Augen und Nasenlöcher zu sehen sind, um unbemerkt ihrer Beute aufzulauern und sie dann mit ihrem mächtigen Maul blitzschnell zu packen.

Im Bürgerkrieg haben viele Menschen Arme oder Beine verloren.

FLÄCHE
71 740 km²

EINWOHNER
5,18

HAUPTSTADT
Freetown

AMTSSPRACHE
Englisch

WÄHRUNG
1 Leone (Le) = 100 Cent (c)

FLAGGE

Grün steht für die Landwirtschaft, Weiß für Frieden und Gerechtigkeit und Blau für das Meer und die Hauptstadt Freetown.

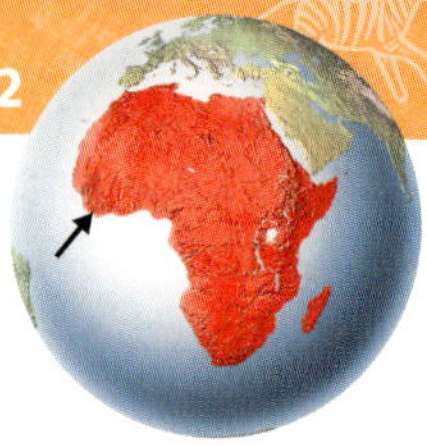

LIBERIA

FLÄCHE
111 369 km²

EINWOHNER
3,07 Mio.

HAUPTSTADT
Monrovia

AMTSSPRACHE
Englisch

WÄHRUNG
1 Liberianischer Dollar (Lib$) = 100 Cent (c)

FLAGGE

Die blaue Ecke und der Stern stehen für die Freiheit Afrikas und dafür, dass Liberia der erste unabhängige Staat in Afrika war. Das Streifenmuster ist der Flagge der USA, woher die befreiten Sklaven kamen, entlehnt.

Dort, wo heute Liberia liegt, wurden ab 1822 befreite Sklaven aus den USA angesiedelt. 25 Jahre später wurde der unabhängige Staat Liberia gegründet. „Liberia" kommt von dem lateinischen Wort „liber", was „frei" bedeutet. Das Land stand – anders als die meisten afrikanischen Länder – nie unter der Herrschaft eines europäischen Staates.

Die Hauptstadt Monrovia ist nach dem damaligen amerikanischen Präsidenten James Monroe benannt, der sich für die Rückkehr der befreiten Sklaven einsetzte. Monrovia ist heute eine riesige Hafenstadt an der flachen Küste Liberias. Schließlich besitzt Liberia nach Panama die zweitgrößte Handelsflotte der Welt. Die meisten Schiffe gehören aber nicht Liberianern, sondern ausländischen Firmen. Sie geben Liberia als Firmensitz an, da hier nur sehr wenig Steuern bezahlt werden müssen. Auch die Löhne für die meist liberianischen Schiffsbesatzungen sind sehr niedrig.

Liberia litt zwischen 1989 und 2003 unter einem schlimmen Bürgerkrieg. Die Nachfahren der ehemaligen Sklaven, die Amerikoliberianer genannt werden, kämpften in dem Krieg gegen die Afroliberianer. Darunter versteht man die Bevölkerung, die bereits vor der Besiedlung durch ehemalige Sklaven hier gelebt hat – insgesamt 16 verschiedene Völker. Beide Gruppen wollten das Land regieren. Seit dem Bürgerkrieg ist das Land sehr arm. Viele Menschen leben nur von dem Obst und Gemüse, das sie auf ihren Feldern anbauen.

Liberia war früher zu großen Teilen mit Regenwald bedeckt. Das hat sich in den vergangenen Jahren sehr verändert. Große Gebiete wurden abgeholzt. Zum einen verschickt man das harte Tropenholz nach Europa oder in die Vereinigten Staaten von Amerika, wo Möbel daraus hergestellt werden, zum anderen brauchen die Menschen immer mehr Platz, um Felder und Plantagen anzulegen. Eine große Rolle spielt der Anbau von Kautschukbäumen, die den Rohstoff beispielsweise für Gummireifen liefern.

Mit der Abholzung der Wälder verschwindet leider auch die Tierwelt. Im hügeligen Landesinnern, dort, wo der Regenwald unter Schutz gestellt wurde, konnten aber einige sehr seltene Tiere überleben. Dazu gehört auch der Nashornvogel mit seinem großen gebogenen Schnabel. Er ist schon von Weitem durch sein posaunenartiges Rufen und durch das an eine Dampflok erinnernde Flügelgeräusch zu erkennen. Auf der Suche nach Nahrung schließt sich der Vogel oft Affen an, um die Insekten zu fangen, die durch deren Lärm aufgescheucht werden. Das ist ziemlich schlau und so typisch für den Vogel, dass er auch Affenvogel genannt wird.

Seit dem Ende des Bürgerkriegs herrscht auf den Märkten Monrovias endlich wieder geschäftiges Treiben.

ELFENBEINKÜSTE

Die Republik Elfenbeinküste ist nach ihrem einst wichtigsten Ausfuhrgut, dem Elfenbein von Elefantenstoßzähnen benannt. Im Norden erstrecken sich große Graslandschaften, wie sie auch in den angrenzenden Ländern Mali oder Burkina Faso vorherrschen. Im Süden eröffnet sich ein riesiges Regenwaldgebiet.

Die Wälder des Landes werden zunehmend abgeholzt, um Platz für Kakaoplantagen zu gewinnen. Die Ivorer (so heißen die Einwohner der Elfenbeinküste), die für die Plantagenbesitzer arbeiten, erhalten nur wenig Lohn. Oft müssen auch ihre Kinder mithelfen, Geld für die Familie zu verdienen. Schokolade hat von ihnen kaum eines schon mal gesehen. Der Kakao kommt nach der Ernte sofort in Fabriken, wo er zu Kakaobutter verarbeitet wird, die nach Europa verkauft wird. Dort entstehen daraus Hautcremes oder Schokolade, die von den europäischen Unternehmen teuer weiterverkauft werden. An dieser langen Kette – von der Kakaobohne bis zur feinen Schokolade oder Creme – verdienen hauptsächlich die großen Firmen, nicht die Arbeiter, die das körperlich anstrengende Pflücken der Kakaobohnen übernehmen. Das Ganze nennt man einen „unfairen Handel".

Vor dem gemeinsamen Essen in der Schulkantine müssen sich alle Kinder die Hände waschen.

Im Südwesten des Landes wurde einer der letzten noch unberührten Regenwälder Westafrikas unter Schutz gestellt: der Tai-Nationalpark. In diesem Waldgebiet gibt es 600 Baumarten, von denen einige nur noch hier wachsen. Zu den mehr als 1000 Tierarten, die im Park leben, gehören auch Zwergnilpferde, die scheuen Waldelefanten, Schimpansen und Pinselohrschweine. Diese Schweine ähneln ein wenig den in Deutschland lebenden Wildschweinen, ihr Fell ist aber etwas kürzer und rötlicher, und auf dem Rücken verläuft ein dünner weißer Strich. Namensgebend sind die auffälligen langen Haarbüschel an den Ohrspitzen.

An der Atlantikküste erstrecken sich wunderschöne Sandstrände – und die größte Stadt des Landes, Abidjan. Mit ihrem großen Hafen und vielen Industriebetrieben gilt sie als die modernste und europäischste Großstadt Westafrikas. Nicht weit entfernt von Abidjan, draußen im Meer, liegt ein Schatz, auf den das Land große Hoffnung setzt: Erdöl- und Erdgasvorkommen, die in den nächsten Jahren das Leben im Land verbessern sollen. Dann könnten neue Straßen, neue Schulen, aber auch Wasserleitungen im Hinterland gebaut werden, die das Leben der Bevölkerung sehr erleichtern würden.

FLÄCHE
322 463 km²

EINWOHNER
19,07 Mio.

HAUPTSTADT
Yamoussoukro

AMTSSPRACHE
Französisch

WÄHRUNG
CFA-Franc

FLAGGE

Orange steht für die Savannen im Norden des Landes, Grün für den Süden und seine üppige Vegetation. Weiß ist das Symbol der Einheit zwischen den beiden Landesteilen.

Pinselohrschweine können schnell laufen und gut schwimmen.

Elefanten gibt es in der Elfenbeinküste schon lange nicht mehr – nur die Fußballnationalmannschaft heißt noch so.

GHANA

FLÄCHE
238 537 km²

EINWOHNER
20,35 Mio.

HAUPTSTADT
Accra

AMTSSPRACHE
Englisch

WÄHRUNG
1 Cedi (₵) =
100 Pesewas (p)

FLAGGE

Die Flagge trägt die afrikanischen Farben Rot, Gelb und Grün und den schwarzen Stern, der für die Freiheit Afrikas steht. Ghana war das erste Land, das die nationalen Farben von Äthiopien übernahm, die Anregung für zahlreiche afrikanische Flaggen waren und heute als die panafrikanischen Farben bekannt sind.

Im Osten Ghanas liegt einer der größten Stauseen der Welt. Der Voltasee ist über 8000 km² groß und für die Fischerei und die Schifffahrt im Land sehr wichtig. Im Inneren des Staudamms arbeitet ein großes Wasserkraftwerk, das nicht nur Ghana, sondern auch seine Nachbarstaaten mit Strom versorgt.

Wer in Ghana unterwegs ist, dem fallen immer wieder die farbenfrohen Kleider der Menschen auf. Oft sind sie aus Kente-Tüchern hergestellt. Diese Stoffe werden von den in Ghana lebenden Volksgruppen der Ewe und Ashanti auf großen Webrahmen kunstvoll gewebt. Jedes der geometrischen Muster besitzt einen eigenen Namen und erinnert an eine berühmte Person oder an ein ganz besonderes Ereignis. Einige Muster durften früher nur vom König getragen werden.

Das Ashanti-Königreich besteht schon seit 1670 und war durch seine Goldminen reich geworden. Im 18. Jahrhundert waren die Ashanti auch am Sklavenhandel beteiligt und verdienten durch den Verkauf von Menschen viel Geld. Heute sind die Ashanti als gute Handwerker bekannt. In einem Dorf nahe der Hauptstadt Accra werden beispielsweise einzigartige Särge hergestellt. Sie besitzen alle erdenklichen Formen. Mal sehen sie aus wie Luxuslimousinen, mal haben sie die Form eines Fisches. Meist erinnern die Särge daran, was der Verstorbene in seinem Leben vollbracht hat. Manchmal sind es aber auch Träume und Wünsche des Verstorbenen, die nach seinem Tod in Erfüllung gehen sollen.

Ein Sarg in Form eines Flugzeugs oder einer Flasche – das können sich nur gut verdienende Leute leisten.

Wie ein Großteil der Bevölkerung sind auch die Ashanti christlichen Glaubens. Es gibt aber auch Bevölkerungsteile, die sich zu einer afrikanischen Religion bekennen, und Muslime. Die Verbreitung des Islam begann im 15. Jahrhundert durch nordafrikanische Händler. Zu dieser Zeit war Ghana im hügeligen Küstenhinterland noch mit dichtem Regenwald bedeckt. Heute ist dieser aufgrund der großflächigen Abholzung nur noch im Kakum-Nationalpark im Südwesten der Landes erhalten. Er ist einer der letzten unberührten Regenwälder Westafrikas mit vielen seltenen Tieren und Pflanzen. Eine Besonderheit stellt ein verzweigtes Hängebrückensystem dar, das 40 m über dem Waldboden schwebt. Dort oben können sich die Parkbesucher – wenn auch auf schwankendem Boden unter den Füßen – durch die Baumwipfel bewegen und das rege Treiben im Regenwald beobachten.

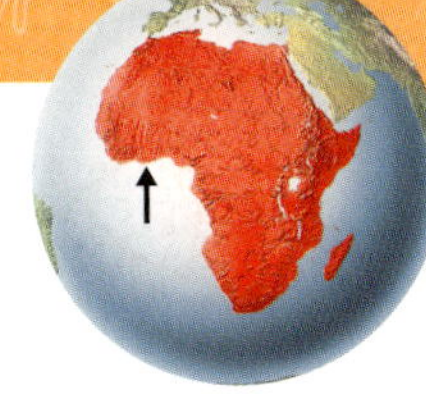

TOGO

Das westafrikanische Land Togo ist an der Atlantikküste nur etwa 50 km breit, erstreckt sich aber rund 550 km weit ins Landesinnere. Das Land wurde nach dem Ort Togoville am Togosee benannt. „to“ bedeutet in der Sprache der Ewe „Wasser“, „go“ bedeutet „Ufer“.

Die Ewe sind eines der größten von insgesamt 40 Völkern, die in dem kleinen Land leben. Ihre Handwerkskünste sind weit über die Grenzen ihres Siedlungsgebiets hinaus bekannt. Die Männer arbeiten als Weber und Schmiede, die Frauen als Töpferinnen. Im 19. Jahrhundert verbreiteten deutsche Missionare das Christentum unter ihnen, doch viele Ewe verbinden es bis heute mit ihrer alten Religion. Dabei spielen die Geistwesen der verstorbenen Verwandten eine große Rolle. Ganz besondere Kräfte schreibt man den Seelen von verstorbenen Zwillingen zu, weshalb man sich gut mit ihnen stellen muss. Wenn ein Zwilling stirbt, fertigen die Ewe für ihn eine Holzfigur an, die mit der Familie lebt, versorgt und bekleidet wird.

Viele Ewe leben in Südtogo. Hier erstrecken sich sowohl Wälder als auch fruchtbare Graslandschaften, die oft als Ackerland genutzt werden. Auf großen Plantagen werden Kakao, Kaffee und Baumwolle angebaut, die ins Ausland verkauft werden. Für sich selbst bauen die Menschen Maniok, Jams und Süßkartoffeln an. Das sind alles stärkehaltige Wurzelknollen ähnlich unserer Kartoffel. Maniok und Süßkartoffeln kamen ursprünglich über Handelsrouten aus Amerika, Jams aus Ostasien.

Auf dem Fetischmarkt in Lomé werden Teile aller möglichen Tiere verkauft. Die Ewe verwenden sie zur Heilung von Kranken.

In Togo leben etwa fünf Millionen Menschen, mehr als 700 000 alleine in der Hauptstadt Lomé, die an der Küste liegt. Hier kann man sich auf die Spuren der bewegten Geschichte Togos begeben. Zwischen modernen Häusern stehen Gebäude aus der Kolonialzeit. Togo war vor etwa 120 Jahren für einige Jahre „deutsches Schutzgebiet“, wie man die deutsche Kolonialzeit nannte, später stand das Land unter französischer und britischer Herrschaft.

Am schmalen Küstensteifen zwischen Lomé und der Grenze zu Benin erstrecken sich palmengesäumte Sandstrände. Die Küste besitzt aber noch einen viel kostbareren Schatz für die Menschen Togos: In der Nähe des Togosees wird Phosphat abgebaut, das vom modernen Hafen Lomé aus in die ganze Welt gelangt. Phosphat ist wichtig zur Herstellung von Düngemitteln, wird aber auch Cola-Getränken beigemischt.

Die Maniokwurzel wird in Togo von den Frauen zu Brei zerstampft.

FLÄCHE
56 785 km²

EINWOHNER
5,27 Mio.

HAUPTSTADT
Lomé

AMTSSPRACHE
Französisch

WÄHRUNG
CFA-Franc

FLAGGE

Die Flagge trägt die afrikanischen Farben Rot, Grün und Gelb. Die fünf Streifen symbolisieren die fünf Regionen des Landes. Der Stern ist Sinnbild für Freiheit, Fortschritt und Reinheit des Herzens.

In Togo gibt es nicht nur deutsches Bier, sondern sogar eine deutsche Wurstfabrik.

BENIN

FLÄCHE
112 622 km²

EINWOHNER
7,2 Mio.

HAUPTSTADT
Porto Novo

AMTSSPRACHE
Französisch

WÄHRUNG
CFA-Franc

FLAGGE

Die Flaggenfarben haben eine nationale Bedeutung: Gelb und Rot veranschaulichen die Savanne und das Hügelland im Norden, Grün steht für die Ölpalmenwälder im Süden.

Das kleine westafrikanische Land Benin besitzt einen schmalen Küstenstreifen, an dem wunderschöne Strände und Lagunen, also seichte vom Meer abgetrennte Gewässer, liegen. Von dort erstreckt sich Benin 670 km nach Norden bis zur Landesgrenze mit dem Nachbarland Niger, die durch den Fluss Niger gebildet wird.

In Benin mangelt es nicht an Regen. Im Süden gibt es zwei Regenzeiten im Jahr, der Norden ist etwas trockener. Früher bedeckte ein dichter Regenwald weite Teile des Küstenhinterlands, doch er wurde fast vollständig abgeholzt. Inzwischen stehen dort fast nur Palmen. Da im Norden nur wenig Menschen leben, ist die Tierwelt hier besonders reich. Dazu gehören Büffel, Antilopen, Affen, Krokodile, Wildenten – und Leoparden. Sie werden auch Panther genannt, besonders die Tiere, die ein schwarzes Fell tragen. Man muss aber viel Glück haben, einen Leoparden zu Gesicht zu bekommen, denn die Tiere leben meist versteckt in Höhlen oder auf Bäumen. Leoparden sehen und hören außerordentlich gut. Deshalb können sie auch nachts auf die Jagd gehen und sich auf ihren gepolsterten Ballen fast lautlos an Antilopen, Eidechsen oder Vögel anpirschen. Sie sind auch das Nationaltier Benins und im Staatswappen des Landes zu sehen.

Amulett aus Elfenbein in Form eines Leoparden, dem Nationaltier von Benin

Benin wurde im Jahre 1960 unter dem Namen „Dahomey“ von Frankreich in die Unabhängigkeit entlassen. Später wurde es – nach einem politischen Machtwechsel – in Benin umbenannt. Heute leben in Benin mehr als sieben Millionen Menschen, die über 46 Völkern angehören. In der Hafenstadt Cotonou sind sie fast alle anzutreffen, denn hierher kommen viele Arbeitssuchende, die hoffen, bei den Hafenanlagen eine Anstellung zu finden. Viele Beniner sind sehr arm, und viele Eltern können nicht für ihre Kinder sorgen. Deshalb – so schätzt man – müssen 600 000 Kinder im Alter von fünf bis vierzehn Jahren schwer arbeiten. Sie gehen morgens also nicht zur Schule, sondern auf Fischerboote, Baustellen oder auf die Baumwollplantagen im Hinterland.

Vor der Küste Benins wird nach Erdöl gebohrt. Auf dessen Förderung und Verkauf ins Ausland setzt das Land große Hoffnungen. Allerdings könnte das Öl auch die schöne Küste mit ihren Lagunen verschmutzen. Einer der bekanntesten Lagunenorte ist Ganvié, 20 km von Cotonou. Es gilt als die größte Pfahlbausiedlung in ganz Afrika und wird auch „Venedig Westafrikas“ genannt. In Ganvié sind alle Häuser auf Pfähle gebaut, fortbewegen kann man sich ausschließlich mit Booten. Das geht manchmal nur sehr langsam, da im Wasser der Lagune auch viele Wasserpflanzen wachsen.

Markttag im Pfahlhausdorf Ganvié: Käufer wie Verkäufer wickeln ihre Geschäfte vom Boot aus ab.

NIGERIA

Nigeria ist mit Abstand das bevölkerungsreichste Land Afrikas. Seine Fläche ist fast dreimal so groß wie die von Deutschland. Benannt ist das Land nach dem Niger, dem wichtigsten Fluss des Landes. Dort, wo er in den Atlantik fließt, bildete sich ein riesiges sumpfiges Delta.

In Nigeria wurden schon vor Jahrzehnten Erdöl und Erdgas entdeckt. Damit kann Nigeria einerseits viel Geld verdienen, andererseits bringt das Erdöl aber auch Nachteile mit sich. Viele Pipelines sind alt. Dadurch sickert nicht nur ständig Erdöl in die Erde und ins Grundwasser, sondern es kommt auch immer wieder zu Explosionen, bei denen Menschen sterben. Am Ölgeschäft verdienen vor allem ausländische Ölfirmen, die Menschen im Süden Nigerias haben dagegen ihre Lebensgrundlage verloren. Das Ackerland ist durch das Öl verschmutzt, und immer mehr Fische im Niger sterben. Das Volk der Ogoni, das hier lebt, protestiert immer wieder – allerdings überwiegend erfolglos – gegen die Erdölförderung.

Die Ogoni sind nur eines der über 430 verschiedenen Völker, die in Nigeria leben. Größere Gruppen sind die Hausa und Fulbe im Norden und Nordwesten, die Ibo im gebirgigen Südosten und die Yoruba im Südwesten. Seit einigen Jahren gibt es allerdings eine scharfe Trennung zwischen den Völkern im Norden und im Süden, und manchmal kommt es auch zu ernsthaften Konflikten. Die Ursache liegt auch in dem Glauben der Völker. In den nördlichen Bundesstaaten Nigerias leben viele Muslime, die das strenge islamische Recht, die Scharia, eingeführt haben, was manchmal nicht mit den Menschenrechten zu vereinbaren ist. Im Süden des Landes hingegen leben vor allem Christen.

Im Süden, wo die Yoruba leben, liegen die größten Städte Nigerias. Allen voran die Hafenstadt Lagos, die zu einer Millionenstadt angewachsen ist. Lagos ist die teuerste Stadt Nigerias, und trotz des Ölreichtums ist Benzin knapp. Lange Warteschlangen an den Tankstellen sind an der Tagesordnung. Generell sind volle Straßen und Plätze in der Stadt aber ganz normal, denn hier, wo ein Zimmer im Durchschnitt von vier Menschen bewohnt wird, spielt sich das Leben vor allem draußen ab. Manchmal verwandeln sich Straßen innerhalb kürzester Zeit in Marktplätze und die Autos müssen woanders langfahren.

Durch die Ölförderung wird die Luft an manchen Tagen so stark verschmutzt, dass sich der Himmel verdunkelt.

FLÄCHE
923 768 km²

EINWOHNER
156,47 Mio.

HAUPTSTADT
Abuja

AMTSSPRACHE
Englisch

WÄHRUNG
1 Naira (₦) = 100 Kobo (k)

FLAGGE

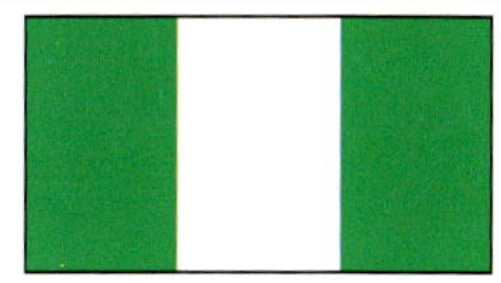

Grün symbolisiert die Landwirtschaft und die Wälder. Der weiße Streifen steht für den Frieden und den in der Sonne glänzenden Fluss Niger, der durch das Land fließt.

SPRACHE

Hallo!

Hausa

Hausa wird im westlichen Zentralafrika, besonders in Nigeria und Niger, gesprochen.

1 = d'aya
2 = bibbiyu
3 = ukù
4 = hud'u
5 = bìiyar

Hallo = Sannu
Tschüs = Adaabo
Wie geht's? = Ya ya dai?
Wie heißt du? = Mi sunan ka?
Ich heiße … = Suna na …
Danke = Maadallaa
Bitte = Don Allaah
Entschuldigung = Gaafaraa

KAMERUN

FLÄCHE
475 442 km²

EINWOHNER
16,98 Mio.

HAUPTSTADT
Yaoundé

AMTSSPRACHEN
Französisch, Englisch

WÄHRUNG
CFA-Franc

FLAGGE

Grün steht für die Vegetation des Südens, Gelb für den Savannenboden des äußersten Nordens, Rot für die Herrschaft des Volkes. Der Stern ist das Zeichen der Einheit des Landes.

Kamerun hat etwa die Form eines Dreiecks und bildet den Übergang von West- nach Zentralafrika. Als die Portugiesen im 15. Jahrhundert das Land erkundeten, stießen sie auf einen Fluss voller Krabben. Sie nannten ihn Rio de camarões, Fluss der Krabben. Später übertrug sich der Name – wenn auch abgewandelt – auf das ganze Land.

An der Atlantikküste von Kamerun regnet es viel und es ist sehr warm. Sandstrände wechseln sich mit Küstenabschnitten ab, die von Mangrovenwäldern gesäumt sind. Im Nordwesten erhebt sich direkt dahinter der Kamerunberg, ein Vulkan, der mit seinen 4070 m der höchste Berg Westafrikas ist. Der viele Regen und die fruchtbaren vulkanischen Böden ermöglichen es, dass die Menschen hier Kaffee- und Bananenpflanzungen anlegen können.

Etwas nördlich der Grenze zum Nachbarstaat Gabun liegt das Tierreservat Dja. Dort leben in einem der ursprünglichsten Regenwälder Afrikas mit bis zu 60 m hohen Baumriesen sehr viele Tiere. Vor allem gibt es hier viele Affenarten wie Schimpansen, Flachlandgorillas oder die schwarz-weißen Stummelaffen, die wegen ihres zurückgebildeten Daumens so heißen. Der Park ist auch die Heimat von einigen Tausend Pygmäen, die hier ihrer traditionellen Lebensweise als Jäger und Sammler nachgehen können.

Im Norden ragen Basaltschlote, die Überreste von Vulkanen, wie Zeigefinger in den Himmel. Im Vordergrund füllen Bauern ihre Ernte in Körbe.

Das Reservat ist eines der wenigen Rückzugsgebiete für diese Völker, da anderswo im Land der Regenwald abgeholzt wird.

Weiter im Osten Kameruns erstreckt sich das Kameruner Grasland. Es ist das Stammesland vieler verschiedener Völker, die für ihr Kunsthandwerk bekannt sind. Zu diesen Völkern gehört auch das Bantu sprechende Volk der Bamileke. Besonders Elefanten werden bei ihnen wegen ihrer Größe, Kraft und Intelligenz verehrt und sind Zeichen von Macht und Reichtum. Deshalb stellen die Bamileke faszinierende Elefantenmasken her, mit denen die Tänzer bei Bestattungen oder auch bei Erntedankfesten auftreten.

Viele Kameruner leben direkt an der Küste und in deren Hinterland. Hier siedelten auch Deutsche, als Kamerun zwischen 1884–1914 unter deutscher Herrschaft war, später auch Franzosen und Briten. Hier im Süden gibt es die größten Städte. In der Hauptstadt Yaoundé, der zweitgrößten Stadt nach der Küstenmetropole Douala, trainiert auch die Kameruner Fußballnationalmannschaft – die „Unbezähmbaren Löwen" – die schon mehrfach an Weltmeisterschaften teilnahmen. 1990 konnte sie sogar ins Viertelfinale einziehen.

Ein Nilpferd als Fähre

Jaaa, fast geschafft! Zwei der Jungs haben schon beinahe den Rücken von Nilpferddame „Africa" erklommen. Wenn alle oben sind, geht es huckepack über den Fluss. Ein ziemlich ungewöhnliches „Vehikel" ist das. Denn Nilpferde sind eigentlich komplett unberechenbar und können dem Menschen sehr gefährlich werden. Aber die fünfjährige Africa ist eine Ausnahme. Als Baby wurde sie von ihrer Mutter verlassen. Souaïbou Apéré, der älteste von fünf Brüdern, fand die Kleine und zog sie auf. Heute wiegt Africa zwei Tonnen. Und frisst ihm sogar aus der Hand. Nilpferde ernähren sich überwiegend von Gras, pro Tag verschlingen sie davon mühelos 60 kg! In der Stadt Garoua im Norden Kameruns sind Africa und Souaïbou eine echte Attraktion. Für die Jungs ist Africa außerdem sehr praktisch: Sie benutzen die lange, schmale Brücke über den Fluss nicht gern, weil dort die Autos ziemlich nah an ihnen vorbeirasen, wenn sie sie zu Fuß überqueren. Mit ihrer Nilpferd-Fähre kommen sie sicher ans andere Ufer. Wenn auch pudelnass!

ÄQUATORIALGUINEA

FLÄCHE
28 051 km²

EINWOHNER
523 200

HAUPTSTADT
Malabo

AMTSSPRACHEN
Spanisch, Französisch

WÄHRUNG
CFA-Franc

FLAGGE

Grün symbolisiert die Naturschätze, Weiß den Frieden und Rot das Blut, das im Unabhängigkeitkampf vergossen wurde. Blau steht für das Meer.

Der Name des Landes täuscht ein wenig. Der Äquator, der die Erde in zwei gleich große Hälften teilt, verläuft nämlich nicht durch das kleine Land, sondern etwa 100 km südlich davon.

Äquatorialguinea besteht aus einem Festlandteil, kleinen Inseln und der großen Insel Bioko, die vor der Küste Kameruns im Golf von Guinea liegt. Dass die Insel zum Land gehört, verdanken die Menschen eigentlich den Spaniern. Sie ernannten im 18. Jahrhundert nicht nur einen Festlandsbereich zu ihrem Eigentum, sondern darüber hinaus auch die etwas nördlich davon gelegene fruchtbare Insel. 1968 entließen sie das Land in die Unabhängigkeit. Über das Jahr verteilt regnet es hier fast dreimal so viel wie in Deutschland, dabei ist es immer angenehm warm. Auf der Vulkaninsel Bioko, auf der die Hauptstadt Malabo liegt, erhebt sich mit 3008 m Höhe auch der höchste Berg des Landes. Seine Flanken sind, wie ein großer Teil des Landes, mit Regenwald bedeckt.

Da es zu wenig Schulen gibt, müssen die Lehrer manchmal bis zu 70 Schüler in einem Raum unterrichten.

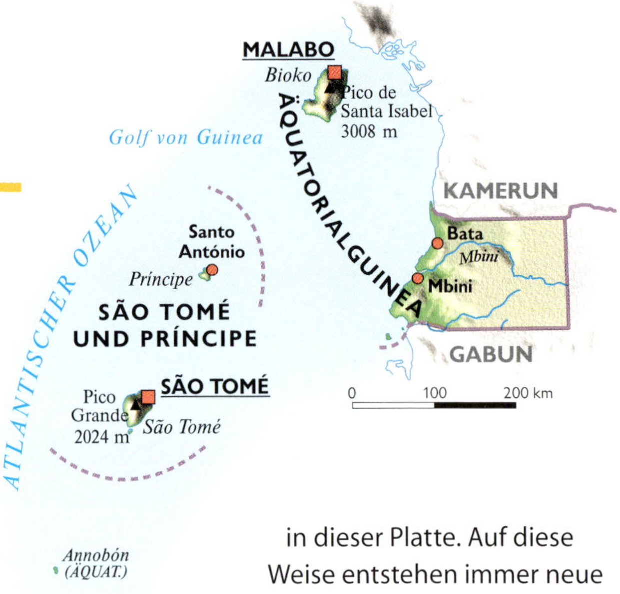

SÃO TOMÉ UND PRÍNCIPE

FLÄCHE
1001 km²

EINWOHNER
166 700

HAUPTSTADT
São Tomé

AMTSSPRACHE
Portugiesisch

WÄHRUNG
1 Dobra (Db) =
100 Cêntimo

FLAGGE

Die Flagge trägt die afrikanischen Farben Rot, Grün und Gelb, die zwei schwarzen Sterne stellen die beiden Inseln dar.

São Tomé und Príncipe ist ein Inselstaat vor den Küsten Gabuns und Äquatorialguineas. São Tomé ist etwa so groß wie Berlin, die Insel Príncipe noch weitaus kleiner.

Die Inseln sind durch sogenannte Hotspot-Vulkane entstanden. Hotspot ist Englisch und bedeutet „heißer Fleck". Aus dem Innern der Erde bewegen sich gewaltige Magmaströme in Richtung Erdoberfläche. Wenn sie die Erdkruste durchbrechen, entstehen Vulkane. Das Besondere daran ist, dass diese Stellen, wo das Magma aufsteigt, über Millionen von Jahren ortsfest bleiben. Da sich aber die Erdplatten, auf denen alle Kontinente liegen, in dieser Zeit über diese „heißen Flecken" hinwegbewegen, durchstößt das Magma stets neue Stellen in dieser Platte. Auf diese Weise entstehen immer neue Vulkane, die sich wie an einer Kette aneinanderreihen. Auch die Insel Bioko in Äquatorialguinea und der Kamerunberg in Kamerun gehören zu dieser Vulkankette. Auf den Inseln gibt es aber nicht nur Vulkane, an deren Hängen dichte Regenwälder wachsen, sondern auch wunderschöne Sandstrände. Die Bevölkerung, bei der es sich vor allem um Nachfahren freigelassener Sklaven und der ehemaligen portugiesischen Kolonialherren handelt, baut auf den Inseln auf großen Plantagen Kakao an, der in alle Welt verkauft wird.

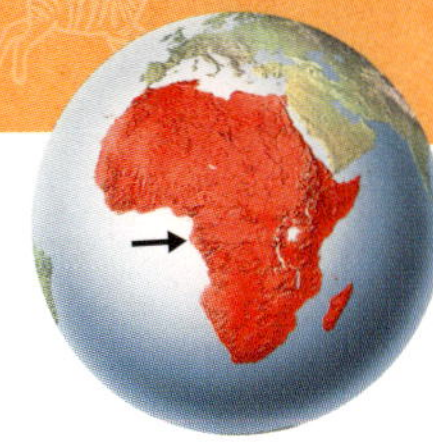

GABUN

Durch Gabun verläuft der Äquator, eine gedachte Linie rund um die Mitte der Erde. Hier steht die Sonne immer sehr hoch am Himmel und es ist immer sehr warm. Dadurch verdunstet das Wasser sehr schnell und Wolken bilden sich, die täglich kräftigen Regen bringen.

Ursprünglich waren weite Teile Gabuns mit dichtem Regenwald bedeckt. Durch den Verkauf von Tropenhölzern ist der Wald aber in einigen Gebieten verschwunden. Im Landesinnern werden Gold und Mangan abgebaut. Mangan ist ein Schwermetall und wird in Hochöfen mit anderen Metallen zu Stahl verarbeitet. Um die Metalle schnell und sicher bis zu den Hafenstädten zu bringen, hat man sich fast 700 km durch die dichten Regenwälder, Sümpfe und wilden Flussläufe gearbeitet und die Transgabun-Eisenbahn zur Hauptstadt Libreville gebaut.

Während des Eisenbahnbaus erkrankten viele Arbeiter an Tropenkrankheiten, und noch heute sind Malaria, Gelbfieber oder die Schlafkrankheit weitverbreitete Krankheiten in Gabun. Dank des deutschen Arztes Albert Schweitzer gibt es seit über 50 Jahren in dem kleinen Urwaldort Lambaréné ein Tropenhospital. Albert Schweitzer baute es aus eigenen Mitteln, die er in Europa sammelte. Er wird in Gabun wie ein Held verehrt, und man hat in Erinnerung an seine Verdienste ein Museum eingerichtet, das Schulklassen aus dem ganzen Land besuchen. Im Jahre 1952 erhielt Schweitzer den Friedensnobelpreis.

Die meisten Bewohner von Lambaréné gehören dem Volk der Fang an – einem von insgesamt 50 Völkern in Gabun. Die Fang leben hier von der Fischerei. Die Flüsse sind aber nicht nur ihre Fischgründe, die Menschen in Gabun nutzen sie auch als Verkehrswege, da es in dem dichten Regenwald außerordentlich schwierig ist, Straßen zu bauen. Deshalb gibt es auch an die 60 Flugplätze im Land, wobei es sich zum Teil auch nur um nicht asphaltierte Landepisten handelt. Der größte Flughafen ist in der Hauptstadt Libreville an der Küste. Außerhalb der Stadt gibt es von Palmen gesäumte Sandstrände sowie große Erdölfelder, die Gabun zu einem der reichsten Länder Afrikas machen.

In den Nationalparks Gabuns werden seltene Tiere und Pflanzen geschützt. Hierzu gehören auch Waldelefanten, die erst 2001 von Wissenschaftlern als eigene Art erkannt wurden. Sie sind kleiner als Savannenelefanten, die in den weiten Graslandschaften im südlichen oder östlichen Afrika zu Hause sind. Außerdem sind sie etwas dunkler, stärker behaart und haben kleinere Stoßzähne.

FLÄCHE
267 667 km²

EINWOHNER
1,35 Mio.

HAUPTSTADT
Libreville

AMTSSPRACHE
Französisch

WÄHRUNG
CFA-Franc

FLAGGE

Grün steht für die Wälder, Gelb für die Sonne, Blau für das Meer. Der gelbe Streifen symbolisiert auch den durch das Land verlaufenden Äquator.

Das Krankenhaus in Lambaréné wird von so vielen Patienten besucht, dass sich oft lange Menschenschlangen bilden.

REPUBLIK KONGO

FLÄCHE
342 000 km²

EINWOHNER
3,40 Mio.

HAUPTSTADT
Brazzaville

AMTSSPRACHE
Französisch

WÄHRUNG
CFA-Franc

FLAGGE

Die Flagge trägt die afrikanischen Farben Grün, Gelb und Rot. Grün steht für die Fruchtbarkeit der Natur, Gelb für die Rohstoffe des Landes und Rot für den Freiheitskampf und das friedliche Zusammenleben der hier lebenden Völker.

Die Republik Kongo ist etwa so groß wie Deutschland und wird vom Äquator durchschnitten. Das Land grenzt mit einem kurzen Stück Küste an den Atlantischen Ozean. Hier findet man Mangrovenwälder und flache Feuchtgebiete. Dahinter erstreckt sich im Landesinnern ein bis heute riesiger tropischer Regenwald.

Der Regenwald in der Republik Kongo ist die Heimat von vielen Tieren und Pflanzen. Im Nouabalé-Ndoki-Nationalpark an der Grenze zu Gabun leben noch etwa 400 Schimpansen. Ihre Zahl nimmt stetig ab. Während es vor 100 Jahren noch etwa 1 Million Schimpansen in Afrika gab, schätzt man ihre Zahl heute auf 200 000. Die Schimpansen ernähren sich vor allem von Früchten und Pflanzen, manchmal auch von Fleisch oder Insekten. Schimpansen lernen schnell durch Ausprobieren, aber auch durch reines Zuschauen und Nachahmen. Sie benutzen Werkzeuge, um an Nahrung zu kommen. So stecken sie beispielsweise kleine Stöckchen in Termitenhügel, um besser an die ameisenähnlichen Insekten zu kommen. Auf diese Weise gelangen sie auch an den süßen Honig aus Bienennestern.

Auch wenn der Nationalpark etwa doppelt so groß ist wie Luxemburg und zu den größten Naturreservaten in den Regenwäldern Zentralafrikas gehört, ist der Lebensraum der Schimpansen und anderer Tiere durch die Abholzung des Regenwaldes gefährdet. Die Edelhölzer, die hier aus dem Wald geschafft und in die ganze Welt verkauft werden, sind genauso wie die Erdölvorkommen vor der Küste wichtig für das Land. Von der Erdöl- und Küstenstadt Pointe-Noire führt eine 500 km lange Eisenbahnlinie durch den Regenwald bis zur Hauptstadt Brazzaville. Die Stadt liegt am Pool Malebo, einer Verbreiterung des Flusses Kongo. Auf der gegenüberliegenden Seeseite liegt Kinshasa, die Hauptstadt des Nachbarlandes, das sich Demokratische Republik Kongo nennt. Die Namen der beiden Staaten sind sehr ähnlich, da beide unmittelbar von dem gleichnamigen Fluss abhängen.

In Äquatornähe regnet es mehr als einmal pro Tag wie aus Eimern. Dann hilft nur noch rennen, um schnell unter ein schützendes Dach zu kommen. Die Regengüsse dauern nicht lange, danach scheint wieder die Sonne.

Die Republik Kongo, die bis 1960 eine französische Kolonie war, litt jahrelang unter einem Bürgerkrieg. Die Menschen wurden dadurch arm, viele Straßen, Firmengebäude und auch Schulen wurden zerstört. Nur langsam erholt sich das Land von dieser schlimmen Zeit. Dennoch feiern die Menschen hier viele Feste und Musikfestivals. Manche Musiker spielen gekonnt auf einem einfachen Daumenklavier. Es besteht aus unterschiedlich langen, an einer Seite befestigten Metallstreifen, die mit dem Daumen angezupft werden und dadurch klingen.

Schimpansen sind in ihrem Verhalten den Menschen sehr ähnlich.

ZENTRALAFRIKANISCHE REPUBLIK

Die Zentralafrikanische Republik liegt – wie ihr Name schon sagt – mitten in Afrika. Der Südwesten des Landes, wo die meisten Menschen leben, ist von dichtem Regenwald bedeckt. Hier liegt auch die Heimat der Pygmäen, der ursprünglichen Bevölkerung dieser Region.

Die Pygmäen wurden in den letzten Jahren durch andere Völker so sehr verdrängt, dass sie nur noch hier im Süden des Landes leben. Auch in den Nachbarländern gibt es noch einige Tausend, die Mehrheit jedoch in der Zentralafrikanischen Republik. Die Pygmäen leben im und mit dem Regenwald, wo sie jagen und fischen oder Honig, Beeren und andere Pflanzen sammeln. Es gibt viele verschiedene Pygmäen-Völker. Eines davon, die Aka, sind durch ihre Musik auch über die Grenzen Zentralafrikas hinaus bekannt geworden. Für ihre Lieder gibt es keine Notenschrift oder Liederbücher und die Kinder erlernen das Singen nur vom Zuhören. Das ist gar nicht so einfach, denn jeder Sänger kann und soll die Lieder nach seinen eigenen Vorstellungen singen.

Der Südwesten ist auch der Lebensraum von Flachlandgorillas. Sie durchstreifen in kleinen Familiengruppen den Regenwald und ernähren sich von Blättern und Früchten. Eine Gruppe wird immer von einem großen Männchen angeführt, dessen Rücken silbergrau gefärbt ist. Die Tiere sind bis zu 175 kg schwer, greifen aber nur an, wenn sie bedroht oder stark gereizt werden. Als Schlafstatt bauen die Weibchen Nester in den Bäumen, in denen sie mit ihren Jungen die Nacht verbringen. Die schweren „Silberrücken“ schlafen meistens am Boden.

Im Süden des Landes, an der Grenze zur Demokratischen Republik Kongo liegt die Hauptstadt Bangui. Im Vergleich zu anderen Hauptstädten Afrikas ist Bangui mit ihren 700 000 Einwohnern klein, für das Land selbst ist sie – im Vergleich zu den anderen Siedlungen – geradezu riesig. Dass Bangui 1889 von den Franzosen gegründet wurde, kann man heute noch deutlich sehen und lesen. Es gibt viele Straßen und Plätze mit französischen Namen. Im Schulunterricht wird zwar noch immer viel Französisch gesprochen, doch es wird immer mehr durch Sango ersetzt, eine Sprache, die von allen Völkern im Land verstanden wird und die mittlerweile auch Amtssprache ist.

Pygmäen sind ziemlich klein. Männer werden im Schnitt knapp 155 cm und Frauen knapp 150 cm groß.

FLÄCHE
622 984 km²

EINWOHNER
4,07 Mio.

HAUPTSTADT
Bangui

AMTSSPRACHEN
Sango, Französisch

WÄHRUNG
CFA-Franc

FLAGGE

Rot, Grün und Gelb sind die afrikanischen Farben. Blau, Weiß und Rot erinnern an die französische Kolonialherrschaft. Der Stern ist ein Symbol für die Freiheit.

Der Silberrücken entwickelt sich, sobald die Gorillamännchen ausgewachsen sind.

DEMOKRATISCHE REPUBLIK KONGO

FLÄCHE
2 344 885 km²

EINWOHNER
57,26 Mio.

HAUPTSTADT
Kinshasa

AMTSSPRACHE
Französisch

WÄHRUNG
1 Kongo-Franc (FC) = 100 Centime

FLAGGE

Blau steht für Frieden und den Fluss Kongo, Gold für Wohlstand und Rot für das Blut der Kämpfer. Der Stern symbolisiert die Einheit des Landes.

Okapis kommen frei lebend nur in der Demokratischen Republik Kongo vor.

Wasser in Hülle und Fülle – die Demokratische Republik Kongo besitzt unzählige Flüsse und Seen, die sich ihren Weg durch das drittgrößte Land Afrikas bahnen. Es ist von insgesamt neun Nachbarstaaten umgeben und hat mit seiner 40 km breiten Küste auch einen schmalen Zugang zum Atlantischen Ozean.

Das Land, das lange Zeit Zaïre hieß, ist nach dem zweitlängsten Fluss Afrikas, dem Kongo benannt. Die Menschen nennen ihn auch den „Fluss, der alle Flüsse schluckt", denn unzählige kleinere Flüsse führen in den Strom und machen ihn zum wichtigsten Transportweg. Das machte sich auch schon der britische Afrikaforscher Henry Morton Stanley zunutze, als er 1877 dem Lauf des Flusses folgte und weit ins Innere des Landes gelangte. Stanleys Erforschung fand im Auftrag des damaligen belgischen Königs Leopold II. statt, dem er von den großen tropischen Regenwäldern und dem Reichtum an Naturschätzen berichtete. Leopold II. erwarb daraufhin das Land für sich, später wurde es belgische Kolonie. Vor allem Kautschuk für die Gummiherstellung und Elfenbein wurden damals aus dem Land nach Belgien geschafft. Heute versuchen die Kongolesen, mit dem Abbau von Diamanten, Kupfer und anderen Metallerzen Geld zu verdienen.

Der Bergbau kommt aber nur langsam wieder in Gang, denn das Land leidet seit der Unabhängigkeitserklärung im Jahre 1960 immer wieder unter Bürgerkriegen. Im Krieg mussten auf allen Seiten sogar Kinder mitkämpfen. Sie taten das meistens nicht freiwillig, sondern wurden entführt und mussten für eine lange Zeit fernab ihrer Heimat und Eltern unter sehr schlimmen Bedingungen leben. Viele Hilfsorganisationen versuchen, den aus dem Krieg zurückgekehrten Kindern zu helfen. In Projekten bieten sie Gespräche mit Ärzten an und ermöglichen den Kindern einen Schulbesuch oder eine Ausbildung. Im August 2006 fanden im Lande die ersten freien Wahlen seit 1960

Soldaten überfallen Schulen und zwingen die Jungen zum Kriegsdienst. Man schätzt, dass es hier 30 000 Kindersoldaten gibt.

statt, und die Menschen hoffen, dass es dem neuen Präsidenten gelingen wird, wieder Frieden und Wohlstand zu bringen.

Vom Krieg zum größten Teil verschont blieben die Tierschutzgebiete und Nationalparks des Landes. Hier leben zum Beispiel die seltenen Okapis, die wie eine Mischung aus Pferd und Zebra aussehen, aber zu den Giraffen gehören. Außerdem kann man hier alle drei in Afrika lebenden Menschenaffen beobachten: Gorillas, Schimpansen und Bonobos, die den Schimpansen ähneln, aber etwas kleiner sind und viel längere Arme und Beine haben.

Zuflucht am See

Das Seewasser, mit dem Christine und die anderen Mädchen und Frauen die Kleidung ihrer Familien waschen, schimmert gelblich und steckt voller krankmachender Cholera-Bakterien. Cholera ist eine gefährliche Darmkrankheit, bei der der Körper so viel Flüssigkeit verliert, dass man nach und nach völlig austrocknet und stirbt. Benutzt wird das Seewasser trotzdem, denn in dem Lager im Nordosten der Demokratischen Republik Kongo gibt es nur wenige Brunnen. Um das Wasser trinken zu können, muss es immer gut abgekocht werden, damit alle Keime abgetötet sind. Aber um das Lager herum gibt es zu wenig Feuerholz. Mehr als 10 000 Menschen haben sich hier vor Jahren vor dem Bürgerkrieg, der in ihrem Land tobte, in Sicherheit gebracht. Obwohl die Kämpfe mittlerweile beendet sind, trauen sich viele Flüchtlinge noch nicht wieder in ihre Dörfer zurück. Bis wieder richtig Frieden herrscht, wollen sie am Seeufer hausen – selbst wenn das bedeutet, dass sie Wasser trinken müssen, das krank macht.

ANGOLA

FLÄCHE
1 246 700 km²

EINWOHNER
12,92 Mio.

HAUPTSTADT
Luanda

AMTSSPRACHE
Portugiesisch

WÄHRUNG
1 Kwanza (Kz) =
100 Cêntimo

FLAGGE

Die rote Farbe symbolisiert den Freiheitskampf der Angolaner, Schwarz den Kontinent Afrika und Gelb die Schätze der Natur. Das halbierte Zahnrad steht für die Industrie, das Buschmesser für die Landwirtschaft und der Stern für den Fortschritt.

Angola ist ein großes Land, mehr als dreimal so groß wie Deutschland. Es hat eine lange Küste am Atlantik. Hinter den schönen Stränden erheben sich Hügel und Berge. Der höchste ist der 2620 m hohe Morro de Moco. Angesichts der Schönheit des Landes kann man kaum glauben, dass hier 25 Jahre lang ein unerbittlicher Bürgerkrieg tobte.

Angola war bis 1975 eine portugiesische Kolonie. Die Portugiesen begannen schon im 16. Jahrhundert, das Land als einen Zwischenstopp auf dem Seeweg nach Indien zu nutzen. Später brachten sie von hier aus Sklaven nach Brasilien, das ebenfalls portugiesisch war. Nach der Abschaffung des Sklavenhandels beuteten die Portugiesen Angola durch riesige Kaffee- und Baumwollplantagen aus. Doch die Angolaner begannen sich zu wehren und nach einem langen Befreiungskampf wurden sie 1975 unabhängig. Nach der Unabhängigkeit kämpften dann leider verschiedene Bevölkerungsgruppen gegeneinander. Dabei ging es um Bodenschätze, Macht und unterschiedliche politische Denkweisen. Die Kämpfe endeten erst im August 2002.

Während dieses Bürgerkriegs wurden wichtige Straßen und Eisenbahnlinien zerstört, und so kann ein großer Teil der Bodenschätze, über die das Hinterland verfügt, nicht abtransportiert werden. Angola verdient deshalb im Moment hauptsächlich durch sein Erdöl Geld, das vor der Küste – vor allem vor der Exklave Cabinda im Norden – gefördert wird. Durch den Bürgerkrieg mussten viele Menschen sterben und noch heute ist das Land von Minen übersät. Wenn man auf sie tritt, explodieren sie. Viele Menschen überleben diese Explosion nicht, andere verlieren dadurch Arme oder Beine. Meistens sind es Kinder, die die Minen mit Spielzeug verwechseln und die Gefahr nicht einschätzen können.

Ein Junge trägt eine Tafel zum Unterricht. Weil es kaum Schulgebäude gibt, findet er im Freien statt.

Noch immer sind die Dörfer und Städte mit Kriegsschrott übersät. Die Kinder spielen hier sogar mit Panzern.

Angola besitzt eigentlich viele Nationalparks, doch während des Krieges wurden sie fast völlig zerstört. Im Quiçama-Nationalpark in der Nähe der angolanischen Hauptstadt hat man deshalb in den letzten Jahren begonnen, Tiere aus anderen afrikanischen Ländern hierher zu holen. So hat man zum Beispiel für eine kleine Gruppe von Elefanten Flüge gebucht und sie nach Luanda geflogen, später kamen weitere 200 Tiere in einer Art „Arche Noah" per Schiff ins Land. Im 70 km südlich gelegenen Nationalpark haben sie eine neue Heimat gefunden.

NAMIBIA

Namibia muss den ersten Seefahrern, die sich dem Festland näherten, wenig einladend erschienen sein, denn entlang der Küste erstreckt sich ein abweisendes Sandmeer: die Wüste Namib. Nach ihr wurde das ganze Land benannt. Das Wort bedeutet in der Sprache der Nama, eines hier lebenden Volkes, „ödes Land“.

Die trockene dünenreiche Namib verdankt Namibia dem kalten Benguelastrom, der eine Verdunstung von Meerwasser und damit die Bildung von Regenwolken verhindert. Der kalte Meeresstrom ist nährstoffreich und somit voller Fische, hinter denen die Fischfangflotten her sind. Die Sardinen, Sardellen oder Tiefseekrabben, die hier gefangen werden, gibt es auch in deutschen Supermärkten zu kaufen.

Auch in namibischen Städten kann man auf Deutsch einkaufen. Nambia war zwischen 1884 und 1914 deutsches Gebiet und hieß damals Deutsch-Südwestafrika. Viele Gebäude – vor allem jene im Fachwerkstil – erinnern noch heute an diese Zeit, besonders in der Küstenstadt Swakopmund. Wenige Kilometer weiter östlich trifft man auf die seltene Pflanze Welwitschia mirabilis. Diese ungewöhnlich aussehende Pflanze – meist sieht man auf den ersten Blick nur ein unscheinbares Häufchen in der Gegend „herumliegen“ –, die nur zwei bis zu 3 m lange Blätter hat und mehr als 1000 Jahre alt werden kann, gibt es nur hier. Sie wurde deshalb auch im Staatswappen Namibias verewigt.

In Namibia gibt es viele verschiedene Völker. Mehr als die Hälfte der Namibier lebt im äußersten Norden von der Ziegen- und Schafzucht. Südlich dieses Gebietes liegt die Etoshapfanne, ein Nationalpark, in dem mehr als hundert verschiedene Säugetierarten, darunter Elefanten, Spitzmaulnashörner, Löwen, Zebras und viele Antilopenarten leben. Der restliche und größte, aber auch trockenste Teil des Landes ist im Vergleich zum Norden weitaus dünner besiedelt. Dort haben einige wenige, meist weiße, sehr reiche Farmer riesigen Landbesitz. Zwischen diesen beiden Gebieten verläuft ein langer Zaun. Das Weidevieh aus dem Norden darf nicht in den Süden wandern, da die Farmer dort Angst davor haben, dass die Krankheiten der Kleintiere des Nordens auf ihre großen Rinderherden überspringen.

Die Wüste Namib erstreckt sich von Nord nach Süd 2000 km entlang der Küste und reicht 160 km ins Land. An manchen Stellen erheben sich spektakuläre Dünen.

FLÄCHE
824 292 km²

EINWOHNER
2,0 Mio.

HAUPTSTADT
Windhuk

AMTSSPRACHE
Englisch

WÄHRUNG
1 Namibia-Dollar (N$) = 100 Cent (c)

FLAGGE

Die Sonne im blauen Himmel steht für Lebenskraft und Rot für die Willenskraft des Volkes. Die Farbe Grün symbolisiert die Fruchtbarkeit der Natur. Die weißen Streifen verkörpern das friedliche Zusammenleben aller Völker in Namibia.

SPRACHE

Afrikaans

Afrikaans hat niederländische Wurzeln, wurde aber auch durch viele andere Sprachen wie Englisch oder Deutsch beeinflusst. In Namibia ist es Umgangssprache, in Südafrika Amtssprache.

1 = een
2 = twee
3 = drie
4 = vier
5 = vyf

Guten Tag = Goeiedag (Chujedach)
Auf Wiedersehen = Totsiens
Wie geht's? = Hoe gaan dit? (Hu chaan dit?)
Danke = Dankie
Bitte = Asseblief
Entschuldigung = Ekskuus tog (Eksküüß toch)

SÜDAFRIKA

FLÄCHE
1 219 090 km²

EINWOHNER
48,05 Mio.

HAUPTSTADT
Tshwane

AMTSSPRACHEN
Englisch, Afrikaans, neun Bantusprachen

WÄHRUNG
1 Rand (R) = 100 Cent (c)

FLAGGE

In der Flagge sind die Farben des Afrikanischen Nationalkongresses und die der Burenrepublik vereinigt. Damit werden die schwarze Bevölkerungsmehrheit und die weiße Minderheit symbolisiert.

Südafrika liegt – wie der Name schon verrät – im Süden des afrikanischen Kontinents. Das Land nimmt sogar die ganze Südspitze Afrikas ein und grenzt an zwei große Ozeane: den Atlantischen und den Indischen Ozean. Vor dem Kap Agulhas, dem südlichsten Punkt des Kontinents, stoßen die Wassermassen der beiden Ozeane aufeinander.

Am Kap Agulhas leben auch Brillenträger-Pinguine, die das Kap vor einigen Jahren als Wahlheimat auserkoren haben. Die Warnschilder „Vorsicht Pinguine!" sind vor allem für die vielen Touristen bestimmt, die hierherkommen, um zu bestaunen, wie die Wellen zweier Meere aufeinandertreffen. Die watschelnden Gesellen nehmen genauso wenig Rücksicht auf Autos oder Besucher wie die Paviane, die einem alles aus den Händen reißen, was nicht niet- und nagelfest ist. Die Paviane trifft man auch am Kap der Guten Hoffnung an, das etwa 100 km westlich vom Kap Agulhas liegt. Seinen Namen verdankt dieses Kap dem portugiesischen König Johann II. Portugiesische Seefahrer erreichten das Kap 1488, woraufhin der König hoffte, dass man damit endlich den Seeweg – und damit eine wichtige Handelsroute – nach Indien gefunden hatte. Seine Hoffnung bestätigte sich schon wenige Jahre später.

Am Kap der Guten Hoffnung gibt es ein Naturreservat, in dem mehr als 250 Vogelarten leben.

Trotz dieser Entdeckung begannen die Europäer erst mehr als 150 Jahre später, hier Siedlungen zu errichten. Zunächst richteten 1652 die Niederländer eine Versorgungsstation für die Schiffe ihrer Handelsgesellschaft ein. Doch bald ließen sich immer mehr niederländische Auswanderer in den fruchtbaren Gebieten nieder und vertrieben die dort lebende Bevölkerung. Die afrikanischen Völker versuchten immer wieder, sich gegen die Buren, wie man die Siedler nannte (das niederländische Wort „boer" – „buur" gesprochen – bedeutet „Bauer"), zu wehren, aber meistens waren sie gegenüber den besser ausgerüsteten Weißen machtlos. Dann verloren die Niederländer durch politische Veränderungen in Europa ihren Einfluss auf der Handelsroute nach Indien, und im Jahre 1814 erklärten die Briten das Gebiet am Kap zu ihrer Kolonie. Damit begann eine lange Zeit von Kämpfen, die die Briten letztlich gewannen. Ganz Südafrika wurde britisch und erst 1931 in die Unabhängigkeit entlassen.

Da die Weißen mehr und mehr das Leben in Südafrika bestimmten, gründeten die Schwarzafrikaner in den 1920er-Jahren eine Partei, den Afrikanischen Nationalkongress, abgekürzt ANC, der ihre Interessen vertrat. Ihr Wunsch nach Gleichberechtigung wurde aber von den Weißen abgelehnt. Es begann die schlimme Zeit der Rassentrennung, die Apart-

In Johannesburg tragen manche Polizeihunde aus Sicherheitsgründen schusssichere Westen.

heid genannt wird und die es auch in Namibia gab. Weiße wurden überall bevorzugt behandelt. Schwarze durften in Bussen nicht vorne bei den Weißen sitzen und öffentliche Parks überhaupt nicht betreten. Es gab Schulen für weiße und solche für schwarze Kinder. Die Ausbildung für Letztere war schlecht und viele schwarzafrikanische Kinder gingen gar nicht zur Schule. Schwarzafrikaner mussten dicht gedrängt fernab von den Weißen wohnen. In den Städten hießen diese Wohnviertel, die überwiegend aus Wellblechhütten bestanden, „Townships“. Die meisten Staaten der Erde verurteilten das Verhalten und brachen die Handelsbeziehungen zu Südafrika ab. Das half, wenn auch erst nach langer Zeit. 1989 trat der Präsident Südafrikas von seinem Amt zurück und machte Platz für neue Politiker, die die Rassentrennung nach und nach aufhoben. Der ANC wurde wieder zugelassen und gewann 1994 die Wahlen: Nelson Mandela, der mehr als 25 Jahre wegen seines Kampfes für die Gleichberechtigung der schwarzen Bevölkerung im Gefängnis verbracht hatte, wurde Südafrikas erster schwarzer Präsident.

Seitdem hat sich das Leben der schwarzen Bevölkerung verbessert. Da sie aber so lange unterdrückt und ausgebeutet wurde, sind viele nach wie vor sehr arm. In Soweto (abgekürzt für „South western Township“), das südwestlich von Johannesburg liegt, wird die Armut besonders deutlich. Millionen von Menschen leben hier in Slums unter sehr schlechten Bedingungen. Und das in einem der reichsten Länder der Erde.

Es sind vor allem Gold und Diamanten, die das Land reich machen. Viele Gebiete sind vom Abbau der Naturschätze gezeichnet. Bei Kimberley in der Mitte des Landes ist durch den Diamantenabbau ein gigantisches Loch in der Erde entstanden. Der größte Teil des „Big Hole“, des „Großen Lochs“, wie es genannt wird, wurde zwischen 1871 und 1914 von schwarzen Arbeitern von Hand ausgegraben. Südlich von Johannesburg erstreckt sich auch das Gebiet Witwatersrand. Dort gibt es eine der tiefsten Goldminen der Welt. Sie ist fast 4 km tief!

Paviane sind Allesfresser, lieben aber vor allem vegetarische Kost.

Südafrika lebt aber auch von den Millionen von Touristen, die Jahr für Jahr hierherkommen. Es ist einerseits die lebendige Kultur der Bevölkerungen, ihre Kunst und Musik, und andererseits die Natur, die so viele anzieht. Besonders bekannt ist der Kruger-Nationalpark im Nordosten mit seiner einzigartigen Pflanzen- und Tierwelt. Er ist der älteste Nationalpark Afrikas und wurde schon 1898 von Paul Kruger, einem Buren, gegründet. Hier leben mehr als 140 verschiedene Säugetierarten, darunter Elefanten, Giraffen, Löwen, Warzenschweinfamilien, die mit ihren senkrecht aufgestellten Schwänzen in Reih und Glied durch die Steppe rennen, Straußenvögel und 500 weitere Vogelarten. Ein weiterer Naturpark ist der Mountain Zebra Park in der felsigen Landschaft der Karru nördlich von Port Elizabeth. Er wurde 1937 gegründet, als es nur noch sechs der kleinen gedrungenen Bergzebras auf der Welt gab. Heute leben hier wieder 250 Tiere und es können sogar welche an andere afrikanische Wildparks abgegeben werden.

Das von Menschenhand gegrabene „Big Hole“ ist 473 m weit und 800 m tief.

SPRACHE

Hallo!

Xhosa

In Xhosa gibt es drei verschiedene Klicklaute: den Zahnklick (das „c“: so ähnlich wie „t-t-t“, wenn man getadelt wird), den Gaumenklick (das „*“: wie das Geräusch, das ein gezogener Korken erzeugt) und den seitlichen Klick (das „x“: so, als ob man ein Pferd ansporn). Das „h“ bedeutet, dass auf einen Buchstaben ein starker Luftstoß folgt.

1 = nye
2 = mbini
3 = ntathu
4 = ne
5 = ntlanu

Hallo = Bhota
Auf Wiedersehen = Hamba kakuhle
Wie geht's? = Unjani?
Mir geht es gut = Ndiyaphila
Danke = Ndiyabulela
Bitte = Nceda
Entschuldigung = Uxolo

SWASILAND

FLÄCHE
17 364 km²
EINWOHNER
1,12 Mio.
HAUPTSTADT
Mbabane
AMTSSPRACHEN
Swasi, Englisch
WÄHRUNG
1 Lilangeni = 100 Cent (c)
FLAGGE

Rot erinnert an frühere Schlachten, Gelb symbolisiert die Natur des Landes, Blau den Frieden. Das Wappen zeigt landestypische Waffen: Schild, Speer, Keule.

Swasiland liegt wie das etwas südlich davon gelegene Lesotho in den Drakensbergen, einem Gebirge, das sich zwischen beiden Ländern auch durch den großen Nachbarn Südafrika zieht. Swasiland ist nach Gambia das zweitkleinste Land auf dem afrikanischen Festland und die letzte absolute Monarchie Afrikas. Das bedeutet, dass an der Spitze des Staates ein König steht, der ganz allein alles bestimmen kann.

Die meisten Menschen in dem kleinen Königreich gehören dem Volk der Swasi an. Der Großteil von ihnen lebt als Bauern. Auf ihren Feldern wachsen Zuckerrohr, Mais, Tabak, Reis, Zitrusfrüchte, Hirse und Erdnüsse. Vieles davon wird an den reichen Nachbarn Südafrika verkauft. Einige Menschen finden aber auch im Bergbau Arbeit. Gefördert werden Diamanten, Steinkohle und Kaolin, die allesamt über Bahnverbindungen in die Häfen von Moçambique oder Südafrika gebracht werden. Kaolin ist ein weißes, puderfeines Gestein. Es dient als Grundlage für zartes weißes Porzellan. Aber auch bei der Papierherstellung wird es gebraucht, es macht das Papier unter anderem heller.
Die Swasi pflegen aber auch ihre Traditionen. So wird beispielsweise jährlich um den 21. Dezember das „Fest der ersten Früchte" gefeiert. Dabei drängeln sich Zehntausende mit traditionellen Waffen ausgerüstete Stammeskrieger und festlich gekleidete Frauen in den größten Rinderpferch des Königs. Die Menschen tanzen und singen, dann bittet der König die Geister um Regen und Frieden. Zum Abschluss der Zeremonie isst der König feierlich die erste Frucht der neuen Ernte.

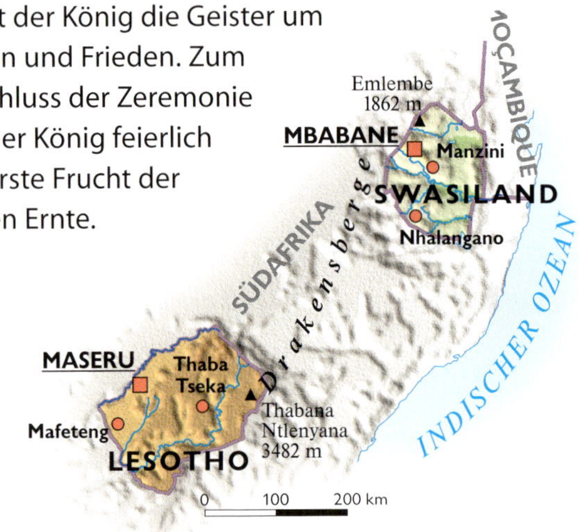

LESOTHO

FLÄCHE
30 355 km²
EINWOHNER
2,31 Mio.
HAUPTSTADT
Maseru
AMTSSPRACHEN
Sotho, Englisch
WÄHRUNG
1 Loti (M; Plural: Maloti) = 100 Lisente (s)
FLAGGE

Weiß, Blau und Grün stehen für Frieden, Regen und Wohlstand. In der Mitte ist der typische Hut der Sotho abgebildet.

Das kleine Lesotho ist vollständig von seinem großen Nachbarn Südafrika umgeben. Der Name Lesotho bedeutet so viel wie „Sotho sprechende Leute" und bezieht sich auf das hier lebende Volk, das ebenso wie die Sprache Sotho heißt.

In ganz Lesotho gibt es keinen einzigen Punkt, der niedriger als 1000 m liegt. Im Osten des Landes erheben sich die Drakensberge. Sie gehören zu den höchsten Gebirgszügen Afrikas und erstrecken sich von Lesotho bis zum Kruger-Nationalpark in Südafrika. Das wichtigste Gut, das Lesotho zu bieten hat, ist Wasser aus den Drakensbergen. Damit lässt sich viel Geld verdienen. Deshalb plant man seit einigen Jahren ein Riesenprojekt, das Südafrika mit Wasser versorgen soll. Man will sechs Staudämme bauen und das Wasser durch Rohre über 200 km weit in die südafrikanische Großstadt Johannesburg leiten. Trotz dieser Wasserreserven ist das Land an anderen Stellen oft von Dürren geplagt. Landwirtschaft ist nur im Westen möglich, wo deshalb die meisten Menschen leben. Da die Arbeitslosigkeit jedoch hoch ist, ziehen viele Männer nach Südafrika und arbeiten dort im Bergbau.

Die Drakensberge – hier im Hintergrund zu sehen – werden auch „Wand der aufgestellten Speere" genannt.

BOTSWANA

Im Norden Botswanas, das überwiegend aus Wüsten- und Savannenlandschaften besteht, liegt ein ungewöhnliches Gebiet. Hier verzweigt sich der Okawango-Fluss, der in Angola entspringt, in viele kleine Flussarme. Er bildet Sümpfe und Inselchen – ganz wie ein normales Flussdelta. Doch der Fluss mündet hier nicht ins Meer, sondern versickert einfach im trockenen Boden.

Dieses Binnendelta, wie man diese Landschaft auch nennt, ist Lebensraum vieler Tiere: Elefanten, zahlreiche Antilopenarten, Krokodile, Sumpfantilopen und Wasservögel fühlen sich hier wohl. Auch Flusspferde, die richtig gefährlich werden können, wenn sie gestört oder gereizt werden, gibt es hier reichlich, und die Menschen haben vor ihnen genauso viel Respekt wie vor der Boomslang. Das ist eine giftige hellgrüne Baumschlange, die ungefähr 1,5 m lang werden kann und sich von Eiern und kleinen Vögeln ernährt. Eigentlich ist sie nicht besonders angriffslustig, aber wenn man sie in die Enge treibt, sodass sie nicht fliehen kann, stellt sie sich auf, bekommt einen dicken Hals und beißt zu. Ihre Bisse können tödlich sein.

Flusspferde leben in Gruppen von bis zu 20 Tieren. Um ihr Revier zu verteidigen, kann es zwischen den Bullen zu heftigen Kämpfen kommen.

Die San oder Buschleute, die Bewohner der Wüste Kalahari, die sich über weite Teile des südlichen Botswana erstreckt, kennen die Tiere und Pflanzen um sich herum genau. Das ist auch notwenig, denn ohne ihr Wissen könnten diese Jäger und Sammler in dem trockenen Lebensraum nicht überleben. Besonders wichtig ist das Auffinden von Wasserstellen und Pflanzen, die ihnen als Wasserspender dienen. Immer wenn eine Wasserstelle versiegt, ziehen die kleinen Familiengruppen weiter. Deshalb besitzen die San nur wenige Dinge. Für das Überleben genauso wichtig ist die Zusammenarbeit bei der Beschaffung der Nahrung.
Während die Frauen für das Sammeln von Knollen und Früchten zuständig sind, jagen die Männer mit Pfeil und Bogen Antilopen, Gnus, Giraffen oder Vögel. Ihre Pfeile versehen sie oft mit einem aus Käferlarven gewonnenen Gift, das aber die Tiere nicht gleich tötet. Deshalb hängt der Jagderfolg nicht nur vom Geschick, sondern auch von der Ausdauer der Jäger ab. Oft müssen sie das verletzte Wild über Tage verfolgen, bis es vor Erschöpfung zusammenbricht. Durch Viehzüchter, die Platz für ihre Herden brauchen, wird der Lebensraum der San allerdings von Jahr zu Jahr kleiner und viele Familien sind mittlerweile sesshaft geworden und arbeiten auf großen Farmen.

Die San treffen mit ihren kleinen Pfeilen auf bis zu 25 m Distanz punktgenau ihr Ziel.

FLÄCHE
581 730 km²

EINWOHNER
1,82 Mio.

HAUPTSTADT
Gaborone

AMTSSPRACHEN
Tswana, Englisch

WÄHRUNG
1 Pula (P) = 100 Thebe (t)

FLAGGE

Blau steht für das lebenswichtige Wasser. Die Bänder in der Mitte symbolisieren die schwarze Bevölkerungsmehrheit, die mit der weißen Minderheit friedlich zusammenlebt.

SIMBABWE

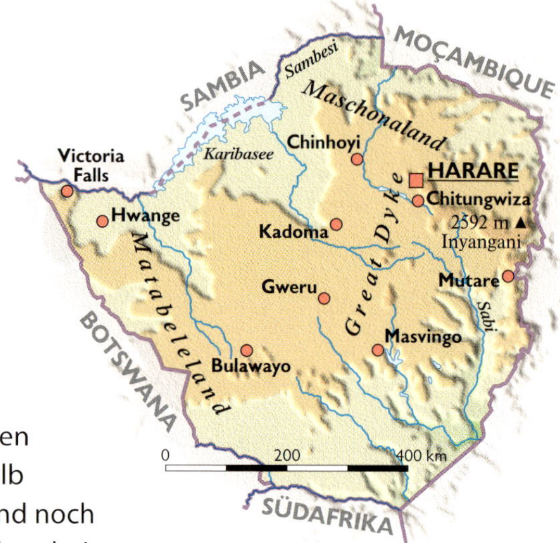

FLÄCHE
390 757 km²

EINWOHNER
13,87 Mio.

HAUPTSTADT
Harare

AMTSSPRACHE
Englisch

WÄHRUNG
1 Simbabwe-Dollar (Z. $) = 100 Cent (c)

FLAGGE

Schwarz steht für den afrikanischen Kontinent, das weiße Dreieck für Frieden und der rote Stern für die sozialistische Einstellung des Staates. Das Wappen zeigt das Nationalemblem, den „Simbabwe-Vogel".

Der Name Simbabwe bedeutet in der Sprache der Shona so viel wie „steinerne Stadt". Diese Bezeichnung bezieht sich auf die Ruinenstadt Groß-Simbabwe, die im Südosten des Landes liegt. Sie wurde 1871 von dem deutschen Afrikaforscher Karl Mauch entdeckt und ist vermutlich über 800 Jahre alt.

Zur Zeit der Entdeckung von Groß-Simbabwe war Simbabwe von einheimischen Völkern und wenigen Portugiesen besiedelt, die von der Küste ins Land kamen. 1922 wurde es britische Kolonie und erst 1980 unabhängig. Bis vor wenigen Jahren besaßen dennoch nicht die schwarzen Simbabwer große Teile des Landes, sondern weiße Farmer. Sie ließen die Simbabwer gegen niedrige Löhne auf ihren Feldern arbeiten, was dem Staat viel Geld brachte. Da das sehr ungerecht war, beschlossen die schwarzen Politiker im Jahre 2001, den Weißen das Land wegzunehmen und es unter den schwarzen Kleinbauern zu verteilen. Diese sollten jetzt ihr eigenes Land bebauen. Aber dafür braucht man Geld, etwa um Maschinen und Saatgut zu kaufen, und das fehlt in Simbabwe. Viele Menschen konnten deshalb ihr Land noch nicht bearbeiten und sind ärmer als zuvor.

Simbabwe grenzt an kein Meer, dennoch gleicht die nördliche Landesgrenze einer Küste: Dort bahnt sich der Sambesi – der Grenzfluss zu Sambia – seinen langen Weg. Um von einem Land zum anderen zu gelangen, benutzen die Menschen eine Brücke und haben dabei einen spektakulären Blick auf den gewaltigsten Fluss im südlichen Afrika. Er wurde 1851 von dem Engländer David Livingstone entdeckt. Der Forscher und Missionar wollte herausbekommen, wie weit flussaufwärts man den Sambesi mit großen Schiffen befahren konnte. Er suchte nämlich nach einem Weg, Handelsgüter und das Christentum möglichst weit ins Innere Afrikas zu bringen. Doch er wurde bald entmutigt, als sich ihm und seinem Vorhaben die gigantischen und einzigartigen Viktoriafälle in den Weg stellten und eine Weiterfahrt unmöglich machten.

Etwa 100 Jahre später machte man sich den Sambesi dann zunutze. Um Strom für Simbabwe und Sambia zu produzieren, staute man ihn zu einem See auf: zum Karibasee, der neunmal so groß ist wie der Bodensee und damit zu den größten künstlichen Seen der Erde zählt. Die Menschen, die vor dem Bau des riesigen Staudamms hier lebten, mussten ihre Heimat aufgeben, da ihre Dörfer in den aufgestauten Wassermassen versanken. Andererseits gibt es heute viele Menschen, die hier vom Fischfang leben, denn der See ist voller Fische. Mit dem Wasser werden auch große Felder bewässert, auf denen Tabak anbaut wird.

Bis zu den Städten Livingstone (Sambia) und Victoria Falls (Simbabwe) fließt der Sambesi träge vor sich hin. Dann tut sich eine 110 m tiefe Spalte auf, in die der Fluss stürzt.

SAMBIA

Sambia ist nach seiner wichtigsten Wasserquelle benannt, nach dem Sambesi. Der für das südliche Afrika so wichtige Fluss entspringt im Nordwesten Sambias und durchzieht auf 1550 km Länge das ganze Land. Im Süden bildet er die Grenze zu Simbabwe. Dort, bei der Grenzstadt Livingstone, liegen auch die weltberühmten Viktoriafälle.

Die Viktoriafälle zählen zu den größten Wasserfällen der Welt und man kann sie schon von Weitem sehen und hören. Dort, wo der Sambesi auf 1,7 km Breite fast 110 m in die Tiefe stürzt, sieht man eine Riesenwolke, die durch die Gischt der tosenden Wassermassen entsteht. Den Namen Viktoriafälle verdankt das heutige UNESCO-Welterbe dem Engländer David Livingstone, der die Wasserfälle 1855 entdeckte. Er benannte sie zu Ehren der damaligen englischen Königin Viktoria.

In den Wäldern, Sümpfen und weiten Graslandschaften Sambias leben sehr viele Tiere. Deshalb hat man hier auch viele Nationalparks zum Schutz der Tiere eingerichtet. Im South Luangwa Nationalpark, der sich am gleichnamigen Fluss entlangzieht, leben allein 14 verschiedene Antilopenarten. Eine der größten Arten ist das Kudu. Es hat große spiralförmige Hörner und kann bis zu 300 kg schwer werden. Da diese Tiere immer abends und nachts unterwegs sind, um Blüten und kleine Pflanzen zu fressen, sieht man sie tagsüber selten. In der Hitze des Tages ruhen sie sich unter schattenspendenden Büschen oder Bäumen aus. Bis 1987 gab es hier auch Spitzmaulnashörner. Doch trotz großer Bemühungen der Nationalpark-Wildhüter, sie zu retten, wurden sie hier alle Opfer von Wilderern. Nashörner werden oft wegen ihres Horns gejagt, das für viel Geld nach Asien verkauft wird.

In den Dörfern gibt es oft kein fließendes Wasser. Mädchen und Frauen müssen Wasser aus Brunnen pumpen.

Fährt man vom Nationalpark aus Richtung Westen, gelangt man ungefähr bei Ndola in ein Gebiet, das für Sambia sehr wichtig ist. Dort liegt der sogenannte „Kupfergürtel" Afrikas, wo Kupfererze aus der Erde gefördert und zu Metall verarbeitet werden. Er zieht sich von Sambia bis in den Nachbarstaat, die Demokratische Republik Kongo. Aus Kupfer werden viele Dinge hergestellt, etwa Stromkabel oder Rohre. Um das Metall bis in die Häfen Südafrikas und Tansanias transportieren zu können, wurden Eisenbahnlinien gebaut. Entlang der Bahnstrecken liegen die größten Städte des Landes, in die täglich mehr Menschen vom Land ziehen, da sie hoffen, dort Arbeit zu finden und ein besseres Leben führen zu können. Denn trotz des Reichtums an Bodenschätzen sind die Menschen in Sambia sehr arm und viele Familien müssen mit umgerechnet 1 Euro pro Tag auskommen.

Das Schraubengehörn der männlichen Kudus kann bis zu 1 m lang werden.

FLÄCHE
752 614 km²

EINWOHNER
11,01 Mio.

HAUPTSTADT
Lusaka

AMTSSPRACHE
Englisch

WÄHRUNG
1 Kwacha (K) = 100 Ngwee (N)

FLAGGE

Grün symbolisiert die Wälder, Rot den Freiheitskampf, Schwarz steht für die Bevölkerung und Orange ist die Farbe des Kupfers, das für das Land so wichtig ist. Der Fischadler steht für das Streben nach Freiheit.

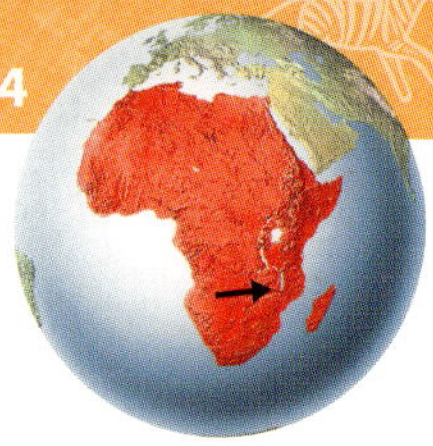

MALAWI

FLÄCHE
118 484 km²

EINWOHNER
11,17 Mio.

HAUPTSTADT
Lilongwe

AMTSSPRACHEN
Englisch, Chewa

WÄHRUNG
1 Malawi-Kwacha (MK)
= 100 Tambala (t)

FLAGGE

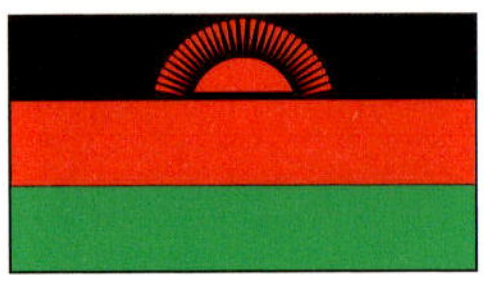

Der schwarze Flaggenstreifen symbolisiert die afrikanischen Völker, der Sonnenaufgang die Hoffnung auf eine gute Zukunft. Gleichzeitig steht die Sonne für die Lichtreflexe auf dem Malawisee, der dem Land seinen Namen gab.

Sieht man sich Malawi auf der Karte an, so fällt sofort auf, dass das Land ganz lang und schmal ist. Im Osten liegt der Malawisee, der neunmal so lang ist wie der Bodensee. „Malawi" bedeutet in der Sprache des hier lebenden Volkes der Chewa „flammendes Wasser" – und in der Tat sieht der See so aus, als ob er brennt, wenn Licht auf seiner Oberfläche reflektiert wird.

Der Malawisee ist für die Menschen Malawis sehr wichtig: Er bildet zum einen mit seinem Fischreichtum die Lebensgrundlage vieler Menschen und zum anderen die Verkehrsverbindung zu den Nachbarländern im Osten. Hier verkehren große Fährschiffe nach Tansania und Moçambique. Für kürzere Fahrten hingegen stellen die Malawier Einbäume her. Das sind kleine Boote, die aus einem einzigen Baumstamm gefertigt sind. Mit diesen Booten paddeln die Menschen auch zum Fischfang auf den See hinaus. Um den Fisch auch ohne teure Kühltruhen haltbar zu machen, trocknen sie ihn auf Gestellen in der Sonne, die hier – vor allem in der Trockenzeit – oft scheint.

Der See beherbergt mehr Fischarten als jeder andere See der Erde. Und einige der vermuteten 1500 Arten gibt es nur hier. Da der See so einzigartig ist, hat man im Süden einen Nationalpark eingerichtet. Die Buntbarsche, die im See leben, haben tolle Namen, die schon auf ihr Aussehen hindeuten. So gibt es hier „Gelbe Kaiser" oder „Stahlblaue Maulbrüter". Die Fische sind so schön, dass es auf der ganzen Welt Aquarienliebhaber gibt, die zu Hause Malawisee-Buntbarsche halten.

Das Paddeln in einem Einbaum ist gar nicht so einfach!

In Malawi gibt es zu wenig Lehrer, kaum Schulbücher und oft werden über 100 Kinder gemeinsam unterrichtet.

Der Malawisee ist auch einer der tiefsten Seen der Welt. Und das hat folgenden Grund: Er ist der südlichste einer ganzen Reihe von Seen, die im Ostafrikanischen Grabensystem liegen. Das kann man auf einer Landkarte gut sehen. Hier senkt sich der Untergrund immer mehr ab, und in einigen Millionen Jahren wird voraussichtlich ein so tiefer Graben entstehen, dass sich Ostafrika vom restlichen Afrika trennt und zu einem neuen Kontinent wird. In den Graben wird dann Meerwasser eindringen und so ein neues Meer entstehen.

Dort, wo der Graben immer tiefer wird, liegen an seinen Rändern die hohen Berge Malawis. Die Landschaft ähnelt den Alpen in Europa, weshalb Malawi auch „die Schweiz Afrikas" genannt wird. Viele Malawier bearbeiten hier ihre Felder. Die Tee- und Tabakernte wird unter anderem nach Europa verkauft, für sich selbst bauen die Bauern Reis, Mais, Bananen oder Mangos an. Um ihre Eltern zu unterstützen, verkaufen oft die Kinder das Obst und Gemüse entlang der Landstraßen. Das bedeutet aber auch, dass sie nicht zur Schule gehen können.

MOÇAMBIQUE

Moçambique liegt am Indischen Ozean und besitzt eine 2800 km lange Küste. Damit ist sie etwa dreimal so lang wie die Strecke Hamburg–München. Im Norden ist das Hinterland bergig, im Süden dagegen ganz flach und sumpfig. Viele Flüsse bahnen sich ihren Weg bis zum Meer, auch der Sambesi, der längste Fluss im südlichen Afrika.

Da der Sambesi sehr viel Wasser mit sich führt, hat man ihn im Nordwesten des Landes zum Cabora-Bassa-See gestaut, der einer der größten Stauseen der Welt ist. Mit dem Wasser wird Strom erzeugt. Anfangs wurde er nach Südafrika verkauft. Doch leider kam das damit verdiente Geld nicht den Menschen in Moçambique zugute, sondern wurde einige Jahre lang nach Portugal geschickt, zu dem Moçambique bis 1975 gehörte. Heute arbeitet das Kraftwerk für das Land selbst.

Kurze Zeit nach der Loslösung von Portugal brach zwischen den zwei Bevölkerungsgruppen, die jahrelang für die Unabhängigkeit ihres Landes gekämpft hatten, ein furchtbarer Bürgerkrieg aus. Er dauerte 16 Jahre. Viele Menschen mussten sterben, andere flohen aus ihren Dörfern, die zerstört wurden. Und noch heute kommen Menschen durch den Bürgerkrieg zu Schaden, denn im ganzen Land liegen Minen in der Erde, die explodieren, wenn man auf sie tritt.

Seit dem Ende des Bürgerkriegs blühen die Musik und die Tänze in den Dörfern und Städten wieder auf. Dazu gehört die Musik der Chopi, die an der Südküste leben. Sie sind für ihre hölzernen Xylofone bekannt, die Timbila heißen. Die Instrumente sind unterschiedlich groß, und die Chopi bilden damit richtige Orchester. Der Alltag der Chopi sieht freilich ganz anders aus. Viele von ihnen sind Krabbenfischer, denn die Küste ist voller Krabben. Die Männer fahren mit ihren Booten hinaus, die Frauen und Mädchen graben die riesigen Mangrovenkrabben aus der matschigen Küstenerde aus. Dabei müssen sie blitzschnell sein, denn sonst packen die großen Krabbenscheren mächtig zu.

Wasser ist in Moçambique aber nicht nur ein Segen. Manchmal regnet es hier so sintflutartig, dass die Flüsse über ihre Ufer treten und das ganze Land überschwemmen. Dann sind auch die Ernten vernichtet, Dörfer zerstört und viele Menschen müssen vor den Wassermassen fliehen. Von der Not, die manchmal im Landesinneren herrscht, merkt man in den Touristenorten an der Küste nicht viel. Hier finden viele Einheimische Arbeit und können ihre Familien auf dem Land versorgen.

An der Küste Moçambiques gibt es schöne Strände, an die es auch viele Touristen zieht.

FLÄCHE
801 590 km²

EINWOHNER
19,42 Mio.

HAUPTSTADT
Maputo

AMTSSPRACHE
Portugiesisch

WÄHRUNG
1 Metical (MT) = 100 Centavo (Ct)

FLAGGE

Grün symbolisiert den fruchtbaren Boden des Landes, Schwarz den afrikanischen Kontinent, Gelb die Bodenschätze, Rot den Freiheitskampf und Weiß den Friedenswillen. Auf dem gelben Stern stehen Hacke, Buch und Gewehr für Landwirtschaft, Bildung und Verteidigung.

MADAGASKAR

FLÄCHE
587 041 km²

EINWOHNER
17,96 Mio.

HAUPTSTADT
Antananarivo

AMTSSPRACHEN
Malagasy, Französisch

WÄHRUNG
1 Ariary (Ar) = 5 Iraimbilanja

FLAGGE

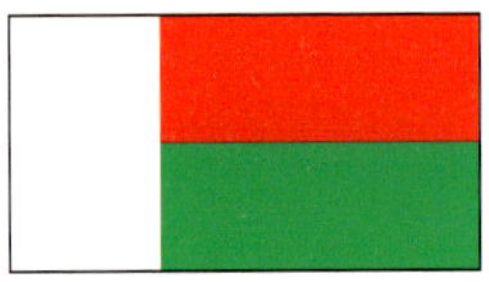

Rot und Weiß sind die Farben aller Fürstentümer, die hier herrschten, das Grün steht für die Bewohner der Küstenregion.

Madagaskar ist nach der nordeuropäischen Insel Grönland sowie Neuguinea und Borneo in Südostasien die viertgrößte Insel der Welt. Sie ist ungefähr so groß wie Frankreich und liegt 400 km vor der Ostküste Afrikas im Indischen Ozean. Im Inselinnern erheben sich hohe Berge, die im Westen sanft, im Osten steil zur Küste abfallen.

Madagaskar entstand vor vielen Millionen Jahren, als der damalige Großkontinent Gondwana auseinanderbrach. Seitdem hat Madagaskar keine Verbindung mehr zum Festland. Das ist der Grund, weshalb sich hier eine einzigartige Tier- und Pflanzenwelt entwickeln konnte. Die bekanntesten Tiere, die hier leben, sind die Lemuren. Diese gibt es sonst nur noch auf den Komoren, denn die beiden Inseln waren bis vor wenigen Millionen Jahren einmal miteinander verbunden. Die Lemuren gehören zu den Halbaffen. Auf Madagaskar gibt es viele verschiedene Arten. Die Kattas zum Beispiel, die richtig anhänglich werden können, tauchen immer in kleinen Gruppen von zehn und mehr Tieren auf. Sie leben auf Bäumen und Felsen und bewegen sich – wie ihre Verwandten, die Sifakas, auch – mit weiten eleganten Sprüngen fort. Ihr langer Schwanz hilft ihnen dabei.

Die Madagassen sind ein Mischvolk, das heißt sie sind über viele Jahrhunderte aus verschiedenen Völkern hervorgegangen, die sich auf der Insel ansiedelten: Asiaten, Afrikaner, Araber und Europäer. Heute leben viele Madagassen von der Landwirtschaft. Hier wachsen auch Gewürzpflanzen, wie Gewürznelken und vor allem die Gewürzvanille. Sie wird zum Beispiel Eiscreme, Schokolade und auch allen Cola-Getränken beigemischt. Für sich selbst bauen die Madagassen vor allem Reis an. Ein großes Problem dabei sind die Wasserhyazinthen. Das sind krautige schwimmende Wasserpflanzen, die in langsam fließenden Gewässern wachsen. Allerdings vermehren sie sich so stark, dass sie nicht nur andere Pflanzen verdrängen, sondern vor allem die Bewässerungskanäle zu den Reisfeldern verstopfen. Deshalb müssen die Bauern einen großen Teil ihrer Arbeitszeit damit verbringen, die Kanäle zu ihren Feldern von den Wasserpflanzen frei zu halten.

Auf dem großen Freitagsmarkt in der Hauptstadt Antananarivo verkaufen die Bauern ihre Ernteerträge.

Wenn sich Sifakas fortbewegen, sieht es so aus, als würden sie tanzen.

Auf Madagaskar gibt es viele Chamäleons. Sie können ihre Farbe wechseln, je nachdem wie ihre Umwelt aussieht und ob sie gut oder schlecht gelaunt sind.

Kleine Fischer auf Segeltour

Bindfaden, Stöcke und Plastikfolie – daraus haben Matthieu, Démi und Zandry kleine Auslegerboote gebastelt. Die Segelschiffchen bestehen aus einem schmalen Hauptboot und einem sogenannten Ausleger. Das ist eine Art „Nebenboot“, das das gesamte Schiff stabilisiert und ein Kentern verhindern soll. Außerdem bietet es Platz für Waren. Die kleinen Boote der Jungen sehen genauso aus wie die großen „Laka“, mit denen ihre Väter jeden Tag aufs Meer hinausfahren und dort mit Harpunen und Netzen fischen. Die drei Jungs gehören zu den Vezo, einem Volk, das an der Westküste Madagaskars vom Fischfang lebt. Früher waren die Vezo Seenomaden. Sie lebten auf dem Meer, abends bauten sie aus den Segeln ihrer Boote am Strand Zelte. Matthieu, 11, ist bereits ein echter „Ozeanexperte“: Er kennt die Gezeiten, die Strömungen, die Riffe, an denen er mit einem Speer fette Fische jagen kann. Und er kennt die Gefahren des Meeres – vor der Küste wimmelt es von Haien. Angegriffen hat ihn glücklicherweise noch keiner.

MAURITIUS

FLÄCHE
2040 km²

EINWOHNER
1,27 Mio.

HAUPTSTADT
Port Louis

AMTSSPRACHE
Englisch

WÄHRUNG
1 Mauritius-Rupie (MR) = 100 Cent (c)

FLAGGE

Rot steht für die Unabhängigkeit, Blau für den Indischen Ozean, Gelb für eine leuchtende Zukunft und Grün für die immergrüne Vegetation.

Es gibt weltweit nur noch zwölf ungebrauchte blaue Mauritius.

Die Insel Mauritius liegt 800 km östlich von Madagaskar inmitten des Indischen Ozeans. Die Berge im Inselinneren, die heute mit viel Grün überzogen sind, zeugen von der vulkanischen Entstehung der Insel. Die schönen Sandstrände rund um die Insel, die bunten Korallenriffe und das warme Meerwasser ziehen Jahr für Jahr Tausende von Touristen an.

Mauritius ist auf der ganzen Welt nicht nur für seine einzigartige Natur, sondern auch für ganz besondere Briefmarken berühmt. Gemeint sind die „blaue Mauritius“ und die „orange Mauritius“. Sie wurden 1847 gedruckt, als Mauritius als fünftes Land der Erde begann, Briefmarken zu benutzen. Sie sind sehr selten und daher auch sehr wertvoll. Auf den Marken ist die damalige englische Königin Viktoria zu sehen, da Mauritius zu dieser Zeit eine englische Kolonie war. Dass der Staat noch heute zum britischen Commonwealth – einem Staatenbund ehemals britischer Kolonien – gehört, bemerkt man sofort, wenn man durch die Straßen fährt. Alle Straßenschilder sind auf Englisch geschrieben. Obwohl dies die offizielle Sprache auf der Insel ist, sind fast alle Zeitungen auf Französisch verfasst. Denn Mauritius hat auch eine französische Vergangenheit und bis heute leben hier Franzosen, die viel Land besitzen. Als die Insel britische Kolonie war, wanderten viele Menschen aus Indien ein, um auf den großen Plantagen zu arbeiten. Inder sind noch heute die größte Bevölkerungsgruppe und sprechen neben Englisch viele verschiedene indische Sprachen. Für die Plantagenarbeit holten die Europäer auch viele schwarzafrikanische Sklaven auf die Insel. Sie heirateten auch Europäer, und ihre Nachfahren nennt man Kreolen. Und schließlich trifft man in Mauritius auch auf Chinesen. Bei diesem bunten Mischmasch an Völkern und Sprachen gibt es natürlich auch viele Religionen in Mauritius: Hinduismus, Islam, Christentum und Buddhismus.

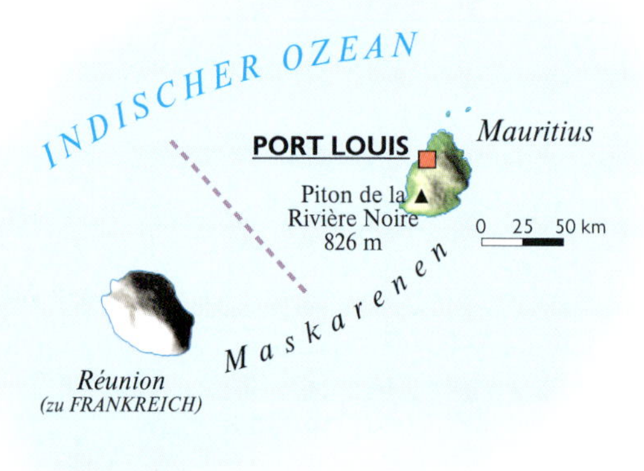

An den Wochenenden fahren viele Einheimische zum Picknick in die Berge. Oft führt der Weg durch Bananen- oder Kaffeeplantagen.

Wo sich heute Zuckerrohr- und Kaffeeplantagen erstrecken, war vor wenigen Hundert Jahren einmal dichter Regenwald, in dem viele Tiere lebten. Viele davon sind heute ausgestorben wie der Taubenvogel Dronte oder Dodó. Das schwere plumpe Tier konnte nicht fliegen und sowohl für Menschen als auch Ratten und Hunde war es ein Leichtes, den Vogel zu jagen. Heute ist er das Wappentier von Mauritius.

So stellt man sich die Dronte vor. Wie sie tatsächlich aussah, weiß man nicht.

SEYCHELLEN

Smaragdgrünes Wasser und Traumstrände – für viele Touristen sind die Inseln der Seychellen ein Traumziel. Hier kann man schnorcheln, tauchen und die Pflanzenwelt erkunden oder an den runden Granitfelsen das Klettern üben.

Aus der großen Seychellennuss werden schöne Gefäße gefertigt. Ihr Fruchtfleisch ist ungenießbar.

Der Tourismus ist für die Bewohner der Inseln sehr wichtig. Viele arbeiten in Hotels oder Restaurants. Wenn man in der Hauptstadt Victoria über die Märkte schlendert, kann man erkunden, wovon die Menschen hier sonst noch leben. An den Ständen der Fischverkäufer gibt es beispielsweise den riesigen Thunfisch zu kaufen und überall duftet es nach Gewürzen. Die meisten werden allerdings ins Ausland verkauft. Für das Ausland werden auch Kokospalmen angebaut. Aus dem getrockneten Fleisch der Kokosnüsse wird Kokosöl hergestellt und daraus wiederum Margarine oder Cremes. Auf zwei der Inseln kann man auch die seltene Seychellennuss-Palme bewundern. Ihre Besonderheit sind ihre Früchte. Die Seychellennüsse können 50 cm groß und bis zu 20 kg schwer werden und sind damit die größten Baumfrüchte der Welt.

Die Seychellen-Riesenschildkröte gehört zu den bedrohten Tierarten. Männchen werden 100 cm, Weibchen 80 cm hoch.

FLÄCHE
455 km²

EINWOHNER
82 500

HAUPTSTADT
Victoria

AMTSSPRACHEN
Englisch, Kreolisch, Französisch

WÄHRUNG
1 Seychellen-Rupie (SR) = 100 Cent (c)

FLAGGE

Blau steht für Himmel und Meer, Gelb für die Sonne, Rot für die Bevölkerung, Weiß für Gerechtigkeit und Grün für die Natur.

KOMOREN

Die Komoren sind eine Inselgruppe im Indischen Ozean. Sie liegen etwa zwischen dem Nordende Madagaskars und der Ostküste Afrikas. Eine ihrer Hauptinseln, Mayotte, gehört bis heute zu Frankreich, also nicht zum unabhängigen Staat der Komoren.

Das Herz einer der Hauptinseln, von Grande Comore, ist der 2361 m hohe immer noch tätige Vulkan Kartala. Da der vulkanische Boden auf den Inseln sehr fruchtbar ist, leben viele Komoraner von der Landwirtschaft. Sie bauen auch den Ylang-Ylang-Baum an. Aus seinen Blüten stellen sie ein Öl her, das dann in Parfums und Cremes verarbeitet wird. In der Hauptstadt Moroni fallen – neben dem Duft von Ylang-Blüten, Nelken und Vanille – vor allem die Moscheen auf. Schließlich sind die meisten Bewohner hier Muslime und Nachfahren von Arabern, Afrikanern und Madagassen. Deren Sprachen sind miteinander verschmolzen, und das heutige Komorisch ist eine Mischung aus dem ostafrikanischen Suaheli und Arabisch.
Im Indischen Ozean machten Wissenschaftler 1938 eine sensationelle Entdeckung: Ein urzeitlicher Fisch, ein Quastenflosser, der lange Zeit als ausgestorben galt, ging in das Netz von Fischern. Diese Tiere lebten schon vor 400 Millionen Jahren. Der Komoren-Quastenflosser, wie man die heute vor den Komoren lebende Art nennt, werden bis zu 2 m lang.

FLÄCHE
1862 km²

EINWOHNER
650 300

HAUPTSTADT
Moroni

AMTSSPRACHEN
Arabisch, Französisch

WÄHRUNG
1 Komoren-Franc (FC) = 100 Centime

FLAGGE

Die Sterne und die Streifen symbolisieren die vier Hauptinseln der Komoren. Die grüne Farbe und die Mondsichel stehen für den Islam.

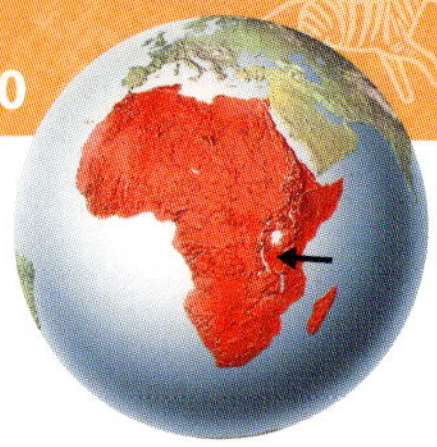

TANSANIA

FLÄCHE
945 087 km²

EINWOHNER
37,10 Mio.

HAUPTSTADT
Dodoma

AMTSSPRACHE
Suaheli

WÄHRUNG
1 Tansania-Schilling (T. Sh.) = 100 Cent (Ct.)

FLAGGE

Die Farbe Schwarz steht für das Volk und Gelb für den Reichtum des Landes. Grün symbolisiert das Land, Blau das Meer und die Insel Sansibar.

Wer den höchsten Berg Afrikas, den 5892 m hohen Kilimandscharo in Tansania, besteigen will, muss oft haltmachen, um sich etwas Warmes überzuziehen. In der Stadt Arusha am Fuße des Berges ist es nämlich sehr warm, was sich aber mit zunehmender Höhe schnell ändert. Oben auf den schneebedeckten Gipfeln ist es dann frostig kalt.

Von Weitem sieht der Kilimandscharo so aus, als könnte man ihn leicht besteigen. Im unteren Teil, wo man an riesigen Pflanzen vorbeiwandert, stimmt das auch. Doch je höher man kommt, umso dünner wird die Luft und das Atmen schwieriger, weil der Körper nicht mehr so gut mit Sauerstoff versorgt wird. Der Aufstieg über die Vulkanasche wird dann immer beschwerlicher. Manche Menschen spüren die Atemnot schon ab 2500 m Höhe, andere erst ab 4000 m. Jetzt heißt es, langsam zu gehen. Denn nur wer sich genug Zeit nimmt, um sich an die Höhe zu gewöhnen, wird nach etwa fünf Tagen auf dem Gipfel stehen.

Westlich des Kilimandscharos, zwischen dem Vulkan und dem Victoriasee, erstreckt sich die Serengeti. Der Name stammt aus der Sprache der hier lebenden Massai und bedeutet „das endlose Land" – wahrscheinlich, weil es hier kaum Bäume gibt. In einer Schlucht am Nordrand dieser Graslandschaft hat man sensationelle Funde von Vormenschen gemacht, die vor mehr als 3,5 Millionen Jahren hier lebten. Deshalb wird Tansania auch oft als die Wiege der Menschheit bezeichnet.

In der Serengeti leben die sogenannten Big Five, die großen Fünf, die man auf Safaris sehen kann: Elefant, Löwe, Leopard, Nashorn und Büffel. Auf sie machen Großwildjäger wegen ihrer Felle, Hörner oder Stoßzähne bevorzugt Jagd. Um diese Jagd auf Trophäen zu unterbinden, wurde ein Teil dieser Graslandschaft zum Nationalpark erklärt. Im Südosten grenzt er an ein weiteres Schutzgebiet: den Ngorongoro-Krater. Der riesige Krater ist der Rest eines Vulkans, dessen Gipfelregion vor vielen Tausend Jahren in sich zusammenbrach. Die Kraterränder sind etwa 2300 m hoch, der Boden selbst liegt rund 600 m tiefer. Der geschützte Kraterkessel ist ein Tierparadies. Hier leben 7000 Weißbartgnus, 4000 Steppenzebras und unzählige Vogelarten. Dazu gehören die Riesentrappen, die etwa 1 m groß und bis zu 19 kg schwer werden können. Damit sind sie die schwersten flugfähigen Vögel der Erde.

Eine Elefantenfamilie vor dem Kilimandscharo: Ein Neugeborenes wiegt über 100 kg und ist schon 1 m groß.

SOUVENIR

Das Usambaraveilchen

Im Osten Tansanias liegt das Usambaragebirge, die ursprüngliche Heimat der Usambaraveilchen. Hier gedeihen sie an schattigen Stellen des tropischen Regenwaldes besonders gut. Nach Deutschland kamen die blauen, lila- oder pinkfarbenen Veilchen im späten 19. Jahrhundert, als Tansania eine deutsche Kolonie – Deutsch-Ostafrika – war.

BURUNDI

Burundi gehört zu den kleinsten Ländern Afrikas. Im Westen grenzt das Land an den lang gestreckten Tanganjikasee, an dem auch die Hauptstadt Bujumbura liegt. Östlich des Sees erhebt sich das burundische Hochland, wo die Bauern neben all dem, was sie für sich selbst brauchen, Tee und Kaffee für den Export anbauen.

Burundi liegt am Zentralafrikanischen Graben. Hier dehnt sich die afrikanische Erdplatte, bis sie irgendwann zerreißt – die beiden Plattenteile werden pro Jahr etwa 1 cm auseinandergeschoben. Das nennen Fachleute „Rifting". Am Graben liegen viele lang gestreckte Seen, die durch das „Rifting" immer größer werden. Der Tanganjikasee, der sich vom Norden Sambias über Tansania und die Demokratische Republik Kongo bis in den Südwesten Burundis erstreckt, gehört auch dazu. An seiner tiefsten Stelle misst er über 1400 m und ist nach dem sibirischen Baikalsee der zweittiefste See der Welt.

Für die Menschen in Burundi ist der See mit seinem Fischreichtum eine wichtige Nahrungsquelle. Da es am See meistens heiß und trocken ist, trocknen die Fischer ihren Fang, um ihn haltbar zu machen. Tiefkühltruhen haben hier nur wenige Menschen. Wenn sich die Menschen am See aufhalten, müssen sie allerdings ständig wachsam sein, denn hier leben auch Krokodile und Nilpferde. Gerade die gemütlich aussehenden Nilpferde können ganz schön gefährlich werden, wenn man sie reizt oder ihnen den Fluchtweg ins Wasser abschneidet.

Anders als in der trockenen Uferregion regnet es im Hochland schon öfter mal. Im Gebirge kann es auch richtig frostig werden. Hier leben die Twa, ein kleinwüchsiges Volk, das in Burundi jedoch in der Minderheit ist. Die meisten Burundis gehören zum Volk der Hutu. Sie leben als Bauern und auf ihren Feldern wachsen Mais, Bananen, Reis und Süßkartoffeln. Obwohl es viele Hutu gibt, haben sie im Land wenig zu sagen. Die Tutsi, ein kleines Volk von Viehzüchtern, herrschten im Land. Und das ist schon sehr lange so. Begonnen hat alles im 16. Jahrhundert, als die Tutsi aus dem Norden ins Land einwanderten, das Königreich Urundi gründeten und die Hutu unterwarfen. Im Jahre 1890 wurde Burundi – gemeinsam mit den Staaten Tansania und Ruanda – zur deutschen Kolonie Deutsch-Ostafrika. Damit verschlechterte sich die Situation der Hutu, denn während der Kolonialzeit wurden vor allem die Tutsi unterstützt: Tutsi-Kinder bekamen eine gute Ausbildung, wurden oft Politiker und mächtig, die Hutu-Kinder dagegen hatten wenig Möglichkeiten, etwas anderes zu werden als Bauern. Als die Hutu 1972 begannen, sich zu wehren, entbrannte zwischen ihnen und den Tutsi ein schrecklicher Bürgerkrieg. Viele Menschen mussten seitdem sterben und viele Kinder verloren ihre Eltern und leben bei Verwandten oder im Waisenhaus.

Im Tanganjikasee leben vor allem viele Buntbarsche, aber auch verschiedene Welsarten und Karpfen.

Dieser Junge hat sich selbst ein Gefährt gebaut.

FLÄCHE
27 834 km²

EINWOHNER
7,8 Mio.

HAUPTSTADT
Bujumbura

AMTSSPRACHEN
Französisch, Rundi

WÄHRUNG
1 Burundi-Franc (F. Bu.) = 100 Centime

FLAGGE

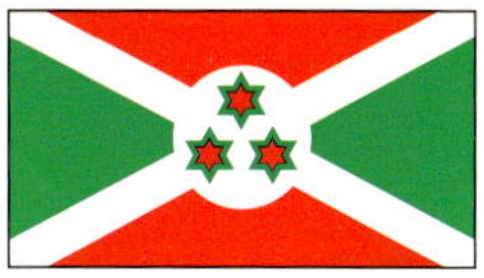

Grün steht für Hoffnung und Weiß für den Frieden. Rot soll an die Opfer im Unabhängigkeitskampf erinnern. Die Sterne repräsentieren die Volksgruppen Tutsi, Hutu und Twa.

RUANDA

FLÄCHE
26 338 km²

EINWOHNER
8,64 Mio.

HAUPTSTADT
Kigali

AMTSSPRACHEN
Kinyaruanda, Französisch, Englisch

WÄHRUNG
1 Ruanda-Franc (F. Rw) = 100 Centime

FLAGGE

Die Flagge ist ein Symbol des Neuanfangs nach dem Bürgerkrieg. Grün steht für die Hoffnung auf Reichtum, Gelb für die wirtschaftliche Entwicklung des Landes und Blau für Glück und Frieden. Die Sonne symbolisiert das Licht, das auf alle Menschen scheint.

In der Mitte des kleinen Landes erstreckt sich ein Hochland, das im Nordwesten immer mehr ansteigt, bis sich schließlich an der Grenze zu den Nachbarländern Uganda und der Demokratischen Republik Kongo die hohen, von Wald bedeckten Virunga-Vulkane erheben.

Die „Virungas“, wie die acht Vulkane auch kurz genannt werden, sind durch die vulkanische Aktivität entlang des Zentralafrikanischen Grabens entstanden. Einige speien bis heute Lava, was für die Menschen, die hier leben, gefährlich werden kann. Im Jahre 2002 floss ein großer Lavastrom in die Stadt Goma in der benachbarten Demokratischen Republik Kongo. Viele Menschen flohen von dort nach Ruanda, wo sie in Lagern lebten, bis sie in ihre Heimat zurückkehren konnten.

Für viele Tiere und Pflanzen gehören die Virungas zu den letzten Rückzugsgebieten. Schon 1925 hat man hier – in den vom Nebel immerfeuchten Bergwäldern – einen Nationalpark eingerichtet. Die wohl bekanntesten Tiere des Parks sind die Berggorillas. Man schätzt, dass heute noch ungefähr 380 dieser Menschenaffen im Nationalpark leben. Seit die Amerikanerin Dian Fossey, die viele Jahre bei den Gorillas im Regenwald lebte, und andere Wissenschaftler sie erforscht haben, weiß man, dass Gorillas nur gefährlich sind, wenn sie sich bedroht fühlen. Sie sind reine Pflanzenfresser und leben fast ausschließlich auf dem Boden. Nur die Jungen hangeln sich auch schon mal durch die Büsche. Heute kommen immer wieder Touristen in den Park, um sich die Tiere ganz aus der Nähe anzusehen. Das ist ziemlich wichtig, denn die Touristen bringen Geld ins Land.

In den Dörfern gibt es oft kein Wasser. Die Menschen müssen es deshalb an einer Wasserstelle holen.

In den 1990er-Jahren war die Heimat der Berggorillas auch Zufluchtsort für viele Menschen, denn in dieser Zeit herrschte ein furchtbarer Bürgerkrieg im Land. Wie im Nachbarland Burundi leben in Ruanda zwei Völker, die Hutu und die Tutsi, zwischen denen es immer wieder zu Konflikten kam. Im Unterschied zu Burundi waren es aber hier Hutu, die begannen, die Tutsi zu töten. Die Tutsi wiederum töteten Hutu und ihre Armee beendete schließlich den Krieg. Danach flohen viele Hutu aus dem Land, da sie jetzt noch mehr Angst vor den Tutsi hatten. Am Ende dieses Völkermords waren mehr als eine Million Menschen – rund ein Achtel aller Ruander – gestorben. Seitdem gibt es in Ruanda viele Kinder, die ohne Eltern aufwachsen müssen und nichts besitzen. Um trotzdem Spaß zu haben, spielen sie mit selbst gemachten Fußbällen. Dafür binden sie die großen Blätter von Bananenstauden ganz fest zu einem Ball zusammen und los geht's!

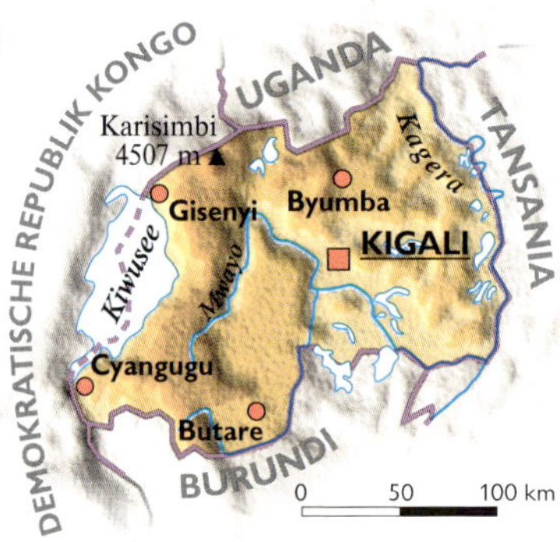

Brusttrommeln gehört zum Imponiergehabe männlicher Gorillas.

UGANDA

Uganda liegt mitten in Ostafrika und besitzt wunderschöne und ganz unterschiedliche Landschaften: weite Grasebenen, Sümpfe, Regenwälder, Gebirge, viele Flüsse und Seen. Im Süden liegt der Victoriasee, der größte See Afrikas und der drittgrößte der Erde, den sich drei Staaten teilen: Uganda, Tansania und Kenia.

Im Victoriasee gibt es unzählige Fische, die die Lebensgrundlage für viele Ugander sind. Um die Fischerei auszubauen, hat man vor einigen Jahren einen neuen Speisefisch aus Nordafrika im See ausgesetzt: den Nilbarsch. Leider hat diese Barschart, die wir unter dem Namen Viktoriabarsch kennen, nicht nur Gutes bewirkt. Sie hat sich rasend schnell vermehrt und viele Fische, die im Victoriasee heimisch waren, verdrängt. Zudem verloren viele kleine Fischer ihre Arbeit, da nun große Firmen mit riesigen Schiffen auf den See hinausfahren. Ihre großen Fänge werden in Eis gepackt und von der Hauptstadt Kampala aus nach Europa geflogen.

Der Schulweg ist in Uganda oft weit. Hier bringt ein Vater seine Kinder mit dem Fahrrad von der Schule nach Hause.

In den Sumpfgebieten am Victoriasee lebt der Kronenkranich, das Wappentier Ugandas. Das strohfarbene Federbüschel, das die Vögel auf dem Kopf tragen, bringen die Männchen vor allem in der Balz zur Geltung.

Von Kampala aus kann man auch mit großen Passagierschiffen über den See nach Kenia und Tansania fahren. Wie praktisch, dass auch am anderen Ufer fast jeder Suaheli spricht. Und mehr noch: Man kann sich in ganz Ostafrika über die Ländergrenzen hinweg mit dieser Sprache verständigen und Handel treiben. Auf Handelswegen hat sie sich von der Meeresküste Tansanias ins Innere Afrikas ausgebreitet. Das Wort „Suaheli“ kommt aus dem Arabischen und bedeutet „Küstenbewohner“.

Zusätzlich zu Suaheli hat jedes der 40 ugandischen Völker seine eigene Sprache. Das größte Volk sind die Ganda. Nach ihnen ist auch das Land benannt: Uganda stammt aus ihrer Sprache, dem Luganda, und bedeutet einfach „Land der Ganda“. Hier bauen sie für sich selbst Süßkartoffeln, Maniok und Kochbananen an. Kochbananen haben eine grüne Schale und sind nicht besonders süß. Sie werden nicht roh gegessen, sondern gekocht, gegrillt, frittiert oder gebraten. Für das Ausland bauen die Menschen auf großen Plantagen Kaffee, Tabak und Tee an.

FLÄCHE
241 038 km²

EINWOHNER
26,22 Mio.

HAUPTSTADT
Kampala

AMTSSPRACHE
Englisch

WÄHRUNG
Uganda-Schilling (U. Sh.)

FLAGGE

Schwarz symbolisiert den afrikanischen Kontinent und die dort lebenden Menschen, Gelb die Sonne und die Lage Ugandas beiderseits des Äquators, Rot die Brüderlichkeit aller Menschen. Der Kronenkranich ist das Wappentier Ugandas.

SPRACHE

Hallo!

Suaheli

Suaheli – viele sagen auch Kisuaheli – wird in ganz Ostafrika gesprochen.

1 = moja
2 = mbili
3 = tatu
4 = nne
5 = tano

Hallo = Hujambo
Auf Wiedersehen = Kwaheri
Wie heißt du? = Jina lako gani?
Ich heiße ... = Nina itwa ...
Wie geht's? = Habari gani?
Danke = Asante
Bitte = Tafadhali
Entschuldigung = Samahani

KENIA

FLÄCHE
582 646 km²

EINWOHNER
33,39 Mio.

HAUPTSTADT
Nairobi

AMTSSPRACHEN
Suaheli, Englisch

WÄHRUNG
1 Kenia-Schilling (Kenia Sh.) = 100 Cent (cts)

FLAGGE

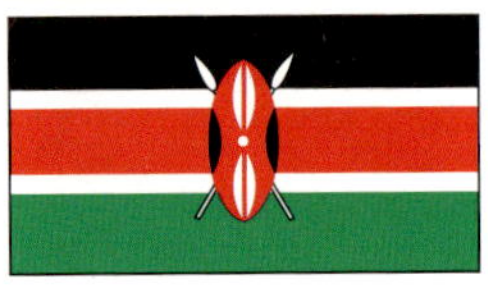

Schwarz steht für das afrikanische Volk, Rot für das im Unabhängigkeitskampf vergossene Blut, Grün für das fruchtbare Land. Die weißen Streifen symbolisieren die Unabhängigkeit Kenias. Schild und Speere sollen den Verteidigungswillen des Volkes zeigen.

Küste, weite Graslandschaften, Wüste und schneebedeckte Berge – all das vereint Kenia auf seiner Fläche, die etwas größer ist als Frankreich. Inmitten des Landes erhebt sich der 5199 m hohe Mount Kenia, der zweithöchste Gipfel Afrikas. Seine Spitze ist immer mit Schnee und Eis bedeckt.

Der Mount Kenia ist ein erloschener Vulkan. Das Bergmassiv entstand durch gewaltige Lavamassen, die vor etwa vier Millionen Jahren am Ostafrikanischen Graben aus dem Erdinnern emporquollen. Am Turkanasee im Norden Kenias liegen die Ränder des Grabens am weitesten auseinander. Da er in einer wüstenhaften Region liegt, in der es nur sehr selten regnet, das Wasser aber schnell verdunstet, reichert sich in dem Seewasser viel Salz an.

In der Küstenstadt Mombasa hingegen regnet es oft. Allein in der Regenzeit zwischen April und Juni fällt hier mehr Regen als in Deutschland im ganzen Jahr. Viele Touristen verbringen bei Mombasa ihren Urlaub oder nutzen die Stadt als Ausgangspunkt für eine Safari zu den Tieren Kenias.

Safaris sind in vielen Nationalparks möglich. Fährt man von Mombasa Richtung Nairobi, kommt man in wenigen Stunden zum Tsavo-Nationalpark, der ungefähr die Größe Mecklenburg-Vorpommerns hat und der größte Park in ganz Ostafrika ist. In den weiten Graslandschaften leben auch einige Giraffenherden. Sie fressen am liebsten Akazienblätter, die sie im Stehen mit ihrer langen Zunge von den Bäumen zupfen. Nur wenn sie nichts anderes finden, fressen sie auch Gras. Dafür müssen sie – wie zum Trinken auch – die langen Vorderbeine ganz weit auseinanderspreizen, um mit dem Kopf den Boden zu erreichen.

Die Frauen der Massai stellen kunstvollen Schmuck aus Glasperlen her.

200 km westlich des Parks erreicht man die Hauptstadt Nairobi. Sie ist mit ihren 1,5 Millionen Einwohnern die größte Stadt Ostafrikas. In den Straßen der Stadt fallen die unzähligen „Matatus" auf, Kleinbusse, die offiziell für 15 Personen ausgelegt sind, die aber meist viel mehr mitnehmen. Sie sind das wichtigste öffentliche Verkehrsmittel in Kenia, sowohl in der Stadt als auch über Land. Schließlich gibt es hier nur wenige Bahnstrecken und ein Auto haben nur die wenigsten Kenianer.

Das wohl bekannteste Volk Kenias sind die Massai, die vor allem in den Grasländern im Süden entlang des Ostafrikanischen Grabens siedeln. Sie sind Viehzüchter, Rinder sind das Allerwichtigste, was sie besitzen. Schon mit fünf Jahren werden die Jungen zu Hirten. Sie begleiten morgens die Rinderherden auf die Weiden und kehren erst abends zurück. Die Mädchen erlernen das Melken der Ziegen, helfen ihren Müttern beim Brennholzsammeln oder werden zu einer der wenigen Wasserstellen zum Wasserholen geschickt.

Giraffen können 55 km/h schnell rennen und sind über kurze Strecken schneller als ein Rennpferd.

Unser Wort Safari kommt aus dem Suaheli und bedeutet „Reise".

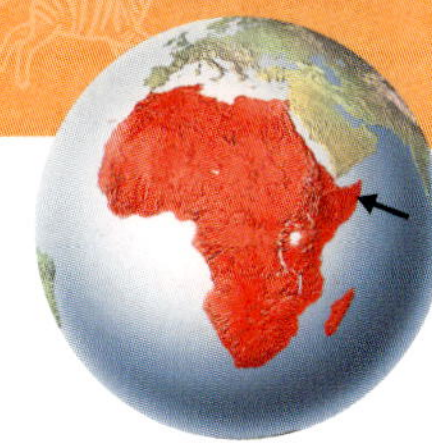

SOMALIA

Somalia – übersetzt bedeutet das „Land der Gastfreundschaft" – besitzt eine 3000 km lange Küste am Indischen Ozean. Im ganzen Land ist es sehr heiß, selbst im Winter herrschen hier Temperaturen über 30 °C. In einigen Landesteilen regnet es so gut wie nie.

Im Norden Somalias gibt es ausgedehnte Graslandschaften, die manchmal sogar in Halbwüste übergehen. Die wenigen Flüsse, die es hier gibt, führen nur nach Regenfällen Wasser. Danach trocknen sie wieder aus. Diese Landschaft ist die Heimat der Nacktmulle. Sie haben sich an ihr Leben dicht unter der Wüstenoberfläche so gut angepasst, dass sie bis auf einige wenige Borsten, die sie zum Tasten im Dunklen brauchen, ganz nackt sind. Die mäusegroßen Tiere haben große Nagezähne, ganz kleine Augen und große Zehen zum Graben. Noch interessanter ist, wie sie leben. Wie in einem Bienenstock gibt es bei den Nacktmullen eine Königin, die alle Nachkommen zur Welt bringt. Die anderen Weibchen sind Arbeiterinnen. Sie sorgen für Nahrung und kümmern sich um die Neugeborenen.

Somalia ist auf Lebensmittelhilfen anderer Länder angewiesen.

Die Menschen, die hier im Norden leben, sind Viehzüchter. Ständig haben sie unter der Wasserknappheit zu leiden und ziehen mit ihrem Vieh von Wasserstelle zu Wasserstelle. Die meisten Kinder helfen beim Viehhüten oder Wasserholen und gehen nicht zur Schule. Wissen und wichtige Nachrichten werden in Liedern, Gedichten und Geschichten übermittelt. Die Kinder schreiben sie sich nicht auf, sondern müssen sich alles merken.

Im Süden Somalias bahnen sich zwei Flüsse ihren Weg vom Hochland Äthiopiens bis zur Küste. An ihren Ufern wachsen Feigenbäume und Dattelpalmen. Das Flusswasser ist sehr kostbar. Manchmal ist es aber auch zerstörerisch: Da die Menschen das Wasser für ihre Felder aus den Flüssen abzapfen, sinkt überall der Grundwasserspiegel. Dadurch wird die Erde sehr trocken. Und um Holz zum Kochen zu haben, fällen die Menschen die wenigen Bäume. Wenn sie dann noch ihre Tiere auf der trockenen Erde weiden lassen, wächst hier schnell nichts mehr. Doch wo keine Wurzeln sind, kann die Erde bei starken Regenfällen auch kein Wasser aufnehmen. Dann schwellen die Flüsse an, treten über ihre Ufer und überschwemmen alles. Die Menschen verlieren ihre Felder und Häuser, leiden Hunger und fliehen in andere Landesteile oder Städte.

Viele Somalier sind aber nicht nur wegen Dürre oder Überschwemmungen auf der Flucht. Im Land herrscht schon seit Jahren ein Bürgerkrieg zwischen den verschiedenen Stämmen, die es hier gibt.

FLÄCHE
637 657 km²

EINWOHNER
11,97 Mio.

HAUPTSTADT
Mogadischu

AMTSSPRACHE
Somali

WÄHRUNG
1 Somalia-Schilling (So. Sh.) = 100 Centesimo (Cnt.)

FLAGGE

Das Blau ist der Flaggenfarbe der Vereinten Nationen entlehnt, denen der Staat für die Förderung und Entwicklung des Landes dankt. Der weiße Stern verkörpert die afrikanische Freiheit.

Die winzigen Nacktmulle werden nur 5 bis 15 cm groß.

ÄTHIOPIEN

FLÄCHE
1 127 127 km²

EINWOHNER
70,6 Mio.

HAUPTSTADT
Addis Abeba

AMTSSPRACHE
Amharisch

WÄHRUNG
1 Birr (Br) =
100 Cent (ct)

FLAGGE

Die Flagge trägt die afrikanischen Farben Grün, Gelb und Rot. Der fünfzackige Stern in der Mitte steht für die Einheit der Bevölkerungsgruppen, die fünf geraden Linien für Gleichheit aller Menschen im Land und Blau für Frieden.

Schnell und ausdauernd wie Gazellen – aus Äthiopien stammen einige der besten Marathon- und 10 000-m-Läufer der Welt. Männer wie Frauen stehen seit Jahren bei den größten Sportfesten wie etwa den Olympischen Spielen ganz oben auf der Siegertreppe.

In Äthiopien ist nicht nur das Langstreckenlaufen beliebt, sondern auch das Ballspiel Genna, das wie Feldhockey gespielt wird. Es wird immer um die Weihnachtszeit gespielt. Das Christentum kam schon im 4. Jahrhundert nach Äthiopien. Damals gab es im Norden das Königreich Aksum, dessen einzigartige Ruinen – darunter bis zu 25 m hohe turmartige Pfeiler – man sich auch heute noch ansehen kann. Als Aksum unterging, kam ein neues Reich im Süden an die Macht. Unter seinem König Lalibela entstanden im 12. Jahrhundert elf ganz besondere Kirchen. Sie wurden direkt aus den Felsen gehauen – weit oben in den Bergen. Zum Glück, denn aufgrund dieser Abgeschiedenheit sind sie noch gut erhalten. Hier leben auch einige Äthiopier, die der äthiopisch-orthodoxen Kirche angehören. Einige der Kirchen dienten den Gläubigen damals aber nicht nur als Platz zum Beten und Besinnen. Eine war beispielsweise ein Gefängnis, eine andere wahrscheinlich ein Königspalast, in dem auch eine Bäckerei untergebracht war.

Neben den Christen gibt es in Äthiopien auch viele Muslime. Dazu zählen die Oromo, das größte der insgesamt 80 Völker. Und auch die meisten Gamo, die im südwestlichen Hochland auf 3000 m Höhe leben, sind Muslime. Hier oben kann es nachts richtig kalt werden. Eine ihrer wichtigsten Pflanzen ist die robuste Ensete, auch „falsche Banane" genannt, weil an ihr keine essbaren Bananen wachsen. Ihre Wurzeln enthalten sehr viel Stärke und in Notzeiten ist sie die einzige Nutzpflanze der Gamo. Aus ihren faserigen Blättern werden feste Seile hergestellt.

Äthiopien ist insgesamt das am höchsten gelegene Land in ganz Afrika. Viele Berge sind erloschene Vulkane, denn wie andere Länder Ostafrikas liegt Äthiopien am Ostafrikanischen Graben. Dort, wo sich die Erdplatten auseinanderbewegen, haben sich viele Seen gebildet. Nordwestlich dieser Seenkette liegt der riesige Tanasee. Hier beginnt der Blaue Nil, der sich bei Khartoum im Nachbarland Sudan mit dem Weißen Nil zu einem der größten Flüsse der Welt vereint – dem Nil.

Zur Georgskirche, der jüngsten der 11 Felsenkirchen von Lalibela, pilgern jährlich Tausende Äthiopier.

SOUVENIR

Der Kaffee

Wissenschaftler streiten sich bis heute darüber, ob der Ursprung des Kaffees in Äthiopien oder im Jemen liegt. Fest steht allerdings, dass es im Südwesten Äthiopiens ein Gebiet gibt, das Kaffa heißt. Fest steht auch, dass nur hier die einzige wilde Form des Kaffees zu finden ist. Von dem Wort „Kaffa" leiten die Franzosen ihren „Café", die Engländer ihren „Coffee" und die Deutschen ihren „Kaffee" ab.

Gegen Aids mit Akrobatik

Maeze lässt sich ihre Aufregung nicht anmerken. Elegant biegt die achtjährige Artistin ihren Körper wie einen Flitzbogen – und die Zuschauer klatschen begeistert. Mehrere Hundert Einwohner der Stadt Dessie im Nordosten Äthiopiens sind zur Vorstellung des Jugendzirkus gekommen. Ein Erfolg! Denn je größer das Publikum, desto mehr Menschen erreichen die Akrobaten mit ihrer Botschaft. Und die lautet: Schützt euch vor Aids! Der Zirkus Dessie gehört zum Jugendnetzwerk SYGA, das in Äthiopien landesweit Klubs gegründet hat. Dort erfahren die Kinder nicht nur alles über die Krankheit, sie werden auch selbst aktiv. Sie geben zum Beispiel eine Zeitung heraus, mit der sie andere über die Krankheit und die Ansteckungsmöglichkeiten aufklären wollen. Außerdem verteilen Maeze und ihre Zirkusfreunde Kondome und sprechen mit den Menschen über die tödliche Gefahr. Für ihre Vorführungen trainieren die jungen Artisten dreimal pro Woche – damit sie immer wieder viele Zuschauer anlocken.

ERITREA

FLÄCHE
121 143 km²

EINWOHNER
4,13 Mio.

HAUPTSTADT
Asmara

AMTSSPRACHEN
Tigrinja, Arabisch

WÄHRUNG
1 Nakfa (Nfa) =
100 Cent (cts)

FLAGGE

Grün steht für die Landwirtschaft, Rot für das im Freiheitskampf vergossene Blut und Blau für das Meer. Die Olivenzweige sind der Flagge der Vereinten Nationen entnommen und stehen für Frieden und Wachstum.

Ist man in Eritrea eingeladen, gibt es vor allem eines: Kaffee. Die Menschen lassen ihn nicht einfach durch eine Maschine laufen, sondern bereiten ihn auf ganz besondere Weise zu. Die Bohnen kommen noch grün in eine Pfanne und werden erst kurz vor dem Kochen frisch geröstet und gemahlen.

Kaffeetrinken gehört zu dem wenigen Luxus, den sich die Eritreer leisten können, denn Eritrea gehört zu den ärmsten Ländern der Welt. Dass es dem Land so schlecht geht, hat vor allem mit dem Krieg zu tun, den man gegen das Nachbarland Äthiopien führt. Die Probleme zwischen den beiden Ländern begannen schon vor vielen Jahrzehnten. Eritrea war zwischen 1890 und 1941 eine italienische Kolonie und wurde danach von den Briten besetzt. Etwa zehn Jahre später beschlossen die Vereinten Nationen gegen den Willen der Eritreer, dass das Land zu Äthiopien gehören sollte. Damit begann der Kampf der Eritreer für Unabhängigkeit, in dem viele Menschen ihr Leben verloren. Eritrea wurde erst 1993 unabhängig und ist damit der jüngste Staat auf afrikanischem Boden. Der Streit zwischen dem kleinen Land und dem großen Nachbarn ist noch nicht beendet, er flackert immer wieder auf. Viele Eritreer sind bis heute auf der Flucht.

Kleine Pfannen zum Rösten der Kaffeebohnen

Die Rotmeerküste Eritreas ist über 1000 km lang. Hier ist es unglaublich heiß und an einigen Stellen wüstenhaft trocken. In der Hafenstadt Massaua zum Beispiel, einem der heißesten Orte der Erde klettert das Thermometer täglich auf über 30 °C. Dort kommt noch eine hohe Luftfeuchtigkeit hinzu. Extrem hohe Temperaturen bei wenig Regen herrschen auch in der Heimat der Tigré, der zweitgrößten Volksgruppe in Eritrea. Sie leben im Grasland im Westen des Landes von der Viehzucht. Im Hinterland der Küste hingegen, dort, wo sich hohe Berge erheben, sind die Temperaturen angenehm. Hier leben auch die meisten Menschen. Die größte Bevölkerungsgruppe sind die Tigrinja, die hier im südlichen Hochland ihre Felder bestellen. Viele Tigrinja gehören der eritreisch-orthodoxen Kirche an. Es ist eine sehr junge christliche Religion, die erst seit 1998 besteht. Ihre Kirchen kann man zum Beispiel in der Hautstadt Asmara bewundern. Hier stehen sie Seite an Seite mit Moscheen und katholischen Kathedralen, deren Bauweise zum Teil an die italienische Kolonialzeit erinnern. So wurde beispielsweise für den Bau der großen weißen Al-Kulafa al-Rashiudin Moschee feinster Marmor aus den Steinbrüchen des italienischen Ortes Carrara verwendet. Das kostbare Gestein kam in riesigen Blöcken über das Mittelmeer bis nach Eritrea.

In den Bergregionen Eritreas wird viel mit Kamelen transportiert.

Zum Kaffee essen die Eritreer ungesüßtes und ungesalzenes Popcorn oder Datteln.

DJIBOUTI

Unglaubliche Hitze und extreme Trockenheit das ganze Jahr über – Djibouti gehört zu den heißesten Ländern der Erde. Und manchmal, wenn der trockenheiße, staubige Wüstenwind von der Arabischen Halbinsel weht, klettert das Thermometer auf mehr als 50 °C.

Aufgrund der extremen Trockenheit können die Menschen in Djibouti kaum etwas zum Essen anbauen. Sie müssen fast alle Lebensmittel kaufen, die aus dem Ausland eingeführt werden. Das ist für viele sehr schwierig, denn Djibouti ist ein armes Land. Mehr als drei Viertel der etwa 700 000 Einwohner leben in der einzigen Stadt des Landes, die auch Djibouti heißt. Der Rest sind Nomaden, die versuchen, im Hinterland Weideplätze für ihre Tiere zu finden.

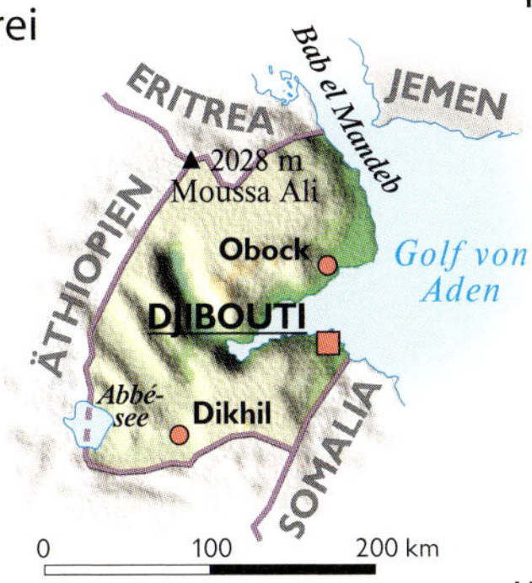

Djibouti besitzt einen sehr wichtigen Hafen. Da der große Nachbar Äthiopien keine Küste hat, kommen hier riesige Schiffe mit Waren für Äthiopien an und von hier aus gelangen Waren aus Ostafrika in die ganze Welt. Zwischen Djibouti und der äthiopischen Hauptstadt Addis Abeba verläuft auch eine Eisenbahnlinie, die vielen Djiboutis wichtige Arbeitsplätze bietet.

Der Seeweg vom Roten Meer in den Golf von Aden und damit in den Indischen Ozean ist sehr schmal. Er wird „Bab el Mandeb“ genannt. Das ist Arabisch und bedeutet „Tor der Tränen“. Der Name stammt wahrscheinlich aus der Zeit um 1800, als hier afrikanische Sklaven nach Arabien (dem heutigen Jemen) verschifft wurden. Aus Verzweiflung sollen sie Tränen vergossen haben.

Die Landschaft Djiboutis ist aufgrund der Hitze und Trockenheit in weiten Teilen eine Halbwüste mit vielen Salzseen. Das ganze Land liegt in einer Senke, die Afarsenke genannt wird. Ihr tiefster Punkt

Der Assalsee ist das salzhaltigste Gewässer der Welt. Der Salzgehalt ist zehnmal so hoch wie in den Ozeanen.

liegt 155 m unter dem Meeresspiegel – mitten im Assalsee – und ist damit eine der tiefstgelegenen Stellen der Welt. Die wenigen Menschen, die hier leben, gewinnen aus den Seen tonnenweise Salz. In der Gegend um den Abbésee an der Grenze zu Äthiopien beispielsweise leben die Afar zum einen vom Salzhandel und zum anderen von der Ziegen- und Kamelzucht.

So unwirtlich die Seen und die Wüste auch aussehen, sie sind trotzdem Lebensraum für viele Tiere. Der Abbésee ist die Heimat Tausender Flamingos und Pelikane, die öde Landschaft um den See die der Streifenhyänen. Sie jagen nicht, sondern leben von Aas, also verendeten Tieren oder den Resten, die andere Räuber wie etwa Schakale von ihrer Beute übrig lassen. Sie haben eine so gute Nase, dass sie Aas schon aus mehreren Kilometern Entfernung riechen können.

Die meisten Djiboutis sind Muslime. In der Hauptstadt Djibouti stehen deshalb viele Moscheen.

FLÄCHE
23 200 km²

EINWOHNER
768 200

HAUPTSTADT
Djibouti

AMTSSPRACHEN
Arabisch, Französisch

WÄHRUNG
1 Djibouti-Franc (FD)
= 100 Centime (c)

FLAGGE

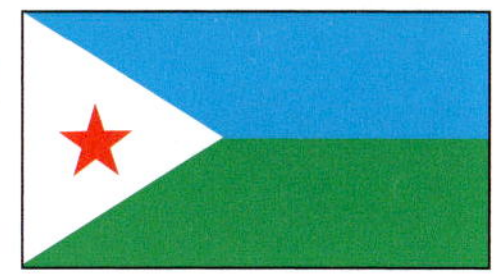

Blau ist die Farbe des Volkes der Issa, Grün die Farbe der Afar, Weiß steht für den Frieden. Der Stern verkörpert die Einheit des Staates.

Tiger sind die größte Katzenart. Anders als die meisten Katzen können sie nicht klettern, aber sehr gut schwimmen. Tiger sind Einzelgänger. Der größte – der Sibirische Tiger – kommt in Sibirien und ganz im Osten Russlands vor.

GESAMTFLÄCHE	45,1 Mio. km² (mit dem asiatischen Teil Russlands)
EINWOHNER	3894 Mio.
ANZAHL DER LÄNDER	46 (ohne Russland und die Türkei)
GRÖSSTER SEE	Kaspisches Meer (Aserbaidschan, Iran, Kasachstan, Russland, Turkmenistan), 436 000 km²
LÄNGSTER FLUSS	Jangtsekiang (China), 6000 km
HÖCHSTER BERG	Mount Everest (Nepal, China), 8850 m

ASIEN

Asien ist mit Abstand der größte Kontinent der Erde. Zudem leben hier 3,8 Milliarden Menschen, das heißt mehr als die Hälfte der Menschheit. Der Kontinent umfasst insgesamt 46 Länder, einige davon liegen auf Inseln. Wenn man alle asiatischen Küsten umfahren würde, müsste man 80 000 km zurücklegen!

Da der Kontinent so riesig ist, sind die Landschaften und das Klima sehr unterschiedlich. Im Norden Asiens liegt das russische Sibirien. Weite Teile dieser Landschaft gehören zur Arktis. Dort wird es im Winter bitterkalt. Die meisten Menschen leben von der Jagd oder halten Rentiere, einige wohnen auch in kleinen Städten.

Abgesehen von den arktischen Regionen lässt sich Asien in fünf Großregionen einteilen: in Westasien mit dem Nahen Osten, in Zentralasien, den indischen Subkontinent, Südostasien und Ostasien. Im Nahen Osten ist das Klima wüstenhaft und der Boden trocken. Zum Teil erstrecken sich hier ausgedehnte Sandwüsten wie etwa in Saudi-Arabien. Einige Länder dieser Region zählen auch zu den sogenannten Golfstaaten. So werden die Länder genannt, die am Persischen Golf und am Golf von Oman liegen. Sie alle wurden durch die Förderung von Erdöl und Erdgas reich, die in der Region in großen Mengen unter dem Erd- und Meeresboden liegen.

In Zentralasien liegen die ausgedehnten Grassteppen Kasachstans, Usbekistans und der Mongolei, durch die früher die Handelswege von China nach Europa führten. Damals waren die Länder reich, heute leiden sie unter Misswirtschaft und Konflikten. China, der Ausgangspunkt der Seidenstraße, war früher ein mächtiges

Auf dem „Dach der Welt" wehen überall Gebetsfahnen der hier lebenden Buddhisten. Dadurch sollen ihre Wünsche mit dem Wind in die Welt getragen werden.

Reich, das das gesamte östliche Asien kontrollierte. Auch heute hat das bevölkerungsreichste Land der Erde viel Einfluss in der Welt. Viele europäische Firmen lassen ihre Produkte in China herstellen, weil es dort billiger ist. Darum steht auf vielen Spielsachen, Plüschtieren oder technischen Geräten „Made in China".

Im Südwesten Chinas erhebt sich das „Dach der Welt". So nennt man die höchsten Gebirgsregionen der Erde: den Himalaja, den Pamir und das Hochland von Tibet. Sie alle entstanden vor vielen Millionen Jahren, als eine große Landmasse aus dem Süden – das heutige Indien – mit der asiatischen

Der Sumatratiger ist die kleinste noch lebende Tigerart.

Landmasse zusammenstieß. Bei diesem Zusammenstoß falteten sich die riesigen Gebirge auf. Die Landmasse südlich davon bezeichnet man heute als den indischen Subkontinent, das bedeutet so viel wie „fast ein Kontinent“.

Auf diesem „Halbkontinent“ ist es warm und meistens regenreich. Es gibt Jahre, in denen der Monsunwind, der den lang ersehnten Regen bringt, allerdings zu stark ist. Dann werden die Felder überschwemmt und die Ernten vernichtet. Das geschieht häufig auch in Südostasien. Hierzu zählen die Länder von Birma bis zu den Philippinen. Einige dieser Länder sind sehr arm und die Menschen dort kämpfen täglich ums Überleben, andere südostasiatische Länder sind in den letzten Jahren zu Wohlstand gekommen. Sie haben große Industriezweige aufgebaut, wie etwa in der IT-Technologie, also der Informationstechnologie. Hier werden Mikrochips für Computer hergestellt oder Computer- und Flachbildschirme. Zu diesen Staaten gehören Singapur und Malaysia. Weitere sehr erfolgreiche Staaten liegen im Fernen Osten Asiens: Taiwan, Süd-Korea und Japan, das ein reiches Land mit vielen riesigen Städten ist.

Genau am anderen Ende Asiens, an der Grenze zu Europa, liegen zwei Staaten zum Teil auf dem europäischen und zum Teil auf dem asiatischen Kontinent: die Türkei und Russland. Politisch zählt man beide Staaten zu Europa, der größte Teil ihres Staatsgebiets liegt jedoch in Asien.

Afghanistan 164
Armenien 156
Aserbaidschan 158
Bahrain 145
Bangladesh 171
Bhutan 172
Birma 190
Brunei 195
China 175
Georgien 157
Indien 167
Indonesien 196
Irak 154
Iran 155
Israel 149
Japan 183
Jemen 142
Jordanien 148
Kambodscha 188
Kasachstan 161
Katar 145
Kirgistan 163
Kuwait 146
Laos 189
Libanon 152
Malaysia 194
Malediven 169
Mongolei 179
Nepal 174
Nord-Korea 180
Oman 143
Osttimor 197
Pakistan 166
Philippinen 186
Saudi-Arabien 147
Singapur 195
Sri Lanka 170
Süd-Korea 181
Syrien 153
Tadschikistan 163
Taiwan 185
Thailand 192
Turkmenistan 159
Usbekistan 160
Vereinigte Arabische Emirate 144
Vietnam 187

JEMEN

FLÄCHE
536 869 km²

EINWOHNER
19,5 Mio.

HAUPTSTADT
Sanaa

AMTSSPRACHE
Arabisch

WÄHRUNG
1 Jemen-Rial (Y.Rl) = 100 Fils

FLAGGE

Rot steht für die Revolution, Weiß für Frieden, Freiheit und Wohlstand und Schwarz für die Vergangenheit. Rot, Weiß und Schwarz sind die sogenannten panarabischen Farben, die in den Flaggen vieler arabischer Länder vorkommen.

In Sanaa, der Hauptstadt des Jemen, erklingt fünfmal am Tag ein monotoner Gesang, mit dem die Menschen von den Moscheen aus zum Gebet gerufen werden – wie überall in der arabischen Welt. Etwas ganz Besonderes sind hingegen die schön verputzten Häuser der Altstadt. Sie sind aus einfachen, nicht gebrannten Lehmziegeln gebaut, auch solche, die sechs oder sieben Stockwerke haben.

Sanaa liegt im Hochland. Im Winter ist es hier trocken, aber im August und September kann es so sintflutartig regnen, dass die mehrstöckigen Lehmhäuser danach oft repariert werden müssen. In den engen Gassen der Altstadt ist aber auch sonst fast immer was los, vor allem auf dem Souk, dem Altstadtmarkt. Hier gibt es nicht nur Gewürze, Stoffe und kleine Imbiss-Restaurants, man kann auch in vielen kleinen Werkstätten den Handwerkern bei der Arbeit zusehen. Besonders spannend ist das, was die Messerschmiede herstellen: breite Krummdolche, Dschambija genannt. Die Männer tragen sie in einem Gürtel vor dem Bauch und sogar bei kleinen Jungen kann man welche entdecken.

Westlich von Sanaa erstreckt sich von Nord nach Süd ein hohes Gebirge. Auf seinen Gipfeln – der höchste ist 3760 m hoch – fällt zuweilen sogar Schnee. An den Berghängen liegen viele kleine Dörfer. Die hier lebenden Menschen bauen auf den sorgfältig terrassierten Hängen Getreide, Hülsenfrüchte wie Bohnen und Linsen, Obst und Gemüse an. Die meisten jemenitischen Bauern besitzen auch Qat-Felder. Qat ist eine schwache Droge, die fit macht und den Hunger stillt. Man kann die Menschen, die die kleinen Qatblätter kauen, von der Mittagszeit an sofort erkennen – sie sehen oft aus, als ob sie einen Tischtennisball in der Backe hätten. Die Arbeit ruht dann vielerorts und man trifft sich mit anderen und trinkt Tee.

Ganz anders leben die Menschen in der Tihama, in der schwülheißen Wüste an der Küste des Roten Meeres. Sie siedeln entlang der sogenannten Wadis. Das sind Flussbetten, die nur in der Regenzeit Wasser führen, das die Bauern dann auch dringend benötigen. Ihre Rundhütten, deren Decken um das Rauchabzugsloch in der Mitte bunt bemalt sind, und ihre Kleidung sind für den Jemen ungewöhnlich. Die Frauen gehen nicht schwarz verschleiert, wie es die Frauen im Rest des Jemen tun, sondern tragen bunte Kleider und oft noch nicht einmal ein Kopftuch. Vieles hier erinnert an Ostafrika, das mit Fischerbooten in wenigen Stunden erreicht werden kann.

Jemenite mit Krummdolch und einem Bündel Qat

Die Häuser in der Altstadt von Sanaa sind so einzigartig, dass man sie schützen wollte. Deshalb wurden sie zum UNESCO-Weltkulturerbe erklärt.

Um Geigen den typisch rötlichen Farbton zu geben, nutzten Geigenbauer früher „Drachenblut". Dieses Harz wird aus Bäumen von der jemenitischen Insel Sokotra gewonnen.

OMAN

Oman liegt am Arabischen Meer, einem Teil des Indischen Ozeans. Im Norden liegt die Hafenstadt Sohar, die viele Male in den Märchen aus Tausendundeiner Nacht vorkommt. Denn von hier aus unternahm Sindbad der Seefahrer vor vielen Jahrhunderten seine abenteuerlichen Reisen.

Auch wenn es sich bei Sindbad dem Seefahrer nur um eine Märchengestalt handelt, sind die Omaner doch weithin als geschickte Erbauer von Schiffen bekannt, vor allem von hölzernen, oft reich verzierten Segelschiffen, die sie Dau nennen. Die meisten Schiffe, die heute vor der omanischen Küste kreuzen, sind allerdings moderne Fischerboote – oder riesige Öltanker aus Stahl, die ihre Fracht in ferne Länder bringen. Dank des Erdöls, das aus der Tiefe der omanischen Wüste gefördert wird, ist das Land sehr reich. Den Schulen und Universitäten mangelt es deshalb nicht an Geld. Forscher schätzen aber, dass das Erdöl in nur wenigen Jahren aufgebraucht sein wird. Dann muss Oman von dem Erdgas leben, das tief in der Erde noch in großen Mengen vorhanden ist.

Viele andere Verdienstmöglichkeiten bietet das Land, das in weiten Teilen aus Wüste besteht, nicht. Das ganze Jahr über herrschen eine fast unerträgliche Hitze und extreme Trockenheit. Trotz allem gelingt es den Menschen seit Jahrhunderten, in manchen Regionen Ackerbau zu betreiben. Dazu bauten sie schon vor etwa 2500 Jahren ein ausgeklügeltes Bewässerungssystem mit senkrechten Schächten an den Gebirgshängen und kilometerlangen unterirdischen Kanälen. Über sie wurde das Wasser – vor Verdunstung geschützt – zu den Feldern geleitet. Es funktioniert bis heute.

Ein Beduine ritzt die Rinde eines Weihrauchbaums an. Für ein Kilo des Harzes bekommt er auf dem Markt etwa 20 Euro.

Die Wüste ist auch das Rückzugsgebiet einer seltenen Antilopenart, der Arabischen oder Weißen Oryx. Dieses Tier war früher hier weit verbreitet, wurde aber so stark durch die Menschen gejagt, dass es bald ausgerottet war. 1982 wurden in einem eigens für sie eingerichteten Wildschutzgebiet einige Tiere aus Zoos ausgesetzt, die sich nach und nach vermehrten. Oryx-Antilopen sind perfekt an das Leben in der Wüste angepasst und können mehrere Tage ohne Wasser auskommen. Dann reicht es ihnen, den Tau von den Steinen zu lecken, der sich in den kalten Wüstennächten bildet.

Im Süden des Landes trifft man auf etwas, das Oman schon vor vielen Jahrhunderten weit über seine Grenzen bekannt gemacht hat: Weihrauch. In der Region Dhofar gewinnen die wenigen Beduinen, die hier leben, bis heute das Harz des Weihrauchbaumes, indem sie es den knorrigen Bäumen abzapfen. Zündet man das getrocknete Harz an, entsteht ein Rauch, der nicht nur gesundheitsfördernd ist, sondern im Mittelalter in vielen Kirchen Europas verbreitet wurde. Um ihn damals nach Europa zu bringen, entstand zwischen Dhofar und dem Mittelmeer ein reger Handel, durch den die Oasen an der Karawanenroute, der sogenannten Weihrauchstraße, reich wurden.

FLÄCHE
309 500 km²

EINWOHNER
2,74 Mio.

HAUPTSTADT
Maskat

AMTSSPRACHE
Arabisch

WÄHRUNG
1 Rial Omani (R. O.) = 1000 Baiza (Bz.)

FLAGGE

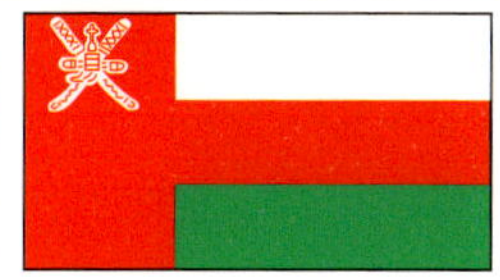

Rot ist die traditionelle Flaggenfarbe der Staaten am Persischen Golf und am Golf von Oman, Weiß steht für Frieden und Wohlstand, Grün für das fruchtbare Gebirge im Norden des Landes.

Die Oryx-Antilopen gehören zu den Spießböcken. Ihre Hörner ragen wie Spieße in die Höhe.

VEREINIGTE ARABISCHE EMIRATE

FLÄCHE
83 600 km²

EINWOHNER
4,1 Mio.

HAUPTSTADT
Abu Dhabi

AMTSSPRACHE
Arabisch

WÄHRUNG
1 Dirham (Dh.) = 100 Fils

FLAGGE

Die vier panarabischen Farben Rot, Grün, Weiß und Schwarz stehen für die Einheit der sieben Emirate.

Brillanten, Smaragde und Gold in Hülle und Fülle! In Dubai, einem der Vereinigten Arabischen Emirate, gibt es einen riesigen Goldmarkt. Hier reihen sich Juweliergeschäfte aneinander und Schmuckliebhaber aus aller Welt feilschen um die besten Preise.

Neben Dubai zählen noch Abu Dhabi, Sharja, Ras al-Khaima, Fujaira, Umm al-Kaiwain und Ajman zu den Vereinigten Arabischen Emiraten. Emirate sind Regionen, die von Emiren und deren Familien regiert werden. Emir ist Arabisch und bedeutet so viel wie „Fürst" oder „Befehlshaber". Parteien oder Wahlen gibt es nicht.

Die Emirate zählen zu den reichsten Ländern der Welt. Denn tief unter dem Wüstensand und im Persischen Golf liegen gigantische Erdöl- und Erdgasvorkommen. Bis auf die wenigen Menschen in den Oasen lebt die Bevölkerung in hochmodernen Städten an der Küste des Persischen Golfs. Die Städte sind vor allem in den letzten Jahrzehnten groß geworden. In der Hauptstadt Abu Dhabi zum Beispiel lebten 1960 nur 5000 Menschen, heute sind es hundert Mal so viele. Die meisten sind aber nur auf Zeit hier. Es sind Gastarbeiter aus Süd- und Ostasien, die zumeist in der Erdölindustrie arbeiten.

Die Kinderjockeys werden hinter dem Höcker des Dromedars festgebunden, damit sie nicht runterfallen.

Fährt man die Küstenstraße von Abu Dhabi Richtung Dubai, trifft man auf den Ort Jebel Ali, wo ein gigantisches Hafenbecken ausgehoben wurde – der größte künstlich geschaffene Hafen der Welt.

Hier werden – mit Kränen, die mehrere 100 m hoch sind – Unmengen von Waren umgeschlagen, unter anderem auch Lebensmittel, die das Land aus dem Ausland beziehen muss. In dem trockenen Staat ist nämlich kaum Landwirtschaft möglich.

Die Araber pflegen aber auch ihre alten Traditionen. Dazu gehören die Kamelrennen. Einige Rennkamele sind mehrere Hunderttausend Euro wert. Damit sie besonders schnell sind, werden sie bei den Wettkämpfen von leichtgewichtigen Kindern geritten, manchmal schon von Vierjährigen. Da sich viele Menschen gegen diese Kinderarbeit aussprechen und sich immer wieder schlimme Unfälle ereignen, werden statt der Kinder zunehmend Roboter als Jockey eingesetzt.

Ein ganz anderes Hobby der Reichen ist die Falknerei. Dafür werden Falken gezähmt und vor allem für die Jagd auf Hasen und andere kleine Tiere trainiert. Für die Beduinen der Wüste war die Falknerei früher lebenswichtig. Heute ist sie eher eine Freizeitbeschäftigung für die Reichen und so beliebt, dass man für die Falken eigens eine Klinik eingerichtet hat.

Das ungewöhnlich aussehende Hotel Burj al-Arab ist eines der vielen Luxushotels von Dubai. Es wurde auf einer künstlichen Insel erbaut.

In Dubai – also eigentlich mitten in der Wüste – gibt es eine Indoor-Skihalle.

BAHRAIN

Das kleine Königreich Bahrain ist vor allem unter Formel-1-Fans bekannt, denn hier findet seit 2004 der Große Preis von Bahrain statt.

Menama – der Name bedeutet „Platz der Ruhe“ – ist heute eine betriebsame Stadt. Die Hauptstadt mit ihren Wolkenkratzern und neuen Moscheen liegt inmitten von flachen Kalkfelsen und Sanddünen und so sieht auch der Rest des Landes aus. Das Königreich besteht aus 36 Inseln unterschiedlicher Größe und ist nur so groß wie das Bundesland Hamburg. Die Inseln, von denen die meisten aufgrund der Trockenheit menschenleer sind, sind vom Persischen Golf und vom Golf von Bahrain umgeben. Daher kommt auch der arabische Name „Bahrain“, der „zwei Meere“ bedeutet. Früher lebten die Menschen auch von dem, was ihnen das Meer bot: von Perlen. Sie entstehen in Muscheln, die in flachen warmen Gewässern leben. Da die Natur ansonsten nur wenig bereitstellt, stammen die meisten Dinge aus anderen Ländern der Erde. Einiges kommt auch vom Nachbarstaat Saudi-Arabien, der mit Bahrain seit 1986 über einen riesigen Damm verbunden ist. Dass sich die Menschen hier all das leisten können, hatten sie lange den Erdöl- und Erdgasvorkommen zu verdanken. Doch mittlerweile sind die Lagerstätten fast leer, und die Menschen haben sich umgestellt: Nun gibt es große Fabriken, in denen beispielsweise Aluminium hergestellt wird, und ein großes Trockendeck, in dem Öltanker repariert werden.

FLÄCHE
717 km²

EINWOHNER
717 000

HAUPTSTADT
Menama

AMTSSPRACHE
Arabisch

WÄHRUNG
1 Bahrain-Dinar (BD) = 1000 Fils

FLAGGE

Rot ist die typische Farbe der Staaten am Persischen Golf. Die Zacken stehen für die fünf Säulen – die wichtigsten Glaubensregeln – des Islam.

KATAR

Während früher die Nomaden fast lautlos mit ihren Kamelen durch die Wüste Katars zogen, geht es hier heute manchmal ziemlich laut zu. Dann jagen die Katarer mit Geländewagen über die Dünen – das ist eine ihrer Lieblingsbeschäftigungen.

Katar ist eine karge Halbinsel im Persischen Golf. In dem nur 170 km langen und 80 km breiten Land ist es das ganze Jahr über heiß und trocken. Trotzdem gehört Katar dank seiner riesigen Erdöl- und Erdgaslagerstätten zu den zehn reichsten Ländern der Welt. Die meisten Menschen, die in Katar leben, stammen aus dem Ausland – zum Beispiel aus Indien, Pakistan oder Jordanien – und arbeiten in der Ölindustrie. Der Mittelpunkt des Lebens ist die Hauptstadt Doha, wo es im Unterschied zum Rest des Landes sogar grüne Parks gibt. Neben den vielen modernen Gebäuden und Einrichtungen lieben die Katarer auch ihre Traditionen. So tragen die meisten Männer – wie schon immer – lange weite weiße Gewänder, die Frauen gehen fast alle ganz in Schwarz. Aufgrund der Hitze und Trockenheit gibt es in Katar nur wenige Landtiere. In den Küstengewässern aber leben viele Seekühe, die auch Dugongs genannt werden. Hauptbeschäftigung dieser bis zu 900 kg schweren Tiere ist Fressen, Fressen und noch mal Fressen.

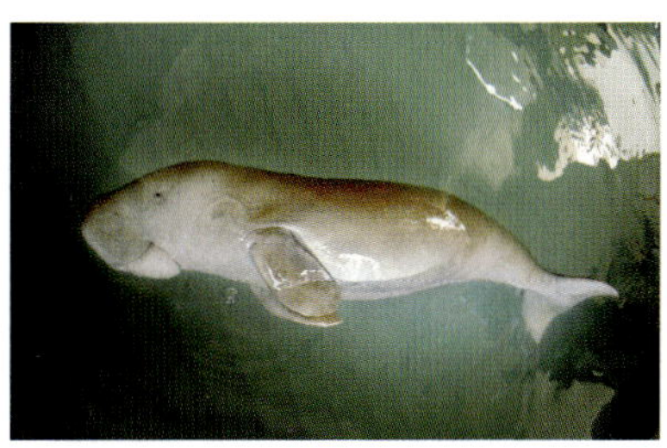

Dugongs sind Säugetiere und müssen zum Atmen kurz auftauchen. Ansonsten weiden sie den ganzen Tag den Meeresboden ab.

FLÄCHE
11 437 km²

EINWOHNER
863 000

HAUPTSTADT
Doha

AMTSSPRACHE
Arabisch

WÄHRUNG
1 Katar-Riyal (QR) = 100 Dirham

FLAGGE

Die Flagge war ursprünglich rot-weiß, ähnlich der von Bahrain. Durch die Sonneneinstrahlung verfärbte sich der Naturfarbstoff – aus Rot wurde Braun.

KUWAIT

FLÄCHE
17 818 km²

EINWOHNER
2,39 Mio.

HAUPTSTADT
Kuwait

AMTSSPRACHE
Arabisch

WÄHRUNG
1 Kuwait-Dinar (KD) = 1000 Fils

FLAGGE

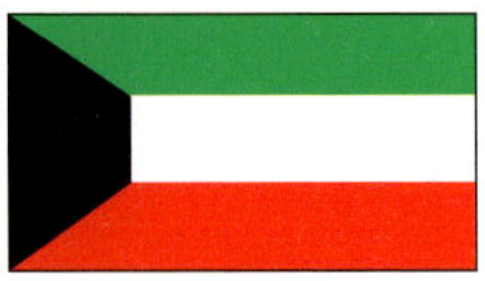

Grün ist das Zeichen des Islam, Weiß steht für Tatkraft und Aufrichtigkeit, Rot für Tapferkeit und Mut. Schwarz gedenkt der Krieger, die in der unwirtlichen Wüste kämpften.

Schwarzes Gold – eine treffende Umschreibung für Erdöl – hat Kuwait, das etwas kleiner als das Bundesland Sachsen ist, reich gemacht. Kuwait begann bereits im Jahre 1946, sein Erdöl zu verkaufen. Seitdem hat sich das Land von einer eher trostlosen Wüste in eine blühende Oase verwandelt.

Die Verwandlung von einem kleinen Wüstenstaat in ein reiches, hoch technisiertes Land ging so rasend schnell, dass hier oft zwei Welten aufeinandertreffen: die traditionsbewusste und die moderne. So sieht man beispielweise schwarz gekleidete, verschleierte Frauen oder Männer in ihren traditionellen langen Gewändern – und daneben Männer und Frauen in schicker Designerkleidung. Die meisten Landesbewohner leben in der Hauptstadt Kuwait oder in den benachbarten Orten, die seit dem Erdölboom entstanden. Das Wahrzeichen der Hauptstadt sind die Kuwait Towers. Der höchste der drei Türme, 185 m hoch, dient als Wasser- und Aussichtsturm. Hier gibt es ein Drehrestaurant, von dem aus man einen spektakulären Blick über die Stadt und das Meer hat.

Von den zwei Millionen Menschen, die heute in Kuwait leben, stammt mehr als die Hälfte aus dem Ausland: aus Ägypten, Syrien, aber auch aus Süd- und Ostasien. Sie kamen ins Land, als die Ölförderung viele Arbeitsplätze schuf. Doch ihr Zuzug schaffte auch Probleme – das Trinkwasser im Land wurde nach und nach knapp. Vor dem Ölboom waren die wenigen Beduinen, die von der Viehhaltung lebten, mit den geringen Wasservorräten ausgekommen, aber plötzlich mussten weit mehr Menschen versorgt werden. Darum baute man teure Anlagen, mit denen das Meerwasser entsalzt wird. Außerdem müssen auch die meisten Lebensmittel ins Land gebracht werden. Nur die Beduinen im Landesinnern, die noch heute mit ihrem Vieh von Wasserstelle zu Wasserstelle ziehen, können sich größtenteils selbst versorgen.

Der kleinste der drei Kuwait Towers wurde gebaut, um die anderen beiden bei Nacht anzustrahlen.

1990 wurde Kuwait leider über Nacht in der ganzen Welt bekannt. Damals marschierte Militär aus dem Nachbarland Irak ein und besetzte das kleine Land. Ein halbes Jahr später wurde Kuwait mithilfe der Amerikaner und anderer Länder befreit. Leider wurde das Land während des Krieges stark zerstört.

Winkerkrabben gehen bei Ebbe auf Nahrungssuche.

Die Iraker zündeten alle Ölfelder an und der schwere schwarze Rauch verdunkelte lange Zeit den Himmel. Giftige Dämpfe machten den Menschen das Atmen schwer. Das Öl, das sich auch in riesigen Mengen ins Meer ergoss, tötete viele Tiere entlang der Küste. Heute – nach aufwendiger Reinigung der Küstenstriche – kann man hier endlich wieder die Tierwelt bewundern, wie zum Beispiel die Winkerkrabben. Die Männchen dieser eigenartigen Tierart haben eine riesige Schere, die größer als ihr ganzer Körper ist. Mit ihr veranstalten sie Ringkämpfe und versuchen, die Weibchen zu beeindrucken. Ihr größter Feind ist der Reiherläufer, ein Vogel, dessen Leibspeise die Krabben sind.

SAUDI-ARABIEN

Fast alle islamischen Kinder auf der Erde haben schon einmal etwas von der saudi-arabischen Stadt Mekka gehört, einige waren sogar schon einmal dort. Mekka ist der heiligste Ort der islamischen Welt. Hier wurde um 570 nach Christus der Begründer des Islam, der Mohammed heißt, geboren.

Jedes Jahr pilgern Millionen Menschen nach Mekka, denn gläubige Muslime sind nicht nur verpflichtet, fünfmal am Tag zu beten, sondern auch wenigstens einmal in ihrem Leben die Wallfahrt nach Mekka zu unternehmen. Nur Menschen, die das Geld dafür nicht aufbringen können, weil sie zu arm sind, sind davon ausgenommen. Weil die meisten Pilger in einer ganz bestimmten Zeit, die nach dem islamischen Kalender berechnet wird, nach Mekka reisen, muss das Ganze gut organisiert werden. Am Flughafen von Mekka kommen die Pilger in einem eigens für sie gebauten Terminal an und steigen in einen der vielen Tausend Busse um, die sie zu verschiedenen religiösen Stätten in der weiteren Umgebung und schließlich wieder zurück nach Mekka bringen – zur heiligen Kaaba, die im Hof der größten Moschee Mekkas steht. Es ist ein riesiger Würfel, der mit schwarzer, reich bestickter Seide umhüllt ist. Im Innern befindet sich ein schwarzer Stein, der von den Gläubigen sehr verehrt wird.

Während des Hadsch, der Pilgerfahrt nach Mekka, strömen Hunderttausende in die große Moschee. Dort umrunden sie die Kaaba siebenmal.

Der Islam bestimmt das ganze Leben der Menschen in Saudi-Arabien. Als Besucher des Landes fällt einem sofort auf, dass Männer und Frauen in der Öffentlichkeit getrennt voneinander leben. Männer und Frauen, die nicht miteinander verwandt sind, dürfen sich beispielsweise nicht unterhalten. Es gibt sogar eine Religionspolizei, die aufpasst, dass die Gesetze des Islam eingehalten werden, etwa dass in allen Geschäften und Restaurants die Gebetszeiten eingehalten werden. Unter der Kontrolle der Religionspolizei stehen auch die Internetcafés. Seiten, die sich gegen den Islam wenden, dürfen nicht aufgerufen werden.

Da das Land sehr trocken und karg ist, lebten die meisten Menschen früher von der Viehzucht oder als Bauern in den Oasen. Heute ist das anders. Denn unter dem Wüstensand liegen die größten Erdölvorkommen der Welt. Seit man das Öl fördert, ist nicht nur das regierende Königshaus Saud reich. Das Erdöl hat auch unter der saudischen Bevölkerung für Wohlstand gesorgt.

FLÄCHE
2,15 Mio. km²

EINWOHNER
23,7 Mio.

HAUPTSTADT
Riad

AMTSSPRACHE
Arabisch

WÄHRUNG
1 Saudi Riyal (S. Rl.) = 100 Hallala

FLAGGE

Grün ist die Farbe des Islam. In der Mitte der Flagge steht das islamische Glaubensbekenntnis: „Es gibt keinen Gott außer Allah und Mohammed ist sein Gesandter."

SPRACHE

Hallo!

Arabisch عَـرَبـي

Mit über 200 Millionen Sprechern ist Arabisch eine der verbreitetsten Sprachen der Welt. Sie wird von rechts nach links geschrieben. Es gibt viele Laute, die im Deutschen unbekannt sind, etwa das „th", das wie im englischen „thing" ausgesprochen wird.

1 = wahid
2 = ithnan
3 = thalatha
4 = arbaa
5 = chamsa

Hallo = Marhaba
Tschüs = Salam
Wie heißt du? = Ma smuka?
Ich heiße … = Ismi …
Wie geht's? = Kaifa haluka?
Bitte = Min fadlik
Danke = Schukran
Entschuldigung = Ismahli

JORDANIEN

FLÄCHE
89 342 km²

EINWOHNER
5,76 Mio.

HAUPTSTADT
Amman

AMTSSPRACHE
Arabisch

WÄHRUNG
1 Jordan-Dinar (JD.) = 1000 Fils (FLS)

FLAGGE

Die Flagge trägt die panarabischen Farben. Die Strahlen des Sterns symbolisieren die sieben Verse, mit denen der Koran beginnt.

Ein Meer ohne Fische! Ganz im Westen Jordaniens, an der Grenze zu Israel, liegt das Tote Meer. „Tot“ heißt es, weil sein Wasser so viel Salz enthält, dass in ihm keine Tiere leben können. Menschen mit Hautkrankheiten tut das salzige Wasser aber gut, weshalb am Ufer schon vor langer Zeit zahlreiche Kurorte entstanden.

Eigentlich ist das Tote Meer gar kein Meer, sondern ein großer Salzsee. Echte Meere haben nämlich immer eine Verbindung zu den großen Ozeanen. Das Baden im Toten Meer macht trotzdem Spaß: Man schwimmt wie ein Korken auf dem Wasser und kann gemütlich im Liegen ein Buch lesen. Auch das liegt an dem hohen Salzgehalt des Wassers, der dadurch zustande kommt, dass das „Meer“ keinen Abfluss hat. Zwar führt der Jordan – der Fluss, nach dem das Land benannt ist – dem See immer neues Wasser zu, doch es verdunstet in der Hitze recht schnell. Zurück bleiben die mit dem Wasser mittransportierten Salze, die sich im Seewasser anreichern. Ohne den Jordan wäre schon lange alles Wasser verdunstet und hier wäre kein „Meer“, sondern eine riesige knochenharte Salzfläche.

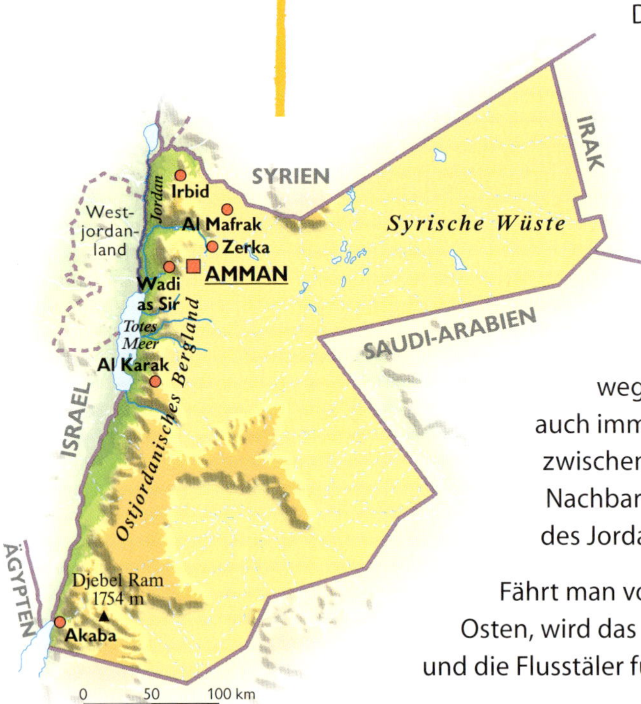

Der Jordan ist die Lebensader für die Menschen, die hier Landwirtschaft betreiben. In trockenen Jahren, wenn im Winter nur wenig Regen fällt und Wasserknappheit herrscht, kommt es wegen des Flusswassers auch immer wieder zu Streit zwischen Jordanien und dem Nachbarland Israel, das westlich des Jordans liegt.

Fährt man vom Jordan aus Richtung Osten, wird das Land immer trockener und die Flusstäler führen nur nach Regenfällen für kurze Zeit Wasser. Trotz der Trockenheit leben hier viele Tiere, wenn auch kleine. Dazu gehören Skorpione. Sie haben sich perfekt an die Lebensbedingungen in der Wüste angepasst und können bis zu zwei Jahre ohne Nahrung auskommen. Besonders interessant ist ihr Paarungsverhalten. Dabei tanzen die Pärchen fast eine ganze Nacht hindurch, zum Teil sogar wochenlang.

In der Felsenstadt Petra sind ungefähr 800 Baudenkmäler erhalten. Die Ruinen sind oft die Kulisse für Kinofilme.

Im Süden Jordaniens, etwa 100 km nordöstlich von Akaba, liegt eine der außergewöhnlichsten Ruinenstätten der Welt, die Felsenstadt Petra. Ihre Erbauer gehörten dem Volk der Nabatäer an, die im 5. Jahrhundert vor Christus von der Arabischen Halbinsel hierherzogen. Im 2. Jahrhundert vor Christus waren sie durch den Handel reich geworden und bauten in Petra beeindruckende Gebäude. Das Unglaubliche daran ist, dass alles direkt aus dem Fels geschlagen wurde. Jährlich kommen unzählige Besucher hierher. Sie bestaunen nicht nur die Felsenstadt, sondern auch die Wüstenpolizei auf ihren Kamelen. Es sind wüstenerfahrene Beduinen, die hier für Recht und Ordnung sorgen.

Wüstenpolizisten aus dem Wadi Rum, dem größten Trockental Jordaniens.

Ist man in Jordanien zu Gast, sollte man seine leere Kaffeetasse beim Zurückgeben leicht drehen – sonst wird sie immer wieder gefüllt.

ISRAEL

Obwohl Israel recht klein ist, nur etwa halb so groß wie die Schweiz, hat es viel zu bieten. Man kann biblische Städte wie Bethlehem besuchen oder in einem der drei Meere baden – im Mittelmeer, im Golf von Akaba oder im Toten Meer.

Die Menschen gaben der Wüste, die weite Teile Südisraels einnimmt, vor langer Zeit den Namen Negev. Das bedeutet auf Hebräisch, der Landessprache, „trockenes Land“. Heute werden weite Teile dieses trockenen Landstrichs bewässert. Da es hier nur selten regnet, muss man Grundwasser aus der Tiefe der Erde hochpumpen. Das ist einerseits sehr aufwendig und nicht gut für die Umwelt, da dadurch der Grundwasserpegel sinkt, andererseits wachsen vor allem Zitrusfrüchte wie Orangen und Zitronen im Wüstenklima besonders gut.

Bei ihrer Bar-Mizwa lesen die Jungen zum ersten Mal laut aus der kostbaren Torarolle vor. Ein Zeigestab hilft dabei.

Der Wunsch, die Wüste in fruchtbares Land umzuwandeln und dort zu siedeln, ist ganz eng mit einer besonderen Siedlungsform verbunden, die es nur in Israel gibt: dem Kibbuz. Kibbuze sind meist kleine Dörfer, in denen die Bewohner kaum privates Eigentum haben. Häuser, Maschinen, Traktoren oder Felder gehören der ganzen Dorfgemeinschaft. Es gibt 270 solcher Dörfer in Israel. Ihre Bewohner kommen aus der ganzen Welt. Während die Erwachsenen auf den Feldern arbeiten, gehen die Kinder in den Kindergarten oder besuchen eine Schule. Sie wachsen in der Gemeinschaft auf, verbringen ihre Freizeit zusammen und essen mit allen anderen Kibbuz-Bewohnern in einem großen Speisesaal.

Der Staat Israel wurde erst 1948 gegründet, und die Kibbuze spielten damals eine große Rolle. Den Staatsgründern, die jüdischen Glaubens waren, ging es vor allem darum, endlich in Freiheit und Gemeinschaft in einem eigenen jüdischen Land zu leben. Diesen Wunsch hatten die Juden in aller Welt schon sehr lange, denn sie wurden über Jahrhunderte wegen ihrer Religion verfolgt. Ganz schlimm wurde es ab 1933 in Deutschland, wo unter dem Diktator Adolf Hitler innerhalb weniger Jahre Millionen von ihnen umgebracht wurden. Viele der Überlebenden zogen nach dem Ende des Zweiten Weltkrieges 1945 nach Israel – und mit ihnen Millionen Juden aus aller Welt.

FLÄCHE
22 145 km²

EINWOHNER
6,64 Mio.

HAUPTSTADT
Jerusalem

AMTSSPRACHEN
Hebräisch, Arabisch

WÄHRUNG
1 Neuer Schekel (NIS) = 100 Agorot

FLAGGE

Muster und Farben der Flagge gehen auf die jüdischen Gebetsschals zurück. In der Mitte steht der blaue Davidstern, ein jüdisches Glaubenssymbol.

SPRACHE

Hallo!

Hebräisch עברית

In Israel sprechen 5 Millionen Menschen Hebräisch. Die hebräische Schrift wird von rechts nach links gelesen. Bei den unten dargestellten Wörtern wird „ee“ wie „i“ und „x“ wie „ch“ ausgesprochen.

1 = axat
2 = sh'tayeem
3 = shalosh
4 = arba
5 = xamesh

Hallo = Shalom
Auf Wiedersehen = Lehitraot
Wie geht's? = Mah shlom-khah (an einen Mann gerichtet) oder Mah shlohmekhn (an eine Frau gerichtet)
Danke = Toda
Bitte = Bevakasha
Entschuldigung = Sleexa

ISRAEL Fortsetzung

Viele Menschen versuchen, die Sperranlagen zwischen Israel und dem Westjordanland zu überwinden, um ihre Verwandten auf der anderen Seite zu besuchen.

Durch die Gründung Israels sind aber auch viele Probleme entstanden. Schließlich lebten hier, bevor die Juden einwanderten, schon andere Menschen – Palästinenser. Die meisten von ihnen wurden von den jüdischen Siedlern vertrieben. In den Nachbarländern Jordanien, Syrien und Libanon wurden für sie Flüchtlingslager eingerichtet, in denen sie nun schon jahrzehntelang auf eine Lösung des Problems warten. Das Ganze verschlimmerte sich noch, als Israel 1967 damit begann, Land seiner Nachbarn in Besitz zu nehmen: Im Osten war es das früher zu Jordanien gehörende Westjordanland und an der Mittelmeerküste der Gazastreifen, der früher ägyptisch war. Heute heißen diese Gebiete „palästinensische Autonomiegebiete". Hier leben viele Palästinenser. Sie wären gerne unabhängig, aber es gibt darüber immer wieder Streit mit Israel. Manchmal kann man in den Nachrichten aber auch davon hören, dass sich die Palästinenser gegenseitig bekämpfen.

Besonders deutlich wird der Konflikt in der Hauptstadt Jerusalem, deren Ostteil in dem von Israel besetzen Westjordanland liegt. Jerusalem ist die heilige Stadt von drei Religionen: dem Judentum, dem Christentum und dem Islam. Da sich die Menschen nicht einigen können, in der Stadt friedlich zusammenzuleben, kommt es hier immer wieder zu gewalttätigen Zusammenstößen, zum Beispiel am Tempelberg, unter dem die sogenannte Klagemauer liegt. Hierher pilgern Jahr für Jahr Juden aus aller Welt.

In Jerusalem trifft man deshalb auf jüdische Menschen, die Hebräisch sprechen, und auf muslimische Palästinenser, die Arabisch sprechen. Manchmal kann man in den Gassen aber auch noch eine andere Sprache hören – und vielleicht sogar das eine oder andere Wort verstehen. Es ist Jiddisch, eine Mischung aus Hebräisch, Deutsch und verschiedenen osteuropäischen Sprachen, das vor allem europäische Juden sprechen.

Hebräisch ist auch die Sprache der Thora. So heißt das heilige Buch der Juden. Nach dem 13. Geburtstag dürfen die Jungen das erste Mal in der Synagoge aus der Thora vorlesen. Dieses Ereignis wird mit einem großen Fest begangen, der Bar-Mizwa. Von diesem Tag an sind die Jungen vollwertige Mitglieder ihrer Gemeinde, müssen bestimmte Pflichten erfüllen und nach den Geboten der Thora leben. Auch für Mädchen gibt es ein ähnliches Fest. Es wird Bat-Mizwa genannt und nach dem 12. Geburtstag gefeiert. Bei den Feiern gibt es immer viel zu essen. Wichtig ist, dass die Speisen „koscher" sind, wie die Juden sagen, das bedeutet, dass sie nach den Geboten der Thora zubereitet wurden. So darf zum Beispiel Fleisch nicht zusammen mit Milchprodukten gegessen werden, Schweinefleisch allerdings überhaupt nicht.

Die Klagemauer ist das wichtigste Heiligtum der Juden. Die Gläubigen stecken Zettel mit Gebeten in die Mauerritzen. Sie glauben, dadurch Gott näher zu sein.

Foto für den Frieden

Sieht doch eigentlich ganz normal aus, oder? Da treffen sich drei Jungen vor dem Felsendom in Jerusalem zu einem Foto. Der mit dem kleinen Käppchen – der Kipa – ist Jude, der mit dem Tuch als Kopfbedeckung ist Muslim und der Junge mit dem Kreuz ist Christ. Und alle drei heißen mit Vornamen Abraham – so wie der biblische Urvater, auf den sich die Bewohner Israels und Palästinas heute berufen. „Seht her!“, wollte Reza, der Fotograf, damit ausdrücken. „Auch wenn Menschen unterschiedliche Religionen haben, können sie sich doch prima verstehen!“ Der Aufruf ist leider nötig: Denn in dem Heiligen Land, in dem alle drei Religionen ihre Wurzeln haben, führen Juden und Muslime einen erbitterten Krieg, in dem jede Woche Menschen sterben. Die Jungen haben sich von dem Hass nicht anstecken lassen. Sie trafen sich – und wurden im Nu Freunde. „Schon nach 20 Minuten haben sie über Fußball diskutiert“, sagt Reza. Davon könnten sich die Erwachsenen eine Scheibe abschneiden.

LIBANON

FLÄCHE
10 452 km²

EINWOHNER
3,9 Mio.

HAUPTSTADT
Beirut

AMTSSPRACHE
Arabisch

WÄHRUNG
1 Libanesisches Pfund (L£) = 100 Piaster (P. L.)

FLAGGE

Die Farben Weiß und Rot sind die Farben des früheren Osmanischen Reichs, die auch in der türkischen Flagge vorkommen. Die Zeder in der Mitte steht für Stärke, Helligkeit und Ewigkeit.

An den Imbissständen in libanesischen Städten gibt es eine Köstlichkeit, die mittlerweile auch bei uns bekannt ist: die eiergroßen Falafel. Meist werden fünf oder sechs davon in spitz zulaufenden Papiertütchen verkauft. Dafür püriert man Kichererbsen, gibt Gewürze – vor allem den kräftigen Kreuzkümmel – hinzu, formt aus der Masse kleine Bällchen und frittiert diese in heißem Öl.

Gewürze, aber auch Obst und Gemüse wachsen in der fruchtbaren Küstenebene des kleinen Mittelmeerlandes zuhauf. Hier leben auch die meisten Libanesen. Östlich davon erheben sich die Berge des Libanongebirges. Dort sieht man überall kleine Bäumchen und Sträucher – aber kaum große Bäume. Früher hingegen waren weite Teile des Landes bewaldet, vor allem mit der Libanon-Zeder, die auch in der Landesflagge verewigt wurde. Die Wälder sind aber schon lange verschwunden. Die Bäume wurden von den Phöniziern gefällt, einer Seefahrer- und Händlernation, die vor Jahrtausenden hier lebte und die ganze südliche Mittelmeerregion besiedelte. Sie bauten aus dem harten Zedernholz Häuser, Tempel, vor allem aber Schiffe für ihre Handelsflotte. Die Phönizier waren es auch, die als Erste Stoffe purpurrot färben konnten. An den Küsten des Libanons lebt die Purpurschnecke. Sie gibt aus einer Drüse einen gelblichen Schleim ab, der sich im Sonnenlicht nach und nach purpurrot – also tiefrot – verfärbt.

Seit der Zeit der Phönizier hat sich vieles verändert, leider nicht nur zum Guten. Im Libanon leben Menschen, die verschiedenen Religionen angehören. Vor allem zwischen Muslimen und Christen kommt es immer wieder zu Streit. 1975 brach zwischen ihnen sogar ein Bürgerkrieg aus, der 14 Jahre lang dauerte. Viele Menschen starben. Die Hauptstadt Beirut wurde stark zerstört, und viele Kinder konnten lange nicht in ihre Schulen zurückkehren, da die Gebäude erst mühsam wieder aufgebaut werden mussten.

Auch zwischen dem Libanon und seinem Nachbarland Israel kommt es immer wieder zu Kämpfen. Der Konflikt besteht schon sehr lange und hat vor allem damit zu tun, dass Israel vor etwa 30 Jahren in den Süden des Libanons einmarschierte und Teile des Landes besetzt hielt. Viele Libanesen sind noch immer sehr wütend darüber, wie Israel sie behandelt, und einige Muslime haben deshalb eine Organisation gegründet. Sie heißt Hisbollah. Ihr geht es allerdings nicht um Frieden, sondern darum, Israel zu zerstören. Zwischen den beiden Gegnern flammt immer wieder Krieg auf. Dann wirft die israelische Armee Bomben über den libanesischen Städten ab und die Soldaten der Hisbollah schießen mit Raketen zurück. In diesen Zeiten leben die Libanesen in ständiger Angst, gehen nicht zur Arbeit oder in die Schule. Und wenn die Kämpfe vorbei sind, versuchen sie, ihre Häuser wieder aufzubauen und trotz der Zerstörung um sie herum ein normales Leben zu führen.

Dass im Libanon lange Zeit Bürgerkrieg herrschte, ist an den zerstörten Häusern deutlich zu sehen. Das hält die Kinder aber nicht vom Fußballspielen ab.

SYRIEN

Die Hochebene von Aleppo im Norden Syriens ist die ursprüngliche Heimat des Goldhamsters. Hier flitzt er an den heißen Tagen über die Steine, in den kalten Nächten verkriecht er sich in seinem Bau. Wenn der Winter naht, bereiten sich die kleinen Tiere auf den Winterschlaf vor und legen einen Vorrat an Getreidekörnern an, von dem sie fressen, wenn sie zwischendurch aufwachen.

Die bekannteste Kreuzritterburg: Krac des Chevaliers

Südwestlich der Hochebene von Aleppo erstreckt sich die fruchtbare Küstenregion Syriens. Hier leben die meisten Syrer, viele von der Landwirtschaft. Weiter im Landesinnern wird es immer trockener. Im Norden können die Menschen dank des großen Flusses Euphrat, dem sie Wasser entnehmen, ihre Felder bewässern. Der Euphrat ist für das Leben im Norden enorm wichtig und immer wieder Grund für Streitigkeiten mit den Nachbarländern. Die Türkei zapft dem Fluss schon auf ihrem Staatsgebiet, also weiter im Norden, das Wasser ab, dann bedienen sich die Syrer von seinem Wasser und so bleibt dem Irak, wo der Euphrat ins Meer mündet, in trockenen Jahren nur ein kleiner Rest.

Im Süden Syriens geht die Landschaft in eine Wüste über. Hier begegnet man Nomaden, die von der Schafzucht leben. Auch die Hauptstadt Damaskus, die zu den ältesten Städten der Welt zählt, liegt in dieser kargen Region. Sie konnte hier nur entstehen, weil das Wasser des Flüsschens Barada die Gegend in eine blühende Oase verwandelt. Um Wasser geht es auch bei den syrischen Golanhöhen, die südlich der Hauptstadt Damaskus liegen und seit 1967 von Israel besetzt sind. Die Syrer fordern das Gebiet zurück, doch bisher waren alle Gespräche erfolglos. Israel braucht die Golanhöhen nämlich: Hier entspringen wichtige Quellflüsse des Jordans, also des Flusses, der die Trinkwasserversorgung Israels garantiert.

In Damaskus gibt es viele Straßenmärkte. An diesen Ständen werden leckere Süßigkeiten verkauft.

In Syrien gibt es auch stark befestigte Burgen und Schlösser. Sie wurden von europäischen Rittern erbaut, die zwischen dem 11. und 13. Jahrhundert im Auftrag der katholischen Kirche ins Heilige Land zogen – heilig, weil dort die Schauplätze der biblischen Geschichten liegen –, um es von den Muslimen zurückzuerobern. Christen und Muslime waren damals erbitterte Feinde und nannten sich gegenseitig „Ungläubige". Bekannt ist die beeindruckende Burg „Krac des Chevaliers" im Westen Syriens. Mit ihren dicken Mauern und Wehrtürmen ist sie schon aus der Ferne zu erkennen. Und sie hat alles, was eine Ritterburg ausmacht: Burggräben, Rittersäle, unterirdische Geheimgänge und Kerker.

FLÄCHE
185 180 km²

EINWOHNER
18,2 Mio.

HAUPTSTADT
Damaskus

AMTSSPRACHE
Arabisch

WÄHRUNG
1 Syrisches Pfund (syr£) = 100 Piaster (PS)

FLAGGE

Die Flagge enthält die arabischen Farben: Schwarz symbolisiert die Kolonialzeit, Rot die Revolution, Weiß die friedliche Zukunft. Die Sterne stehen für die Einheit, Grün ist die Farbe des Islam.

IRAK

FLÄCHE
434 128 km²

EINWOHNER
26,8 Mio.

HAUPTSTADT
Bagdad

AMTSSPRACHEN
Arabisch, Kurdisch

WÄHRUNG
1 Irak-Dinar (ID) = 1000 Fils

FLAGGE

Rot, Weiß und Schwarz sind die arabischen Farben, Grün ist die Farbe des Islam. Die Inschrift bedeutet „Allah ist groß". Die Sterne stehen für die Staaten Irak, Ägypten und Syrien und ihre Bemühungen, 1963 eine Vereinigte Arabische Republik zu bilden.

Durch den Irak fließen zwei riesige Flüsse, der Euphrat und der Tigris. Deshalb wird das Land auch seit der Antike als „Zweistromland" oder Mesopotamien bezeichnet. Mesopotamien ist ein Wort aus der griechischen Sprache und bedeutet „zwischen den Flüssen".

Das Zweistromland gilt auch als die Wiege der Zivilisation. Schließlich entwickelten sich in dieser fruchtbaren Region schon vor mehr als 5000 Jahren sogenannte Hochkulturen, in denen wichtige Techniken erfunden wurden, wie etwa Bewässerungsmethoden. Am Ufer des Euphrat, 90 km südlich der heutigen Hauptstadt Bagdad, lag beispielsweise einstmals die sagenumwobene Stadt Babylon, die Hauptstadt des großen Reichs Babylonien. Schon in der Bibel wird der „Turmbau zu Babel" erwähnt – und in der Tat hat es im alten Babylon einen hohen Turm gegeben, eine technische Meisterleistung.

In der Bibel kann man auch vieles über das Leben der Menschen erfahren. Dank der beiden großen Flüsse, die sich im Südosten des Landes zu dem riesigen Mündungsstrom Schatt el-Arab vereinen, konnte die hier lebende Bevölkerung in dem ansonsten eher trockenen und größtenteils wüstenhaften Land schon seit jeher Landwirtschaft betreiben.

Im Gebirge Nordiraks liegen große Erdöllagerstätten. Bis etwa 1980 lebte das Land vom Erdöl und den Menschen ging es ganz gut. Dann kam der Diktator Saddam Husain an die Macht. Während seiner Amtszeit wurden die im Norden des Landes lebenden Kurden verfolgt und viele umgebracht. In dieser Zeit begann das Land, einen Krieg gegen das Nachbarland Iran zu führen, der acht Jahre dauerte. Viele Menschen starben und das Land wurde immer ärmer. Es folgten zwei Jahre des Friedens, doch dann marschierten die irakischen Truppen in das kleine Nachbarland Kuwait ein und hielten es besetzt. Amerikaner und ihre Verbündeten setzten diesem Krieg ein Ende und vertrieben die Iraker aus Kuwait. Etwa zehn Jahre später wurde der grausame Herrscher Saddam Husain durch die Amerikaner und ihre Verbündeten gestürzt. Aber Frieden herrscht trotzdem nicht, auch wenn amerikanische Soldaten und ihre Verbündeten versuchen, das Land zu kontrollieren. Viele Iraker sind auch mit ihrer neuen Regierung nicht einverstanden oder möchten selbst an die Macht kommen. Deshalb bekämpfen sie all jene, die mit der neuen Regierung oder mit den amerikanischen Soldaten zusammenarbeiten. Täglich sterben deshalb immer noch Menschen.

Die Kinder im Irak wachsen damit auf, ständig von ausländischen Soldaten umgeben zu sein – manchmal spielen sie sogar miteinander.

SOUVENIR

Die Schrift

Aus dem Irak kommt eine Erfindung, ohne die die Welt heute anders aussähe: die Schrift. Sie wurde zwar auch in anderen Regionen der Welt erfunden, aber die Keilschrift der Sumerer, die vor etwa 5000 Jahren – lange vor dem babylonischen Reich – in Mesopotamien herrschten, gilt als die älteste. Sie wurde mit Holzgriffeln in weiche Tontafeln oder -kegel gedrückt, die dann trockneten.

IRAN

In Iran üben sich Jungen bis heute in einer der ältesten Kraftsportarten der islamischen Welt. Sie wird Varzeshe Pahlevani – „Sport der Helden" – genannt. Dabei stemmen die Jugendlichen schwere Eisenketten oder schleudern Holzkeulen in oft atemberaubende Höhen und fangen sie geschickt wieder auf.

In Iran bestimmt eine strenge Geschlechterordnung viele Bereiche des Lebens, zum Beispiel wie man sich kleiden soll. Frauen müssen ihr Kopfhaar und ihren Körper bis über die Hüften bedecken. In vielen Regionen wird diese Kleidervorschrift sehr streng eingehalten, und man sieht dort nur ganz in Schwarz gehüllte Frauen. Der Tschador, wie der schwarze Ganzkörperschleier heißt, wird aber nicht überall im Land getragen. Im reichen Norden der Hauptstadt Teheran sitzen junge Frauen in schicken Mänteln in Straßencafés, und ihr farbenfrohes Kopftuch rutscht auch schon mal ein bisschen auf den Hinterkopf. Die Kleidervorschrift ist der Grund, weshalb viele Sportarten von Frauen nicht ausgeübt werden. Turnen, Schwimmen oder Leichtathletik sind undenkbar. Kampfsportarten oder Ballspiele wie Fußball oder Rugby sind hingegen auch unter Frauen sehr beliebt – mit Kopftuch und langer Jacke eben.

Vorgeschrieben wird die Kleidung von den islamischen Geistlichen. In Iran ist die Religion nicht vom Staat getrennt. So müssen zum Beispiel alle Gesetze von islamischen Rechtsgelehrten geprüft werden. Der Islam durchdringt das ganze Leben. So dürfen etwa Internetseiten, die der Religion schaden könnten, nicht geöffnet werden. Doch die Jugend liebt das Internet, es ist die Tür zur Welt. Eigentlich ist es strikt verboten, westliche Popmusik zu hören, da der Staat befürchtet, dass die Menschen sich zu sehr nach dem Westen hin orientieren, aber dennoch laden sich viele, die über einen Internetanschluss verfügen, verbotene Musik herunter.

Rugby wird in Iran auch von Frauen gespielt. Nur ihre Sportkleidung ist etwas anders als die in Europa.

Den Iranern ist Bildung sehr wichtig. Der Schulbesuch ist kostenlos und die Kinder sind in der Regel sehr fleißig, schließlich wollen viele später studieren. Die meisten Universitäten gibt es in Teheran, wo es auch einen riesigen überdachten Basar mit mehr als 10 000 Geschäften gibt. In der Hauptstadt am Fuße des Elbursgebirges leben über sechs Millionen Menschen. Wer es sich leisten kann, versucht, der schlechten Luft zu entgehen und fährt zur Erholung in die Berge – im Sommer zum Wandern, im Winter zu Skifahren.

FLÄCHE
1 648 195 km²

EINWOHNER
68 Mio.

HAUPTSTADT
Teheran

AMTSSPRACHE
Persisch (Farsi)

WÄHRUNG
1 Rial (Rl.) =
100 Dinar (D.)

FLAGGE

Grün steht für die Fruchtbarkeit des Landes, Weiß für den Frieden und Rot für Stärke und Macht. Das Schwert in der Mitte des Wappens und die vier Halbmonde stehen zusammen für die fünf Säulen des Islam, die fünf Glaubensregeln. Die Schriftbänder wiederholen 22-mal „Allah ist groß".

SOUVENIR

Das Pokerspiel

Das Kartenspiel Poker verbindet man meist mit Amerika. Erfunden wurde es aber nicht im Wilden Westen, sondern schon vor 3000 Jahren auf dem Gebiet des heutigen Iran. Es hieß damals noch „As Nas". Mit den Kreuzrittern kam es nach Europa und erst im 19. Jahrhundert dann nach Nordamerika.

ARMENIEN

FLÄCHE
29 740 km²

EINWOHNER
3,21 Mio.

HAUPTSTADT
Jerewan

AMTSSPRACHE
Armenisch

WÄHRUNG
1 Dram (ARD) =
100 Luma (Lm)

FLAGGE

Rot steht für das Blut, das für das Land vergossen wurde, Blau für den Himmel und die Hoffnung, Orange für den Mut der Menschen.

Und er wächst, wächst und wächst – 5 mm pro Jahr! Gemeint ist der Kleine Kaukasus, ein Gebirge, das sich über weite Teile Armeniens erstreckt. Es ist dadurch entstanden, dass hier im Untergrund zwei Erdplatten aufeinanderstoßen. Und da dieser Vorgang noch immer anhält, wächst auch das Gebirge weiter in die Höhe.

Die Bewegung der Erdplatten spüren die Armenier vor allem durch die häufigen Erdbeben, die das Land erschüttern. Es dauert jedes Mal Jahre, bis all die zerstörten Gebäude, auch Schulen und Krankenhäuser, wieder aufgebaut sind. Die Landschaft in dem gebirgigen Land ist zudem karg, und so ist der Anbau von Obst oder Gemüse nur in den Flusstälern und Seengebieten möglich. Den Gewässern wird in großen Mengen Wasser abgezapft, um die Felder bewirtschaften zu können. Auch aus dem fast 2000 m hoch gelegenen Sewansee wird Wasser entnommen, wodurch allerdings der Wasserspiegel des riesigen Sees stetig sinkt. Während die Natur darunter leidet und die Fischbestände bedroht sind, brachte das Absinken des Wasserspiegels auch etwas sehr Interessantes zum Vorschein: jahrtausendealte Bestattungsplätze aus der Bronzezeit, also aus der Zeit, als die Menschen nicht mehr nur das weiche Kupfer bearbeiten konnten, sondern auch die widerstandsfähigere Bronze, eine Mischung aus Kupfer und Zinn. Die Grabstätten geben Aufschluss darüber, wie die Menschen damals in dieser Region lebten.

Beim Spaziergang am Sewansee kommt man an vielen Kirchen und Klöstern vorbei.

Auch sonst gibt es in Armenien viel zu entdecken, zum Beispiel Kirchen und Klöster, die zu den ältesten der Welt zählen. Die Kirche Armeniens wurde bereits 300 nach Christi Geburt gegründet. Damit war Armenien der erste christliche Staat der Welt – und bis heute sind die Armenier sehr religiös. In ihren schönen Kirchen kann man auch das Duduk hören. Es ist ein Blasinstrument aus Aprikosenholz, dessen Klang an den einer Klarinette erinnert.

Männer in der Hauptstadt Jerewan bei der Mittagspause – an ihrem Stand verkaufen sie unter anderem gebrauchte Schuhe.

Trotz all dieser christlichen Traditionen feiern die Armenier im Hochsommer auch ein Fest, das mit ihren christlichen Wurzeln nichts zu tun hat: das Wardawar-Fest. Wasser ist zwar für die Armenier ein kostbares Gut, das nicht verschwendet werden sollte, doch beim Wardawar-Fest zählt das nicht: Dann wird großzügig damit herumgespritzt. Die Menschen glauben, dass das Bespritzen nicht nur äußerlich, sondern auch innerlich rein macht. Das lassen sich natürlich die armenischen Kinder und Jugendlichen nicht zweimal sagen – und spritzen alle um sich herum nass.

GEORGIEN

Auch wer die Sprache der Georgier nicht versteht, kann georgische Namen recht schnell erkennen. Viele enden nämlich auf -dse oder -wili. Deutschen Fußballfans ist das nicht unbekannt, denn in der Bundesliga spielen auch viele Georgier.

Im Norden Georgiens erstreckt sich das Kaukasus-Gebirge. Hier erheben sich über 5000 m hohe gewaltige Vulkane und es kann im Winter extrem kalt werden. Dann müssen die Kinder in den kleinen Bergdörfern oft selbst für das Brennholz in ihren Schulen sorgen. Die Gipfel des Kaukasus sind auch im Sommer schneebedeckt, die niedrigeren Berge des Kleinen Kaukasus im Süden Georgiens sind hingegen im Sommer frei von Schnee.

Zwischen diesen beiden Gebirgen liegt im Westen des Landes die für die Georgier sehr wichtige fruchtbare Kolchisebene. Hier sind die Winter nicht besonders kalt und die Sommer angenehm warm. Das sind ideale Bedingungen für den Gemüse-, Getreide- und Obstanbau. Ein Großteil der Ernte wird auf Schiffe gepackt und über das Schwarze Meer nach Europa transportiert. Aber auch der Weg zum Kaspischen Meer über das im Süden gelegene Nachbarland Aserbaidschan ist nicht weit. Deshalb war Georgien schon immer sehr wichtig, wenn es darum ging, Waren vom einen zum anderen Meer zu befördern.

Weltberühmt sind auch die georgischen Reben. Aus dem Traubensaft werden aber nicht nur Weine hergestellt, sondern auch viele süße Leckereien. Der Nachtisch mit dem schwierigen Namen Tschurtschchela gehört zu

Das Fladenbrot – an der Wand eines Holzofens gebacken – wird zu vielen georgischen Gerichten gegessen.

diesen typischen georgischen Süßigkeiten. Dafür zieht man Haselnuss- oder Walnusskerne auf eine dünne Schnur und taucht sie in Traubensaft, der mit Mehl und Zucker vermischt ist. Nachdem der Überzug etwas angetrocknet ist, taucht man sie erneut ein. Dieser Vorgang wird so lange wiederholt, bis sich eine dicke süße Schicht auf den Nüssen gebildet hat.

Die Georgier sind aber nicht nur für ihre Süßigkeiten, sondern auch für ihre Tänze bekannt. Die Tänzerinnen bewegen sich dabei mit kleinen, ganz leichten Schritten, die allerdings unter ihren langen reich verzierten Gewändern verborgen bleiben. So entstehen für den Zuschauer gleichmäßige, fließende Bewegungen und man hat den Eindruck, die Frauen würden schweben.

Die Tänze und die Musik sowie ihr tiefer christlicher Glaube halfen den Georgiern auch in den langen Zeiten, in denen das Land von anderen beherrscht wurde. Mal waren es kriegerische Mongolenstämme aus Zentralasien, die in das Land einfielen, dann wieder die Türken oder die Armeen der russischen Zaren. Zuletzt gehörte Georgien zur riesigen Sowjetunion, bis diese Anfang der 1990er-Jahre zerfiel und Georgien endlich wieder über sich selbst bestimmen konnte.

FLÄCHE
69 700 km²

EINWOHNER
4,69 Mio.

HAUPTSTADT
Tiflis

AMTSSPRACHE
Georgisch

WÄHRUNG
Lari (GEL) = 100 Tetri

FLAGGE

Die „Fünf-Kreuze-Flagge“ verweist auf die christliche Tradition des Landes – und steht für die Hoffnung auf eine demokratische Zukunft.

ASERBAIDSCHAN

FLÄCHE
86 600 km²

EINWOHNER
8,6 Mio.

HAUPTSTADT
Baku

AMTSSPRACHE
Aserbaidschanisch (Aseri)

WÄHRUNG
1 Aserbaidschan-Manat (A. M.) = 100 Gepik (G)

FLAGGE

Blau steht für den Himmel, Rot für die Freiheit. Die Farbe Grün sowie Mondsichel und Stern stehen für den Islam.

Kaviar und noch mal Kaviar – eine teure Delikatesse, die die Aserbaidschaner hier aus dem Kaspischen Meer holen. Es handelt sich dabei um die Eier – Fachleute sagen dazu „Rogen" – des Störs, einer Fischart, die in dem riesigen See lebt.

Das Kaspische Meer, an das Aserbaidschan grenzt, ist streng genommen ein See, da es keine Verbindung zu den großen Weltmeeren hat. Mit einer Fläche von mehr über 370 000 Quadratkilometern ist es der größte See der Welt. Da sein Wasser jedoch – wie Meerwasser auch – sehr salzhaltig ist, bezeichnet man den See auch als Meer. Mitten im Wasser stehen viele große Arbeitsplattformen, mithilfe derer große Schätze zutage gefördert werden: Erdöl- und Erdgas, die in den Gesteinen unter dem See lagern. Die Brennstoffe werden durch eine lange, dicke Pipeline in einen türkischen Mittelmeerhafen geleitet, von wo aus sie in die ganze Welt verschifft werden.

Ein wichtiges Industriezentrum des Landes ist die Region um die Hauptstadt Baku. Hier gibt es aber nicht nur Fabriken, sondern auch viele Denkmäler vergangener Zeiten wie etwa den Feuertempel Ateschgah, der im 7. Jahrhundert erbaut wurde.

Nur die Eier des Störs dürfen als echter Kaviar bezeichnet werden – die Eier anderer Fische sind „unechter" Kaviar.

Hier brennt ein ewiges Feuer, das früher von Erdgas genährt wurde, das aus einer Erdspalte austrat. Heute wird das Erdgas über eine Leitung hierher geleitet. Die brennenden Kamine des Feuertempels sollen weiterhin daran erinnern, dass Gas schon seit Jahrhunderten eines der wichtigsten Güter des Landes ist.

Auf den Märkten und in den Läden Bakus gibt es vieles zu entdecken. Dazu gehören bunte Textilien, die von Frauen mit Gold- und Silberfäden verziert wurden, sowie kunstvoll von Hand geknüpfte Teppiche. Ist ein Teppich fertig, wird sein „Geburtstag" gefeiert. Früher legte man fertige Teppiche vor das Haus, damit die Passanten sie noch fester traten, als sie ohnehin schon geknüpft waren. In den Wohnungen zieren die Teppiche nicht nur die Fußböden, sie sind auch als Wandschmuck sehr begehrt. Es gibt sogar Teppiche, die immer weitervererbt werden und die auch in größter Not nicht verkauft werden – so will es der Brauch.

Die Knüpfkunst ist im ganzen Land bekannt: in den Bergdörfern der Kaukasusgebirge, in den trockenen und warmen Tiefebenen, an der Küste zum Kaspischen Meer – und in der Autonomen Republik Nachitschewan. Sie ist nicht mit dem Kernland Aserbaidschans verbunden, sondern durch armenisches Staatsgebiet von ihm getrennt. Das hat mit der früheren Situation der ehemaligen Sowjetrepubliken zu tun, die alle unabhängig wurden, als die Sowjetunion 1991 zusammenbrach. Das früher einmal unabhängige Nachitschewan fiel an Aserbaidschan, ein Streifen dazwischen jedoch an Armenien. Ähnlich verhält es sich mit Bergkarabach, einem überwiegend von Armeniern bewohnten und ehemals eigenständigen Gebiet, das heute zu Aserbaidschan zählt. Aber auch Armenien erhebt Anspruch auf dieses Gebiet rund um die Stadt Stepanakert und so kam es in der Vergangenheit immer wieder zu Konflikten zwischen den beiden Ländern.

TURKMENISTAN

Schwarzes Gold und weißes Gold – Erdöl und Baumwolle – sind die wichtigsten Güter Turkmenistans. Auch die Erdgasvorkommen des Landes sind riesig. Die Fördertürme stehen am Ufer des Kaspischen Meers und in der Wüste Karakum im Landesinnern.

Früher lebten in der Wüste Karakum, die große Teile des Landes einnimmt, viele Turkmenen von der Kamelzucht und wanderten mit ihren Tieren von Oase zu Oase. Doch heute sind die meisten von ihnen sesshaft und wohnen in festen Häusern in den Oasenstädten. Großflächige Landwirtschaft ist jedoch nur im Süden und Norden an den wenigen Flüssen möglich.

Für die Bewässerung der Felder hat man auch den Karakum-Kanal gebaut, der durch das ganze Land fließt, unter anderem auch durch die moderne Hauptstadt Aschchabad. Sie liegt am Fuße des Kopet-Dag-Gebirges, des einzigen höheren Berglandes Turkmenistans, und wurde in der Vergangenheit mehrmals durch Erdbeben zerstört. In der Stadt gibt es viele schöne Parks, große Plätze und einen riesigen Präsidentenpalast.

Im Jahre 1990, ein Jahr bevor Turkmenistan von der Sowjetunion unabhängig wurde, kam Sapamurad Nijasow an die Macht. Er ernannte sich zum Staatspräsidenten auf Lebenszeit und füllte das Amt bis zu seinem Tod aus. Im Dezember 2006 starb der uneingeschränkte Diktator. Sich selbst nannte er „Turkmenbaschi", Haupt der Turkmenen, und er benannte auch viele Dinge nach sich oder seinen Familienmitgliedern: eine Hafenstadt am Kaspischen Meer und sogar der Monat Januar hießen plötzlich „Turkmenbaschi". Zudem verbot er den Zugang zum Internet und öffentliche Bibliotheken, Kinos, Opernhäuser und sogar den Zirkus. Seit der „Turkmenbaschi" tot ist, gibt es nun ein neues Staatsoberhaupt. Der neue Präsident versprach den Bürgern des Landes, vieles zu verändern und ihnen beispielsweise Zugang zum Internet zu verschaffen – doch bei den zahlreichen Umbenennungen bleibt es zunächst.

Die ungewöhnlichen Berge des Kopet-Dag an der Grenze zu Iran

Eines der wichtigsten Feste der Turkmenen, das zu allen Zeiten gefeiert wurde, ist das Neujahrsfest Noruz. Es wird – wie auch in anderen Ländern, etwa Iran oder Tadschikistan – am Frühlingsbeginn Ende März gefeiert. Die Kinder und Jugendlichen freuen sich auf die Leckereien und Geschenke und ganz besonders auf die vielen Wettkämpfe: Bei Ringkämpfen oder Reiterspielen wie Polo können sie dann ihre Sportlichkeit unter Beweis stellen.

FLÄCHE
488 100 km²

EINWOHNER
4,86 Mio.

HAUPTSTADT
Aschchabad

AMTSSPRACHE
Turkmenisch

WÄHRUNG
1 Turkmenistan-Manat (TMM) = 100 Tenge

FLAGGE

Links zeigt die Flagge fünf traditionelle Teppichmuster. Das Grün und die Sichel stehen für den Islam, die fünf Sterne für die Provinzen des Landes.

In Turkmenistan pflücken die Menschen ungefähr 3,5 Millionen Tonnen Baumwolle im Jahr.

USBEKISTAN

FLÄCHE
447 500 km²

EINWOHNER
25,2 Mio.

HAUPTSTADT
Taschkent

AMTSSPRACHE
Usbekisch

WÄHRUNG
1 Usbekistan-Sum (U.S.) = 100 Tijin

FLAGGE

Blau symbolisiert den Himmel und das Wasser, Weiß den Frieden, Grün Natur und Fruchtbarkeit. Die roten Streifen stehen für die Lebenskraft des Volkes, die zwölf Sterne für die Provinzen des Landes. Der Halbmond steht für den Islam.

Die Seidenstraße – viele haben schon von dieser Handelsroute gehört, die bereits vor 2000 Jahren Ostasien mit dem Mittelmeerraum verband. Sie führte auch durch das heutige Usbekistan, oft durch trostloses und von der Sonne versengtes Land. Meist waren die Händler froh, wenn sie und ihre Lasttiere die rettenden Oasen Samarkand oder Buchara erreichten.

Die schönen Oasenstädte Buchara, Chiwa oder Samarkand lassen bis heute den Wohlstand erkennen, den sie durch den Handel entlang der Seidenstraße erlangten. Im 14. Jahrhundert entstanden hier herrliche islamische Bauwerke wie Moscheen und Koranschulen, ja sogar ein Observatorium zur Beobachtung des Himmels. Alles ist reich mit Mosaiksteinchen und kunstvollen Schriftzügen aus dem Koran verziert. Hier trifft man auch noch viele, meist ältere Menschen in traditioneller Kleidung: mit einem Turban oder einem kleinen Käppchen, Dupe genannt, und in langen Mänteln aus Baumwolle oder Seide.

Usbekistan ist bei uns nicht nur durch seine alten Handelsstädte berühmt, sondern auch dafür, dass von hier besondere Felle kommen: die sogenannten „Persianer". Dabei handelt es sich um die gelockten Felle von ganz jungen Lämmern des Karakul, die nur wenige Stunden bis einige Tage alt sein dürfen, wenn sie geschlachtet werden. Das Karakul ist ein Steppenschaf, das in den Wüsten und Steppen Usbekistans lebt. In seinem langen und breiten Schwanz legt es Fettreserven an, mithilfe derer es auch längere Dürreperioden überstehen kann. Der Name „Persianer" stammt wahrscheinlich von persischen Händlern, die die Felle früher auf die fernen Märkte brachten.

In Samarkand besuchen viele junge Menschen die Medrese, eine bedeutende islamische Hochschule.

Der Aralsee trocknet aus – frühere Hafenstädte und Schiffe liegen heute oft mehr als 50 km vom Ufer entfernt.

Obwohl weite Gebiete Usbekistans flache Steppen und Wüsten und deshalb für die Landwirtschaft nicht nutzbar sind, leben die meisten Menschen vom Anbau verschiedener Nutzpflanzen. Am wichtigsten von allen ist die Baumwolle. Sie wächst hier hervorragend, da die Sommer zwar heiß, dafür aber die Winter auch mild und schneearm sind. Allerdings brauchen Baumwollpflanzen viel Wasser, das in den Anbaugebieten Mangelware ist. Deshalb zapfen die Menschen zur Bewässerung ihrer Felder zum Beispiel die Zuflüsse des im Norden gelegenen Aralsees an. Die Folge ist, dass kaum mehr Flusswasser den See erreicht und dieser immer mehr austrocknet. Die Baumwolle wird oft noch von Hand geerntet. Das wollige Innere der aufgeplatzten Samenkapseln wird gepflückt, von den vielen Samenkörnern befreit und dann zu großen weißen Ballen gepresst. Vor allem Kinder und Studenten werden von September bis November zur Arbeit auf den Feldern verpflichtet, viele Schulen und Universitäten sind während dieser Zeit geschlossen.

KASACHSTAN

In Kasachstan liegt der Weltraumbahnhof Baikonur, der neben dem US-amerikanischen Cape Canaveral in Florida der bekannteste Startplatz für Raumfahrt-Missionen ist. Von hier aus wurde etwa der erste künstliche Satellit „Sputnik 1" ins All geschossen und heute starten von hier die meisten Versorgungsflüge zur Internationalen Raumstation ISS.

Der riesige, über 700 Quadratkilometer große Weltraumbahnhof Baikonur etwa 200 km westlich von Dscheskasgan ist bis 2015 von Russland gepachtet, sodass die russischen Raketen noch eine Weile von hier starten können. Das Startgelände liegt in der weiten kasachischen Steppe. Wenn man das Wort Steppe hört, denkt man meistens an eine öde, trockene Landschaft, aber in Kasachstan gehört die Steppe mit ihren sogenannten Schwarzerdeböden zu den fruchtbarsten und damit zu den dichter besiedelten Regionen des riesigen Landes. Die Kasachen, die hier leben, züchten aber auch Schafe, Kamele, Ziegen, Rinder, Schweine und Pferde. Vor allem ihre Pferde lieben sie besonders – und das hat eine lange Tradition. Kasachstan heißt übersetzt „Land der Steppenreiter", und früher, als es noch keine Autos oder Eisenbahnen gab, waren Pferde für die Steppenbewohner lebensnotwendig. Auch heute noch geht man zu Pferde auf die Jagd. Ein ganz besonderes Erlebnis ist es zuzusehen, wenn mehrere Reiter mit ihren abgerichteten Steinadlern über die Weiten galoppieren und Füchse jagen. In den Steppen- und Wüstengebieten leben auch noch andere Tiere wie etwa der Karakal oder Wüstenluchs. Der Einzelgänger gehört zu den flinkesten und kraftvollsten Springern unter den Kleinkatzen und kann aus dem Stand bis zu 3 m hoch springen!

Die meisten Menschen leben im fruchtbaren Norden. Einige von ihnen haben deutsche Vorfahren. Man nennt sie auch „Russlanddeutsche", weil ihre Vorfahren im 18. und 19. Jahrhundert hierherkamen, als Kasachstan noch unter russischer Herrschaft stand. Vor allem die Älteren sprechen bis heute Deutsch. Dank deutschsprachiger Radiosendungen sind sie auch immer gut über das informiert, was in Deutschland passiert. Viele von den Jüngeren sind in den letzten Jahren in die Heimat ihrer Vorfahren – nach Deutschland – zurückgekehrt, da sie sich noch immer als Deutsche fühlen.

Im Nordosten – in der Gegend um Semipalatinsk – liegt ein riesiges militärisches Sperrgebiet. Hier hat die Sowjetunion, zu der Kasachstan bis 1991 gehörte, lange Zeit Atomwaffen getestet. Seitdem ist die Region radioaktiv verseucht. Die Menschen, die in der Nähe wohnen, leiden deshalb oft an Krankheiten wie Krebs.

Karakale trinken nur wenig. Die meiste Flüssigkeit beziehen sie aus ihren Beutetieren.

FLÄCHE
2 724 900 km²

EINWOHNER
15,2 Mio.

HAUPTSTADT
Astana

AMTSSPRACHE
Kasachisch

WÄHRUNG
1 Tenge (T) = 100 Tiin

FLAGGE

Links trägt die Flagge ein traditionelles Muster. Unter der Sonne, die die heißen Sommer symbolisiert, schwebt ein Steppenadler. Blau ist die Farbe der Turkvölker, die hier leben, und des weiten kasachischen Himmels.

Von Baikonur aus startete 1961 auch das Raumschiff Wostok mit Juri Gagarin, dem ersten Menschen im Weltall.

Ein Steppke aus der Steppe

Muratbek muss früh raus: Bei Sonnenaufgang kriecht er aus seiner Jurte, einem runden Zelt aus Filz, in dem er und seine Familie jeden Sommer wohnen. Der zwölfjährige Junge aus dem zentralasiatischen Land Kirgistan wäscht sich im Fluss. Dann ruft er laut „Tschu-Tschu“ – und sofort kommen fünf Pferde von der Weide gelaufen. Besser gesagt: Sie humpeln – denn über Nacht hat ihnen der Vater die Vorderbeine zusammengebunden, damit sie nur noch ganz kleine Schritte machen und nicht in die Weite der Steppe ausbüxen können. Jetzt beginnt Muratbeks Arbeitstag: Halfter flicken und Sättel schmieren. Dung sammeln, um damit den Ofen zu heizen, denn in der Steppe kann es auch im Sommer sehr kalt werden. Und reiten – denn die Pferde brauchen Bewegung. Für etwas Abwechslung sorgen manchmal Touristen aus dem Ausland: Einmal haben zwei Deutsche ihm aufgemalt, wie die Häuser in Europa aussehen. „Quatsch“, hat Muratbek da gesagt. „So was baut doch kein vernünftiger Mensch.“

KIRGISTAN

Kirgistan liegt in einem der höchsten Gebirge der Welt, dem Tienschan. Sein höchster Gipfel, der Pik Pobedy, ist 7439 m hoch. Da so weit oben nur wenige Menschen leben, ist die Bergregion das Rückzugsgebiet vieler seltener Tiere.

Im Tienschan lebt unter anderem der vom Aussterben bedrohte Schneeleopard, der sich an das kalte Leben im Hochgebirge perfekt angepasst hat. So ist er beispielsweise von allen Säugetieren der Weltmeister im Weitsprung – er wagt sogar den gefährlichen Sprung über 15 m breite Gletscherspalten. Eine Besonderheit ist auch der lange, buschige Schwanz, den er sich bei Kälte wie einen wärmenden Schal um den Körper wickeln kann. In 1600 m Höhe liegt auch der „heiße See" der Kirgisen, der Issykkul, der zu den größten Hochgebirgsseen der Welt zählt. Er wird von zahlreichen heißen

Dicke Polster unter den Pranken des Schneeleoparden verhindern, dass die Raubkatze im Schnee zu tief einsinkt.

Quellen gespeist, sodass er selbst in eiskalten Wintern nicht zufriert.

Aufgrund des rauen Klimas leben die meisten Kirgisen nicht von der Landwirtschaft, sondern von der Viehzucht. Man schätzt, dass hier fast so viele Schafe wie Menschen leben. An deren Weideplätzen stellen die Familien ihre Rundzelte – die „Jurten" – auf, die sich schnell auf- und abbauen lassen. Dazu wird ein hölzernes Gitter aufgestellt, über das wärmende, wasserabweisende Filzdecken gelegt werden.

FLÄCHE
199 900 km²

EINWOHNER
5,26 Mio.

HAUPTSTADT
Bischkek

AMTSSPRACHEN
Kirgisisch, Russisch

WÄHRUNG
1 Kirgistan-Som (K. S.) = 100 Tyin

FLAGGE

Rot ist die Farbe eines Nationalhelden, der die kirgisischen Stämme – dargestellt durch die Strahlen der Sonne – geeint haben soll.

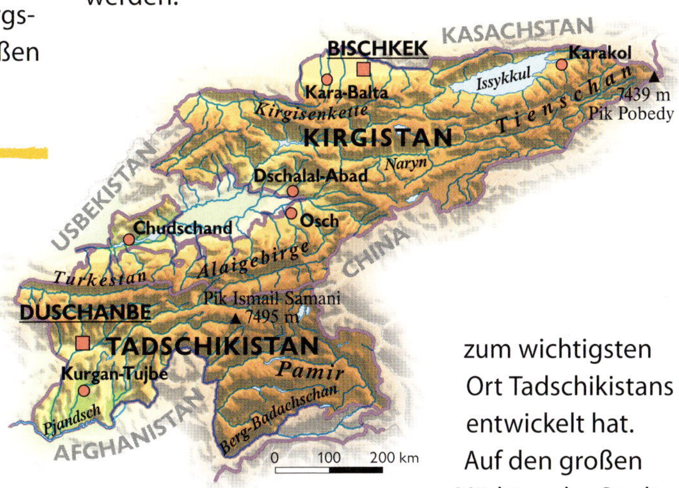

TADSCHIKISTAN

Tadschikistan – Land zwischen den Bergen: Im Norden erstreckt sich der Altai, im Südosten das Pamirgebirge, in dem auch der 77 km lange Fedtschenko-Gletscher liegt. Das ist der längste Gletscher der Erde, der nicht in der Arktis oder der Antarktis liegt.

Im gebirgigen Tadschikistan ist Reisen nicht einfach. Eisenbahnen gibt es kaum und die Straßen sind schlecht. Um Flüsse zu queren, muss man – auch mit dem Auto – meist einen der Schleppkähne benutzen, denn auch Brücken gibt es nur wenige. Deshalb liegen die tadschikischen Dörfer und Städte fast alle in den fruchtbaren Flusstälern oder im westlichen Vorgebirge, wo der Anbau von Gemüse und Baumwolle möglich ist. Im Westen liegt auch die Hauptstadt Duschanbe, die sich im Laufe der letzten 100 Jahre von einem kleinen Dorf zum wichtigsten Ort Tadschikistans entwickelt hat. Auf den großen Märkten der Stadt verkaufen die Bauern ihre Ernten, gleichzeitig gibt es hier die meisten Schulen und Hochschulen im Land. Allerdings erlangen in Tadschikistan nur wenige Kinder die Hochschulreife. Dazu müssten sie viele Jahre die oft weit entfernte Schule besuchen, was vor allem auf dem Land nicht einfach ist. Dort sind die Menschen meist so arm, dass viele Kinder ihren Eltern bei der Feldarbeit oder beim Viehhüten helfen müssen. Ist dann doch einmal Geld für einen Schulbesuch vorhanden, schicken die Eltern meist ihre Söhne zur Schule. Die Mädchen bleiben in den traditionell lebenden Familien meist zu Hause.

FLÄCHE
143 100 km²

EINWOHNER
6,51 Mio.

HAUPTSTADT
Duschanbe

AMTSSPRACHE
Tadschikisch

WÄHRUNG
1 Somoni (TJS) = 100 Dirham

FLAGGE

Rot symbolisiert das Volk, Weiß den Schnee und die Baumwolle, Grün die fruchtbaren Täler. Krone und Sterne stehen für die Unabhängigkeit.

AFGHANISTAN

FLÄCHE
652 090 km²
EINWOHNER
31,1 Mio.
HAUPTSTADT
Kabul
AMTSSPRACHEN
Paschto, Dari (Persisch)
WÄHRUNG
1 Afghani (Af) = 100 Pul (Pl)
FLAGGE

Schwarz steht für die Vergangenheit, Rot für den Unabhängigkeitskampf, Grün für die Hoffnung. Die Moschee in der Mitte des Wappens verweist auf den islamischen Glauben der Bevölkerung.

Die Afghanen lieben es zu spielen – zum Beispiel das Reiterspiel Buskashi. Dabei geht es darum, sich einen Tierkadaver aus einer Kuhle zu schnappen und damit um eine weit entfernte Stange zu reiten. Dann muss der Kadaver wieder in der Startkuhle abgelegt werden. Die gegnerischen Reiter tun natürlich alles, um selbst in den Besitz des Tierkörpers zu kommen und ihn ins Ziel zu bringen.

Für so waghalsige Verfolgungsjagden wie das Reiterspiel Buskashi ist natürlich Platz nötig, und den gibt es in den weiten Steppen Nord- und Südafghanistans reichlich. In der Mitte des Landes und im Nordosten erheben sich hingegen riesige Gebirgszüge. Südlich der knapp 7500 m hohen Berge des Hindukusch liegt der Khyberpass. Über ihn führen schon seit Jahrtausenden Handelsstraßen, die Kabul, die Hauptstadt Afghanistans, mit dem Nachbarland Pakistan verbanden. In den letzten Jahrzehnten war es auch ein Fluchtweg für viele Afghanen, denn im Land herrschten lange die Taliban, durch die sich das Leben der Menschen grundlegend veränderte. Ihre Anführer legten den Koran nach ihren Vorstellungen aus und stellten strenge Regeln auf: Männer mussten Bärte tragen, Musik, Sport und Fernsehen waren verboten. Frauen und Mädchen wurden in dieser Zeit sehr benachteiligt. Sie durften keinen Beruf ausüben und mussten ihren Körper ganz verschleiern. Da den Mädchen der Schulbesuch strikt verboten war, können heute die meisten Frauen weder lesen noch schreiben. Ende 2001 rückte die amerikanische Armee mit ihren europäischen Verbündeten nach Afghanistan ein, um die Herrschaft der Taliban zu beenden. Seit 2004 hat das Land wieder einen vom Volk gewählten Präsidenten und ein Parlament. Da im Land jedoch noch immer kein Frieden herrscht und es ständig zu Unruhen kommt, haben einige Länder – darunter auch Deutschland – Soldaten ins Land geschickt. Sie sollen die Menschen schützen und dabei helfen, das zerstörte Land wieder aufzubauen.

Viele Frauen gehen komplett verschleiert aus dem Haus.

Während die Schulen der Afghanen wieder aufgebaut werden, gibt es im Land Baudenkmäler, die vielleicht für immer Ruinen bleiben. Im Bamiantal im nördlichen Afghanistan standen die größten Buddhastatuen der Welt, bis sie 2001 von den Taliban zerstört wurden. Heute sind nur noch Überreste erhalten. Auch wenn viele Afghanen darüber nachdenken, die riesigen Kunstwerke wieder aufzubauen, so fehlt es bisher noch an Geld – wie überhaupt im ganzen Land.

Die zerstörten Buddhastatuen in den Felsnischen des Bamiantals waren mehr als 1500 Jahre alt und über 50 m hoch.

Beim afghanischen Wettkampf im Drachensteigenlassen sind die Drachenschnüre mit vielen kleinen Glasscherben versehen, mit denen man die Schnüre der Gegner durchschneiden kann. Derjenige, dessen Drachen am längsten in der Luft bleibt, hat gewonnen.

Der Herr der Karten

Warm ist es in dem kleinen Raum und laut: Mit einem surrenden „Flap-Flap-Flap“ spuckt die Maschine Papierbogen mit bunt bedruckten Visitenkarten aus. Shoaib Yaoubi hockt zwischen Müll und Papier und bemüht sich, wach zu bleiben. Seit dem frühen Morgen ist er bei der Arbeit. Wie dem 14-Jährigen geht es vielen Kindern in Afghanistan. Nach einem langen Bürgerkrieg ist das asiatische Land fast völlig zerstört. Die meisten Menschen sind bettelarm, auch Shoaibs Familie. „Wir können dich nicht zur Schule schicken“, hat sein Vater gesagt. „Du musst Geld verdienen.“ Erst war Shoaib traurig. Aber dann hat er das Beste daraus gemacht: Er ergatterte bei einem alten Mann eine ausrangierte Druckmaschine und machte in der Hauptstadt Kabul seine eigene Firma auf! „Shoaib Printing Press“ steht auf seiner Visitenkarte – „Shoaibs Druckerpresse“. Auf Anfrage druckt er alles, was die Leute wünschen: Visitenkarten, Einladungskarten oder auch schon mal Spielkarten. Das Geschäft läuft inzwischen prima.

PAKISTAN

FLÄCHE
796 095 km²

EINWOHNER
155,3 Mio.

HAUPTSTADT
Islamabad

AMTSSPRACHE
Urdu

WÄHRUNG
1 Pakistanische Rupie (pR) = 100 Paisa (Ps)

FLAGGE

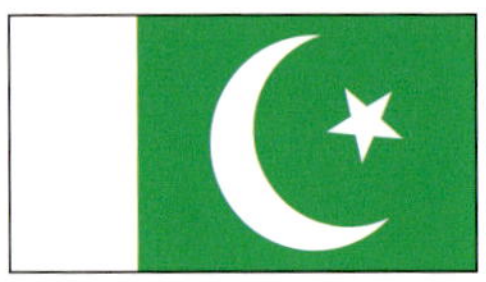

Die grüne Farbe sowie Mondsichel und Stern sind Symbole des Islam. Der weiße Streifen symbolisiert die kleineren Religionsgruppen des Landes.

Der Landesname Pakistans setzt sich aus den Anfangsbuchstaben der Landesteile Pandschab, Afghanistan, Kaschmir, Indus und Sind zusammen. Das „tan" am Ende des Wortes stammt von der Gebirgslandschaft Belutschistan. Das Wort „Pakistan" hat aber auch eine eigene Bedeutung: „Pak" steht in der persischen Sprache für „rein" oder „heilig", die Endung „-stan" bedeutet auf Urdu – einer indischen Sprache – „Land".

Pakistan ist ein relativ junger Staat, er wurde erst 1947 gegründet. Davor war das Land Teil der britischen Kolonie „Britisch-Indien". Als sich Britisch-Indien von Großbritannien loslöste, entstanden zwei Staaten: das hinduistische Indien und das mehrheitlich von Muslimen bewohnte Pakistan. Dabei bestand Pakistan wiederum aus den zwei weit voneinander getrennten Landesteilen Ostpakistan und Westpakistan, zwischen denen Indien lag. Zwischen den beiden Teilstaaten kam es immer wieder zu Konflikten, bis sich Ostpakistan 1971 vom Westen löste. Seitdem heißt der Westteil Pakistan, der Ostteil nennt sich Bangladesh.

In Pakistan gibt es keine Schulpflicht. Der Schulbesuch kostet Geld, das viele arme Familien nicht aufbringen können. Darum gehen viele Kinder – oft auch schon Fünf- oder Sechsjährige – zur Arbeit, um etwas zum Familienunterhalt beizutragen. Sie knüpfen Teppiche, helfen beim Hausbau, nähen Jeanshosen oder Lederfußbälle, die fern der Heimat verkauft werden. Wenn sie danach zu müde sind, um nach Hause zu laufen, nehmen sie manchmal einen der vielen bunten Busse, die man überall in den

Die bunt bemalten Lastwagen sind die billigste Transportmöglichkeit im Land.

belebten Straßen sieht. Ebenso fantasievoll sind auch die Lastwagen bemalt, mit Blumenranken, Landschaften oder Dorfansichten.

Auch landschaftlich ist Pakistan sehr abwechslungsreich: Im Norden Pakistans erheben sich die Berge des Himalaja. Der höchste Berg des Landes ist der 8614 m hohe K2 im Karakorum, der nach dem Mount Everest der zweithöchste Berg der Welt ist. Das gebirgige Gebiet wird Kaschmir genannt. Im Süden liegen fruchtbare Flusstäler. Der Indus im Osten, an dessen Ufern die meisten Pakistani wohnen, ist der wichtigste Fluss im Lande. Mit seinem Wasser bewässern einerseits die Bauern ihre Weizen-, Reis- oder Baumwollfelder, andererseits ist der Fluss auch die Heimat der seltenen Indusdelfine. Sie gehören zu den seltensten Tierarten der Welt und kommen nur im Indus Pakistans vor, wo noch etwa 700 Exemplare leben. Indusdelfine sind von Natur aus blind. Ähnlich wie Fledermäuse nehmen sie ihre Umgebung über Ultraschallwellen wahr.

Kleine Mädchen und Jungen arbeiten oft auch in Ziegelfabriken.

INDIEN

Liebe, Heldentum, Komik oder Wundersames – um diese Themen geht es in den indischen „Bollywood"-Filmen. Die Bezeichnung ist eine Mischung aus den Namen Bombay, der indischen Filmstadt, und Hollywood, der US-amerikanischen Filmmetropole. Für den Kinogang braucht man hier allerdings viel Sitzfleisch: Die meisten Filme dauern bis zu vier Stunden!

FLÄCHE	3,28 Mio. km²
EINWOHNER	1,19 Mrd.
HAUPTSTADT	Neu-Delhi
AMTSSPRACHE	Hindi
WÄHRUNG	1 Indische Rupie (iR) = 100 Paise (P.)

FLAGGE

Orange steht für die Nutzung der natürlichen Reichtümer des Landes, Weiß für die Bewahrung des Lebens und Grün für die Landwirtschaft. Das Rad symbolisiert den ewigen Lauf des Lebens, seine blaue Farbe den Himmel und das Meer.

Die Geschichten der Bollywood-Filme werden immer von ausgedehnten Tanzszenen begleitet. Oft tanzen einige Hundert Menschen zum Rhythmus moderner indischer Musik. Die Schauspielerinnen tragen meist einen traditionellen bunten Sari. Das ist ein fünf bis sechs Meter langes Tuch, das auf besondere Art um den Körper gewickelt wird. Mädchen üben lange, bis der Sari so sitzt, wie sie es möchten. An der Art und Weise, wie ein Sari getragen wird, kann man oft auch erkennen, woher die Trägerin kommt. Zum Beispiel hängt das Ende des Saris im Westen des Landes meist auf dem Rücken, im Bundesstaat Gujarat nördlich von Bombay jedoch vorne herunter. Und natürlich kann man an der Art des Stoffes auch sehen, ob die Trägerin arm oder reich ist. In Indien gibt es sehr viele arme Menschen und viele Kinder müssen ihre Eltern bei der Arbeit unterstützen. Sie besuchen deshalb – wenn überhaupt – meist nur kurz die Grundschule, Mädchen oft gar nicht. Darum kann die Hälfte aller indischen Frauen weder lesen noch schreiben.

Es sind aber nicht nur die fehlenden Schuljahre, die daran schuld sind, dass die Menschen kaum eine Chance haben, der Armut zu entkommen. Auch die

Der Taj Mahal ist wohl das bekannteste Gebäude in Indien. Ein reicher Herrscher ließ es 1631 als Grabmal für seine verstorbene Frau erbauen.

Viele Hindus sind Vegetarier, da sie nach ihrem Glauben auch als Tier wiedergeboren werden könnten. Manche von ihnen, die Jainas, haben sogar Angst, versehentlich ein Insekt zu verschlucken, weshalb sie einen Mundschutz tragen.

INDIEN Fortsetzung

sogenannten Kasten tragen zu ihrer ausweglosen Situation bei. In Indien werden die Menschen in eine Kaste hineingeboren. Man kann sich das ein wenig wie Berufsgruppen vorstellen, auch wenn das heute nicht mehr ganz zutrifft. An oberster Stelle stehen die Brahmanen. Sie haben meistens gut bezahlte Arbeit. Danach kommen die Kasten der Soldaten, der Bauern, der Handwerker und der Knechte. Die Unberührbaren, Parias genannt, stehen ganz unten. Sie gehören keiner Kaste an und werden oft wie Ausgestoßene behandelt. Ihre Aufgabe ist es, die Straßen und Kanäle sauber zu machen oder die Toten zu bestatten. Dies würde ein Brahmane nie tun. Brahmanen heiraten auch nicht die Mitglieder einer anderen Kaste. Und man kann auch nicht einfach von einer Kaste zur anderen wechseln.

Kühe sind den Hindus heilig – sie werden nie verscheucht, auch wenn sie den ganzen Verkehr blockieren.

Obwohl in der indischen Verfassung steht, dass jeder Inder die gleichen Rechte hat, ist es sehr schwierig, das Kastenwesen abzuschaffen. Denn es ist eng mit dem Hinduismus, der Religion der meisten Inder, verbunden. Dieser Glaube ist schon über 4000 Jahre alt. Die Hindus, wie die Anhänger dieser Religion heißen, glauben, dass sie nach dem Tod wiedergeboren werden. Als was man wiedergeboren wird, ob als reicher Mensch oder vielleicht sogar als Tier, hängt vom sogenannten Karma ab. Das sind die Dinge, die ein Hindu im Laufe seines Lebens tut. Wer viel Gutes tut und anderen hilft, hat ein gutes Karma und wird im nächsten Leben in eine höhere Kaste hineingeboren. Diesen Kreislauf von Wiedergeburt und Tod durchlaufen die Hindus so lange, bis sie erlöst werden und den Zustand des sogenannten Nirvana erreichen. Hier finden sie ihre endgültige Ruhe und werden

In einigen Gegenden dauert das Holi-Fest, bei dem sich die Inder gegenseitig mit Farbe einpudern, zehn Tage.

nicht mehr wiedergeboren. Eine Verbesserung des Karmas bringt auch die Pilgerreise nach Varanasi, der wichtigsten Wallfahrtsstätte am Ganges. Sich mit seinem heiligen Flusswasser zu waschen, befreit die Gläubigen von ihren Sünden. An drei Stellen werden auch Verstorbene verbrannt und deren Asche in den Ganges entlassen. Auch auf diese Weise können sie das ersehnte Nirvana erreichen.

Im Hinduismus gibt es nicht nur einen Gott, der angebetet wird, sondern viele Tausend Göttinnen und Götter. Ihnen zu Ehren werden das ganze Jahr über Feste gefeiert. Das Holi-Frühlingsfest zum Beispiel findet im Februar oder März statt. Es ist ein lautes und fröhliches Straßenfest, bei dem sich alle mit buntem Farbpulver bestäuben und sich mithilfe von Wasserpistolen, Fahrradpumpen oder Plastikflaschen mit gefärbtem Wasser nass spritzen.

Sehr ernst hingegen war die Lage Anfang des letzten Jahrhunderts, als Indien von Großbritannien unabhängig werden wollte. Damals rief allen voran der Rechtsanwalt Mahatma Gandhi seine Landsleute zum gewaltlosen Widerstand gegen die Kolonialherren auf. Kinder wurden aus den Schulen genommen, Beamte hörten auf zu arbeiten, überall gab es streikende Menschen und Protestmärsche. Daraufhin wurden viele Inder von britischen Soldaten verhaftet oder niedergeschlagen – sie schlugen aber nicht zurück. Auch Gandhi selbst kam mehrmals ins Gefängnis, kämpfte aber auf friedliche Weise immer weiter, bis er 1947 sein Ziel erreicht hatte

SPRACHE

Hindi

Hindi wird von über 487 Millionen Menschen gesprochen, vor allem in Indien. Das Alphabet heißt Devanagari. Es gibt 11 Vokale und 35 Konsonanten.

1 = ek
2 = do
3 = tihn
4 = tschaar
5 = paantsch

Hallo = Namaste
Tschüs = Namaste
Wie heißt du? = Aapka naam kja häi?
Ich heiße … = Mera naam … häi
Wie geht's? = Aap käise häi?
Bitte = Kripjaa
Danke = Dhanjavaad
Entschuldigung = Sunije

und Indien unabhängig wurde. Nur ein Jahr später wurde er von einem seiner Gegner erschossen.

Indien ist riesengroß und landschaftlich sehr unterschiedlich: Im Süden und der Mitte des Landes erstreckt sich das etwa 1000 m hohe Hochland von Dekhan mit seinen fruchtbaren Böden, im Norden erheben sich die Berge des Karakorum und des Himalaja. Und auch zwischen dem Dekhan-Plateau und den beiden Gebirgszügen liegen zwei sehr unterschiedliche Gebiete: im Westen die Wüste Thar, in der der hagere kleine Indische Wolf lebt, und im Nordosten einige der regenreichsten Orte der Welt. Regen spielt in Indien eine große Rolle, da er sehr unregelmäßig fällt. Deshalb wartet ganz Indien im Sommer auf den Monsunwind, der den ersehnten Niederschlag bringt. Dann regnet es etwa in Bombay im Juli fast jeden Tag wie aus Kübeln – und das bei 30° C. Auch wenn es dadurch manchmal zu Überschwemmungen kommt, sind alle froh über den Regen. Bleibt er nämlich aus, kann eine schreckliche Dürre folgen, die die ganze Reis-, Kaffee-, Tee- oder Pfefferernte vernichten kann.

Aufgrund dieser Unsicherheit ziehen viele Bauern in die ständig wachsenden Städte, um sich dort Arbeit zu suchen. In manchen der Millionenstädte haben sich dadurch große Armenviertel gebildet. In anderen wie Bangalore im Süden werden hingegen händeringend Arbeitskräfte gesucht, denn hier haben sich in den letzten Jahren Hightech-Unternehmen angesiedelt, die unter anderem Flugzeuge und Satelliten sowie Computer herstellen.

Kinder benutzen für ihren Schulweg auch die dreirädrigen Rikschas.

MALEDIVEN

Die Inselrepublik Malediven besteht aus fast 2000 kleinen flachen Inseln, von denen rund 200 bewohnt sind. Die Fläche sämtlicher Inseln zusammengenommen entspricht etwa der Fläche von Leipzig – doch von der nördlichsten bis zur südlichsten sind es knapp 800 km!

Einige Inseln wurden Ende 2004 durch eine riesige Flutwelle zerstört. Und da in den kommenden Jahren durch die Klimaerwärmung und die schmelzenden Gletscher weltweit mit einem Meeresspiegelanstieg zu rechnen ist, haben die Menschen auf den Malediven zunehmend Angst davor, dass ihre Inseln irgendwann ganz im Meer versinken.
Aus dem Meer erheben sich auch die Vulkane, um deren Gipfel sich ringförmige Korallenriffe – Atolle genannt – aufbauten. Die Riffe sind die Heimat vieler verschiedener Tiere und Pflanzen. Jahr für Jahr kommen Touristen hierher, um die schönen Strände und die einzigartige Unterwasserwelt der Malediven zu erleben. Allerdings schädigen viele Taucher die Riffe, die nur sehr langsam wachsen, indem sie unachtsam mit den Flossen schlagen oder sogar absichtlich Riffteile abbrechen und als Andenken mit nach Hause nehmen. Außer dem Tourismus gibt es jedoch kaum andere Einkommensquellen. Einige Inselbewohner betreiben Fischfang, und auf einigen wenigen Inseln werden Hirse und Süßkartoffeln angebaut.

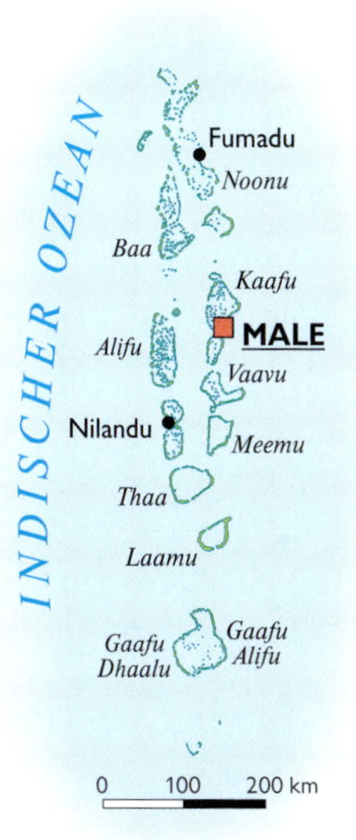

FLÄCHE
298 km²

EINWOHNER
339 000

HAUPTSTADT
Male

AMTSSPRACHE
Divehi

WÄHRUNG
1 Rufiyaa (Rf) = 100 Laari (L)

FLAGGE

Rot symbolisiert die arabische Kultur, die grüne Farbe und der Halbmond den islamischen Glauben der Bevölkerung.

SRI LANKA

FLÄCHE
65 610 km²

EINWOHNER
19,9 Mio.

HAUPTSTADT
Colombo

AMTSSPRACHEN
Singhalesisch, Tamil

WÄHRUNG
1 Sri-Lanka-Rupie (Sri Lanka Re.) = 100 Sri-Lanka-Cent (Sri Lanka Cts.)

FLAGGE

Grün steht für die islamischen, Orange für die hinduistischen und Rot für die buddhistischen Bewohner des Landes. Der Staat wird durch den Löwen und das Schwert dargestellt. Die gelben Blätter stammen vom Bo-Baum, der den Buddhisten heilig ist.

An der Südküste Sri Lankas kennen die Menschen eine außergewöhnliche Form des Fischfangs: Sie sitzen oder stehen auf meterhohen einbeinigen Holzgestellen im Wasser und warten darauf, dass ein Fisch anbeißt. Sie werden Stelzenfischer genannt. Die Stelzen werden immer vom Vater an den Sohn vererbt.

Sri Lanka besteht aus der großen Insel Ceylon und 23 kleineren Inseln. Früher war die Hauptinsel mit Regenwald bedeckt, doch die Menschen rodeten große Gebiete, um Land für ihre Felder zu gewinnen. Dadurch, dass ihnen durch die Abholzung der Lebensraum genommen wurde, sind viele Tiere vom Aussterben bedroht, wie etwa die wild lebenden Elefanten. Sie gelten in Sri Lanka als heilig und werden geschützt. In der Stadt Pinnawela gibt es sogar ein Waisenhaus für Elefanten, das kleine Elefanten, die ihre Mütter verloren haben, aufnimmt. Manchmal treffen auch verletzte Tiere ein. Oft sind es Opfer von Landminen. Sie liegen an vielen Stellen in der Erde, denn in Sri Lanka herrschte 20 Jahre lang ein schlimmer Bürgerkrieg zwischen zwei Bevölkerungsgruppen: den Tamilen, die dem Hinduismus anhängen, und den Singhalesen, die buddhistischen Glaubens sind. Unruhen flackern immer wieder auf.

In der Stadt Kandy im Bergland Sri Lankas befindet sich ein buddhistischer Tempel, der einen ganz besonderen Schatz beherbergt. Hier wird ein Zahn Buddhas aufbewahrt, des Begründers des Buddhismus. Jedes Jahr im August wird ihm zu Ehren das Fest Esala Perahera gefeiert. Dann zieht eine Prozession durch die Straßen Kandys. Angeführt wird der Umzug von einem wunderschön geschmückten Elefanten, auf dessen Rücken sich in einer goldenen Schatulle der Zahn befindet.

Die Stelzenfischer von Weligama verharren oft stundenlang auf ihren Pfählen und angeln.

Im Alltag arbeiten viele Einwohner Sri Lankas auf den großen Teeplantagen, die schon in der Zeit angelegt wurden, als Sri Lanka noch eine Kolonie Großbritanniens war. Tee wird hier von Hand geerntet – dabei wird Blatt für Blatt sorgfältig ausgesucht. Für etwa 100 g Tee müssen ungefähr 500 Blätter vom Teestrauch gepflückt werden.

Das Wasser, das die Teesträucher zum Gedeihen benötigen, gibt es auf Sri Lanka durch den regenbringenden Monsunwind reichlich. Die starken Regenfälle sind einerseits gut für die Pflanzenwelt, sie können andererseits aber auch zu großen Überschwemmungen führen. Die größte Flut, die das Land je erlebte, kam allerdings nicht durch den Monsun, sondern durch eine riesige Flutwelle aus dem Meer – einen sogenannten Tsunami. Die Riesenwelle, die durch ein Erdbeben unter dem Indischen Ozean ausgelöst wurde, baute sich so plötzlich vor der Küste auf, dass sich viele Menschen nicht mehr in Sicherheit bringen konnten. Viele starben, wurden verletzt, verloren ihre Häuser, ihre Felder. Mittlerweile ist vieles wieder aufgebaut, aber die Menschen werden dieses schlimme Ereignis lange nicht vergessen können.

BANGLADESH

Mangroven, Mangroven und noch einmal Mangroven – so sieht es in den Sundarbans in der westlichen Küstenregion Bangladeshs aus. Mit ihren stelzenartigen Wurzeln sind diese Bäume fest im Schlick verankert. Dadurch sind sie auch ein Bollwerk gegen hohe Flutwellen. Das undurchdringliche Wurzelwerk ist zudem eine gut geschützte Kinderstube für Fische.

Die Sundarbans sind die größten Mangrovenwälder der Welt und großenteils unter Schutz gestellt. Zum Glück, denn sie sind die Heimat des vom Aussterben bedrohten Königs- oder Bengaltigers. Diese Raubkatzen sind – im Gegensatz zu den meisten anderen Katzen – hervorragende Schwimmer. Die knapp 3 m langen und bis zu 300 kg schweren Tiere können allerdings den Fischern und Honigsammlern, die mit ihren Booten durch die Mangrovenwälder streifen, auch ganz schön gefährlich werden.

Königstiger können 5 bis 6 m weit und 1,80 m hoch springen.

In Bangladesh vereinen sich die großen Flüsse Ganges und Brahmaputra, die beide im Himalajagebirge entspringen. Bei ihrem Zusammenfluss bilden sie ein riesiges Delta – ein vielfach verzweigtes Mündungsgebiet –, das fast die Hälfte von Bangladesh einnimmt. Im Frühjahr, wenn der Schnee in den Bergen zu schmelzen beginnt, führen die beiden Flüsse schnell Hochwasser und es kommt zu Überschwemmungen. Diese sind wichtig, denn das Schmelzwasser aus den Bergen enthält Schlamm und Minerale, die die Ackerböden fruchtbar machen. In manchen Jahren fallen diese Überschwemmungen jedoch mit der Regenzeit zusammen. Dann schwellen die Flüsse übermäßig an und vernichten die Ernten. Auch im Frühjahr oder

Ohne Wassertaxis, die hier auf Kunden warten, wären in Bangladesh viele Umwege nötig.

Herbst kann es gefährlich werden. Dann fegen oft heftige Wirbelstürme über das Meer und drücken große Wassermassen landeinwärts.

Die Flüsse sind auch wichtige Verkehrswege. Auf ihnen wird alles nur Erdenkliche transportiert: Menschen, Tiere oder Lebensmittel, vor allem Reis. Reis ist das wichtigste Nahrungsmittel in Bangladesh und wird überall im Land angebaut. Wer sein Geld nicht in den Reisfeldern verdient, findet mit etwas Glück in einer der Textilfabriken eine Anstellung. Hier arbeiten auch viele Kinder, um ein wenig zum Familieneinkommen beizutragen.

Das war schon so, als Bangladesh noch ein Teil von Britisch-Indien war. Als dieses 1947 von Großbritannien unabhängig wurde, entstanden die Staaten Indien und Pakistan. Allerdings bestand das junge Pakistan aus zwei getrennten Teilen: aus West- und Ostpakistan – zwischen ihnen lag Indien. Es kam aber ständig zu Streit und Krieg zwischen den beiden Landesteilen, bis sich Ostpakistan 1971 für unabhängig erklärte und Bangladesh nannte.

FLÄCHE
147 570 km²

EINWOHNER
133,4 Mio.

HAUPTSTADT
Dhaka

AMTSSPRACHE
Bengali

WÄHRUNG
1 Taka (Tk.) =
100 Poisha (ps.)

FLAGGE

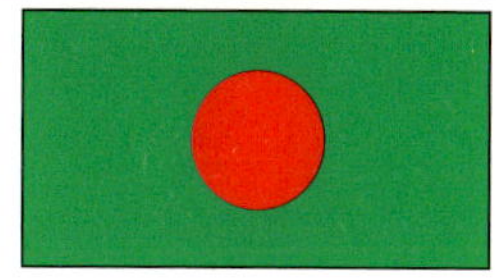

Grün steht für die Fruchtbarkeit des Landes und den islamischen Glauben, die rote Scheibe symbolisiert den Kampf um Unabhängigkeit und Freiheit.

Bangladesh ist mit mehr als 900 Menschen pro Quadratkilometer der am dichtesten besiedelte Staat der Erde – in Deutschland sind es etwa 230 pro Quadratkilometer.

BHUTAN

FLÄCHE
47 000 km²

EINWOHNER
796 000

HAUPTSTADT
Thimphu

AMTSSPRACHE
Dzongkha

WÄHRUNG
1 Ngultrum (NU, Nu.) = 100 Chhetrum (CH, Ch.)

FLAGGE

Gelb steht für den König, Orangerot für den Buddhismus. Der Drache trägt in einer Vorderpranke das „Ei der Gelehrsamkeit und der Weisheit“, in der anderen eine Muschel.

Auf Dzongkha, der Landessprache des kleinen Königreiches, bedeutet „Bhutan“ das „Land des Drachens“. Und ein Drache ist auch in der Flagge verewigt. Nach dem Glauben der Einwohner Bhutans gilt das Rollen des Gewitterdonners als das Brüllen der Drachen in den Bergen.

Im Innern der Gebetsmühlen befinden sich Papierrollen mit Gebeten. Ihnen wird – nach dem Glauben der Buddhisten – durch das Drehen der Mühlen Nachdruck verliehen.

In den feuchtwarmen Bergwäldern Bhutans leben zwar keine Drachen, dafür aber eine der seltensten Affenarten der Welt – die Goldlanguren. Ihre Heimat sind die Baumwipfel, wo sie sich mit gewagten, meterweiten Sprüngen fortbewegen. Die Affen fressen Blätter, Knospen, Blüten und Früchte. Besonders gut schmecken ihnen die süßen und saftigen Teile der Blüten. Die meisten Goldlanguren leben im Manas-Schutzgebiet an der Grenze zum Nachbarland Indien. Fährt man von dort aus nach Norden, in Richtung der chinesischen Grenze, steigt die Landschaft an. Dort erheben sich die Bergriesen des Himalaja bis auf 7554 m. Selbst im Sommer ist es hier kalt und unwirtlich.

Zu vielen Tanzkostümen gehören auch reich verzierte Masken.

Die Menschen, die in den Bergregionen wohnen, können häufig nicht lesen und schreiben. Schließlich liegen die Schulen meist viel zu weit vom eigenen Zuhause entfernt, nicht selten sind es zwei bis drei Stunden Fußmarsch auf schmalen, steilen Gebirgswegen. Deshalb bleiben die Kinder häufig in ihrem Dorf und helfen ihren Eltern bei der Feldarbeit oder beim Hüten der Viehherden.

Die meisten Einwohner Bhutans leben jedoch in den Flusstälern, wo sie ihre sorgfältig auf Terrassen angelegten Felder beackern. Auch die Flüsse selbst sind eine wichtige Geldquelle für das Land. Mithilfe von Staumauern und Wasserkraftwerken wird Strom erzeugt, der großenteils nach Indien und Bangladesh verkauft wird. Nur ein kleiner Teil kommt den Einheimischen zugute. Auch der Tourismus bringt dem Land etwas Geld ein. Damit das kleine Land nicht unter zu vielen Besuchern leidet, dürfen pro Jahr nur 5000 Touristen ins Land und die meisten auch nur in organisierten Reisegruppen. Auf ihrer Reise können sie dann die atemberaubende Gebirgslandschaft und unzählige buddhistische Klöster bestauen.

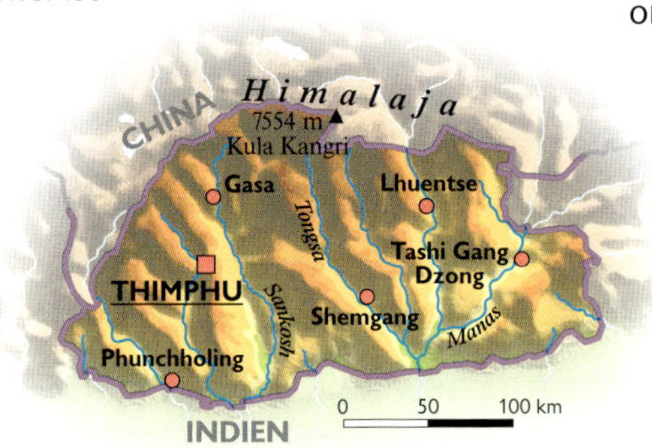

Etwa zwei Drittel der Einwohner Bhutans sind Buddhisten. An ihren heiligen Orten, auf Gebirgspässen und Klosteranlagen kann man schon von Weitem die bunten, im Wind flatternden Gebetsfahnen sehen. Die Gebete und Bilder, die darauf abgebildet sind, werden – so glauben die Buddhisten – durch den Wind in alle Richtungen verweht und entfalten so ihre Wirkkraft. In den Klosterburgen, die hier Dzongs genannt werden, finden das ganze Jahr über viele religiöse Feste zu Ehren buddhistischer Heiliger statt. Besonders beeindruckend sind die Tempeltänze mit bunt gekleideten Tänzern.

In Bhutan war bis 1999 das Fernsehen verboten, da der König das Land vor Einflüssen aus aller Welt bewahren wollte.

Ab ins Winterquartier

Bloß beeilen! Denn auf dem Thole-La-Pass in 5200 m Höhe ist es bitterkalt. Damit es schneller geht, trägt der Junge ein kleines Lamm über den Passweg – sonst würde es ständig im frischen Schnee einsinken, schnell ermüden und die ganze Gruppe aufhalten. Wie viele Bewohner des kleinen Himalaja-Königreichs Bhutan ist die Familie gerade auf dem Weg in ihr Winterquartier. Vier Tage lang treibt sie ihre Schafe und Yaks – so heißen die Rinder hier – über schmale Pfade talwärts. Dort ist der Winter nicht so eisig. Wer länger als bis Ende Oktober in den Bergen bleibt, wird eingeschneit und ist meist monatelang von der Außenwelt abgeschnitten. In dem Korb auf seinem Rücken trägt der junge Bhutaner getrockneten Käse, den seine Eltern aus Yak- und Schafsmilch gemacht haben. Yakkäse ist so hart, dass man ihn nur mithilfe eines Steines zerkleinern kann. Trotzdem lieben ihn die Menschen in Bhutan und kauen darauf herum wie wir auf Kaugummi – besonders während ihrer langen Märsche.

NEPAL

FLÄCHE
147 181 km²

EINWOHNER
27,1 Mio.

HAUPTSTADT
Kathmandu

AMTSSPRACHE
Nepali

WÄHRUNG
1 Nepalesische Rupie (NR) = 100 Paisa (P.)

FLAGGE

Die Nationalflagge Nepals ist die einzige der Welt, die nicht rechtwinklig ist. Die Zacken stehen für den Himalaja und für die Hauptreligionen Buddhismus und Hinduismus. Karminrot und Blau sind die Nationalfarben. Der Halbmond mit dem Stern ist das Abzeichen der Königsfamilie, die Sonne das der Familie Rana, aus der lange Zeit die Premierminister des Landes kamen.

Einmal im Leben den höchsten Berg der Welt besteigen – davon träumen viele Menschen. Der Mount Everest mit seinen 8850 m Höhe liegt im Nordosten Nepals. Er wurde zum ersten Mal im Jahre 1953 bestiegen. Damals war das noch eine wahre Sensation und füllte wochenlang die Titelseiten der Zeitungen.

Wer heute auf den Mount Everest möchte, muss sich anmelden – und die Termine für die Bergtouren sind auf Jahre vollkommen ausgebucht. Da der Andrang so groß ist, muss Nepal mittlerweile genau planen, wann wie viele Menschen auf den Berg dürfen. Ein Grund ist der Müll, den die Bergsteiger hinterlassen – etwa Sauerstoffflaschen oder Konservendosen –, ein anderer Grund ist das wechselhafte Wetter. Im Sommer beispielsweise, wenn der Monsunwind schlechtes Wetter und Schneefälle bringt, ist ein Aufstieg nicht möglich.

Früher wie heute werden die Bergsteiger von einheimischen Trägern und Bergführern unterstützt. Sie gehören meistens dem Volk der Sherpa an. Die Arbeit für die Touristen ist ein wichtiger Nebenverdienst dieser Bauern und Yak-Züchter. Yaks sind große Rinder. Da sie eigentümliche Grunzlaute von sich geben, werden sie auch Grunzochsen genannt. Gegen die bittere Kälte haben sie ein langes Fell, das bei vielen bis auf den Boden reicht. Den Sherpas nutzen sie in vielerlei Hinsicht: Sie können schwere Lasten tragen, zudem liefern sie Milch, Wolle, Leder und Fleisch. In den Bergen des Himalaja vermutet man seit über einem Jahrhundert auch noch einen anderen Bewohner: Gemeint ist der Yeti oder Schneemensch. Viele Bergsteiger behaupten, dieses riesige affen- oder bärenähnliche Tier gesehen zu haben, aber wirkliche Beweise dafür gibt es bis heute nicht. Die meisten Menschen halten es für ein Fabelwesen.

Von vielen Dörfern der Sherpa aus hat man einen guten Blick auf den Mount Everest, den höchsten Berg der Erde.

Ein Großteil der Einwohner des Landes lebt im fruchtbaren Kathmandutal, wo auch die Hauptstadt Kathmandu und andere Städte des Landes liegen. Hier gibt es ein gutes Straßennetz – ganz im Gegensatz zum restlichen Land. In den bergigen Regionen sind die Dörfer nur über Gebirgspfade erreichbar.

Die meisten Nepalesen sind Hindus, dennoch ist Nepal auch für Buddhisten ein ganz besonderes Land: In den Gärten von Lumbini bei der südnepalesischen Stadt Kapilavastu wurde im Jahre 623 vor Christus Buddha, der Begründer des Buddhismus, geboren. Seitdem entstanden hier viele Tempel und Andachtsorte, die von vielen Buddhisten besucht werden.

Männliche Yaks können bis zu einer Tonne schwer werden.

CHINA

Hinsichtlich seiner Fläche ist China nach Russland, Kanada und den USA das viertgrößte Land der Erde. Aber nirgendwo auf der Welt leben in einem Land so viele Menschen wie in China – mehr als eine Milliarde. Umgerechnet auf die gesamte Bevölkerung der Welt bedeutet das, dass jeder fünfte Mensch ein Chinese ist. Und Hochchinesisch ist die meistgesprochene Sprache auf der ganzen Welt.

Seit etwa 50 Jahren hat sich die Einwohnerzahl in China mehr als verdoppelt. Um zu verhindern, dass die Bevölkerung noch weiter anwächst, möchte der Staat, dass alle Familien nur noch ein Kind bekommen. Auf dem Land, wo die Menschen davon leben, Reis, Weizen und Mais anzubauen, ist diese Geburtenkontrolle allerdings nicht durchzusetzen. Dort sind die Kinder nämlich wichtige Helfer auf dem Feld oder beim Viehhüten. Im fast menschenleeren gebirgigen Südwesten von China, im Hochland von Tibet und im angrenzenden Himalaja, spielt die staatliche Geburtenkontrolle jedoch

Bis zu seiner Flucht war der Potala-Palast in Lhasa der Regierungssitz und Wohnort des Dalai Lama.

kaum eine Rolle. Hier wohnt eines der bekanntesten Völker Chinas: die Tibeter, die durch ihren Kampf für die Unabhängigkeit bekannt wurden. Im Jahr 1950 wurde Tibet nämlich von den Chinesen besetzt. Viele Tibeter mussten ins Ausland fliehen, darunter auch der Dalai Lama, das religiöse Oberhaupt der tibetischen Buddhisten. Seitdem kämpfen die Tibeter für ihre Unabhängigkeit. Allerdings gehen sie dabei ein hohes Risiko

FLÄCHE
9,62 Mio. km²

EINWOHNER
1,3 Mrd.

HAUPTSTADT
Peking

AMTSSPRACHE
Chinesisch

WÄHRUNG
1 Renminbi ¥uan (RMB. ¥) = 10 Jiao = 100 Fen

FLAGGE

Rot und Gold sind die kaiserlichen Farben und stehen für Macht. Der große Stern symbolisiert die einzige regierende Partei im Lande, die Kommunistische Partei. Die vier kleinen Sterne stellen die Bevölkerungsklassen dar: Arbeiter, Bauern, Kleinbürger und die wohlhabende Oberschicht.

CHINA Fortsetzung

In einem Shaolin-Tempel im Herzen Chinas zeigen junge Shaolin-Schüler ihr Können in Kung-Fu.

ein: Sie werden bespitzelt, ins Gefängnis gesperrt und müssen um ihr Leben fürchten. Auch ihre Klöster und Tempel werden immer wieder zerstört. Der Dalai Lama versucht seit Jahren vom Ausland aus, friedlich und gewaltfrei auf die schlimme Lage seines Heimatlands aufmerksam zu machen. Im Jahre 1989 wurde ihm dafür der Friedensnobelpreis verliehen.

Im Osten Chinas, in der Nähe von Zhengzhou, liegt eine weitere Bergregion, das Songshan-Gebirge. In einem seiner Täler befindet sich die ungewöhnliche Yongtai-Schule, die für Mädchen aus armen Familien gegründet wurde. Hier üben sich 75 Mädchen zwischen sechs und 18 Jahren täglich im Kampfsport Kung-Fu. Kung-Fu gibt es schon seit 1500 Jahren in China, es wurde von buddhistischen Mönchen entwickelt. Dabei ging es ihnen nicht darum, andere zu bekämpfen, sondern sich mit dem täglichen Training fit zu halten. Denn ihre Gebetszeiten waren lang und sie mussten die ganze Zeit still sitzen. Die Mädchen üben unermüdlich, der Unterricht ist sehr streng. Sie alle träumen von einem besseren Leben und hoffen, dass sie irgendwann von Filmemachern für einen Kung-Fu-Film entdeckt werden.

Neben dem harten Training wird in der Yongtai-Schule – wie in anderen Schulen auch – Lesen und Schreiben gelernt. Und das ist in China gar nicht so einfach. Die Schrift besteht nämlich nicht wie bei uns aus Buchstaben, die zu Wörtern zusammengesetzt werden, sondern aus Schriftzeichen. Diese stehen jeweils für ein Wort oder einen Teil eines Wortes. Zum Glück muss man nicht alle 50 000 Schriftzeichen lernen, um ein Buch zu lesen, aber ungefähr 3500 müssen es schon sein.

Während in den gebirgigen Gebieten Chinas nur wenige Menschen leben, drängt sich der Großteil im Osten und Nordosten. Hier gibt es 40 Millionenstädte wie etwa die Hauptstadt Peking, in der mehr als 10 Millionen Menschen wohnen. Trotz vieler moderner Gebäude trifft man hier aber auch auf viel Traditionelles. Hinter einer 10 m hohen und 7 km langen Mauer befindet sich zum Beispiel eine der größten kaiserlichen Palastanlagen der Welt. Von hier herrschten vom 14. Jahrhundert bis Anfang des 20. Jahrhunderts die Kaiser von China. Die Anlage besteht aus Tempeln und Palästen, Wohnhäusern, Höfen, Gärten und Seen. Über viele Jahrhunderte hinweg durften sich nur der Kaiser und sein Gefolge innerhalb der inneren Palastanlage aufhalten. Deshalb wird die Kaiserstadt noch heute „Verbotene Stadt" genannt. Im Jahr 1911 kam es nach vielen Aufständen zum Sturz des damaligen Kaisers, und China wurde Republik. Einige Jahre später wurde die Kommunistische Partei gegründet, die seitdem die einzige regierende Partei in China ist. Vieles im Leben der Chinesen wurde fortan streng kontrolliert. Wer sich gegen die Partei stellte, musste um sein Leben fürchten. 1989 zum Beispiel demonstrierten Studenten auf dem Platz des Himmlischen Friedens in Peking für mehr Freiheit und Demokratie. Die Regierung

Peking – Blick auf die „Verbotene Stadt", den Palast der früher hier herrschenden Kaiser

SOUVENIR

Die Seide

Vor etwa 5000 Jahren gelang es der Legende nach einer Kaiserin, aus der Hülle einer Schmetterlingspuppe prächtig glänzende lange Fäden zu spinnen. Diese Schmetterlingsart, der Maulbeerseidenspinner, spinnt sich bei ihrer Verwandlung von einer kleinen Raupe zum Schmetterling mit einem dünnen Fädchen ein – der Kokon entsteht. Jedes einzelne dieser Gehäuse besteht aus einem Seidenfaden von etwa 3 km Länge. Der Faden wird zu kostbaren Seidenstoffen gewebt. Die Seide gelangte später unter anderem über die Seidenstraße, eine berühmte Handelsroute quer durch Asien, nach Europa.

Seidenkokons

Bis 1842 war Hongkong ein Fischerdorf. Heute reihen sich hier die modernsten Wolkenkratzer aneinander.

schickte daraufhin Panzer und Soldaten, und Hunderte Demonstranten starben. Auch heute noch werden Gegner der Regierung in Gefängnisse oder Arbeitslager geschickt.

In den letzten Jahren hat sich in China einiges verändert. Früher war die Kommunistische Partei der Ansicht, dass alles dem Staat gehört und dass der Staat die Menschen versorgt. Die Bürger durften kein privates Eigentum haben – bis auf ein paar Bücher und wenige Möbel vielleicht. Heute versucht das Land, dieses System zu verändern. So besitzen die Bauern wieder eigene Felder und die Hälfte der Fabriken gehört nicht mehr dem Staat, sondern reichen Fabrikbesitzern. Seitdem ist auch der Handel mit dem Ausland in Schwung gekommen. Vor allem der Hafen von Schanghai wurde dafür ausgebaut. In dieser neuen Hafenanlage wird der größte Teil der chinesischen Erzeugnisse auf gigantische Containerschiffe verladen und in alle Welt gebracht.

Eine einzige chinesische Stadt hat schon immer eine Sonderrolle gespielt: Hongkong in Südchina. Der Grund dafür liegt in der Kolonialgeschichte: Um 1840 herum hatten die Briten und China um den wichtigen Handelsposten Hongkong Krieg geführt, den die Briten gewannen. Sie hatten damit eine kleine Kolonie im Südchinesischen Meer. Etwa 60 Jahre später wurde dann zwischen den beiden Ländern ein Vertrag ausgehandelt. In ihm wurde vereinbart, dass Hongkong weitere 99 Jahre lang von Großbritannien regiert wird. In der Folgezeit entstanden in Hongkong viele moderne Fabriken, die ihre Produkte in die ganze Welt verkauften. Nachdem der Vertrag 1997 abgelaufen war, wurde die hochmoderne Stadt wieder chinesisch, sie darf aber noch viele Jahre unabhängig vom großen Mutterland über sich selbst bestimmen.

Im Norden der Hafenstadt Schanghai mündet der 6000 km lange Jangtsekiang in den Pazifischen Ozean. Er ist nach dem Amazonas und dem Nil der drittlängste Fluss der Erde. Er entspringt in Tibet und beeinflusst bereits seit Jahrtausenden das Leben der Menschen. An seinen Ufern leben viele von der Landwirtschaft, in anderen Flussabschnitten entstanden große Städte mit Fabriken, in denen viele Menschen Arbeit finden. Allerdings wurde der Jangtsekiang für die Bewohner der Region auch oft gefährlich und viele Millionen kamen in der Vergangenheit in seinen Fluten ums Leben. Die letzte schlimme Überschwemmung liegt erst zehn Jahre zurück. Deshalb entschied man sich für den Bau des sogenannten Drei-Schluchten-

SPRACHE

Hallo!

Chinesisch 中文

Mehr als eine Milliarden Menschen auf der Erde sprechen einen der vielen chinesischen Dialekte. Da sich die Sprecher der unterschiedlichen Dialekte nicht immer verstehen können, unterhalten sie sich auf Hochchinesisch (das ist wie bei uns das Hochdeutsch), aus dem die folgenden Wörter stammen.

1 = ji
2 = er
3 = saan
4 = si
5 = wu

Hallo = Ni hao
Auf Wiedersehen = Sai tschian
Wie heißt du? = Ni tschiao shenme mingsi?
Ich heiße … = Wo tschiao …
Wie geht's? = Ni hao ma?
Bitte = Tsching
Danke = Schieschie
Entschuldigung = Tsching wen

Jeder 13. Chinese heißt Li, das sind, alle zusammengerechnet, ca. 96 Millionen Lis.

CHINA Fortsetzung

Staudamms. Er soll helfen, die Wassermengen zu bändigen. Die Wand der Talsperre ist 185 m hoch, über 2 km lang und 300 m dick, der Stausee selbst ist 600 km lang und 180 m tief. Mit dem Wasser wird in Zukunft auch viel Strom erzeugt. Aber es gibt auch Nachteile: In den aufgestauten Wassermassen versanken zahlreiche Dörfer und Städte, weshalb ungefähr eine Million Menschen ihre Heimat verlassen musste. Gegner des Damms erinnern auch ständig daran, dass es in der Region immer wieder zu schweren Erdbeben kommt und dass man dadurch einen Dammbruch mit schrecklichen Folgen riskiert. Auch die Natur wird sich durch den Stausee sehr verändern – viele Pflanzen und Tiere werden sich in der neuen Umgebung bald heimisch fühlen, andere werden verschwinden.

Vom Aussterben bedroht ist auch der Große Panda. Dieser große schwarz-weiße Bär lebt im mittleren Teil Chinas in Bambuswäldern. Seit jedoch viele Bambuswälder abgeholzt wurden, ist die Zahl der Pandabären auf 1000 zurückgegangen. Da ein Panda am Tag etwa 40 kg Bambus vertilgt – und zwar ausschließlich Bambus – ist es relativ schwierig, ihn in Zoos zu halten. Noch schwieriger ist es, ihn in Gefangenschaft zu züchten, damit die Art nicht völlig ausstirbt.

Ein Panda kann bis zu 160 kg schwer werden.

Im Landesinneren trifft der Reisende auch auf eines der außergewöhnlichsten Bauwerke der Welt: die mehrere Tausend Kilometer lange „Chinesische Mauer". Dieser größte Schutzwall der Erde wurde über Jahrhunderte immer wieder ausgebaut und zerstört. Er sollte das chinesische Kaiserreich vor den nomadischen Reitervölkern aus dem Norden schützen. Obwohl heute nur ein kleiner Abschnitt der Mauer gepflegt und erhalten wird und weite Strecken des Walls halb verfallen, andere vollkommen verschwunden sind, kommen Jahr für Jahr viele Touristen hierher, um das interessante Bauwerk zu bestaunen.

An einigen Stellen der Chinesischen Mauer befinden sich Wachtürme, die man besichtigen kann.

Im Januar oder Februar können die Besucher auch dem chinesischen Neujahrsfest beiwohnen, das immer in der ersten Neumondnacht zwischen dem 21. Januar und dem 20. Februar beginnt und 15 Tage dauert. Das genaue Datum richtet sich nach dem chinesischen Mondkalender. Jedes Mondjahr steht im Zeichen eines der zwölf Tierkreiszeichen – Schwein, Ratte, Rind, Tiger, Hase, Drache, Schlange, Pferd, Schaf, Affe, Hahn oder Hund. Nach dem Jahr des Schweins folgt das Jahr der Ratte und so fort. Zum Neujahrsfest finden immer Umzüge statt, zu denen Kostümträger mit der Maske des Tiers des Jahres, das den Bürgern Glück bringen soll, durch die Straßen ziehen.

Im Jahr des Schweins stehen Schweine für Reichtum und Gesundheit. Deshalb sieht man bei den Neujahrsumzügen viele Schweinsmasken.

MONGOLEI

Extreme Kälte, extreme Hitze, extreme Trockenheit – so kann man das Klima der großen Mongolei beschreiben. Im Norden und Westen erheben sich Gebirge, im Süden liegt die riesige, fast menschenleere Wüste Gobi. Und der größte Teil des Landes besteht aus einer weiten, schier endlosen Grassteppe, in der die Temperaturen in manchen Wintern auf –40 bis –50 °C fallen.

Die Mongolei zählt zu den am dünnsten besiedelten Ländern der Erde. Die wenigen Städte, die es gibt, liegen vor allem im Norden. Die größte, die Hauptstadt Ulan-Bator, ist mit knapp 1 Million Einwohnern etwa so groß wie Köln. Auf dem Land leben die Menschen vor allem in sogenannten Jurten.

Die Jurten der Mongolen sind mit dicken Filzmatten bedeckt, die von Hand gewalkt werden. Dazu werden sie mehrmals eingerollt und über den Boden gezogen.

Jurten sind relativ große Rundzelte, die man ganz schnell auf- und abbauen kann. Dazu wird ein zusammenschiebbares Holzgitter im Kreis aufgebaut und mit Lederriemen verschnürt. Über dieses Gerüst kommen schwere, warme Decken aus Wollfilz, die im Winter die Kälte, im Sommer die Hitze abhalten. Jurten kann man auch manchmal in den Vororten der Städte entdecken, aber eigentlich sind sie die typischen Unterkünfte der Nomaden, die mit ihren Schafen, Ziegen, Rindern, Kamelen und Yaks auf der Suche nach guten Weideplätzen in der Steppe umherziehen – und mit ihren Pferden.

Die Mongolen lieben ihre Pferde über alles, schließlich wäre ihr Leben ohne Pferde kaum denkbar. Auf ihnen treiben sie das Vieh zusammen und jagen einzelnen flüchtenden Tieren nach. Um die Ausbrecher einzufangen, benutzen die Mongolen ein ganz besonderes Hilfsmittel, die sogenannte Urga. Das ist eine langen Stange, an deren Ende eine Schlaufe befestigt ist. Diese Lassostange schwenken die Reiter den Tieren – oft in vollem Galopp – über den Kopf, ziehen dann blitzschnell an der Stange und schließen so die Schlaufe.

Dass die Mongolen ein Reitervolk sind, ist auch aus der Geschichte bekannt. Vor etwa 800 Jahren vereinte ihr Herrscher, Dschinghis Khan, die verschiedenen Mongolenvölker, die sich vorher ständig bekämpft hatten, zu einem mächtigen Staat. So geeint gelang es Dschinghis Khan und seinen Nachfahren, das Reich auszudehnen. Die mongolischen Truppen – „Goldene Horden“ genannt – kamen sogar bis nach Polen und Wien. Das Reich war das größte zusammenhängende Weltreich, das es je gab.

Das früher kriegerische Volk liebt bis heute Wettkämpfe – zum Beispiel beim Naadam-Fest im Frühsommer. Dann strömen die Menschen aus allen Himmelsrichtungen in die Hauptstadt, um den Männern bei Bogenschießwettbewerben, Ringkämpfen und natürlich Pferderennen zuzusehen.

FLÄCHE
1 564 100 km²

EINWOHNER
2,5 Mio.

HAUPTSTADT
Ulan-Bator

AMTSSPRACHE
Mongolisch

WÄHRUNG
1 Tugrik (Tug.) = 100 Mongo

FLAGGE

Blau ist die traditionelle Farbe der Mongolen, die roten Streifen stehen für Freiheit und Unabhängigkeit. Das goldene Zeichen ist ein traditionelles Symbol für die Selbstständigkeit des Landes.

Schon Sechsjährige nehmen am Naadam-Fest teil.

NORD-KOREA

FLÄCHE
122 762 km²

EINWOHNER
22,9 Mio.

HAUPTSTADT
Pjöngjang

AMTSSPRACHE
Koreanisch

WÄHRUNG
1 Won = 100 Chon

FLAGGE

Die blauen Streifen symbolisieren die beiden Meere, die Korea umschließen: das Gelbe und das Japanische Meer. Die Farbe Rot und der rote Stern stehen für den Kommunismus, Weiß für den Frieden.

In Nord-Korea machen die Kinder meist alles gemeinsam: Morgens gehen sie in ihren Schuluniformen zur Schule, nachmittags geschlossen in eine der Jugendgruppen. Oder sie trainieren zusammen für eine der sportlichen Riesenveranstaltungen, bei denen jede Bewegung genau sitzen muss.

Die Großveranstaltungen sind vom Staat angeordnet, oder besser gesagt, vom Staatsoberhaupt, das im Lande allein über alles bestimmen kann. Das ist typisch für Diktaturen, wie Nord-Korea eine ist. An der Spitze des Staates steht derzeit Kim Jong Il, der es gerne sieht, wenn ihn alle Menschen verehren. Deshalb müssen an den Massenveranstaltungen Tausende, wenn nicht sogar über eine Million Menschen ihm zu Ehren Fähnchen schwenken oder riesige Porträts mit seinem Bild hochhalten. Wer damit nicht einverstanden ist und sich wehrt, dem drohen Gefängnis, Folter, Zwangsarbeit oder im schlimmsten Fall sogar der Tod.

Nord-Korea ist ein kommunistisches Land. Alles ist vom Staat durchgeplant. Die Felder gehören beispielsweise nicht den Bauern, sondern dem Staat. Die Bauernhöfe heißen hier Produktionsgenossenschaften, doch der Staat sorgt nicht für genug Saatgut, Düngemittel oder Futter für das Vieh. Deshalb können nicht ausreichend Lebensmittel für die Bevölkerung produziert werden und viele Menschen müssen in schlechten Erntejahren Hunger leiden – vor allem die Kinder. Viele von ihnen wachsen nicht richtig, weil sie einfach zu wenig oder nur einseitig ernährt werden.

Am Geburtstag von Kim Jong Il, am 16. Februar, gratulieren alle Schulkinder dem Staatsoberhaupt, wobei sie in vorher exakt einstudierten Formationen antreten.

Nord-Korea hat sich sehr vom Rest der Welt abgeschottet. Die Menschen dürfen ihr Land nicht einfach so für einen Urlaub oder einen Besuch bei Verwandten in Süd-Korea verlassen. Sie müssen dafür einen Antrag bei der Regierung stellen. Die beiden Länder sind seit 1948 getrennt. Nach dem Zweiten Weltkrieg wurde der Nordteil von der Sowjetunion beherrscht, der Süden von den USA. Die beiden Regierungen konnten sich jedoch nicht einigen, wie die Zukunft aussehen sollte, und es kam zum Krieg zwischen ihnen. Er dauerte drei Jahre lang – bis die beiden Gegner einen Waffenstillstand vereinbarten.

Viele Menschen flohen damals aus Nord-Korea. Heute gelingt nur wenigen eine Flucht. Die Grenzen werden von der nord-koreanischen Armee streng bewacht, die nach Russland, China und den USA die viertgrößte der Welt ist. Nord-Korea besitzt möglicherweise auch Atomwaffen und viele haben Angst, dass das Land sie irgendwann gegen andere Staaten einsetzen könnte.

SÜD-KOREA

In Süd-Korea lieben die Mädchen eine außergewöhnliche Sportart: das Wippenspringen. Dafür wird ein Brett über einen mit Stroh gefüllten Sack gelegt. Auf einem Ende des Bretts steht eine der Spielerinnen. Dann springt die andere mit Schwung auf das andere Brettende, wodurch ihr Gegenüber in die Luft geschleudert wird. Wenn diese dann gekonnt wieder auf dem Brett landet, fliegt die andere in die Luft. Wer als Erste nicht auf dem Brett landet, hat verloren!

In den Großstädten Süd-Koreas wird das Spiel kaum noch gespielt, aber auf dem Land wird es genauso gepflegt wie viele andere Traditionen. Dazu gehört auch das Neujahrsfest. Es wird in Korea sogar zweimal gefeiert. Einmal am 1. Januar wie in Europa und einmal – nach dem Mondkalender gerechnet – im späten Januar oder frühen Februar. Dann kann man Jungen mit selbst gebastelten Drachen beobachten. Sie schreiben „Fort mit dem Unheil, willkommen Glück" auf ihre Drachen, lassen sie in die Lüfte steigen und schneiden die Schnur durch. So fliegt das Unglück auf und davon.

Im Osten ist Süd-Korea gebirgig und hügelig, weite Teile sind mit Wald bedeckt. Der flache Westteil des Landes hingegen ist die Anbauregion Süd-Koreas: Hier pflanzen Bauern Reis und anderes Getreide oder Obstbäume – und Ginseng. Ginseng-Felder sind leicht an den Abdeckungen zu erkennen, die die Pflanzen vor zu starker Sonneneinstrahlung schützen sollen. Aus ihrer Wurzel werden Medikamente oder Tees hergestellt, die alten Menschen gegen Müdigkeit und Schwäche helfen sollen.

Blick über das alte und das neue Stadtzentrum der Hauptstadt Seoul.

Süd-Koreas Küste ist lang, vor allem, wenn man die Küstenlinien der 3500 Inseln mitzählt. An der Westküste liegt Saemangeum, das nach dem Watt an der Nordsee das zweitgrößte Wattenmeer der Welt ist. Es wurde unter Schutz gestellt, aber dennoch wird immer wieder überlegt, ob man diesen flachen Meeresbereich eindeicht und so Land gewinnt, das die rasch wachsende Bevölkerung gut gebrauchen könnte. Wer den Streit gewinnt – Naturschützer oder Regierung –, ist noch unklar.

Süd-Korea ist seit 1948 vom Nachbarland Nord-Korea getrennt. Die Grenze zwischen beiden wird streng bewacht. Im Unterschied zum kommunistischen Nord-Korea hat sich das demokratische Süd-Korea innerhalb weniger Jahre zu einem reichen Industriestaat entwickelt. Mit Malaysia, Singapur und Taiwan gehört das Land zu den sogenannten „Tigerstaaten". So werden Staaten bezeichnet, deren Wirtschaft sich schnell nach oben arbeitet – sozusagen wie ein Tiger, der zum Sprung ansetzt.

FLÄCHE
99 538 km²

EINWOHNER
49,1 Mio.

HAUPTSTADT
Seoul

AMTSSPRACHE
Koreanisch

WÄHRUNG
1 Won = 100 Chon

FLAGGE

Die blau-rote Scheibe in der Mitte ist ein mystisches Symbol. Umgeben ist es von vier Zeichen, die aus je drei Linien bestehen. Sie bedeuten: Sonne, Frühling, Osten (links unten), Mond, Herbst, Westen (rechts oben), Himmel, Sommer, Süden (links oben) und Erde, Winter, Norden (rechts unten).

Ginsengwurzel

Wer schreibt am schönsten?

Sooo, jetzt schwungvoll um die Kurve, aber nicht zu fest drücken …! Konzentriert fährt die kleine Japanerin mit dem dicken Pinsel übers Papier – heraus kommt ein fetter schwarzer Bogen, der zart beginnt und unten ganz breit endet. Hoffentlich kleckert die Künstlerin nicht mit der Farbe: Das Mädchen nimmt nämlich in Tokio, der Hauptstadt Japans, an einem Schönschreibwettbewerb teil. Ihre Aufgabe ist es, besonders elegant Glückwünsche aufs Papier zu pinseln. Gar nicht so einfach – denn die Japaner benutzen keine Buchstaben, um ein Wort zu schreiben, sondern viele Tausend verschnörkelte Zeichen. Beispiel gefällig? Unten steht „Herzlichen Glückwunsch zum Geburtstag“ auf Japanisch. Na, wer kann das nachschreiben? Mit einem Pinsel, wohlgemerkt!

お誕生日おめでとうございます

JAPAN

Ob Heidi, Biene Maja, Pokémon oder Das wandelnde Schloss, all diese Zeichentrickfilme haben eines gemeinsam: Sie sind in Japan entstanden. Die Japaner lieben diese Anime – das ist die Abkürzung von dem englischen Wort „animation" und bezeichnet alles rund um „zum Leben erweckte Zeichnungen". In Japan beschäftigt sich ein ganzer Industriezweig nur mit Zeichentrick und Comics.

Japanische Kinder haben nicht besonders viel Zeit, die im Lande produzierten Zeichentrickfilme zu gucken. Sie gehen auf Ganztagsschulen, haben zusätzlich oft Nachhilfeunterricht und müssen fleißig pauken. Die japanische Schrift mit ihren vielen Schriftzeichen ist zum Beispiel nicht einfach zu erlernen. Sie kam ursprünglich aus China und wurde dann an die japanische Sprache angepasst. Die Japaner beginnen am rechten Seitenrand, schreiben von oben nach unten und setzen dann wieder oben links neben dem zuvor Geschriebenen an. Oft werden die Schriftzeichen auch kunstvoll mit Pinsel und Tinte auf große Papiere aufgemalt. So entstehen schöne Bilder, mit denen viele Japaner die Wände ihrer Wohnungen oder Häuser schmücken. Diese Kunst nennt man Kalligrafie.

In Japan werden viele Traditionen gepflegt. So wird zum Beispiel am 3.3. jedes Jahres das Mädchenfest Hina Matsuri gefeiert, am 5.5. dann Kodomono-Hi, ein Jungenfest. Die Wurzeln beider Feste reichen mehr als 800 Jahre zurück, als es noch mächtige Kaiser gab, an deren Höfen es komplizierte Hofrituale gab. Hina Matsuri wird auch Puppenfest genannt, weil die Mädchen an diesem Tag Puppen geschenkt bekommen. Einige Familien besitzen wertvolle Puppen, die im schönsten Raum der Wohnung oder des Hauses aufgestellt werden. Da man in Japan davon überzeugt ist, dass sich Krankheiten und Unglück auch auf eine Puppe übertragen lassen, werden manchmal auch kleine Puppen in Holzbooten dem Meer übergeben, damit sie mitsamt dem Unglück davonschwimmen.

An Kodomono-Hi, dem Jungenfest, werden hingegen bunte Wimpel und Drachen in Karpfenform in die Lüfte gelassen. Die Wimpel bedeuten für die Japaner Freiheit im Leben, die Karpfen stehen für Erfolg. In den Häusern und Wohnungen werden an diesem Festtag Kriegerpuppen aufgestellt, die den Jungen ein Vorbild für Stärke und Furchtlosigkeit sein sollen.

FLÄCHE
377 835 km²

EINWOHNER
127,6 Mio.

HAUPTSTADT
Tokio

AMTSSPRACHE
Japanisch

WÄHRUNG
1 Yen (¥, ¥) = 100 Sen

FLAGGE

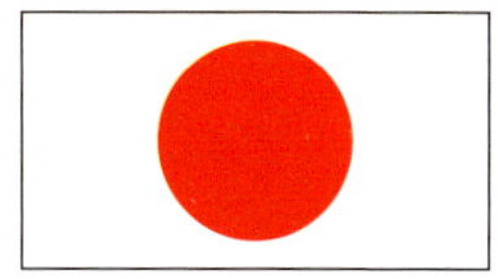

Japan ist das „Land der aufgehenden Sonne". Die rote Scheibe stellt diese Sonne dar. Sie symbolisiert zudem Leidenschaft, Aufrichtigkeit und Begeisterung – und damit die japanischen Ideale. Weiß steht für den Himmel und die Reinheit.

Windspiele in Karpfenform flattern am Jungentag vor der Bergkulisse des Vulkans Fujijama (kurz: Fuji), des heiligen Bergs der Japaner.

In Japan gibt es Hunderestaurants, in denen man auch für seinen Hund Kaffee und Kuchen bestellen kann.

JAPAN Fortsetzung

Japaner lieben technisches Spielzeug – wie etwa den Roboterhund „Aibo", der auch ganze Fußballturniere bestreitet.

Die Feste werden auf dem Land ebenso gefeiert wie in Tokio, der riesigen Hauptstadt Japans. Zwischen modernen Wolkenkratzern und bis spät in die Nacht geöffneten Einkaufsmeilen stehen hier in stillen Parkanlagen alte Tempel. Und in den Straßen kann man modisch gekleidete junge Leute genauso sehen wie Menschen in traditionellen Kimonos. Das sind Mäntel mit weiten Ärmeln, die mit großen Stoffgürteln geschlossen werden. Diese Art, sich zu kleiden, stammt wie das Jungen- und das Mädchenfest aus der Zeit der großen Kaiser. Am Stoffmuster lässt sich oftmals erkennen, zu welchen Anlässen der Mantel getragen wird: Manche werden nur von ledigen, andere von verheirateten Frauen getragen – wieder andere sind für Mütter, Hochzeiten oder bestimmte Zeremonien reserviert. Oder einfach nur für den Alltag.

Eine außergewöhnliche Zeremonie, die nur für Erwachsene ist, ist die Teezeremonie. Dabei wird nach ganz bestimmten Regeln Tee getrunken. Man trinkt ihn in kleinen, schlichten Räumen, die mit Bastmatten ausgelegt sind. Tische oder Stühle gibt es hier meistens nicht. Man sitzt auf dem Boden. Die Straßenschuhe werden vorher ausgezogen. Das gebietet auch generell die Höflichkeit, wenn man in ein Haus kommt, denn der Bereich im Haus gilt als rein, der Außenbereich hingegen als unrein. Als unrein wird auch der Toilettenraum betrachtet und oft auch der Flur. Will man also von einem Raum in den anderen, schlüpft man im Flur schnell in Flurpantoffeln, im nächsten Raum zieht man sie wieder aus. Für die Toilette gibt es oft noch einmal gesonderte Pantoffeln. Das Wechseln geht ruckzuck, die Menschen sind das gewohnt: anziehen, ausziehen, anziehen, ausziehen!

In Japan bebt Jahr für Jahr die Erde, mal leicht, dann wieder so heftig, dass Menschen unter den zerstörten Häusern sterben. Findet ein solches Beben unter dem Ozean statt, kann es passieren, dass sich im Meerwasser eine Riesenwelle bildet, die sich unter Wasser rasend schnell fortbewegt. Eine solche Welle nennt man Tsunami – das japanische Wort bedeutet „hohe Welle im Hafen". Diese Beschreibung ist ziemlich treffend, da man die großräumige Welle auf dem offenen Meer kaum sieht oder spürt, sie sich aber an der Küste und in den Häfen an dem flacher werdenden Untergrund bricht und bis zu 30 m hoch auftürmt. Da dadurch der ganze Küstenstreifen verwüstet werden kann, hat Japan einen Tsunami-Warndienst eingerichtet. Sobald die Seismografen – so heißen die Erdbebenmessgeräte – ein starkes untermeerisches Beben aufzeichnen, wird die Bevölkerung an der Küste gewarnt.

In der Hauptstadt Tokio leben mehr als 8 Millionen Menschen – hier ein Geschäftsviertel in der Innenstadt.

SPRACHE

Hallo!

Japanisch 日本語

Die japanische Schrift besteht aus den Grundzeichen (Kanji) und einer Silbenschrift. Von Letzterer gibt es zwei verschiedene, die runde Hiragana und die eckige Katakana.

1 = ichi
2 = ni
3 = san
4 = shi
5 = go

Guten Tag = Konnichi wa
Auf Wiedersehen = Sayonara
Wie heißt du? = O namae wa nan desu ka?
Ich heiße … = … desu
Wie geht's? = O genki desu ka?
Danke = Domo
Bitte = Dozo
Entschuldigung = Sumimasen

TAIWAN

In Taipeh, der Hauptstadt Taiwans, ragt das derzeit höchste Hochhaus der Welt 508 m in den Himmel. Es hat 101 Stockwerke, weshalb es auch „Taipeh 101“ genannt wird. In der 89. Etage gibt es für die Besucher ein Aussichtsdeck, von wo aus man einen herrlichen Blick über die Stadt hat. Zwei Stockwerke höher können sich Schwindelfreie auf eine Außenplattform wagen, um den Blick zu genießen.

Als das Hochhaus in Taipeh gebaut wurde, waren viele gegen den Bau. Schließlich liegt Taiwan in einer Region, in der die Erde regelmäßig bebt und auch tropische Wirbelstürme – die zerstörerischen Taifune – keine Seltenheit sind. Damit auch schwere Beben dem riesigen Wolkenkratzer nichts anhaben können, wurde er mit einem 680 Tonnen schweren Pendel ausgestattet. Es hängt im oberen Teil des Hochhauses und soll die Schwingungen, in die das Gebäude bei einem Beben versetzt wird, aufnehmen und somit die Auswirkungen auf die Wände des Hauses dämpfen.

Die Erdbeben entstehen durch das Aufeinandertreffen von zwei Erdplatten. Dadurch sind auch die Vulkane entstanden, die sich im Norden der Hauptinsel Taiwans erheben. Sie sind aber schon lange erloschen und weite Teile der Insel sind mittlerweile bewaldet. Weiter südlich teilt sich das Land in einen gebirgigen Ostteil und einen flachen Westteil, in dem die meisten Städte liegen. In dem hügeligen Landstrich dazwischen befindet sich das Hauptanbaugebiet Taiwans. Das warme Klima und der viele Regen bescheren den Bauern dort eine gute Ernte.

Taiwan ist ein Paradies für Schmetterlinge. Von den mehr als 400 Arten, die hier leben, kommen 60 ausschließlich in Taiwan vor. Einzigartig ist auch das Schauspiel, das sich jeden Mai im Süden Taiwans abspielt, wenn Millionen von Schmetterlingen aus dem kalten Norden in die nach ihnen benannten „Schmetterlingstäler“ einfallen.

Ein Großteil der Taiwanesen kam ursprünglich aus China. Die letzte größere Einwanderungswelle war im Jahre 1949. Die Auswanderer waren Anhänger einer Partei in China, die durch die kommunistische Armee des Landes vom chinesischen Festland vertrieben wurden. Diese Auswandererpartei beherrschte bald ganz Taiwan, andere politische Meinungen galten nichts mehr. Seit Mitte der 1990er-Jahre ist das Land jedoch wieder demokratisch und gehört zusammen mit Malaysia, Singapur und Süd-Korea zu den wirtschaftlich aufstrebenden „Tigerstaaten“ Asiens. Mit China versteht man sich bis heute nicht besonders gut.

Der Wolkenkratzer „Taipeh 101“ besitzt die schnellsten Aufzüge der Welt. Mit 60 km/h erreicht man in etwa einer halben Minute den 89. Stock.

FLÄCHE
36 175 km²

EINWOHNER
22,8 Mio.

HAUPTSTADT
Taipeh

AMTSSPRACHE
Chinesisch

WÄHRUNG
1 Neuer Taiwan-Dollar (NT$) = 100 Cent (¢)

FLAGGE

Die zwölf Sonnenstrahlen stehen für die zwölf Stunden des Tages und symbolisieren den unaufhörlichen Fortschritt. Blau steht für die Demokratie, Weiß für die Lebensfreude der Menschen und Rot für die Liebe zum Land.

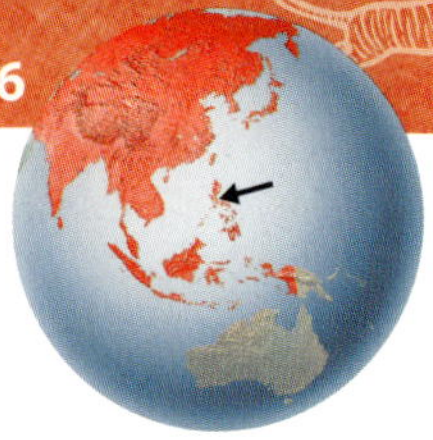

PHILIPPINEN

FLÄCHE
300 000 km²
EINWOHNER
84,2 Mio.
HAUPTSTADT
Manila
AMTSSPRACHE
Filipino
WÄHRUNG
1 Philippinischer Peso (₱) = 100 Centavo (¢)
FLAGGE

Die Sterne sind Symbole für die Inseln Luzon und Mindanao sowie für die Inselwelt der Visayas. Die acht Strahlen der Sonne erinnern an die Provinzen, die für die Unabhängigkeit kämpften. Blau und Rot stehen für Vaterlandsliebe und Mut.

Im Juni 1991 verdunkelte eine 20 km hohe Wolke aus Gas, Rauch und Asche den Himmel über der philippinischen Insel Luzon. Der Vulkan Pinatubo war nach über 600 Jahren Ruhe wieder ausgebrochen. Doch dadurch, dass Wissenschaftler den Ausbruch vorhersagten, konnten viele der in der Nähe lebenden Menschen in Sicherheit gebracht werden.

Die gesamte Berglandschaft auf den Philippinen ist vulkanischen Ursprungs. Hier taucht eine Erdplatte unter eine andere ab und wird von der Hitze im Inneren der Erde aufgeschmolzen. Dieses geschmolzene Gestein, das Magma, steigt dann durch die Erdkruste nach oben und bildet an der Erdoberfläche Vulkane. Von den rund 100 Vulkanen der Philippinen sind gut 20 noch aktiv.

Die vulkanischen Böden des Landes sind ausgesprochen fruchtbar und werden selbst an steilen Hängen intensiv genutzt. Dazu wurden an zahlreichen Bergflanken viele kleine Terrassen angelegt – und das seit 2000 Jahren. Auf diese Weise entstand im Tal von Banaue im Norden Luzons durch das Bergvolk der Ifugo eines der größten Terrassensysteme weltweit.

Auf Mindanao, der südlichen großen Insel der Philippinen, gibt es eine andere Attraktion: die Caraga Kids. Diese Jugendlichen im Alter von zehn bis 16 Jahren gehören verschiedenen Volksgruppen an, unter denen es immer wieder zu Streit kommt. Mit ihrer Theatergruppe wollen die „Kids“ zeigen, dass man mit anderen Volksgruppen auch in Freundschaft zusammenleben kann. Die Caraga Kids protestieren aber auch gegen die schlechte Lage vieler Gleichaltriger im Land. Besonders schwer haben es die Kinder in der riesigen Hauptstadt Manila. Hier leben 25 000 Straßenkinder. Ihre Eltern kamen meist vom Land in die Stadt in der Hoffnung, dort ein besseres Leben führen zu können. Da sie aber keine Arbeit fanden oder krank wurden, müssen sie in Armenvierteln leben. Vor der Armut laufen viele Kinder weg, weil sie meinen, dass sie es allein besser schaffen. Doch allzu oft gelingt ihnen das nicht und sie leben auf der Straße, manchmal auch im Hafenviertel oder auf und nahe den Müllkippen, wo sie nach Dingen suchen, die sie anderswo verkaufen können.

Ein Ifugo in seiner Tracht – im Hintergrund sind terassierte Reisfelder zu sehen.

Außer Mindanao und Luzon gehören noch etwa 7000 weitere Inseln zu den Philippinen, von denen aber nur 800 bewohnt sind. In den Ufergewässern einiger dieser Inseln lebt eine ungewöhnliche Fischart: das Seepferdchen. Diese Tiere sind in der Welt der Fische einzigartig, weil sie ihre Brut in einer känguruähnlichen Tasche austragen. Und das machen nicht etwa die Weibchen, sondern die Männchen.

Seepferdchen sind schlechte Schwimmer. Meistens schweben sie nur im Wasser auf und ab.

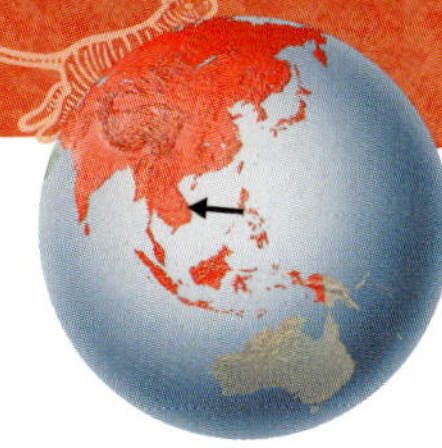

VIETNAM

Nuoc mam – riecht man an einer Flasche mit dieser Fischsoße, kommt einem zwar ein ungewöhnlich strenger Geruch entgegen, aber den vielen vietnamesischen Gemüse- und Suppengerichten gibt sie einen leckeren Beigeschmack. Die variantenreichen Nudelsuppen werden in Vietnam schon zum Frühstück gegessen – in den Städten gibt es sogar extra Suppenrestaurants!

Reis, Gemüse und Fisch – diese Zutaten der vietnamesischen Küche stammen alle aus dem Land selbst. An der Küste leben die Menschen in den Dörfern vom Fischfang, im Landesinneren bestellen sie Reis- und Gemüsefelder und bauen Kaffee an. Zum Schutz vor Sonne und Regen tragen die meisten Frauen flache, kegelförmige Hüte, die aus Palmblättern geflochten sind. Ganz besondere Hüte tragen die Frauen in der Hafenstadt Hue am Südchinesischen Meer. Die Innenseiten ihrer Hüte sind nämlich kunstvoll mit Bildern und Gedichten verziert.

Eine andere vietnamesische Kunst ist das Wasserpuppentheater. Nach einer alten Legende wurden vor langer Zeit Puppenspieler am Roten Fluss oben im Norden von einer Flut überrascht. Sie spielten trotzdem weiter – bis zum Bauch von Wasser umspült. Bis heute stehen die Puppenspieler hinter einem Vorhang in einem Wasserbecken und führen die Figuren an langen Stangen. Sie werden von Musikern mit Trommeln, Flöten, Lauten und Gesang unterstützt. Stimmen erhalten die bunten und prachtvollen Puppen durch einen Erzähler.

Wasser spielt in Vietnam generell eine sehr wichtige Rolle, schließlich hat das schmale Land eine sehr lange Küste. Sie war früher von ausgedehnten Mangrovenwäldern bewachsen. Doch sowohl diese salzwasserliebenden Bäume als auch die großen Regenwälder im Bergland sind vielerorts verschwunden. Einerseits haben die Menschen die Wälder gerodet, um Ackerland zu gewinnen und das Holz ins Ausland zu verkaufen, andererseits sind die freien Flächen auch die Folge eines Krieges, der hier fast 30 Jahre lang herrschte.

Zunächst war es ein Krieg gegen den Kolonialherren Frankreich, dann ein Krieg zwischen dem Norden (Nordvietnam) und dem Süden (Südvietnam). Um 1960 begannen sich andere Staaten einzumischen: Die USA unterstützten den demokratischen Süden, die damalige Sowjetunion und China halfen dem kommunistischen Norden. Der Krieg wurde zum Teil in unwegsamem Gelände geführt. Damit sich die Gegner nicht mehr ins Dickicht zurückziehen konnten, versprühten amerikanische Flugzeuge ein Gift über den Wäldern. Daraufhin ließen die Bäume all ihre Blätter fallen und das Gelände war aus der Luft plötzlich gut überschaubar. Diese Wälder sind bis heute mit diesem Gift, das Agent Orange genannt wird, verseucht. Und noch immer erkranken Menschen daran und Kinder kommen mit Missbildungen auf die Welt.

Im Jahr 1976 wurden die beiden Landesteile wieder vereinigt und Hanoi im Norden wurde die Hauptstadt des geeinten Staates Vietnam.

FLÄCHE
329 560 km²

EINWOHNER
83,5 Mio.

HAUPTSTADT
Hanoi

AMTSSPRACHE
Vietnamesisch

WÄHRUNG
1 Dong (D) = 10 Hào = 100 Xu

FLAGGE

Rot steht für die Revolution und das für sie vergossene Blut, der goldene Stern ist Sinnbild für den Kommunismus. Seine fünf Zacken repräsentieren die Bauern, Arbeiter, Intellektuellen, Jugendlichen und Soldaten.

Auf den Märkten erhält man alles für die berühmten Frühlingsrollen. Sie werden roh, frittiert oder gebraten gegessen.

KAMBODSCHA

FLÄCHE
181 035 km²

EINWOHNER
13,36 Mio.

HAUPTSTADT
Phnom Penh

AMTSSPRACHE
Khmer

WÄHRUNG
1 Riel (CR) = 100 Sen

FLAGGE

Rot stand früher für das Volk, Blau für den König. Heute erinnert Rot an das für Frieden und Freiheit vergossene Blut, Blau an die Naturschätze des Landes. In Weiß ist der Tempel von Angkor Vat abgebildet.

Inmitten Kambodschas liegt der große See Tonle Sap. Jedes Jahr zur Regenzeit wächst er so stark an, dass er fünf- bis zehnmal so groß wird wie in der Trockenzeit. Auf dem See leben Fischerfamilien in schwimmenden Häusern. Auch die Klassenzimmer schwimmen auf dem See, und so sieht man jeden Morgen die Kinder zur Schule paddeln.

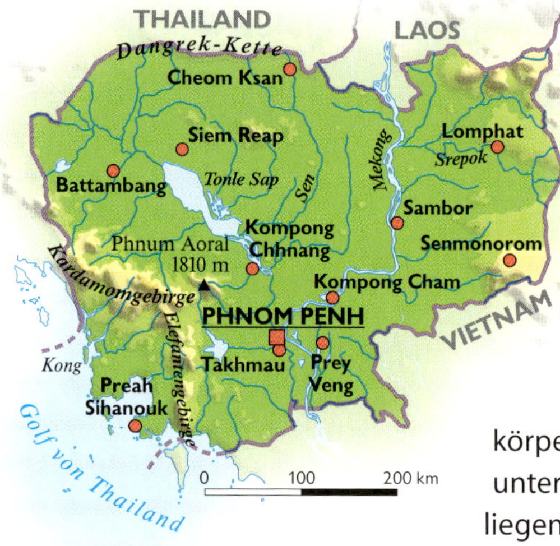

Nördlich des Tonle Sap, in der Nähe der Stadt Siem Reap, liegen die Tempelruinen von Angkor Vat. Sie erinnern an die Zeit, als Kambodscha ein reiches Königreich der Khmer war. In der Blütezeit des historischen Königreichs lebten in Angkor etwa eine Million Menschen, mehr als in jeder europäischen Stadt dieser Zeit. Heute strömen Jahr für Jahr viele Besucher hierher, um die vielen Hundert Bauten, die zum Teil noch von Regenwaldpflanzen überwuchert sind, zu bestaunen.

Die Khmer – bis heute das größte Volk in Kambodscha – darf man aber nicht mit den „Roten Khmer" verwechseln, die in Kambodscha vor etwa 30 Jahren an die Macht kamen. Sie waren radikale Kommunisten, die alles Moderne ablehnten. Die Menschen mussten aufs Land ziehen und Landwirtschaft betreiben, Schulen wurden geschlossen, Lehrer umgebracht. Deshalb können viele Kambodschaner heute weder lesen noch schreiben. Unter der Gewaltherrschaft zwischen 1975 und 1979 kamen fast zwei Millionen Menschen um. Erst als der Anführer der Roten Khmer, Pol Pot, 1998 starb, kam das Land zur Ruhe. Heute ist Kambodscha ein junger weltoffener Staat.

Das Nervengift der Königskobra ist sehr gefährlich.

Viele Khmer leben auch heute noch auf dem Land, zum Beispiel entlang des Mekong-Flusses, von Ackerbau und Viehzucht. Wenn die Menschen hier einen lauten Knall hören, wissen sie leider meist, was passiert ist. Dann ist eine der vielen Landminen explodiert, die seit dem Bürgerkrieg überall verteilt sind. Landminen sind Sprengkörper, die verdeckt unter der Erdoberfläche liegen. Tritt oder fährt man darauf, explodieren sie. Sie werden von Kriegsparteien verlegt, um den Gegner davon abzuhalten, in ein bestimmtes Gebiet vorzudringen. Das besonders Schlimme an ihnen ist, dass sie auch nach Ende eines Krieges in der Erde liegen und keiner mehr genau weiß, wo. Dann muss mühselig nach ihnen gesucht werden. Doch bis ein Land wieder frei von solchen Minen ist, werden viele Menschen durch sie verletzt oder getötet, auch Kinder.

In den dichten Wäldern Kambodschas lauert noch eine andere Gefahr: Giftschlagen wie etwa die Königskobra. Sie ist mit über 5 m Länge die längste Giftschlange der Welt. Auch wenn ihr Gift nicht so stark ist, wie das der ebenfalls hier lebenden Kettenviper, ist ihr Biss doch meist tödlich. Durch ihn kommt nämlich meist so viel Gift in die Wunde, dass es auch einen Elefanten töten könnte.

Die Gebäude von Angkor Vat wurden aus Sandstein gebaut. Der höchste Turm der Tempelanlage ist 65 m hoch.

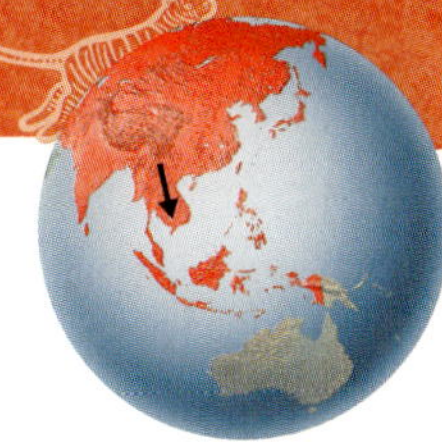

LAOS

In Laos lebt ein seltenes Tier, die Laotische Felsenratte, die wie eine Mischung aus einem Eichhörnchen und einer Ratte aussieht. Wissenschaftler dachten lange, diese Tierart sei seit 11 Millionen Jahren ausgestorben. Doch dann entdeckte 2005 ein Tierforscher auf einem Markt den Kadaver eines Tiers, das der tot geglaubten Rattenart ähnelte.

Von der Laotischen Felsenratte, die in Laos Kha-Nyou genannt wird, ist bislang nur wenig bekannt. Auf jeden Fall aber lebt sie im südlichen Laos zwischen zerklüfteten Kalksteinfelsen in Höhlen und ist nachtaktiv. Sie ernährt sich vermutlich von Samen, Blättern und Gräsern und vielleicht auch von kleinen Insekten.

Im Norden von Laos liegt ein weites, bewaldetes Hochland. Hier leben kleine Bergvölker, die meistens nicht lange an einem Ort siedeln. Wenn die Böden ihrer Felder schlechter werden, geben sie ihre Siedlungen auf, packen all ihre Habe zusammen und ziehen an einen neuen Ort. Dort roden sie ein kleines Stückchen Wald, brennen das Gestrüpp nieder und bauen für eine Weile auf den so gewonnenen neuen Feldern Reis und Gemüse an. In der Zeit, in der ihr alter Lagerplatz verlassen ist, kann sich der Boden dort erholen.

In Laos werden für schwere Arbeiten oft Elefanten eingesetzt. Die asiatischen Elefanten sind kleiner als ihre afrikanischen Verwandten und haben kleinere Ohren und Stoßzähne.

Leider wird der dichte Wald in Laos seit einigen Jahren großflächig von großen Firmen abgeholzt. Das Holz wird unter anderem nach Japan zur Herstellung von Essstäbchen verschifft. Da die Wälder dicht und unwegsam sind, kommt man mit modernen Holzernte-Maschinen oft nicht voran. Dann kommen Elefanten zum Einsatz. Mit ihren kräftigen Rüsseln und Stoßzähnen schaffen sie die Baumstämme aus dem Dickicht.

Im nördlichen Hochland hat man auch Hunderte 2000 Jahre alte, zuweilen menschengroße Gefäße gefunden. Man nennt dieses Gebiet deshalb „Ebene der Tonkrüge", auch wenn die Gefäße gar nicht aus Ton sind, sondern meist aus Stein. Bis heute weiß man nicht, warum die Menschen hier so große Krüge hergestellt haben. Waren es Urnen für die Asche Verstorbener – oder Vorratsbehälter?

Die meisten Menschen leben aber im Tiefland, entlang des Flusses Mekong an der Grenze zu Thailand. Durch das heiße und regenreiche Klima wächst hier viel Reis. Das Pflügen der Felder erfolgt mit Ochsengespannen, das Setzen der Reispflanzen und die Ernte sind reine Handarbeit. Hier wird auch der sogenannte Lila Reis angebaut. Das ist eine neue Reissorte, die sich beim Kochen lila verfärbt. Sie wird von den Einheimischen für die Zubereitung von Süßspeisen verwendet und ist eine beliebte Festtagsspezialität.

FLÄCHE
236 800 km²

EINWOHNER
5,9 Mio.

HAUPTSTADT
Vientiane

AMTSSPRACHE
Laotisch

WÄHRUNG
Kip

FLAGGE

Das Rot steht für das vergossene Blut, Blau für den Reichtum des Landes und den Fluss Mekong. Weiß symbolisiert die Einheit der verschiedenen Bevölkerungsgruppen.

BIRMA

FLÄCHE
676 577 km²

EINWOHNER
54 Mio.

HAUPTSTADT
Naypyidaw

AMTSSPRACHE
Birmanisch (Myanmar)

WÄHRUNG
1 Kyat (K) = 100 Pya (P)

FLAGGE

Die Reisähre steht für die Landwirtschaft, das Zahnrad für die Industrie. Die 14 Sterne stellen die Teilstaaten des Landes dar. Rot steht für Mut und Solidarität des Volkes, Blau drückt Ruhe und Frieden aus.

Die Maharijaya-Pagode in Rangun

Auf dem Inlesee im Shanplateau von Westbirma kann man ganz besonderen Fischern zusehen: den Beinruderern. Sie führen das Ruder – eigentlich ein Paddel – mit nur einer Hand und einem Bein, damit sie eine Hand frei haben, um mit den Netzen und Reusen zu hantieren.

Die Beinruderer des Inlesees nennen sich selbst „Söhne des Sees“. Schließlich verbringen sie fast ihr ganzes Leben auf dem Wasser.

Birma wird auch „Land der goldenen Pagoden“ genannt. Wenn man durch dieses Land reist, das etwa doppelt so groß wie Deutschland ist, trifft man überall auf diese buddhistischen Tempel. Sie sind manchmal eckig, dann wieder kreisrund und oft werden sie Richtung Himmel immer schmaler. Besonders die mit Blattgold verzierten Pagoden sind wunderschön.

Früher wurden darin heilige Mönche oder buddhistische Kostbarkeiten wie Überreste des Religionsbegründers Buddha selbst bestattet. Der Buddhismus ist in Birma überall zu spüren. Riesige Buddhafiguren sind der Treffpunkt vieler Gläubiger. Und die Ruinenstadt Pagan am Irawadi-Fluss gilt als eine der größten in ganz Südostasien. Von den ehemals 5000 Tempeln und Pagoden stehen heute noch ungefähr 1000 Gebäude. Manche sind nach wie vor wichtige Gebetsorte, andere sind dabei zu verfallen.

Überall in den Straßen sieht man in orangerote Roben gekleidete buddhistische Mönche. Ihr Leben ist von Meditation – das ist eine besondere Art des Nachdenkens über die Welt – geprägt. Oft sitzen sie stundenlang in ein und derselben Haltung und meditieren. In ihren Klöstern, von denen viele Tausende über das ganze Land verteilt sind, gibt es auch Schulen. Sie werden von vielen Internatskindern besucht, in deren Heimatdörfern es oft entweder keine staatlichen Schulen gibt oder sich die Eltern die Aufnahmegebühren, Schuluniformen und Bücher für die Kinder nicht leisten können. In den Klosterschulen hingegen kostet der Unterricht nichts und meistens ist auch für alles andere gesorgt.

In Birma, das auch unter dem Namen Myanmar bekannt ist, erstrecken sich große Wälder. In den Gebirgen sind es Regenwälder, im Tiefland Bambuswälder und an den Küsten Mangrovenwälder, deren Holz ins Ausland verkauft wird. In den Bambuswäldern leben Kleine Pandabären. Im Unterschied zu ihren großen Brüdern in China werden sie nur 65 cm groß und haben ein rötliches Fell, ernähren sich aber wie ihre Verwandten ebenfalls nur von Bambus. Weil sich der Kleine Panda wie eine Katze durch das sorgfältige Ablecken des Fells „wäscht“, wird er auch Katzenbär genannt.

Berufstraum: Schneiderin

Rattattattatta… Auf und ab saust die Nadel der Nähmaschine. Kyi Kyis Augen beginnen zu schmerzen, doch die 16-Jährige liebt das gleichmäßige Rattern. Die Nähmaschine ist zwar alt und muss mit einem Pedal in Schwung gehalten werden, aber Kyi Kyis größter Wunsch ist es, Schneiderin zu werden – und seit Kurzem wird sie im Nähen unterrichtet. Kyi Kyi konnte nie zur Schule gehen: Sie hat drei Schwestern und drei Brüder, und ihre Familie ist so arm, dass auch die Kinder arbeiten müssen. Kyi Kyi verkauft tagsüber Postkarten an Touristen – nur kommen davon nicht sehr viele. In ihrer Heimatstadt Mingun, in der Nähe von Mandalay, gibt es zwar viele alte Denkmäler und buddhistische Klöster zu besichtigen, doch Besucher erreichen Mingun nur mühsam mit dem Boot über den Fluss. An jeder Postkarte, die Kyi Kyi verkauft, verdient sie umgerechnet zehn Euro-Cent. Nach einem langen Arbeitstag setzt sie sich zu Hause noch an ihre geliebte Nähmaschine – und hofft auf eine bessere Zukunft.

THAILAND

FLÄCHE
513 115 km²

EINWOHNER
63,8 Mio.

HAUPTSTADT
Bangkok

AMTSSPRACHE
Thai

WÄHRUNG
1 Baht (฿) = 100 Stang (St., Stg.)

FLAGGE

Blau ist die traditionelle Farbe der thailändischen Könige, Rot symbolisiert das Volk, Weiß die Reinheit und den Buddhismus.

In Bangkok, der Hauptstadt Thailands, werden ganz besondere Tiere gemolken: Schlangen! Man zapft den in gut gesicherten Terrarien lebenden Giftschlangen den tödlichen Saft ab, um daraus ein Gegengift herzustellen. Damit kann man Menschen, die von einer Schlange gebissen wurden, retten.

Thailand erinnert in seiner Gestalt an den Kopf eines Elefanten, dessen Rüssel nach unten hängt. Durch seinen „Kopf" bahnen sich der Menam und viele kleinere Flüsse ihren Weg. In diesen Flusslandschaften leben die meisten Thailänder. Dort treten nämlich zur Regenzeit die Flüsse über ihre Ufer und hinterlassen einen mineralienreichen Schlamm, der die ufernahen Böden fruchtbar macht.

Im fruchtbaren Mündungsbereich des Menam liegt Bangkok. Früher war die Stadt von vielen Kanälen durchzogen und alles wurde über den Wasserweg transportiert. Seit es Autos gibt, hat man allerdings die Kanäle nach und nach zugeschüttet und Straßen gebaut. Einige Kanäle blieben jedoch erhalten, vor allem im Stadtteil Thon Buri. Dort finden die „schwimmenden Märkte" statt. Die Händler bieten ihr Gemüse von ihren Booten aus an. Ihre Kunden feilschen entweder auch vom Boot aus oder stehen trockenen Fußes am Kanalrand und kaufen von hier aus, was sie zum Kochen brauchen. Die thailändische Küche gilt als eine der gesündesten der Welt. Die Menschen essen oft und viel, aber meistens frisches Gemüse mit Reis und wenig Fett. Aber Vorsicht: Manchmal sind die Gerichte feuerscharf!

Bangkok besitzt einerseits viele alte buddhistische Heiligtümer wie zum Beispiel den Tempel Wat Jetubon (auch Wat Po genannt). Er beherbergt eine liegende goldene Buddha-Figur, die 45 m lang und 15 m hoch ist. Andererseits gibt es in Bangkok auch viele exklusive Hotels und Restaurants für Geschäftsleute und Touristen.

Die meisten Touristen kommen aber wegen des Klimas und der tollen Strände nach Thailand. An Weihnachten 2004 wurden die Menschen im Küstenbereich Thailands wie auch in anderen Ländern der Region allerdings von einer riesigen Flutwelle überrascht, die alles mit sich riss: Menschen, Tiere, Pflanzen – der Wiederaufbau wird noch Jahre dauern.

Die schwimmenden Märkte von Thon Buri – einem Stadtteil der Hauptstadt Bangkok

SPRACHE

Hallo!

Thai ไทย

Thai ist eine sogenannte Tonsprache, d. h. je nach Tonhöhe kann sich die Bedeutung eines Wortes ändern.

1 = nüng
2 = song
3 = saam
4 = sii
5 = haa

Hallo = Sa-wat-dii
Auf Wiedersehen = Laa kon
Wie heißt du? = Khun tschü arai?
Ich heiße … = Phom/di-tschan tschü …
Wie geht's? = Sabaai-dii rü?
Danke = Khop khun
Bitte = Karunaa
Entschuldigung = Kho thot

Die in Thailand lebende Schweinsnasenfledermaus ist die kleinste Fledermaus der Welt. Sie wiegt nur 2 g.

Geschoren für den Glauben

Suphachai ist 13 Jahre alt und lebt seit zwei Jahren in einem Kloster. Ins Kloster einzutreten, ist in Thailand keine Entscheidung fürs Leben. Fast jeder thailändische Junge geht für einige Zeit dorthin, um zu meditieren – also über das Leben nachzudenken – und die buddhistische Lehre zu studieren. Um sich ganz der Religion widmen zu können und von nichts abgelenkt zu werden, verzichten die Mönche auf persönliches Eigentum, außerdem werden ihnen die Haare geschoren. Sie leben von Almosen, die sie von der Bevölkerung bekommen. Das Leben im Kloster wird von genau 227 Regeln bestimmt und ist kein Zuckerschlecken. Für Suphachai wie für viele Jungs aus armen Familien ist das Kloster aber auch eine Riesenchance: Sie bekommen hier umsonst einen sehr guten Schulunterricht! Ob Suphachai nach Beendigung der Schule im Kloster bleiben will, weiß er noch nicht. Er hat noch Zeit. Erst mit 20 muss er sich entscheiden, ob er aus dem Kloster austreten oder für immer Mönch werden möchte.

MALAYSIA

FLÄCHE
329 758 km²

EINWOHNER
26,5 Mio.

HAUPTSTADT
Kuala Lumpur

AMTSSPRACHE
Bahasa Malaysia

WÄHRUNG
1 Malaysischer Ringgit (RM) = 100 Sen (c)

FLAGGE

Die Streifen und Sternenzacken symbolisieren die 13 Bundesstaaten und die Bundesregierung. Rot und Weiß gelten als traditionelle Farben der Malaien, Gelb als Farbe der Könige. Sichel und Stern sind Symbole des Islam.

In Malaysia gibt es viele für uns ungewöhnliche Sportarten. Beim „Main Gasing“ oder Kreiseldrehen zum Beispiel werden große Kreisel aus Hartholz um die Wette gedreht. Eine andere Sportvariante ist Sepak Takraw. Es wird so ähnlich wie Volleyball gespielt, doch der Ball darf nur mit Kopf, Knien und Füßen und nicht mit den Händen geführt werden.

Die Sportarten sind in allen Landesteilen verbreitet. Und das ist nicht selbstverständlich, denn Malaysia ist zweigeteilt. Der Westteil, wo die meisten Menschen leben, liegt auf der Malaiischen Halbinsel, der Ostteil im Norden der Insel Borneo. Dazwischen liegen 600 km Wasser – das Südchinesische Meer. Beide Landesteile sind im Innern gebirgig, an den Küsten oft sumpfig. Aber es gibt auch wunderschöne Sandstrände.

Auf Borneo, in den Bundesstaaten Sarawak und Sabah, gibt es ausgedehnte tropische Regenwälder. Leider wurden viele Bäume in den letzten Jahren gefällt und ihr Edelholz verkauft. Damit ist auch der Lebensraum seltener Tiere mehr und mehr bedroht, die mittlerweile ohnehin nur noch in Schutzgebieten leben. Dazu gehören Orang-Utans, der Indochinesische Tiger und das Sumatranashorn. Dieses Nashorn ist der kleinste Vertreter aller Nashornarten unserer Erde und hat im Gegensatz zu seinen afrikanischen Verwandten sogar ein – wenn auch spärliches – Fell. Es gibt nur noch knapp 300 Tiere dieser Art: in Sabah auf Borneo, auf der Malaiischen Halbinsel und auf Sumatra. Damit gehört dieses Nashorn zu den bedrohtesten Großsäugern der Welt. Es wird besonders wegen seines Horns gejagt, das in der asiatischen Medizin verwendet wird.

Seit Kuala Lumpur 1857 von Bergleuten gegründet wurde, hat sich viel verändert. Heute stehen hier die beiden Petronas Towers inmitten von anderen Hochhäusern.

Auf Borneo leben auch die Dayak-Völker, die vor allem dem Fischfang und Ackerbau nachgehen. Außergewöhnlich sind ihre über 100 m messenden Langhäuser, in denen auch schon mal 70 oder 80 Menschen zusammenleben. Meist stehen sie wegen des feuchtheißen Klimas auf Pfählen – das hält auch Kleingetier und Ungeziefer ab. Vollkommen anders sieht das Leben der Stadtbevölkerung aus. Hier bemerkt man sofort, dass Malaysia ein moderner Industriestaat ist, in dem Computer, Software, Maschinen und Fahrzeuge hergestellt werden. In der Hauptstadt Kuala Lumpur treffen Traditionen und das moderne Leben aufeinander. Islamische Moscheen stehen neben christlichen Kirchen, chinesische Pagoden und indische Tempel neben den aus Aluminium und Stahl gebauten Petronas Towers. Mit ihren 452 m sind sie die höchsten Zwillingstürme der Welt.

BRUNEI

In Bandar Seri Begawan, der Hauptstadt von Brunei, steht eines der größten Wohnhäuser der Welt: Es besitzt mehr als 1700 Zimmer und 250 Badezimmer! Hier lebt der Sultan – das ist ein islamischer Herrscher, ähnlich einem König – mit seiner Familie.

Brunei, das an der Nordwestküste der Insel Borneo liegt, ist eines der wenigen Sultanate, die es noch auf der Welt gibt. Früher gab es diese islamischen Herrscherhäuser in Asien und Afrika häufiger, doch dann wurde diese Regierungsform nach und nach durch andere abgelöst.
Der Ort des Friedens, wie Brunei in der Sprache der hier lebenden Malaien genannt wird, ist ein reiches Land. Es lebt von seinen großen Erdöl- und Erdgasvorkommen an der Küste. Um diese kostbaren Schätze leichter ans Tageslicht fördern zu können, wurden leider die Mangrovenwälder an der Küste zum größten Teil gerodet. Dadurch ist die Küste jedoch nicht mehr vor großen Wellen geschützt. Im Landesinnern, wo nur sehr wenige Menschen leben, erstrecken sich auch heute noch große tropische Regenwälder, in denen seltene Pflanzen und Tiere vorkommen. Dazu gehört auch das katzengroße Riesengleithörnchen, das sich in den Wipfeln der Urwaldriesen von Baum zu Baum bewegt. Ist der nächste Baum weit entfernt, können sie ihn gleitend erreichen. Dazu spannen sie beim Losspringen eine Gleithaut auf, die von ihren Vorder- zu den Hinterbeinen reicht, und segeln wie ein Drachenflieger durch die Lüfte.

FLÄCHE
5765 km²

EINWOHNER
372 000

HAUPTSTADT
Bandar Seri Begawan

AMTSSPRACHE
Malaiisch

WÄHRUNG
1 Brunei-Dollar (BR$) = 100 Cent (¢)

FLAGGE

Unter dem königlichen Sonnenschirm liegt ein Halbmond, das Symbol des Islam. Die Farben sind die „Hausfarben" des Sultans und seiner Minister.

SINGAPUR

Singapur ist Staat und Stadt zugleich. Die Landesfläche Singapurs wird fast vollständig von der gleichnamigen Stadt eingenommen. Da Platzmangel herrscht, wird zunehmend in die Höhe gebaut: Wolkenkratzer reiht sich an Wolkenkratzer.

Die Insel, auf der sich die Hochhäuser Singapurs in den Himmel recken, liegt vor der Südspitze der zu Malaysia gehörenden Halbinsel Malakka. Die Menschen arbeiten in großen Elektronikfabriken, in Werften, auf Erdölplattformen, in Restaurants oder Hotels. In Singapur wird aber auch viel Handel getrieben. Vieles wird in dem riesigen Haupthafen Keppel Harbour auf große Containerschiffe verladen und in die ganze Welt transportiert.
Trotz dieser Geschäftigkeit ist es überall in Singapur sehr sauber. Das hat der Staat so geregelt und viele Gesetze erlassen, die die Menschen davon abschrecken sollen, die Stadt zu verschmutzen. So ist es zum Beispiel verboten, in Bus oder Bahn zu essen oder zu trinken, damit gar nicht erst Müll anfällt. Wer erwischt wird, muss mindestens 250 Euro bezahlen! Auch wer einen Kaugummi wegwirft, wird bestraft, manchmal sogar mit Stockhieben. Aber Kaugummis sind ohnehin nur schwer zu bekommen. Es gibt sie nur gegen ein Arztrezept, auf dem der Arzt ein Zahnleiden bestätigen muss.

FLÄCHE
693 km²

EINWOHNER
4,6 Mio.

AMTSSPRACHEN
Englisch, Chinesisch, Malaiisch, Tamil

WÄHRUNG
1 Singapur-Dollar (S$) = 100 Cent (c)

FLAGGE

Rot und Weiß sind alte malaiische Farben. Die Sterne stehen für Demokratie, Frieden, Fortschritt, Gerechtigkeit und Gleichheit. Der steigende Halbmond symbolisiert den aufstrebenden Staat.

INDONESIEN

FLÄCHE
1 890 754 km²

EINWOHNER
219,31 Mio.

HAUPTSTADT
Jakarta

AMTSSPRACHE
Bahasa Indonesia

WÄHRUNG
1 Rupiah (Rp.) = 100 Sen (S)

FLAGGE

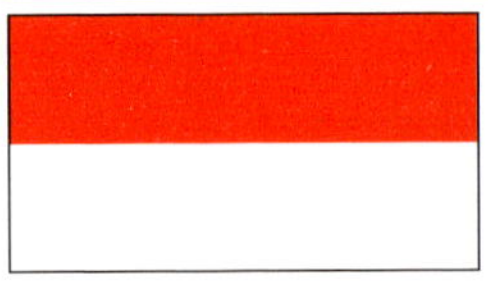

Rot steht für das Leben auf der Erde, Weiß symbolisiert die Seele und das geistige Leben. Gemeinsam symbolisieren sie die Ganzheit des Menschen, die Einheit von Körper und Geist.

Indonesien ist ein Land der Inseln. Von den mehr als 13 000 Inseln sind weniger als die Hälfte bewohnt. Die größten sind Sumatra, Borneo, Java und Celebes. Auch der westliche Teil der Insel Neuguinea gehört als Provinz Papua zu Indonesien.

Die indonesischen Inseln Sumatra und Borneo sind die Heimat der Orang-Utans. Ihr Name bedeutet in der Sprache der auf Borneo lebenden Malaien „Waldmensch". Diese Menschenaffen können bis zu 1,5 m groß und 100 kg schwer werden. Trotz dieses Gewichts verbringen sie ihr Leben in den Baumwipfeln des tropischen Regenwalds und ernähren sich dort von Blättern und Früchten. Leider werden Orang-Utans – obwohl sie unter strengem Schutz stehen – bis heute von Menschen gejagt. Meist sind die Wilderer an den Affenbabys interessiert, die sie für viel Geld als Haustiere verkaufen. Doch bleiben sie nicht so klein und niedlich, sondern werden groß und gefährlich stark. Oft werden sie dann in Ketten gelegt und fristen ein jämmerliches Leben. Tierschützer bemühen sich, solche Tiere zu retten und in sogenannten Auswilderungsstationen wieder an das Leben in der freien Natur zu gewöhnen. Nach einigen Monaten können die Tiere dann meist wieder in den Regenwald entlassen werden.

Orang-Utans sind Einzelgänger. Die Mütter leben alleine mit ihrem Nachwuchs und treffen nur zur Paarung auf Männchen.

Auf den indonesischen Inseln leben auch ungefähr 500 Völker, die mehr als 250 verschiedene Sprachen sprechen. Einige Sprachen sind weit verbreitet, andere werden nur von ganz kleinen Gruppen gesprochen. Da man sich mit einer gemeinsamen Sprache von Insel zu Insel besser verständigen kann, lernen indonesische Kinder zusätzlich zur Sprache ihrer Eltern auch Bahasa Indonesia, das fast alle Indonesier verstehen. Das ist eine Mischsprache aus verschiedenen Sprachen: Beim genauen Hinhören erkennt man persische, chinesische, arabische und europäische Wörter.

In Indonesien leben etwa 180 Millionen Muslime. Das ist die größte muslimische Bevölkerung auf der ganzen Welt. Aber auch andere Weltreligionen haben hier ihre Anhänger. Es gibt indonesische Christen, Buddhisten und Hindus. In den Millionenstädten, wo unzählige Bevölkerungsgruppen zusammenleben, bemerkt man vor allem an Neujahr, das gleich mehrmals gefeiert wird: am 1. Januar von den Christen, im Januar oder Februar von den Chinesen, später dann von den Muslimen und ein anderes Mal von den Hindus.

Mit Wasserbüffelrennen bitten die Bauern auf der Insel Bali die Götter jedes Jahr um eine reiche Reisernte.

SPRACHE

Hallo!

Bahasa Indonesia

Bahasa Indonesia ist die Nationalsprache Indonesiens, die fast alle der rund 220 Millionen Indonesier verstehen, egal zu welchem Volk sie gehören.

1 = satu
2 = dua
3 = tiga
4 = empat
5 = lima

Hallo = He
Tschüs = Dadah
Wie heißt du? = Namanya siapa?
Ich heiße … = Nama saya …
Wie geht's? = Apa kabar?
Bitte = Silakan
Danke = Terima kasih
Entschuldigung = Maaf

Einige Völker Indonesiens in den ländlichen Gebieten pflegen bis heute ihre Traditionen. Dazu gehören auch die Batak auf Sumatra. Ihre schön verzierten Pfahlbauten, die mit ihren spitzen Dächern weit in den Himmel ragen, stehen rund um den riesigen Tobasee. Er entstand vor etwa 75 000 Jahren, als der gigantische Vulkan Toba regelrecht explodierte und einen riesigen Krater hinterließ, der sich später mit Wasser füllte.

In Indonesien gibt es fast auf allen größeren Inseln Vulkane. Manche sind längst erloschen, andere sind aktiv und können das Leben der Menschen bedrohen. Mit dem Vulkanismus sind auch starke Erdbeben verbunden.

Hier stoßen vier große Erdplatten aufeinander: die eurasische, die indisch-australische, die pazifische und die philippinische. Diese Bewegungen der Erdplatten waren auch der Grund, weshalb es im Jahre 2004 zu einem Seebeben kam, das eine Flutwelle auslöste, die verheerende Auswirkungen auf die Küstenbewohner Sumatras hatte. Ungefähr 200 000 Indonesier verloren ihr Leben – vor allem in der Region um Banda Aceh – etwa eine halbe Million Menschen wurde durch die Flutwelle obdachlos.

OSTTIMOR

Nördlich von Australien liegt die kleine Insel Timor, die jahrelang von heftigen Unruhen geschüttelt wurde. Im Mai 2002 wurde dann gefeiert: Osttimor war ein eigenständiger Staat geworden.

Die Osttimorer sind sehr froh, dass sie heute unabhängig sind. Denn der Unabhängigkeit ging eine jahrhundertlange Fremdherrschaft voraus. 1520 landeten Portugiesen auf der Insel Timor, etwa 100 Jahre später kamen Niederländer und nahmen den Westteil der Insel ein. Im Jahre 1975 entließ Portugal den Ostteil in die Unabhängigkeit, doch nur wenige Tage später rückten indonesische Truppen in Osttimor ein. Danach begannen die Osttimorer für ihre Freiheit zu kämpfen. In den etwa 25 Jahren – so lange wurde Osttimor von Indonesien besetzt – starben viele Menschen. In der kleinen Hauptstadt Dili sind noch immer die Spuren der vergangenen Kämpfe zu sehen. Doch mit der Hilfe anderer Länder kommt das Land langsam wieder auf die Beine. Es verkauft Kaffee, der im Landesinneren angebaut wird, und Garnelen aus den warmen Küstengewässern ins Ausland.
Neben Garnelen leben an der Küste auch Krokodile. Sie spielen im Land eine große Rolle, schließlich ist die Insel Timor der Legende nach aus einem alten weisen Krokodil entstanden. Einst soll ein kleiner Junge einem verirrten Krokodilbaby geholfen haben, den Weg zurück ins Meer zu finden. Zum Dank dafür nahm das Krokodil den Jungen auf lange Reisen über das Meer mit. Als das Krokodil alt war und starb, wurde aus seinem Körper die Insel Timor, die von den Kindern des Jungen besiedelt wurde. Seitdem werden Krokodile hier als „Großvater" bezeichnet und es gibt bis heute den Brauch, beim Überqueren von Flüssen zu rufen: „Krokodil, ich bin dein Enkel – friss mich nicht."

FLÄCHE
14 604 km²

EINWOHNER
936 000

HAUPTSTADT
Dili

AMTSSPRACHEN
Tétum, Portugiesisch

WÄHRUNG
1 US-Dollar (US-$) = 100 Cent (c, ¢)

FLAGGE

Rot und Gelb stehen für den Kampf um Unabhängigkeit, Schwarz für die Unterdrückung in der Kolonialzeit. Der weiße Stern symbolisiert den Weg in eine friedliche Zukunft.

Clownfische gibt es in vielen Farben. Man nennt sie auch Anemonenfische, weil sie als einzige Lebewesen zwischen den giftigen Fangarmen von Seeanemonen leben können. Dort sind sie vor Feinden sicher. Die Seeanemonen leben im Gegenzug von den Essensresten der Fische.

AUSTRALIEN UND OZEANIEN

Australien ist der kleinste Kontinent der Erde – selbst wenn man die 7500 Inseln Ozeaniens dazurechnet. Sie liegen über den riesigen Pazifischen Ozean verstreut. Würde man allerdings die ganze Wasserfläche zwischen den Inseln von Ost nach West und von Süd nach Nord einbeziehen, wäre Australien der größte Erdteil.

Bemerkenswert ist, dass in Australien und Ozeanien nur ein einziges Land eine Grenze zu einem Nachbarland besitzt: Papua-Neuguinea, das an Indonesien grenzt. Zudem liegen alle Staaten auf Inseln – wenn man auch Australien als riesige Insel betrachtet. Die meisten Inseln hingegen sind winzig, sie bestehen oft nur aus einem Vulkan oder sind Atolle. Das sind runde Korallenriffe, die flache Meereslagunen umschließen. Die meisten der Inseln ragen nur wenige Meter aus dem Meer wie etwa die Marshallinseln, aber es gibt auch gebirgige Staaten wie Neuseeland und Papua-Neuguinea.

Bis heute benutzen die Pazifikvölker Auslegerboote, wenn sie zum Fischen auf das Meer rausfahren.

Ein typisches Atoll – hier eine der Inseln des Staates Palau

Die Inselwelt Ozeaniens teilt man auch in drei große Gebiete ein: Nordöstlich von Australien liegt Melanesien. Dazu gehören Papua-Neuguinea, die Salomoninseln, Vanuatu und Fidschi. Nördlich davon liegt Mikronesien mit den zahlreichen winzigen Inseln von Nauru, Kiribati, Palau, der Marshallinseln und der Föderierten Staaten Mikronesien. Südöstlich davon erstreckt sich das riesige Gebiet Polynesien. Dazu zählen Samoa, Tonga, Tuvalu und viele andere kleine Inseln im Ostpazifik.

Das Leben der Völker Ozeaniens hängt stark vom Meer ab. Viele Menschen leben vom Fischfang, sammeln Muscheln oder graben Krebse aus dem Sand. Über Jahrhunderte war der zum Teil gefährliche Weg über das Meer die einzige Möglichkeit für die Völker, sich mit anderen zu treffen und Handel zu treiben. Dafür bauten die Inselbewohner Auslegerboote, die den heutigen Katamaranen ähneln, stabil im Wasser liegen und auch Stürmen standhalten. Denn Wirbelstürme sind in diesem Erdteil keine Seltenheit. Sie entstehen dort, wo das Meerwasser warm wird. Warme Luft und Wasserdampf steigen dann schnell auf und bilden dichte

GESAMTFLÄCHE
9 Mio. km^2

EINWOHNER
36,4 Mio.

ANZAHL DER LÄNDER
14

GRÖSSTER SEE
Eyresee (Australien), 10 000 km^2

LÄNGSTER FLUSS
Darling (Australien), 2720 km

HÖCHSTER BERG
Mount Cook (Neuseeland), 3754 m

Australien 200
Fidschi 207
Kiribati 206
Marshallinseln 213
Mikronesien 212
Nauru 213
Neuseeland 204
Palau 212
Papua-Neuguinea 210
Salomoninseln 208
Samoa 205
Tonga 205
Tuvalu 206
Vanuatu 208

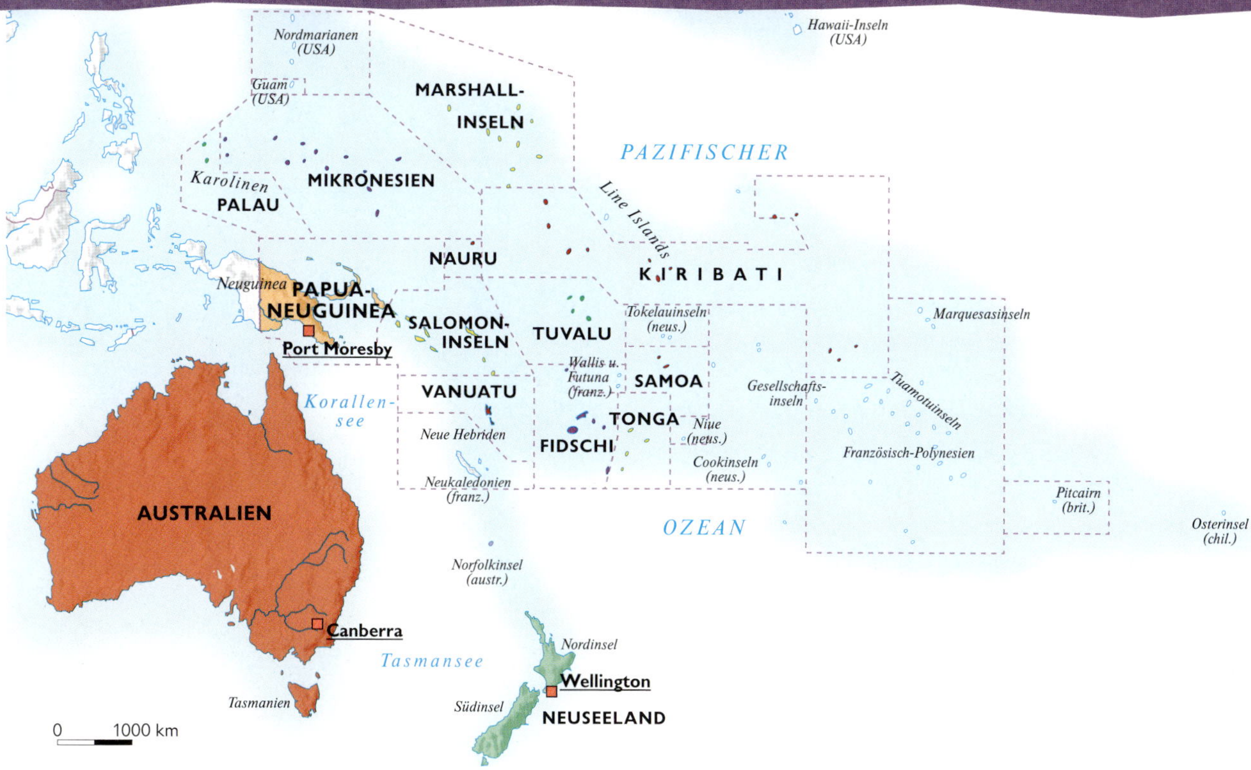

Wolken. Aufgrund der Drehung der Erde um sich selbst entsteht daraus ein riesiger Wirbel, der sich mit großer Geschwindigkeit dreht und Wasser aufpeitscht. Dann rollen oft riesige Wellen auf die Küsten zu. Da sich das Klima auf der Erde ändert, es wärmer wird und die Gletscher schmelzen, sind die Bewohner der flachen Inseln auch seit einigen Jahren vom Anstieg des Meeresspiegels bedroht. Ihre Inseln verschwinden langsam im Meer und es ist absehbar, dass sie sich eine neue Heimat suchen müssen.

Ozeanien war seit dem 16. Jahrhundert das Ziel europäischer Seefahrer. Im 18. und 19. Jahrhundert begannen die europäischen, aber auch andere Länder dann, Ozeanien unter sich aufzuteilen. Auch Deutschland nahm Inseln in Besitz, zum Beispiel einen Teil von Samoa. Viele Inseln erlangten im 20. Jahrhundert wieder ihre Unabhängigkeit, andere gehören noch immer zu einem anderen Staat, etwa zu den USA oder zu Frankreich.

Als Australien im 18. und 19. Jahrhundert durch die Briten besiedelt wurde, reisten in den Bäuchen der Schiffe auch Ratten mit. Sie vermehrten sich schnell und verdrängten nach und nach viele der einheimischen Tierarten, die über Millionen Jahre keine Feinde kannten. Denn in Australien sind Tiere und Pflanzen beheimatet, die es sonst nirgendwo auf der Welt gibt. Der Kontinent ist schon seit ungefähr 80 Millionen Jahren durch das Meer vom Rest der Welt getrennt und so konnten sich ganz eigene Tierarten entwickeln. Die Beuteltiere oder Beutelsäuger (wie Koalas, Kängurus oder Wombats) zum Beispiel bringen recht „unfertige" Junge zur Welt, die dann lange in einem Hautbeutel der Mutter gesäugt werden. Die sogenannten Kloakentiere wie der Ameisenigel oder das Schnabeltier hingegen zeichnen sich dadurch aus, dass sie Eier legen, nach dem Schlüpfen der Jungen aber die Jungtiere ähnlich wie die Beuteltiere in einem Brutbeutel großziehen.

Wombats werden ungefähr 1 m lang und bis zu 40 kg schwer. Mit ihren scharfen Krallen graben sie lange Höhlensysteme.

AUSTRALIEN

FLÄCHE
7,69 Mio. km²

EINWOHNER
20,1 Mio.

HAUPTSTADT
Canberra

AMTSSPRACHE
Englisch

WÄHRUNG
1 Australischer Dollar ($A) = 100 Cent (c)

FLAGGE

Die britische Flagge oben links verweist auf die ehemaligen Kolonialherren. Darunter steht ein Stern mit sieben Spitzen, eine für jedes Territorium. Die rechte Hälfte der Flagge zeigt das Sternbild „Kreuz des Südens".

Australien ist ein riesiges Land, hinsichtlich seiner Fläche ist es das sechstgrößte der Erde. Im Norden ist das Klima feuchtwarm, im Westen und im Zentrum hingegen heiß und trocken. Die Australier nennen diese wüstenhaften Landesteile „Outback", was so viel wie Hinterland bedeutet. Die meisten leben an der Südostküste, wo das Klima angenehm ist.

Die Menschen im australischen Outback leben sehr verstreut – manchmal mehrere Hundert Kilometer von einer größeren Siedlung entfernt. Deshalb gehen die Kinder dort nicht zur Schule, der tägliche Schulweg wäre viel zu weit. Unterricht findet dennoch regelmäßig statt, allerdings zu Hause. Die Schule heißt „School of the Air", Schule der Luft. Als sie diesen Namen erhielt, funktionierte sie tatsächlich über die Luft, also über eine Funkverbindung. Die schriftlichen Hausaufgaben und Klassenarbeiten wurden mit dem Postflugzeug oder auch den ewig langen Viehtransportern – „Roadtrain" genannt – von den großen Bauernhöfen zu den Schulen gebracht. Heutzutage spielt hier natürlich auch das Internet eine große Rolle, aber für den direkten Kontakt mit den Lehrern wird noch immer der Funkverkehr bevorzugt. Die Familien im Outback leben von der Viehzucht. Insgesamt sind es mehr als 100 Millionen Schafe und knapp 30 Millionen Rinder, die hier weiden. Die Viehbetriebe sind meistens gigantisch groß und die Herden weiden manchmal bis zu 50 km von den Unterkünften entfernt. Dann werden sie mit modernen Mitteln gesucht und zusammengetrieben: mit Hubschraubern oder sogenannten „Quadbikes" (übersetzt: „vierrädriges Motorrad"). Diese Flitzer sind nicht nur schnell und wendig. Es macht auch Spaß, mit ihnen über die weiten Grasebenen zu brausen.

Viehtrieb mit dem Helikopter

Australien ist auch die Heimat vieler Tiere, die uns recht ungewöhnlich erscheinen. Da der australische Kontinent schon vor rund 80 Millionen Jahren von den anderen Festländern getrennt wurde, konnte sich hier eine einzigartige Tierwelt entwickeln. Am bekanntesten sind die Beuteltiere. Das sind Säugetiere, allerdings kommen ihre Jungen schon nach sehr kurzer Tragezeit klitzeklein und ziemlich „unfertig" zur Welt. Sie verbringen dann noch viele Monate in einer schützenden Hauttasche der Mutter – dem Beutel. Zu den Beutlern gehören unter anderen die Koalas, die sich ausschließlich von Eukalyptusblättern ernähren, und die Kängurus. Känguruarten gibt es viele: Die kleinsten sind die etwa 40 cm großen Moschusratten-Kängurus, die größten die Roten Riesenkängurus. Sie werden bis zu 2 m groß und können 9 m weit springen. Wenn sie zur Welt kommen, sind sie allerdings nur etwa 2 cm lang, 1 g schwer, haben keine Haare und keine ausgebildeten Augen und Ohren. Mit ihren guten Nasen schaffen sie es aber, nach der Geburt durch das Fell ihrer Mutter in den Beutel zu kriechen. Hier liegen Milchdrüsen, die die Winzlinge fünf bis neun Monate mit Milch versorgen, bis

Ein Aborigine mit einem bemalten Schildkrötenpanzer und einem verzierten Didgeridoo.

Bei Gefahr stellt die Kragenechse ihren „Kragen" auf und zischt laut.

In Australien gibt es eine Eisvogelart, die „Lachender Hans" heißt. Wenn er beginnt, lauthals sein Revier abzustecken, klingt das wie Gelächter – und man muss einfach mitlachen!

sie 2–4 kg schwer sind und den Beutel verlassen können. Bis sie sich – mit etwa 12 bis 18 Monaten – selbstständig ernähren können, saugen sie, indem sie den Kopf in den Beutel stecken. Weitere Beispiele australischer Tiere sind die Kragenechse, die wie ein urzeitliches Wesen aussieht, oder das Schnabeltier, ein Säugetier, das Eier legt. Nachdem die Jungen aus dem Ei geschlüpft sind, ernähren sie sich etwa 6–8 Monate von Muttermilch. Sie haben einen entenartigen Schnabel, Füße mit Krallen und Schwimmhäuten sowie ein seehundartiges Fell.

Schnabeltiere sind gute Schwimmer und verbringen die meiste Zeit unter Wasser. Von der Schnabel- bis zur Schwanzspitze messen sie etwa 50–60 cm.

Kängurus sind bis heute für die Ureinwohner Australiens, die Aborigines genannt werden, sehr wichtig. Sie werden von ihnen gejagt und gegessen, aber auch verehrt. Die Aborigines leben seit mindestens 45 000 Jahren in Australien. Wahrscheinlich kamen sie aus Asien und besiedelten nach und nach den ganzen Kontinent. Als die Europäer vor mehr als 200 Jahren den Kontinent in Besitz nahmen, vertrieben sie die Aborigines in die unwirtlichen Landesteile. Dabei verlor eine halbe Million Aborigines ihr Leben. Heute leben einige der insgesamt 450 000 Aborigines im Norden auf sogenannten Reservationen. Das ist Land, das ihnen von der

Die Roadtrains (übersetzt: „Züge auf der Straße") haben oft mehr als vier Anhänger. Da die – zum Großteil unbefestigten – Straßen im Outback meist schnurgerade sind, ist das kein Problem.

weißen Bevölkerung zugesprochen wurde. Hier versuchen sie, ihrer ursprünglichen Lebensweise als Jäger und Sammler nachzugehen. Wichtig ist ihnen auch die Unterrichtung ihrer Kinder, die – natürlich neben Lesen, Schreiben und Rechnen – viel über ihre Traditionen lernen sollen, damit sie sie später

AUSTRALIEN Fortsetzung

wiederum an ihre Kinder weitergeben können. Dazu gehört auch, dass die Jungen in der Phase, in der sie erwachsen werden, einige Zeit in den Busch ziehen und mit der Natur leben – das nennen sie „Walkabout" (übersetzt: Wanderung). Doch nicht nur in dieser Zeit erfahren die Kinder etwas über ihr Volk. In den Nächten hören sie von den Großeltern Legenden über die Erschaffung der Welt. Dabei erlernen sie auch bestimmte Lieder und Tänze, die oft vom Didgeridoo, einem ganz besonderen Blasinstrument, begleitet wird. Es besteht aus einem von Termiten ausgehöhlten Eukalyptusstamm, der bis zu 3 m lang sein kann.

Die Aborigines sind für ihre einzigartige Kunst weit über den australischen Kontinent hinaus bekannt. Früher malten sie ihre Geschichten auf Felswände. Die wohl bekanntesten Felsmalereien sind die des Uluru oder Ayers Rock, wie der 348 m hohe und 2,4 km breite Felsen von den Weißen genannt wird. Er erhebt sich wie aus dem Nichts fast in der Mitte des Kontinents. Der Uluru, was übersetzt „Schatten spendender Platz" bedeutet, ist ein viel besuchtes Reiseziel. Jahrelang beanspruchte die weiße Regierung das Land, doch seit 1985 gehört der Uluru wieder den Aborigines, die somit auch von den Einnahmen durch den Tourismus profitieren.

In Australien scheint an 300 Tagen im Jahr die Sonne – und das nicht nur im heißen Zentrum, sondern auch in den Küstenregionen. Viele Menschen verbringen ihre Freizeit draußen, vor allem am Strand, wovon es selbst in den großen Städten wie Sydney und Brisbane reichlich gibt. Hier wird gesegelt, gesurft und vor allem am Großen Barriereriff vor der Nordostküste Australiens – dem größten Korallenriff der Welt – auch getaucht und geschnorchelt. Leider hat das Freizeitvergnügen auch Schattenseiten. Die gefährliche UV-Strahlung, vor der wir uns auch in Europa durch Sonnencremes schützen, ist in Australien noch viel stärker. Seit etwa 30 Jahren gibt es über der Antarktis ein Loch in der Ozonschicht, die die Erde umgibt und normalerweise vor UV-Strahlen schützt. Aufgrund des „Ozonlochs" ist die UV-Strahlung in Australien sehr intensiv. Zu viel davon kann Hautkrebs verursachen. Deshalb schützen sich viele Einheimische durch Sonnenschirme, Cremes mit hohem Lichtschutzfaktor oder Spezialkleidung, die besonders viel der gefährlichen Strahlung reflektiert.

Der Uluru oder Ayers Rock ist Teil einer riesigen Felsmasse, die unter der Erdoberfläche liegt und im Zentrum des Landes zutage tritt.

Sydney ist die älteste und größte Stadt Australiens. Ihr Wahrzeichen ist das Opernhaus auf einer vorgelagerten Halbinsel.

Von November bis Mai, also während des australischen Sommers, droht Wassersportlern aber noch eine andere Gefahr. Dann treten im küstennahen Wasser besonders viele der giftigen Seewespen auf. Ein Kontakt mit ihren langen Tentakeln lähmt die Atmung des Opfers. Jedes Jahr sterben weit mehr Menschen durch diese Quallenart als durch Angriffe von Haien. Darum werden für die Badelustigen mithilfe von Netzen kleine Bereiche des Meeres „eingezäunt" – oder man zieht sich einen quallensicheren Badeanzug an.

In Australien gibt es die giftigsten Schlangen der Welt, zum Beispiel den Inlandtaipan, dessen Beute nach dem Biss innerhalb weniger Sekunden stirbt.

Werkeln wie die Vorfahren

Noch ein letzter Schliff, und David Ulurus neuer Bumerang ist fertig. Der 11-Jährige hat von seinem Onkel gelernt, solche Schleuderhölzer zu bauen – genau so, wie es die Aborigines, die australischen Ureinwohner, seit Jahrtausenden machen. Zuerst haben sich die beiden im Nationalpark Uluru-Kata Tjuta einen elastischen Akazienast gesucht. „Um den Baum nicht zu töten, nehmen wir immer nur Holz für einen einzigen Bumerang", hat der Onkel erklärt. Den Ast haben sie stundenlang in Form geschnitzt und glatt geschmirgelt. Mit seiner „Luftwaffe" könnte David locker ein Känguru k. o. hauen! Geübte Werfer können einen Bumerang über 100 m weit schleudern. Dann müssen sie aber ihren Wurfgeschossen hinterherlaufen. Diese ursprünglichen Jagdbumerangs, Kylies genannt, kehren nämlich nicht zurück. Im Gegensatz zu den Sportbumerangs, die in einem großen Kreis fliegen, wenn sie richtig geworfen werden. Den perfekten Wurf trainieren Bumerangsportler weltweit und messen auf Wettkämpfen ihr Können.

NEUSEELAND

FLÄCHE
270 534 km²

EINWOHNER
4,06 Mio.

HAUPTSTADT
Wellington

AMTSSPRACHE
Englisch

WÄHRUNG
1 Neuseeland-Dollar (NZ$) = 100 Cent (c)

FLAGGE

Links oben ist – wie auch bei der australischen Flagge – die britische Flagge abgebildet. Die rechte Seite zeigt ebenfalls die vier Hauptsterne des Sternbilds „Kreuz des Südens".

Aotearoa – „Land der langen weißen Wolke": So nennen die Maori, wie die Ureinwohner Neuseelands heißen, ihre Heimat. Sie kamen vor etwa 1000 Jahren aus der Inselwelt Polynesiens und besiedelten die beiden neuseeländischen Inseln, die aufgrund ihrer Lage schlicht als Nord- und Südinsel bezeichnet werden.

Als die Briten vor ungefähr 200 Jahren die beiden Inseln zu ihrem Staatsgebiet erklärten, kamen bald auch Missionare, welche die Maori zum Christentum bekehren wollten. Die Pater lehnten viele der einheimischen Traditionen ab, so zum Beispiel auch das sogenannte „Tatauieren" oder Tätowieren. Dabei wurden früher feine Muster in die Haut gestochen und mit Ruß eingerieben, was sehr schmerzhaft sein konnte. Frauen waren auf Lippen und Kinn, Männer im Gesicht, auf Gesäß und Oberschenkel verziert. Aufgrund des ablehnenden Verhaltens der Missionare sah man lange Zeit nur wenige Maori, die ihre Haut verzieren ließen. Heute sind die Maori wieder stolz auf ihre Kultur und besonders junge Leute lassen sich – auch im Gesicht – tätowieren.

Die meisten Neuseeländer leben auf der Nordinsel. Auf ihr erheben sich zahlreiche Vulkane, die von den Maori verehrt werden. Die Nordinsel ist auch die Heimat vieler Tiere, die es nur auf Neuseeland gibt.

Dazu gehört der Streifenkiwi, ein ungewöhnlich aussehender Vogel, der nicht fliegen kann. Diese Vögel stehen unter strengem Schutz, werden aber immer wieder Opfer von wildernden Hunden und Katzen. Sie sind den Neuseeländern so wichtig, dass sie sich selbst als Kiwis bezeichnen.

Wichtig ist den Neuseeländern auch der Sport. Damit verbringen sie einen großen Teil ihrer Freizeit: beim Rugby, beim Ski fahren in den Bergen, beim Surfen entlang der kilometerlangen Strände – oder beim Schafscheren. Einmal im Jahr findet in Masterton auf der Nordinsel die Weltmeisterschaft im Schafscheren statt. Der Rekord liegt bei 495 Schafen in acht Stunden – das sind mehr als 60 pro Stunde! Kein Wunder, schließlich macht Übung den Meister, und in Neuseeland gibt es reichlich Schafe zum Üben, fast 40 Millionen.

Das Gefieder der Kiwis wirkt fast wie ein Haarkleid.

SPRACHE

Hallo!

Maori

Maori wird von knapp 50 000 Menschen gesprochen. Mittlerweile lernen es immer weniger Kinder.

1 = tahi
2 = rua
3 = toru
4 = wh
5 = rim

Hallo = Kia ora
Auf Wiedersehen = Ka kite ano
Wie geht's? = Kei te pehea koe?
Gut = Kei te pai
Danke = Ka pa
Bitte = Koa

Die neuseeländische Rugby-Nationalmannschaft tanzt vor einem Spiel oft einen Maori-Tanz, den „Haka" – quasi, um den Gegner „einzuschüchtern".

Der Berg mit dem längsten Namen der Welt liegt in Neuseeland. Die Maori nennen ihn Taumatawhakatangihangakoauauotamateaturipukakapikimaungahoronukupokaiwhenuakitanatahu.

SAMOA

An einem Tag im Oktober oder November – kurz vor Vollmond – steigt in den Gewässern von Samoa etwas ganz Besonderes an die Wasseroberfläche: das hintere Ende des Palolo, eines Wurms, der in den Korallenriffen lebt.

Der Samoa-Palolo vermehrt sich auf ungewöhnliche Weise: Im Hinterkörper des Wurms reichern sich einmal pro Jahr die Geschlechtsprodukte an. Er wird abgeschnürt, treibt zur Wasseroberfläche, wo er zum Sonnenaufgang all die Eier und Spermien freilässt. Dann findet die Befruchtung statt. Gleichzeitig schöpfen die Samoaner die Hinterleiber aus dem Wasser, denn Palolo gilt als Delikatesse. Ansonsten steht meist Fisch oder Schweinefleisch auf ihrem Speiseplan – oder Taro. Das ist eine Sumpfpflanze, die bis zu 2 m hoch werden kann. Am nahrhaftesten ist die Wurzelknolle. Sie enthält viel Stärke, viel mehr als unsere Kartoffeln. Die Knollen werden gekocht, frittiert, püriert, manchmal sogar zu einem süßen Dessert verarbeitet. Die Blätter und Blattstiele isst man als Gemüse. Taro wird auch im traditionellen Umu, einem Erdofen, zubereitet. Dafür werden heiße Steine in eine Erdmulde gelegt. Dann folgen Fleisch, Fisch, Taro oder Bananen. Obenauf kommen nasse Blätter und Erde und nach 6–8 Stunden ist alles gar.

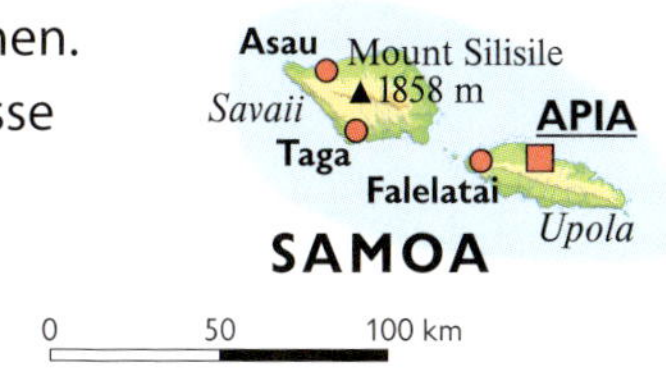

FLÄCHE
2867 km²
EINWOHNER
183 000
HAUPTSTADT
Apia
AMTSSPRACHEN
Samoanisch, Englisch
WÄHRUNG
1 Tala (WS$) = 100 Sene (s)
FLAGGE

Rot steht für Mut, Weiß für Reinheit, Blau für Freiheit. Das Sternbild „Kreuz des Südens" zeigt an, dass die Inseln auf der Südhalbkugel der Erde liegen.

TONGA

Zischschsch! So hört es sich an, wenn jedes Jahr zwischen Juni und Oktober Buckelwale vor den Küsten des Königreichs Tonga eintreffen. Wenn sie zum Luftholen an die Wasseroberfläche kommen, atmen sie zuerst kräftig aus – Zischschsch!

Die Buckelwale kommen aus den eisigen Polarmeeren in die warmen Gewässer vor den Tongainseln, um sich hier zu paaren. Dabei singen die Bullen regelrechte „Unterwasserarien". Sie drücken damit ihre Launen oder auch Warnungen aus. Sie können über eine halbe Stunde unter Wasser singen, ohne auftauchen zu müssen. Nach 12 Monaten Tragezeit kommen die Walkühe wieder hierher, um ihre Jungen zur Welt zu bringen. Die Inselbewohner bieten in dieser Zeit Walbeobachtungstouren an. Tierschützern gefällt das gar nicht, da die Wale bei der Geburt und Paarung gestört werden könnten.

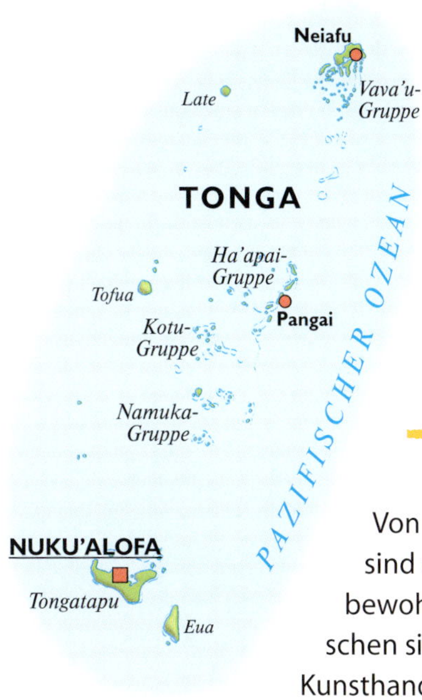

Von den 170 Inseln sind nur 36 ständig bewohnt. Die Menschen sind stolz auf ihr Kunsthandwerk und ihre Traditionen, wie etwa das Kawa-Ritual bei Festen und Versammlungen. Dazu kauen die Männer zunächst die Wurzel der Kawa-Pflanze, dann spucken sie sie in eine Schüssel und fügen etwas Wasser hinzu. Nach 4–6 Stunden wird das Kawa-Getränk getrunken, so wie bei uns ein Gläschen Wein.

Buckelwale werden 12–15 m lang. Wenn sie springen, ist das ein unvergesslicher Anblick.

FLÄCHE
748 km²
EINWOHNER
102 000
HAUPTSTADT
Nuku'alofa
AMTSSPRACHEN
Tongaisch, Englisch
WÄHRUNG
1 Pa'anga (T$) = 100 Seniti (s)
FLAGGE

Das Kreuz steht für den christlichen Glauben der Bevölkerung, Rot für das Blut von Jesus Christus, Weiß für die Reinheit.

KIRIBATI

FLÄCHE
811 km²
EINWOHNER
93 000
HAUPTSTADT
Bairiki
AMTSSPRACHEN
Gilbertesisch, Englisch
WÄHRUNG
1 Australischer Dollar/ Kiribati ($A/K) = 100 Cent (c)
FLAGGE

Die Sonne über dem Pazifik symbolisiert den Äquator, der sich durch die Inselgruppe zieht. Der Fregattvogel verkörpert Freiheit.

Die 34 Inseln von Kiribati liegen über eine Fläche von etwa 4 Millionen Quadratkilometern verstreut. Damit wäre Kiribati nach Australien das siebtgrößte Land der Erde. Doch die Landfläche aller Inseln zusammengenommen ist winzig – kaum größer als Hamburg.

Die Inseln mit den schneeweißen Sandstränden sind mit unzähligen Kokospalmen bedeckt. Wenn die Kinder unter den Palmen spielen, müssen sie gut aufpassen, dass sie nicht von einer Kokosnuss getroffen werden. Hier lebt nämlich der Palmendieb, ein großer Krebs – 30 cm lang und 9 kg schwer –, dessen Leibspeise Kokosnüsse sind. Er klettert die Stämme hinauf und schneidet mit seinen großen Zangen die Nüsse ab. Allerdings muss er achtgeben, dass es ihn nicht selbst erwischt, denn sein zartes Fleisch wird von den Inselbewohnern sehr geschätzt.
Durch Kiribati verläuft die Datumsgrenze. Sie ist eine gedachte Linie, die leicht im Zickzack vom Nordpol zum Südpol führt. Wenn man die Datumsgrenze sonntags von Ost nach West überschreitet, muss man das Datum (etwa das auf der Armbanduhr) auf Montag vorstellen, beim Überschreiten von West nach Ost um einen Tag – also auf Samstag – zurückstellen. Ohne diese Datumsumstellung wäre ein in München startender Reisender, der über Russland, China, dann Japan und Kanada um die Welt reist, dem Datum um einen Tag voraus, wenn er wieder in München ankommt.

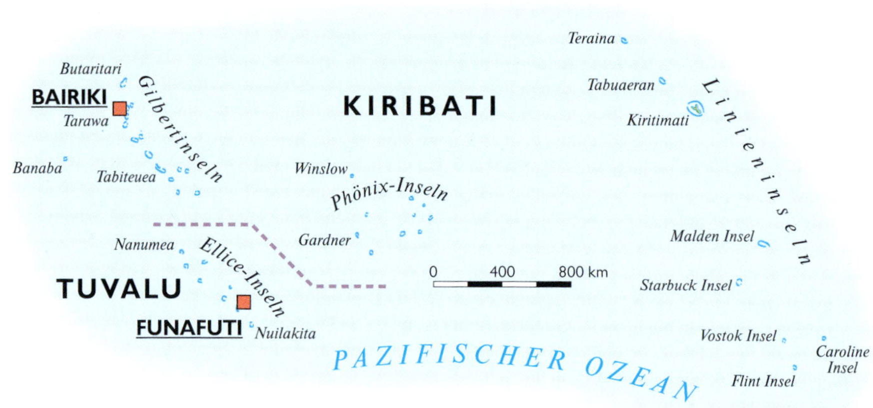

TUVALU

FLÄCHE
26 km²
EINWOHNER
11 600
HAUPTSTADT
Funafuti
AMTSSPRACHEN
Tuvaluisch, Englisch
WÄHRUNG
1 Australischer Dollar ($A) = 100 Cent (c)
FLAGGE

Die Flagge oben links erinnert an die britische Kolonialherrschaft. Die Sterne zeigen die Lage der neun Inseln Tuvalus.

Wo die Adresse von deutschen Internetseiten auf „.de" endet, endet sie in Tuvalu auf „.tv". Darum leihen sich besonders ausländische Fernsehsender – „TV stations" auf Englisch – gerne die Endung von Tuvalu gegen Geld aus.

Die Erde in Tuvalu ist nicht besonders fruchtbar, aber die Menschen bauen trotzdem einige Nutzpflanzen an. Dazu gehört auch der Brotfruchtbaum. Er wird 15–20 m hoch, hat eine große Krone und riesige, bis zu 1 m lange, glänzende Blätter. Die Äste können schon mal richtig durchhängen, wenn die bis zu 2 kg schweren Früchte an ihnen hängen. Auf Tuvalu ist die Brotfrucht mit ihrem weißen, stärkehaltigen Fruchtfleisch ein wichtiges Grundnahrungsmittel. Sie wird gekocht, gebraten oder frittiert und ganz ähnlich gegessen wie bei uns die Kartoffeln. Die Kinder Tuvalus freuen sich aber besonders auf Brotfrucht mit Sirup oder Zucker.
Ein großes Problem auf Tuvalu ist die Trinkwasserversorgung, denn auf keinem der neun Atolle des winzigen Inselstaats gibt es Süßwasserquellen. Deshalb muss das Trinkwasser für die Bevölkerung mithilfe moderner Meerwasserentsalzungsanlagen aus Meerwasser gewonnen werden. Zudem wird wie früher Regenwasser aufgefangen und in Zisternen – großen Sammelbehältern – gespeichert.

Die Brotfrüchte werden mithilfe langer Stangen geerntet, da beim Anfassen des Baumes die Haut gereizt wird.

FIDSCHI

Die „Meuterei auf der Bounty“ ist sicher manchen Leseratten ein Begriff. Die Bounty war ein britischer Dreimaster und 1787 in der Südsee unterwegs. Als die Besatzung gegen ihren Kapitän meuterte, wurde das Schiff im Pazifik in Brand gesteckt. Das hölzerne Schiffsruder blieb erhalten und ist im Museum der Hauptstadt Suva zu bestaunen.

Suva liegt auf der Insel Viti Levu. Sie ist eine der größten der rund 850 Inseln von Fidschi. Hier liegt auch der höchste Berg von Fidschi, der 1323 m hohe Vulkankegel des Tomanivi. Auf dem fruchtbaren vulkanischen Boden gedeihen – neben üppigem Regenwald – Zuckerrohr, Kaffee, Kakao, Reis und Ingwer. Es ist die Wurzel des Ingwers, die auf der ganzen Welt zum Würzen von Speisen, als Süßigkeit und als Heilmittel verwendet wird. Die Ingwerpflanze wird meterhoch, hat schmale lange Blätter und herrlich duftende gelbe, orangefarbene oder auch rote Blüten.

In Suva wird im August eine Woche lang das größte Fest der Fidschianer gefeiert: das Hibiskusfest, bei dem die ganze Stadt in ein Meer von Hibiskusblüten getaucht ist. Da viele Fidschianer Christen sind, sind uns andere Feste, wie etwa Ostern und Weihnachten, bestens bekannt. Spannend sind auch die Feste der vielen Hindus, Nachfahren von Zuckerrohrarbeitern, die die Briten zu Kolonialzeiten aus Indien nach Fidschi holten. Sie feiern ihre großen Feste im Oktober und November, wie etwa das Lichterfest Divali oder die Feuerzeremonie, bei der Männer über glühend heiße Kohlen gehen. Bei allen Festen sind Musik und Tanz nicht wegzudenken. Besonders beeindruckend sind die Tänze und Gesänge, die die Fidschianer „Meke“ nennen. Beim sogenannten Meke malagu halten die Männer Keulen in den Händen und imitieren damit Kämpfe. Dies erinnert an die kriegerische Vergangenheit der Fidschi-Inseln. Doch das ist lange her – genauso wie die Zeiten, als es auf Fidschi noch Rituale gab, bei denen Menschen einen Teil eines anderen Menschen – meist eines Feindes – verzehrten. Solche Rituale gab es früher bei vielen Völkern, von Menschenfleisch ernährt haben sich Menschen aber nie. Kannibalismus – so nennt man es, wenn eine Art das Fleisch ihrer Artgenossen frisst – gibt es vor allem im Tierreich, zum Beispiel bei manchen Nagetier- und Greifvogelarten.

Heute lebt das Land zum großen Teil vom Tourismus. Jahr für Jahr kommen viele Besucher nach Fidschi, um die pazifische Inselwelt zu erleben und die ausgedehnten Riffe mit all den bunten Korallen und Fischen zu erkunden. Hier kann man auch Schildkröten, Haie und Delfine beobachten.

Suva ist mit 180 000 Einwohnern die größte Stadt im Südpazifik.

FLÄCHE
18 376 km²

EINWOHNER
848 000

HAUPTSTADT
Suva

AMTSSPRACHEN
Englisch, Fidschianisch

WÄHRUNG
1 Fidschi-Dollar ($ F) = 100 Cent (c)

FLAGGE

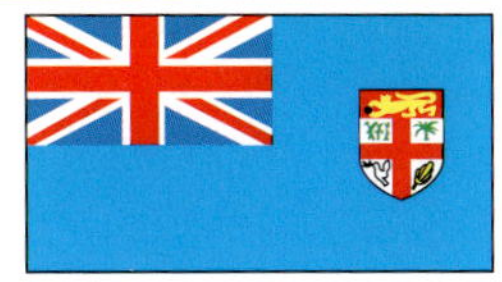

Die Flagge oben links erinnert an die britische Kolonialherrschaft, der blaue Untergrund symbolisiert den Pazifik. Der britische Löwe im Wappen hält eine Kokosnuss als Zeichen für Fidschi.

„Menschengabeln“ im Museum von Suva – sie stammen aus den Zeiten, als in Fidschi noch Kannibalismus herrschte.

In Fidschi wird ein Mineralwasser – „Fiji Water“ – produziert, das als das reinste Regenwaldwasser überhaupt gilt.

SALOMONINSELN

FLÄCHE
28 370 km²

EINWOHNER
524 000

HAUPTSTADT
Honiara

AMTSSPRACHE
Englisch

WÄHRUNG
1 Salomonen-Dollar (SI$) = 100 Cent (¢)

FLAGGE

Die fünf Sterne stehen für die früheren Distrikte des Landes, Blau symbolisiert den Ozean und den Regen, Gelb die Sonne, Grün die tropischen Wälder.

Auf den 922 Salomoninseln gibt es keinen einheimischen Fernsehsender, nur solche in fremden Sprachen. Auch Telefon- und Internetverbindungen sind selten. Trotzdem wird den Kindern nie langweilig – sie trainieren für das Festival des Meeres.

Das Festival des Meeres findet jedes Jahr Anfang Dezember in Gizo auf der Western-Insel statt. Dann treten die Besten im Kanurennen, Wettfischen und Wetttauchen gegeneinander an. Dabei geht es vor allem um Schnelligkeit und Geschick. Mut hingegen müssen die salomonischen Jungen aufbringen, wenn sie ins Erwachsenenalter kommen und allen beweisen müssen, dass sie keine Kinder mehr sind. Das tun sie, indem sie sich trauen, von einem 20 m hohen Turm ins Wasser zu springen.

Damit sie nicht von Insekten aufgefressen werden, bewahrt man die Federgeldrollen gut verpackt über Feuerstellen auf.

Auf den Santa-Cruz-Inseln gibt es bis heute ein uraltes Zahlungsmittel: rotes „Federgeld“. Dafür flechten die Insulaner aus hellen Taubenfedern eine Schnur, die mit den roten Federn des Nektarvogels umwickelt wird. Für eine Rolle Federgeld werden ungefähr 600 Vögel gefangen, denen man die roten Federn ausrupft, bevor man sie wieder freilässt. Das Geld wird bis heute zu einem besonderen Anlass benutzt: Bei einer Hochzeit übergibt der Bräutigam das Federgeld den Brauteltern.

VANUATU

FLÄCHE
12 190 km²

EINWOHNER
216 000

HAUPTSTADT
Port Vila

AMTSSPRACHEN
Bislama, Englisch, Französisch

WÄHRUNG
Vatu (VT)

FLAGGE

Die vier Farben symbolisieren das Volk, die Inseln, die Erde und die Sonne. Der gebogene Eberzahn ist ein Zeichen für Wohlstand.

Die Gewässer des Inselstaates Vanuatu beherbergen auch die faszinierenden Mantarochen. Mit ihren riesigen Flossen erreichen die Fische eine Spannweite von bis zu 7 m.

Vanuatu, das übersetzt „Auf ewig unser Land“ bedeutet, besteht aus zwölf großen und mehr als 60 kleinen Inseln. Die größeren Inseln sind gebirgige Vulkaninseln, die von Korallenriffen umgeben sind. Viele der Vulkane sind aktiv und speien regelmäßig Lava oder Aschewolken aus. Dazu gehört auch der Mount Yasur auf der Insel Tanna. Für die Einwohner ist der Vulkan der Wohnort von Geistern, die sie durch Tänze versuchen, milde zu stimmen. Einen ähnlichen Brauch gibt es auf der kleinen Insel Pentecost. Hier bauen die Menschen jedes Jahr vor der Ernte der für sie wichtigen Jamswurzel einen ungefähr 30 m hohen Turm aus Hölzern und Ästen. Dann kommt der Tag, an dem Jungen und Männer all ihren Mut aufbringen und mit einem Lianenseil um ihr Fußgelenk kopfüber von dem hohen Turm springen. Die Seillänge ist so berechnet, dass die Springer gerade nicht auf dem Boden aufkommen. Manchmal dehnt sich aber doch ein Seil mehr, als man vorab dachte, und der Springer schlägt unsanft auf dem Boden auf. Durch die gefährlichen Sprünge bitten die Menschen die Geistwesen um Ernte- und Jagdglück. Der Brauch wurde durch viele Reportagen in der ganzen Welt bekannt und zum Vorbild für das „Bungee-Jumping“.

Spielplatz unter Wasser

Da machen Sarah und Joshua große Augen: Gerade sind sie von einem Ast drei Meter tief ins strudelnde Meerwasser gesprungen – und unten hat schon jemand auf sie gewartet: ein Fotograf. Dabei haben die Kinder beim Tauchen zwischen den Korallenriffen der Salomoninseln im Südpazifik schon alle möglichen Meerestiere gesehen – sogar Haie. Auch ihr Geld finden sie auf dem Meeresgrund, denn auf den Salomoninseln wird seit Jahrhunderten mit Muscheln gezahlt. Sie werden in dünne Scheiben geschnitten und – wie die Federn bei der Herstellung des Federgelds auf den Santa-Cruz-Inseln – auf eine Schnur aufgezogen. Bezahlt wird mit diesen Muschelketten nur noch der Brautpreis, im Geschäft zahlt man wie bei uns mit Münzen und Geldscheinen. Nach der Unterwasserbegegnung lud der Fotograf Joshua und Sarah zu Milch und Keksen auf sein Boot ein. Und zu einer ganz neuen nassen Erfahrung, bei der die Kinder wieder große Augen bekamen: zur ersten heißen Dusche in ihrem Leben.

PAPUA-NEUGUINEA

FLÄCHE
462 840 km²

EINWOHNER
5,695 Mio.

HAUPTSTADT
Port Moresby

AMTSSPRACHE
Englisch

WÄHRUNG
1 Kina (K) = 100 Toea (t)

FLAGGE

Die fünf weißen Sterne bilden das Sternbild „Kreuz des Südens“, das man auf der Südhalbkugel sehen kann. Den abgebildeten Paradiesvogel gibt es nur auf Papua-Neuguinea.

Im gebirgigen, waldreichen Papua-Neuguinea leben mehr als 1000 verschiedene Volksgruppen, die über 700 verschiedene Sprachen und 300 Dialekte sprechen. Damit sich die Völker dennoch verständigen können, gibt es das Tok Pisin. Das ist eine sehr einfache Sprache, die sich durch die Handelskontakte zwischen den Völkern entwickelte und mit relativ wenigen Wörtern auskommt.

Zu Papua-Neuguinea gehören der östliche Teil der Insel Neuguinea und etwa 600 kleinere Inseln. In der Salomonensee liegen die fast kreisförmig angeordneten Trobriand-Inseln, die für eine ganz besondere Tradition bekannt sind: den „Kula-Ring“. Jedes Mal, wenn jemand auf einer Insel ankommt, um dort mit den Insulanern Handel zu treiben, muss er ihnen – je nachdem, aus welcher Richtung er kommt – entweder Muschelarmbänder oder Ketten überreichen. Die Muschelketten werden im Uhrzeigersinn von Insel zu Insel weitergereicht, die Muschelarmbänder hingegen in die andere Richtung, also entgegen dem Uhrzeigersinn. Manche Armbänder oder Ketten sind schon seit Jahrhunderten auf diese Weise im Umlauf. An dem Tauschsystem bereichert sich niemand, es dient ausschließlich der Pflege von nachbarlichen Beziehungen.

Für die Fahrten von Insel zu Insel und für den Fischfang verwenden viele Insulaner Auslegerboote. Von hier aus werfen sie Netze oder Angeln aus oder jagen die Fische mit Speeren. Auf der Hauptinsel hingegen dreht sich im Landesinneren neben dem Fischfang fast alles um die Landwirtschaft, vor allem um Jams. Jams ist wie die Kartoffel eine Wurzelknolle und wird von den Menschen so geschätzt, dass sie nach der Ernte ein großes Fest feiern. Die Knollen werden dann in extra dafür kunstvoll gebauten Häuschen gelagert, die in der Dorfmitte stehen.

Papua aus dem Hochland bei einem ihrer vielen Feste

Viele Papua arbeiten aber auch in den Städten an der Küste, in der Holzindustrie oder im Bergbau. Hier werden nämlich in großen Minen Kupfer, Gold und Silber abgebaut. Davon leben einerseits viele Menschen, andererseits wird dadurch aber auch die Umwelt zerstört. Vor einigen Jahren kam es deshalb auf der abgelegenen Insel Bougainville zu Unruhen. Eine australische Firma hatte ohne Rücksicht auf die Umwelt und die Menschen große Mengen Kupfer und Gold abgebaut. Als es schließlich zu einem Aufstand zwischen einem Bevölkerungsteil und der Regierung kam, verloren viele Menschen ihr Leben. Mittlerweile wurde die Mine geschlossen.

SPRACHE

Hallo!

Tok Pisin

Die meisten Wörter der Umgangssprache Tok Pisin haben europäische, vor allem englische Wurzeln.

1 = wan
2 = tu
3 = tri
4 = fo
5 = faiv

Hallo = Halo
Tschüs = Lukim yu behain
Wie heißt du? = Husat nem bilong yu?
Ich heiße … = Nem bilong mi i …
Wie geht's = Yu i stap gut?
Danke = Tenkyu
Bitte = Plis
Entschuldigung = Sori

Auf den Spuren der Ahnen

Alle paar Wochen machen sich die Schüler der kleinen Trobriand-Insel Kitava auf eine „Reise" in die Vergangenheit – immer dann nämlich, wenn der „Tag der Tradition" auf dem Stundenplan steht: Vor Schulbeginn schmücken sich die Mädchen und Jungen dann so, wie es bei ihren Ahnen früher üblich war. Die 14-jährige Glenda lässt sich mit Kohle ein typisches Tüpfelmuster ins Gesicht pinseln. Dann zieht sie einen kurzen roten Bastrock an, wie sie früher von unverheirateten Frauen getragen wurden. Dafür werden die großen Blätter von Bananenstauden in ihre einzelnen Fasern zerlegt, die dann getrocknet und gefärbt werden. Manchmal werden sie noch mit winzigen Muscheln und Schnecken verziert. T-Shirt oder Schuhe sind am Traditionstag nicht gern gesehen. Schon komisch, so halbnackt in der Klasse zu hocken und zu schreiben! Die Vorfahren der Kitava-Kinder hätten sich über diese Schulaktion übrigens ziemlich gewundert: Sie kannten weder Papier noch Stifte noch wussten sie überhaupt, was eine Schule ist.

MIKRONESIEN

FLÄCHE
701 km²

EINWOHNER
113 000

HAUPTSTADT
Palikir

AMTSSPRACHE
Englisch

WÄHRUNG
1 US-Dollar (US-$) = 100 Cent (c, ¢)

FLAGGE

Die Flagge lehnt sich an die der Vereinten Nationen an, die das Land zeitweise verwaltete. Die Sterne stehen für die vier Mitgliedsstaaten.

Auf den mikronesischen Yap Inseln gibt es bis zu 4 m große Geldmünzen. Es sind Steinscheiben, die bei bestimmten Gelegenheiten als Zahlungsmittel eingesetzt werden, etwa als Hochzeitsgeschenk oder wenn es darum geht, Frieden zu besiegeln.

Die Steinmünzen der Yap Inseln haben in der Mitte ein Loch, durch das ein dicker Baumstamm gezogen werden kann, wenn man sie rollen oder tragen möchte. Der Stein für das ungewöhnliche Geld kommt von den 300 km entfernten Palauinseln – der Aufwand, den Stein dort aus den Steinbrüchen zu hämmern und den weiten Weg über das Meer herzuholen, macht das Zahlungsmittel so kostbar. Heute stehen die Scheiben als Zeichen von Wohlstand vor den Häusern. Beim Einkauf im Supermarkt bezahlen die Menschen aber mit der Landeswährung, dem US-Dollar. Das „Land der kleinen Inseln“ – das bedeutet der Name „Mikronesien“ in der griechischen Sprache – besteht aus vier Inselgruppen der Karolinen. Im Osten liegen die Inselgruppen Kosrae, Ponape und Chuuk, im Westen die Yap Inseln. Damit man Freunde und Verwandte auf den anderen Inseln besuchen kann, lernen die Mikronesier schon sehr früh, ein Boot zu steuern und sich auf dem Meer zurechtzufinden. Zur Not auch nur anhand der Sternenbilder.

Die Mikronesier nennen ihr Steingeld „Rai“. Manchmal sind es auch nur handtellergroße Stücke.

PALAU

FLÄCHE
508 km²

EINWOHNER
21 000

HAUPTSTADT
Melekeok

AMTSSPRACHEN
Palauisch, Englisch

WÄHRUNG
1 US-Dollar (US-$) = 100 Cent (c, ¢)

FLAGGE

Die gelbe Scheibe symbolisiert den Vollmond, der für viele Arbeiten die günstigste Zeit darstellt. Blau steht für die Unabhängigkeit.

Auf Babelthuap, der größten der 350 Palauinseln, stehen besonders reich verzierte Gebäude – die Versammlungshäuser der Männer. Die Schnitzereien und Bemalungen im Giebel erzählen von der Geschichte der Dörfer.

Die meisten Inseln Palaus sind klein, wie etwa Eil Malk südlich von Babelthuab. Hier liegt der salzhaltige Jellyfish Lake. Er ist seit der letzten Eiszeit vom Meer abgeschlossen, wodurch sich hier eine ganz besondere Qualle entwickeln konnte. Sie hat keine giftigen Tentakel wie andere Quallenarten, da sie in dem See keine natürlichen Feinde hat und sich nur von Algen ernährt, die in ihrem Körper leben. Tagsüber schwimmen die schönen Quallen an die Wasseroberfläche, damit die Algen Sonne tanken können, abends kehren sie in die Tiefen des Gewässers zurück. Man darf im See zwar schwimmen, aber nur ohne Taucherflossen, damit man den empfindlichen Tieren keinen Schaden zufügt.

Die reich verzierten Giebel der Versammlungshäuser nennt man „storyboard“, also „Geschichtentafel“.

MARSHALLINSELN

Wie viele andere Völker des Pazifikraums sind auch die Bewohner der Marshallinseln bis heute gute Seeleute. Damit sie sich auch weit draußen auf dem Meer zurechtfinden konnten, benutzten sie früher ganz besondere Seekarten.

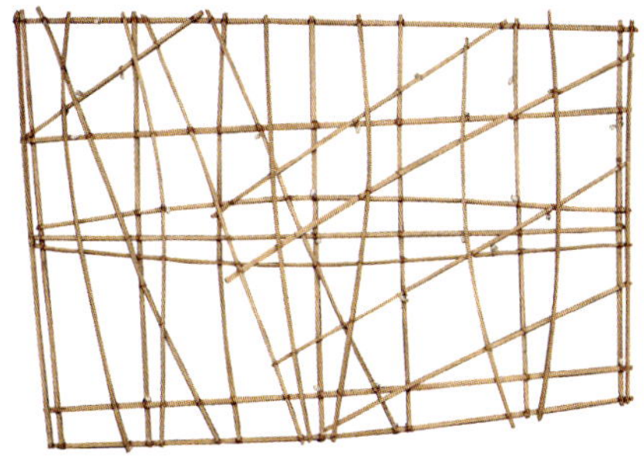

Stabkarte

Die alten Seekarten, auf die sich die Seefahrer der pazifischen Inselwelt vor vielen Hundert Jahren verließen, waren aus Palmblättern oder Kokosfasern gefertigt. In diese „Karte" flochten sie Schneckenhäuser, die für die Inseln standen. Entfernungen wurden durch lange Linien angegeben. Diese wertvollen „Stabkarten" wurden nie auf die Reise mitgenommen. Die Seeleute mussten sich die Muster ganz genau einprägen.
Zu den Marshallinseln gehört auch das Bikini-Atoll. Dieses Atoll wurde durch traurige Ereignisse auf der ganzen Welt berühmt. Denn hier und auf dem benachbarten Eniwetok-Atoll testeten die Amerikaner zwischen 1946 und 1958 Atombomben. Die Bewohner der Atolle mussten damals ihre Heimat verlassen, weil die Radioaktivität, die bei den Tests freigesetzt wurde, alles verseuchte, auch die benachbarten Atolle. Einige Inseln sind noch für viele Jahre unbewohnbar.

FLÄCHE
181 km²

EINWOHNER
55 000

HAUPTSTADT
Dalap-Uliga-Darrit

AMTSSPRACHEN
Marshallesisch, Englisch

WÄHRUNG
1 US-Dollar (US-$) = 100 Cent (c, ¢)

FLAGGE

Der Stern symbolisiert die Verwaltungsgebiete, das Kreuz darin steht für das Christentum. Die Streifen symbolisieren die parallelen Inselketten des Staates.

NAURU

Nauru ist nur 21 Quadratkilometer groß – München ist etwa 15-mal so groß. Wer gut zu Fuß ist, kann die Insel in einem Tag umrunden, mit dem Auto braucht man nur etwa 25 Minuten.

Nauru ist von einem Korallenriff umgeben und besteht auch selbst aus dem Kalk abgestorbener Korallen. Darauf ist im Laufe der Jahrtausende aus Vogelkot eine bis heute sehr wertvolle Schicht entstanden: Phosphat, das in der Chemieindustrie und als Düngemittel gebraucht wird. Nachdem die Deutschen die Insel 1888 in Besitz genommen hatten, begannen sie 1906 mit dem Abbau des Phosphats. Dadurch wurde die Insel in weiten Teilen stark zerstört – teilweise gleicht sie einer unbewohnbaren Mondlandschaft. Heute sind die Vorräte an Phosphat fast erschöpft und das Land muss sich Gedanken machen, wovon es in Zukunft leben kann. Ein ganz besonderes Erlebnis auf Nauru ist es, den Fregattvögeln zuzusehen. Diese wendigen Flieger luchsen tatsächlich anderen Vögeln im Flug die Beute ab. Das geht so: Sie packen ihre Opfer am Schwanz, lassen sie kopfüber hängen und schütteln so lange, bis diese die Beute loslassen oder auswürgen. Dann stürzt sich der Räuber in die Tiefe und schnappt sich die Fische im Flug. Oft fangen die rund 1 m langen Vögel aber auch Fliegende Fische, wenn diese aus dem Wasser springen und im Gleitflug über die Wasseroberfläche segeln.

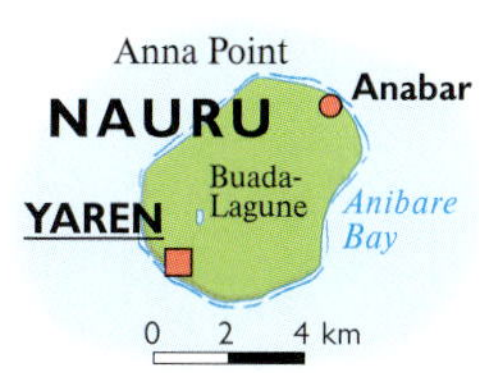

FLÄCHE
21 km²

EINWOHNER
10 100

HAUPTSTADT
Yaren

AMTSSPRACHEN
Nauruisch, Englisch

WÄHRUNG
1 Australischer Dollar ($A) = 100 Cent (c)

FLAGGE

Der zwölfzackige Stern symbolisiert die zwölf Stämme der Insel. Seine Position zeigt, dass Nauru nur wenig südlich des Äquators – der gelben Linie – liegt.

Nach dem Bikini-Atoll wurde 1946 der zweiteilige Badeanzug benannt.

Die Schnäbel der Tukane sind federleicht, weil sie aus vielen kleinen hohlen Knochenzellen bestehen. Jeder Schnabel hat eine ganz spezielle Färbung. Die Vögel leben vor allem von Beeren, die sie mit der Schnabelspitze packen, in die Luft werfen und in ihren Schlund fallen lassen.

AMERIKA

Amerika ist ein sogenannter Doppelkontinent. Die beiden Kontinentteile Nord- und Südamerika sind durch eine schmale Landbrücke – Mittelamerika – miteinander verbunden. Zu Amerika zählen außerdem die vielen Inseln der Karibik, die sich von Venezuela bis zum US-Bundesstaat Florida ziehen.

Die Golden Gate Bridge überspannt das „Golden Gate" (übersetzt: Goldenes Tor), eine Meerenge zwischen Pazifik und der Bucht von San Francisco. Dieser Name stammt aus den Zeiten des großen Goldrauschs in Kalifornien.

Amerika wurde von Asien aus besiedelt. Die ersten Menschen kamen vermutlich während der letzten Eiszeit über die Beringstraße im Westen von Alaska nach Amerika. Damals gab es auf der Nordhalbkugel der Erde mächtige Gletscher, in deren Eis ein großer Teil des Wassers auf der Erde gebunden war. Dadurch war der Meeresspiegel viel niedriger als heute und im äußersten Norden Amerikas gab es eine schmale Landbrücke zwischen Amerika und Asien. Einige der Einwanderer aus Asien blieben im Norden Amerikas, andere zog es im Laufe der Jahrtausende weiter in den Süden, manchmal sogar bis nach Feuerland an der Südspitze Amerikas. Ihre asiatischen Wurzeln kann man noch immer in den Gesichtern der Ureinwohner Amerikas erkennen.

Heute bezeichnen wir die Ureinwohner als Indianer (Nordamerika) oder Indios (Mittel- und Südamerika). Dieser Name geht der Legende nach auf ein Missverständnis von Christoph Kolumbus zurück, der glaubte, er hätte Indien erreicht, als er Amerika im Jahre 1492 für die Europäer entdeckte. Schließlich war er losgezogen, um einen neuen Seeweg nach Asien zu finden – von einem amerikanischen Kontinent wusste man damals noch nichts. Mit dieser Entdeckung veränderte sich das Leben der Ureinwohner grundlegend: Immer mehr Europäer strömten aus dem überfüllten Europa in die Neue Welt, um dort ihr Glück zu suchen: Siedler, Goldsucher, Pelztierjäger und Abenteurer. Sie plünderten die Schätze der süd- und mittelamerikanischen Reiche und verdrängten nach und nach die indianischen Völker im Norden wie im Süden.

In Kanada und den USA erstrecken sich große Waldgebiete, riesige Weizenfelder und Viehweiden. Je weiter man Richtung Süden kommt, umso trockener wird der Boden. Schon im Südwesten der Vereinigten Staaten ist kaum mehr Ackerbau möglich: Hier liegen weite Fels- und Sandwüsten. Es wird zunehmend der genügsame Mais angebaut, der in Mexiko Hauptnahrungsmittel ist. Diese Trockengebiete werden nach und nach von den dichten tropischen Regenwäldern der vielen kleinen mittelamerikanischen Staaten abgelöst.

Auch das größte Land des riesigen südamerikanischen Nachbarn, Brasilien, ist zu großen Teilen von Regenwald bedeckt. Hier fließt der mächtige Amazonas von seinen Quellgebieten an den Hängen der hohen Anden bis zum Atlantik im Osten. Die Anden sind das längste Gebirge der Welt: Sie erstrecken sich von Kolumbien bis zum Südzipfel von Chile – und sind damit etwa siebenmal so lang wie Deutschland.

Tukane leben immer zu zweit und nisten in Baumhöhlen.

GESAMTFLÄCHE
42 Mio. km²

EINWOHNER
870 Mio.

ANZAHL DER LÄNDER
35

GRÖSSTER SEE
Oberer See (USA), 82 100 km²

LÄNGSTER FLUSS
Amazonas (Peru, Brasilien), 6518 km

HÖCHSTER BERG
Aconcagua (Argentinien), 6962 m

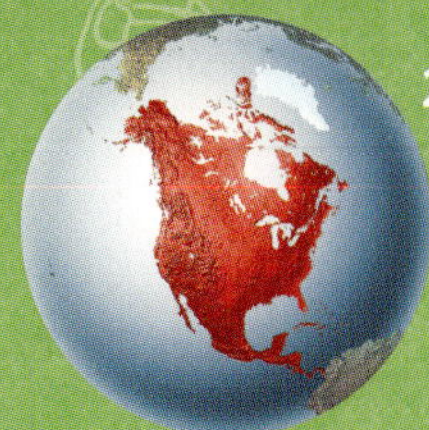

Aufgrund der langsamen Besiedelung des Kontinents haben sich bei den Ureinwohnern über viele Tausend Jahre mehr als 500 verschiedene Sprachen gebildet. Inuktitut, Lakota und Navajo sind nur einige der Indianersprachen Nordamerikas, die heute noch gesprochen werden, Nahuatl und Ketschua zwei der vielen mittel- und südamerikanischen Sprachen. Als die Europäer vor rund 500 Jahren begannen, den Kontinent zu besiedeln, verbreiteten sich auch ihre Sprachen. Heute wird im Norden des Kontinents überwiegend Englisch gesprochen, schließlich war der größte Teil der heutigen Vereinigten Staaten Amerikas früher englische Kolonie. In Süd- und Mittelamerika hört man hingegen überwiegend spanische Klänge – die Sprache der spanischen Kolonialherren. Und in Brasilien, wo bis 1822 die Portugiesen herrschten, wird eine abgewandelte Form des Portugiesischen gesprochen.

Antigua und Barbuda 250
Argentinien 239
Bahamas 255
Barbados 248
Belize 225
Bolivien 237
Brasilien 243
Chile 236
Costa Rica 230
Dominica 249
Dominikanische Republik 251
Ecuador 234
El Salvador 227
Grenada 247
Guatemala 226
Guyana 245
Haiti 252
Honduras 228
Jamaika 253
Kanada 216
Kolumbien 232
Kuba 254
Mexiko 223
Nicaragua 229
Panama 231
Paraguay 238
Peru 235
Saint Kitts und Nevis 250
Saint Lucia 249
Saint Vincent und die Grenadinen 248
Suriname 245
Trinidad und Tobago 247
Uruguay 241
Venezuela 246
Vereinigte Staaten von Amerika 218

KANADA

FLÄCHE
9 984 670 km²

EINWOHNER
296,41 Mio.

HAUPTSTADT
Ottawa

AMTSSPRACHEN
Englisch, Französisch

WÄHRUNG
1 Kanadischer Dollar (kan$) = 100 Cent (c)

FLAGGE

Die Flagge trägt ein Ahornblatt, das Nationalsymbol des waldreichen Landes. Als Nationalfarben übernahmen die Kanadier die ursprünglichen Farben Frankreichs und Englands: Rot und Weiß.

Ein Blick auf die Karte zeigt es: Kanada – das zweitgrößte Land der Erde – ist nur im Süden dicht besiedelt. Im Norden hingegen erstrecken sich riesige Wälder und viele Seen. Und im Südosten wachsen die Ahornbäume, die den Kanadiern so wichtig sind, dass sie viele Dinge mit einem Ahornblatt verzieren: Tassen, T-Shirts oder ihre Flagge.

Die Stadt Toronto am Ontariosee ist mit 2,5 Millionen Einwohnern die größte Stadt Kanadas.

Die indianischen Völker Kanadas wissen die Ahornbäume schon lange zu schätzen. Sie ritzen die Rinde an und gewinnen auf diese Weise einen leckeren Sirup, der zu Pfannkuchen besonders gut schmeckt. Diese Angewohnheit übernahmen später die Franzosen und Briten, die im 16. und 17. Jahrhundert nach und nach auf den Kontinent drängten. Maple Sirup, wie der Saft des Baumes auf Englisch heißt, wird heute mittels Plastikschläuchen direkt von den Bäumen in große Tankwagen geleitet, damit es nie an Nachschub für diesen Lieblingssirup mangelt.

Die südöstlichen Wälder Kanadas sind die Heimat der Irokesen. Dabei handelt es sich nicht etwa um ein einzelnes Volk, sondern um mehrere, die sich schon seit langer Zeit zu einem großen Bund zusammengeschlossen haben. Eines von ihnen, die Mohawk, sind vor allem für ihre Schwindelfreiheit bekannt. Sie können weit oben auf Gerüsten arbeiten, ohne dass ihnen dabei mulmig wird. Sie wurden beim Bau vieler Wolkenkratzer in Großstädten wie der Hauptstadt Ottawa eingesetzt. Von den Irokesen stammt auch das Lacrosse-Spiel. Dabei treten zwei Mannschaften gegeneinander an. Der Lacrosse-Schläger, mit dem gespielt wird, hat an einem Ende ein Netz, womit der Spielball eingefangen und an einen Mitspieler weitergegeben wird. Ziel ist es, ihn ins Tor der gegnerischen Mannschaft zu schleudern. Lacrosse ist ein sehr schnelles Spiel und mittlerweile in vielen Ländern der Welt verbreitet. Die Kanadier lieben es fast genauso wie Eishockey. Und auch die Spieler sind ähnlich angezogen wie Eishockey-Spieler. Es geht nämlich ganz schön zur Sache!

Im Osten Kanadas bahnt sich auch der St.-Lorenz-Strom seinen Weg vom Landesinnern bis zum Atlantik. Durch die Verbindung zum Meer ist er die Lebensader vieler Großstädte. In einigen Städten

leben vor allem Nachfahren britischer Einwanderer, in anderen französischstämmige Kanadier. Das ist besonders in Quebec und der gleichnamigen Provinz so. Vieles dreht sich um die französischen Wurzeln. Wenn man durch die Straßen geht, hört man die Menschen französisch reden und viele Häuser und Geschäfte erinnern an Frankreich. Diese Zweiteilung Kanadas in einen frankokanadischen Teil im Südosten und einen englischsprachigen Teil im Westen ist durch die Geschichte des Landes begründet: Zunächst kamen Franzosen in das weite Land und gründeten hier Gesellschaften, die mit Pelzen handelten. Pelze von Wölfen, Bären und vor allem von Bibern, die in den Wäldern lebten, waren im europäischen Mutterland sehr gefragt. Sie wurden von Fallenstellern oder Trappern, wie man sie auch nennt, gejagt. Auch wenn man meinen könnte, das Land sei groß genug, kamen den Franzosen nach und nach die Briten in die Quere, die von Neuengland – den ersten Staaten der USA – nach Norden drängten. Nach einigen Kriegen um Handels- und Durchfahrtsrechte einigten sich die Gegner und es entstand ein Staat mit zwei Identitäten. Und doch fühlen sich alle Kanadier als zusammengehörig.

Hoch im Norden Kanadas beginnt die Arktis, die Heimat von Eisbären und Walrössern im ewigen Eis. Sie sind bis heute wichtige Jagdtiere für die nördlichen Ureinwohner Kanadas, die Inuit, wie sie sich selbst nennen. Eskimos (übersetzt: Rohfleischesser), wie sie von benachbarten indianischen Völkern genannt wurden, hören sie nicht so gerne. Viele leben im Nunavut Territory, einer 2 Millionen km² großen Provinz im äußersten Nordosten. 350 000 km² dieser Provinz gehören ganz den Inuit, das heißt, sie können sie selbst verwalten. Die meisten Inuit wohnen heute in großen Dörfern. Iglus werden – wie früher auch – nur auf der Jagd aufgebaut. Trotz Kälte verbringen viele Inuit-Kinder heutzutage ihre großen Ferien im arktischen Eis. Unter der Obhut ihrer Eltern oder Verwandten lernen sie, wie man sich hier zurechtfinden und überleben kann. Und in den Schulen wird neben Englisch oder Französisch auch Inuktitut, die Inuit-Sprache, gelehrt. Mit all diesen Dingen versuchen die Inuit ihren Kindern beizubringen, dass es wichtig ist, ihre Kultur zu bewahren und mit ihr zu leben.

In den großen Wäldern Nordkanadas gibt es nur wenige Straßen. Hier haben viele Menschen ein kleines Flugzeug, das auch auf einem der Seen landen kann.

Im Norden Kanadas liegen auch unermessliche Bodenschätze, die das Land wohlhabend machen. Hier werden Erze abgebaut: Kupfer, Blei, Zink, Silber, Gold und vieles mehr für die Metallindustrie. Auch Erdöl und Erdgas werden hier gefördert und über Tausende von Kilometern in Rohren, den sogenannten Pipelines, in die Großstädte des Südens transportiert, von wo aus sie zum Teil an andere Länder verkauft werden.
Eine technische Meisterleistung. Allerdings laufen manchmal große Mengen Erdöl aus alten, maroden Pipelines aus und verseuchen den Boden, die Pflanzen und die Tierwelt. Um sich von solchen Schäden zu erholen, braucht die Natur ewig. Die indianischen Völker, die in diesen Regionen wohnen, kämpfen seit Langem gegen diese Zerstörung ihres Lebensraums.

Die Inuit tragen wegen der eisigen Kälte warme und wasserdichte Kleidung aus Robbenfell.

SPRACHE

Hallo!

Inuktitut ᐃᓄᒃᑎᑐᑦ

Inuktitut ist die Sprache der Inuit, der Ureinwohner Kanadas.

1 = atausiq
2 = marruuk
3 = pingajuat
4 = tisamat
5 = tallimaat

Hallo = Ai
Tschüs = Talvaujutit
Danke = Qujannamik
Bitte = Quviasuktittiniq
Mutter = Anaanaq
Vater = Ataata

VEREINIGTE STAATEN VON AMERIKA

FLÄCHE
9 631 418 km²

EINWOHNER
293,03 Mio.

HAUPTSTADT
Washington (D. C.)

AMTSSPRACHE
Englisch

WÄHRUNG
1 US-Dollar (US-$) = 100 Cent (c, ¢)

FLAGGE

Die roten und weißen Streifen stehen für die 13 Gründungsstaaten der USA, die 50 Sterne symbolisieren die heutigen Bundesstaaten. Die Flagge wird „Stars and Stripes" (Sterne und Streifen) genannt.

Sitzt man in New York im Central Park, fragt man sich manchmal, ob man wirklich in den Vereinigten Staaten von Amerika ist, denn hier sind Menschen aus aller Welt zu sehen: Japaner, Afrikaner, Chinesen, Araber, Mexikaner – im feinen Anzug, Bikini oder Jogginganzug. New York wird deshalb auch als „melting pot" bezeichnet, also „Schmelztopf", weil hier viele Kulturen miteinander verschmelzen.

Die USA, die Abkürzung für United States of America (Vereinigte Staaten von Amerika), waren nach der Entdeckung des amerikanischen Kontinents durch Christoph Kolumbus immer ein Einwandererland – und sind es noch heute. Hier boten sich unendliche Weiten – Land, in das die europäischen Siedler im 16. und 17. Jahrhundert nach und nach vordrangen und das sie in Besitz nahmen. Sie gründeten Siedlungen und errichteten zunächst im Nordosten des riesigen Landes große Kolonien. Im Jahre 1776 lösten diese sich von ihrem Mutterland England – die Vereinigten Staaten von Amerika, mit 13 Bundesstaaten, waren geboren. Heute bestehen die Vereinigten Staaten nicht mehr nur aus 13 Bundesstaaten, sondern aus 50. Hinzu kommen sogenannte Außengebiete, unter anderem die Insel Puerto Rico in der Karibik und viele kleinere Inseln im Pazifischen Ozean und in der Karibik.

Die Freiheitsstatue, die Schiffsreisende im Hafen von New York willkommen heißt, wurde 1886 eingeweiht. Sie ist mit ihrem steinernen Sockel 102 m hoch.

Einer der 13 Neuenglandstaaten, wie man die ersten Staaten auch nennt, ist Maine an der nördlichen Ostküste, wo viele Menschen vom Fischfang leben. Darum geht es hier auch jedes Jahr Anfang August beim „Lobster Festival" nur um eines: Hummer, Hummer und nochmals Hummer. Denn die Hummer, die die Fischer mit ihren Reusen aus dem kalten Meereswasser ziehen, gelten als Delikatesse und werden beim Fest in großen Mengen verspeist. Das Allerbeste aber ist das Hummerkistenrennen. Das ist ein Heidenspaß, denn man muss über 50 schwimmende und ziemlich wacklige aneinandergebundene Hummerkisten rennen. Wer die meisten Kisten schafft, ohne ins Wasser zu fallen, hat gewonnen.

Ungefähr 2500 km südlich sieht alles völlig anders aus. Hier liegt der Bundesstaat Florida, wohin viele Rentner ziehen, weil es hier immer so schön warm ist. An der Südspitze Floridas liegt ein ganz besonderer Nationalpark: die Everglades. In seinen Sümpfen und Mangrovenwäldern leben Alligatoren. Sie sehen ziemlich gefährlich aus, aber wenn man die Regeln der Parkwächter befolgt, kann man diese scheuen Tiere dabei beobachten, wie sie blitzschnell aus dem Wasser schnellen, um Beute zu machen. Immer wieder fegen schwere Wirbelstürme, die man hier Hurrikane nennt, über die Küsten Floridas. Die Zerstörungen, die sie in der empfindlichen Natur des Parks verursachen, sind noch lange zu sehen. In Florida liegt aber auch ein Ort, der vor allem Kindern auf der ganzen Welt ein Begriff ist: Disney World in Orlando, der Ort, wo Mickymaus und Donald Duck zu Hause sind. Hier kann man ihnen die Hand schütteln, auf aufregende Abenteuerfahrten gehen, eine Safari durch exotische Landschaften unternehmen oder hinter Filmkulissen schauen.

Keine 100 km östlich von Orlando liegt das Kennedy Space Center in Cape Canaveral. Von diesem riesigen Weltraumbahnhof an der Küste Floridas aus werden zum Beispiel die bekannten Spaceshuttles (übersetzt: Weltraumfähren) ins All geschossen, die

In amerikanischen Großstädten gibt es auf Autobahnen sogenannte „Pool Lanes". Auf diesen Fahrspuren dürfen nur Autos fahren, in denen mindestens zwei Personen sitzen. So will man die Pendler dazu bekommen, Fahrgemeinschaften („Pools") zu bilden.

die Internationale Raumstation ISS mit Nachschub und Ersatzteilen versorgen. Für Kinder und Jugendliche gibt es ein tolles Informationsprogramm. Und manchmal trifft man auf dem riesigen Gelände sogar einen richtigen Astronauten.

Fährt man an der Küste Floridas in Richtung Westen, kommt man an den Golf von Mexiko. Am gigantischen Delta des Mississippi angelangt, bereits im Bundesstaat Louisiana, liegt New Orleans. Die Stadt ist berühmt für die Jazzmusik, die hier unter der afroamerikanischen Bevölkerung entstand. Sie wird von großen Blaskapellen auch beim Mardi Gras gespielt, dem größten Karnevalsfest in den USA. Es geht auf die französischen Siedler zurück, die die Stadt im 18. Jahrhundert gründeten. Den französischen Ursprung erkennt man in der Stadt noch heute an vielen Gebäuden im Kolonialstil.

Viele der Südstaatler, wie man die Bewohner der Bundesstaaten zwischen Texas und Virginia nennt, sind Nachkommen von afrikanischen Sklaven. Diese wurden nach Amerika verschleppt und mussten für die weißen Amerikaner auf Baumwollplantagen arbeiten, bis Abraham Lincoln, der damalige Präsident der USA, die Sklaverei 1863 abschaffte. Dennoch wurden die Nachfahren der Sklaven noch lange Zeit benachteiligt und von der weißen Bevölkerung schlecht behandelt. Um 1955 begannen sie dann gegen die Ungerechtigkeiten anzukämpfen. Ein ganz wichtiger Mann in dieser Zeit war Martin Luther King. Er rief die Menschen zum gewaltlosen Kampf für Gerechtigkeit auf und hatte sehr viele Anhänger. 1968 wurde er erschossen und danach kam es zu vielen Unruhen. Friedliche wie auch gewalttätige Bürgerrechtsbewegungen gründeten sich und erkämpften, dass die schwarze Bevölkerung heute zumindest rechtlich gleichberechtigt

Musste ein Spaceshuttle wegen schlechten Wetters in Kalifornien landen, wird es auf dem Rücken einer Boeing zum Weltraumbahnhof nach Florida gebracht.

VEREINIGTE STAATEN VON AMERIKA Fortsetzung

mit der weißen ist. In den Jahrzehnten der Sklaverei und auch später hat die schwarze Bevölkerung in den Südstaaten eine ganz besondere Kultur geprägt. Dazu gehören auch die Gospel-Lieder der Kirchenchöre, zu denen auch in der Kirche getanzt wird und deren Texte das erlittene Leid zu Zeiten der Sklaverei ausdrücken.

Der Weißkopfseeadler ist der größte Greifvogel Nordamerikas – und der Wappenvogel der USA.

Folgt man dem Mississippi nach Norden, wird er immer flacher, weshalb hier früher nur ganz besondere Schiffe eingesetzt wurden: die Raddampfer. Wegen des niedrigen Wasserstands haben sie einen ganz flachen Rumpf und keine Schiffsschraube, die am Grund aufsitzen könnte. Stattdessen werden sie von riesigen Schaufelrädern angetrieben. Heute sind es nur noch Ausflugsboote – eine Fahrt auf ihnen ist ein Riesenerlebnis. In der Nähe des Quellgebietes des Mississippi liegen die Großen Seen. Sie heißen Oberer See, Michigansee, Huronsee, Eriesee und Ontariosee und bilden die größte Süßwasserfläche der ganzen Welt. An ihren Ufern entstanden viele große Städte wie etwa Chicago, weil man von hieraus mit Schiffen bis zum Atlantik gelangen kann.

Westlich und südwestlich der Großen Seen erstrecken sich die weiten Graslandschaften der Prärien – die Great Plains (übersetzt: Große Ebenen). Heute ist dieses Gebiet Weideland für Rinder und Anbaufläche für Weizen. Die Bauernhöfe – hier Ranches (Tierzucht) oder Farmen (Ackerbau) genannt – sind gigantisch groß. Vor ungefähr 200 Jahren grasten hier noch Millionen von Bisons. Sie waren die Hauptnahrung für einige indianische Völker, die als Nomaden lebten. Die Indianer standen aber den vielen weißen Siedlern im Weg, die – aus dem beengten Europa kommend – von Osten her das Land in Besitz nahmen. Deshalb rotteten die Weißen die Bisons bis auf wenige Herden aus, um den Plains-Indianern die Lebensgrundlage zu entziehen. Dann wies die US-Regierung ihnen – wie anderswo in den USA auch – bestimmte Gebiete zu, die man Reservationen nennt. Den Rest ihres Landes nahm man ihnen weg. Einige Völker, die damit nicht einverstanden waren, wehrten sich. Der Kampf der Lakota – einem Volk der Sioux – ist besonders bekannt geworden. Sie konnten einige Male Siege über die Armee der Weißen erzielen. Doch als die US-Armee im Dezember 1890 bei dem Ort Wounded Knee (im Bundesstaat South Dakota) ein Blutbad anrichtete und die meisten der etwa 350 wehrlosen Menschen – Frauen, Kinder und alte Männer – tötete, ging der lange Kampf zu Ende. Etwa 80 Jahre später, 1973, kam der Ort wieder in die Schlagzeilen, als eine Gruppe von Indianern den Ort besetzte. Sie wollten auf die ungerechte Behandlung der indianischen Bevölkerung aufmerksam machen, die noch immer von der Regierung der USA unterdrückt wurde: Die Kinder durften nicht ihre eigene Sprache sprechen, wurden auf Internate fern der Reservationen und ihrer Familien geschickt und mussten die Lebensweise der Weißen annehmen. Der Aufstand von Wounded Knee wurde durch die amerikanische Armee und Polizei niedergeschlagen. Die indianischen Kämpfer wurden festgenommen – ihr Sprecher, Leonard Peltier, sitzt bis heute in Haft. Aber der Widerstand hat auch etwas bewegt: Seit einigen Jahren versuchen die Indianer ihre Sprachen, Traditionen und Religionen wieder zu pflegen.

Viele nordamerikanische Indianer lebten in Stangenzelten, den Tipis. Früher waren sie aus Bisonhaut, heute sind sie aus Stoff.

Im Westen der großen Präriegebiete erheben sich die hohen Berge der Rocky Mountains. Sie sind die Heimat vieler Tiere, etwa die von Pumas, Elchen oder riesigen Wapitis, die zu den größten Hirschen der Welt gehören. Große Wapitiherden gibt es in dem 1872 gegründeten Yellowstone-Nationalpark im Bundesstaat Wyoming, dem ersten Nationalpark zum Schutz von Tieren und Pflanzen auf der ganzen Welt. Weltberühmt geworden ist aber noch

ein anderer Nationalpark: der Grand-Canyon-Nationalpark im nördlichen Arizona, wo gut zu sehen ist, wie sich ein Fluss, der Colorado River, tief in ein riesiges Sandsteinplateau gegraben hat. Auf dieser Hochfläche in der Halbwüste des Südwestens der USA leben schon seit Jahrtausenden indianische Völker. Sie waren keine Nomaden wie die Lakota im Norden, sondern lebten in Dörfern, von denen man einige noch heute besichtigen kann. Dank geschickter Bewässerungstechniken konnten sie in dieser Halbwüste überleben.

Einige Orte der westlichen Wüsten sind sehr berühmt: zum Beispiel die Spielerstadt Las Vegas, für die das Wasser aus weit entfernten Flüssen hergeleitet werden muss, oder das Tal des Todes – auf Englisch „Death Valley“. Mit seinen Kakteen, Felsen und Sanddünen war dieser Nationalpark Filmkulisse für viele Westernfilme. Sie werden wie andere amerikanische Filme in Hollywood produziert. Hollywood ist ein Stadtteil der kalifornischen Millionenstadt Los Angeles. Von hier aus führt eine berühmte Straße, der Highway 101, hoch oben über der Steilküste nach Norden, nach San Francisco. Die Stadt ist für ihre steilen Straßen bekannt, die die Pferdefuhrwerke früher nicht erklimmen konnten. Deshalb baute man hier eine ganz besondere Straßenbahn, die durch kräftige Seilzüge, die unter der Straße verlaufen, gezogen wird – die „Cable Car“ (übersetzt: Kabelbahn). Das Wahrzeichen der Stadt ist jedoch die Golden Gate Bridge. 1937, im Jahr ihrer Einweihung, war die berühmteste Brücke der Welt mit ihrer Spannweite von 1281 m die größte Brücke der Welt. Sie hielt seitdem einigen Erdbeben stand. Denn durch Kalifornien verläuft die San-Andreas-Verwerfung, eine Nahtstelle zwischen zwei Erdplatten, auf denen zum einen der amerikanische Kontinent schwimmt und zum anderen der Pazifische Ozean. Manchmal gleiten sie nicht reibungslos aneinander vorbei. Dann staut sich die Spannung auf, bis sie sich ruckartig in einem Erdbeben entlädt. Von solchen Beben ist auch das Silicon Valley südlich von San Francisco bedroht. Hier haben sich in den letzten Jahren mehr als 1000 Hightech-Firmen angesiedelt, die für die Wirtschaft der USA sehr wichtig sind. Viele Erfindungen, vor allem solche rund um das Thema Internet, wurden hier geboren.

In Arizona liegt der 450 km lange Grand Canyon. Er wurde über Jahrmillionen durch den Fluss Colorado gebildet.

Zwei Bundesstaaten der USA liegen weit entfernt von allen anderen: das kalte Alaska im Nordwesten des Kontinents und die Inselgruppe Hawaii inmitten des Pazifiks. Beide Bundesstaaten brechen Rekorde in Sachen Berge: Auf Hawaii liegt der höchste Vulkan der Welt – vom Meeresgrund gemessen ist er knapp 10 000 m hoch –, und in Alaska erhebt sich der Mt. McKinley, der mit seinen 6194 m der höchste Berg der USA ist.

Die nostalgischen Cable Cars werden von vielen Touristen benutzt, vor allem auf dem Weg zum Hafen „Fisherman's Wharf“.

Die Cable Cars in San Francisco haken sich mit einem Greifer an einem Seil fest, das ständig unter dem Asphalt umläuft. An Haltestellen haken sie sich aus – beim Losfahren wieder ein.

Wühlen im Kaffee

Die Guten ins Töpfchen, die Schlechten … Auf den ersten Blick erinnert Minerva schon ein bisschen an Aschenputtel. Flink huschen die Hände des Mädchens über den Haufen vor seinen Knien und sortieren die Kugeln nach ihrer Farbe. Die fleischigen Drops sind Kaffeebohnen – genauer gesagt Kaffeekirschen, die an großen Sträuchern wachsen. Die grünen, unreifen Kirschen müssen aussortiert werden, weil sie den Geschmack verderben. Reife Kirschen sind zinnoberrot, überreife werden bräunlich. Die Früchte baut Minervas Vater in Lagunilla, einem kleinen Dörfchen im Süden Mexikos, an. Minerva hilft jeden Tag nach der Schule bei der Verarbeitung. Nach dem Sortieren werden die Früchte in eine Maschine, den so genannten Entpulper, geschüttet. Auf der einen Seite fällt das rote Fruchtfleisch heraus. Auf der anderen prasseln die hellen Kaffeebohnen herab. Diese müssen dann noch gewaschen, getrocknet und geröstet werden. Erst danach nehmen die Bohnen die dunkelbraune Farbe an, die wir kennen.

MEXIKO

Lavabrocken und glühendes Gestein, die kilometerweit durch die Luft fliegen – dieses gefährliche Naturschauspiel kann man etwa 65 km südöstlich der mexikanischen Hauptstadt bestaunen. Der Popocatépetl, wie der 5462 m hohe Vulkan und zweithöchste Berg Mexikos heißt, ist ziemlich aktiv.

Der Name „Popocatépetl" ist ein Wort aus der Nahuatl-Sprache und bedeutet so viel wie „rauchender Berg". Diese Sprache wird bis heute in Mexiko von ungefähr 1,2 Millionen Menschen gesprochen. Ursprünglich war Nahuatl die Sprache der Azteken. Sie beherrschten seit dem 14. Jahrhundert ein riesiges Reich, das von Nordmexiko bis ins heutige Guatemala reichte. Das Jahr 1519 aber bedeutete für die Azteken den Niedergang. Damals kam der spanische Eroberer Hernando Cortez mit ungefähr 500 Soldaten an der Golfküste Mexikos an und begann das Land einzunehmen. Nach und nach eroberte er das Reich des Azteken-Herrschers Moctezuma II. und zerstörte die damalige Hauptstadt Tenochtitlán 1521 vollständig. Auf ihre Ruinen bauten die Spanier die heutige Hauptstadt Mexiko.

Mexiko-Stadt ist nach Tokio die zweitgrößte Stadt der Welt. Zählt man die Ortschaften drum herum dazu, so leben hier 18 Millionen Menschen. Die meisten sind Mestizen, also Nachkommen von indianischen und europäischen Vorfahren. Und die Stadt wächst weiter und weiter. Viele arme Menschen entschließen sich zu einem Neuanfang in der Stadt, da es auf dem Land nicht genug Arbeit gibt, um die meist großen Familien zu ernähren. Aber auch in der Stadt finden viele keine Arbeit und müssen in den Armenvierteln leben, weit entfernt von den Villengebieten der Reichen – und von dem Leben, das sie sich erhofft hatten.

Wie in vielen anderen Großstädten der Welt leben auch in Mexiko-Stadt Kinder auf der Straße. Mit Betteln versuchen sie über die Runden zu kommen. Doch oft finden sie nichts, um satt zu werden. Dann schnüffeln viele von ihnen Klebstoff, das betäubt den ärgsten Hunger und lässt sie die Sorgen vergessen. Es macht aber auch süchtig. Manchmal spielen sie – wie andere mexikanische Kinder auch – ein Spiel mit dem schwierigen Namen Cocoyocpatolli. Es stammt noch von den Azteken. Dazu graben die Kinder eine kleine Mulde und ziehen einige Meter davon entfernt eine Linie. Von dieser Linie aus müssen alle Spieler nacheinander eine Murmel oder einen Stein in die Grube werfen. Gewonnen hat derje-

FLÄCHE
1 964 375 km²

EINWOHNER
103,3 Mio.

HAUPTSTADT
Mexiko

AMTSSPRACHE
Spanisch

WÄHRUNG
1 Mexikanischer Peso (mex$) = 100 Centavo (¢)

FLAGGE

Grün steht für Hoffnung, Weiß für Reinheit, Rot für Religion. Das Wappen zeigt einen Adler (Symbol des Guten), der eine Schlange (Symbol des Bösen) hält. Nach einer Legende soll an der Stelle, wo ein solcher Adler gesichtet wurde, die Aztekenhauptstadt Tenochtitlán gegründet worden sein.

SPRACHE

Hallo!

Nahuatl

Nahuatl ist eine indianische Sprache Mexikos, in der es viele Dialekte gibt.

1 = ßeh
2 = ohme
3 = jeji
4 = naui
5 = mahkuichli

Hallo = Tlienon tiktschioua
Tschüs = Manja
Wie heißt du? = Kehnon motoka?
Ich heiße … = Notoka …
Wie geht's? = Kehnon tonka?
Danke = Tlaschtlaoui
Bitte = Ka Dios
Entschuldigung = Schnehtschtlapopoloui

MEXIKO Fortsetzung

Wenn der Popocatépetl ausbricht, könnte das Abschmelzen der Gletscherkappe eine riesige Schlammlawine in Gang setzen.

nige, der die Grube als Erster trifft. Er darf alle Murmeln oder Steine behalten, die nicht in der Grube gelandet sind.

Überhaupt spielen und feiern die Mexikaner gerne. In den Straßen hört man Gruppen von Straßenmusikern, Mariachi genannt. Mit ihren Gitarren, Geigen und Trompeten verbreiten sie überall gute Laune. Sie treten auch häufig bei Hochzeiten und anderen Festen auf, wie etwa am Totenfest, auf Spanisch „Día de los muertos“, das immer am 1. und 2. November stattfindet. Viele Familien bereiten sich schon Wochen vorher darauf vor. In den Läden liegen dann ungewöhnliche Süßigkeiten aus: Totenschädel, Särge oder Skelette aus Zuckermasse. Damit schmücken die Familien die Gräber ihrer verstorbenen Verwandten. Auf den Friedhöfen ist dann richtig was los. Überall duften bunte Ringelblumen auf den Gräbern, unzählige Kerzen werden angezündet. Sie sollen den Toten den richtigen Weg zu den Lebenden weisen und sie willkommen heißen. Ihre Seelen kehren für eine Nacht auf die Erde zurück und verbringen ein schönes Fest mit den Lebenden, die oft auf dem Friedhof übernachten, um dort tags darauf zu frühstücken.

SOUVENIR

Der Mais

Als die Spanier den amerikanischen Kontinent eroberten, trafen sie auf Bauern, die ein ihnen gänzlich unbekanntes fremdes Getreide anbauten: Mais. Sie brachten ihn in ihre Heimat und schon wenige Jahre später blühte in Spanien der erste Mais auf den Feldern. Die Ureinwohner Amerikas kannten den Mais schon seit 6000 Jahren. Er war das Grundnahrungsmittel Nummer 1. Es gab ihn in vielen Farben: Weiß, Gelb, Lila, Braunrot, Schwarz, manchmal sogar zweifarbig. Heute baut man bei uns meist gelben Mais an.

Unser Wort „Mais“ leitet sich von dem indianischen Wort „mahiz“ ab.

Zum Frühstück gibt es in Mexiko meist warmes Essen. Und alles dreht sich um den Mais, der das wichtigste Grundnahrungsmittel ist. Daraus fertigen die Menschen Maisfladen, die sie mit Fleischsoße, Gemüse oder Käse füllen. Man nennt sie Tortillas. Wenn die Mexikaner das Ganze mit einer scharfen Soße aus Chili- und Paprikaschoten krönen, dann nennt man das Enchiladas. Auf den belebten Märkten kann man sie in Garküchen kosten. Dort kann man auch Agavengemüse kaufen. Es stammt von den dickfleischigen Blättern der Agavenpflanze. Doch die Mexikaner essen nicht nur Teile der Blätter, sondern gewinnen daraus auch Sisalhanf, eine Faser, aus der man zum Beispiel stabile Seile herstellen kann.

Die Altäre zum Totenfest sind auch mit Totenbrot in Knochenform, musizierenden Skeletten oder Fotos von Verstorbenen dekoriert.

Agaven, die man oft an ihren 4–10 m hohen Blütenständen erkennen kann, wachsen vor allem in den trockenen Gebieten Mexikos im Norden des Landes. Dazu gehört auch die lange Halbinsel Niederkalifornien (auf Spanisch: Baja California), auf der einmal im Jahr ein Naturschauspiel zu beobachten ist: Jedes Jahr zwischen Dezember und März ziehen unzählige Grauwale von der Beringsee im Norden des amerikanischen Kontinents an die Westküste der Baja California, um in den dortigen Lagunen ihre Kälber zur Welt zu bringen und aufzuziehen.

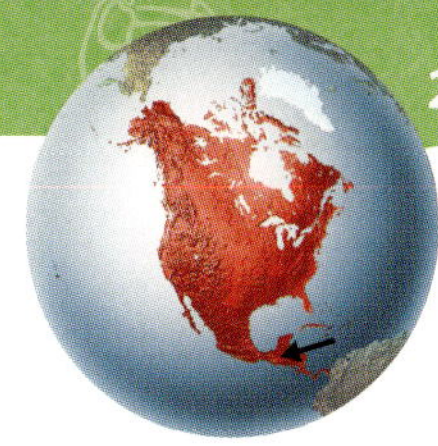

BELIZE

Betrachtet man die Küste Belizes aus der Luft, bietet sich ein faszinierender Blick: Viele, viele winzige Inseln, die nur wenige Meter aus dem Meer ragen, reihen sich aneinander – die Cays („kies" ausgesprochen). Hier wohnen die zahlreichen Tauchtouristen, die die Unterwasserwelt des zweitgrößten Barriereriffs der Welt anlockt.

Das 250 km lange Riff, das sich an der Küste Belizes entlangzieht, hat aber noch eine besondere Attraktion zu bieten: das fast kreisrunde Blue Hole (übersetzt: Blaues Loch). Es fällt 145 m in die Tiefe – so tief kann kein Sporttaucher tauchen. Es entstand vor langer Zeit, als die Kalksteinschichten an der Erdoberfläche einbrachen und auf diese Weise ein Zugang zu einem unterirdischen Höhlensystem geschaffen wurde. Als durch die Erwärmung am Ende der letzten Eiszeit weltweit das viele Eis abtaute und der Meeresspiegel anstieg, wurde auch das Höhlensystem geflutet. Den Zugang zu ihm bildet heute das faszinierende und von vielen Tieren und Pflanzen besiedelte Blue Hole.

Aber auch auf dem Festland besitzt Belize viele schöne Landschaften. Dazu gehört der dichte Regenwald im Süden, in dem unzählige Tiere und Pflanzen beheimatet sind. Fünf verschiedene Raubkatzenarten durchstreifen hier das Wildreservat Cockscomb Basin in den Maya Mountains (Bergen): Jaguar, Puma, Jaguarundi – ein nachtaktiver dunkler Verwandter des Pumas –, Ozelot und der kleinere Baumozelot oder Margay. Eine Besonderheit des Margays ist, dass er seine Hinterfüße sehr weit nach innen drehen kann, sodass er – sich nur mit den Hinterbeinen festhaltend – kopfüber an einem Ast hängen und so mit seinen Vorderpfoten einen Vogel oder eine Spinne erhaschen kann.

Das Blue Hole hat einen Durchmesser von mehr als 300 m und wird von einem Bogen von Inseln gesäumt.

Wie viele Länder Mittelamerikas und der Karibik wird auch Belize zuweilen von den gefürchteten Hurrikanen heimgesucht. Das sind tropische Wirbelstürme, die sich vor der Nordwestküste Afrikas bilden, dann auf ihrem Weg über den Atlantik an Kraft gewinnen und dort Zerstörungen anrichten, wo sie auf Land treffen. Ist ein solcher Sturm angekündigt, bekommen die Kinder schulfrei und die Türen und Fenster der Häuser werden mit Brettern zugenagelt. Richtig schlimm war es 1961, als der Hurrikan „Hattie" – Wirbelstürme bekommen von Meteorologen immer einen Namen – die frühere Hauptstadt Belize stark zerstörte und dabei viele Menschen umkamen. Daraufhin beschloss man, den Regierungssitz nach Belmopan zu verlegen – ins sichere Landesinnere.

Im weißen Fruchtfleisch der Kakaofrucht liegt der Samen: die Kakaobohne, die den Kakao liefert.

FLÄCHE
22 966 km²

EINWOHNER
273 000

HAUPTSTADT
Belmopan

AMTSSPRACHE
Englisch

WÄHRUNG
1 Belize-Dollar (Bz$) = 100 Cent (c)

FLAGGE

Die Farben Rot und Blau stehen für die politischen Parteien im Lande. Werkzeuge und Mahagonibaum im Wappen weisen auf den Handel mit Edelhölzern hin, der schwarze und weiße Mann auf die Vielfalt der Bevölkerung; das Handelsschiff erinnert an die britische Kolonialzeit.

SOUVENIR

Der Kakao

Vor nur wenigen Jahren fanden amerikanische Forscher in Belize bei der Untersuchung eines alten Keramikgefäßes heraus, dass die Maya, die hier lebten, schon vor 2600 Jahren Kakao tranken. Nach Europa kam der Kakao dann aber erst mit den spanischen Eroberern, nachdem sie ihn bei den Azteken – sie herrschten nach den Maya in Mexiko und Belize – sahen. Die Trinkschokolade der Maya und Azteken schmeckte aber ganz anders als unsere: ungesüßt, bitter und ziemlich scharf. Sie würzten sie nämlich mit Chilipfeffer.

GUATEMALA

FLÄCHE
108 889 km²

EINWOHNER
12,7 Mio.

HAUPTSTADT
Guatemala

AMTSSPRACHE
Spanisch

WÄHRUNG
1 Quetzal (Q) =
100 Centavo (c, cts)

FLAGGE

Blau steht für Gerechtigkeit, Treue und die beiden Ozeane, zwischen denen Guatemala liegt. Weiß bedeutet Reinheit und Aufrichtigkeit. Degen und Gewehre im Wappen symbolisieren Gerechtigkeit und den Willen des Volkes, die Freiheit zu verteidigen.

Nach dem Quetzal ist auch die Währung Guatemalas benannt.

In den Nebelwäldern Guatemalas lebt der prächtige Quetzal, der Wappenvogel des Landes. Er wurde von den Azteken als Gottheit verehrt und seine bis zu 80 cm langen Schwanzfedern dienten den Priestern als Kopfschmuck. Einen Quetzal zu töten wurde mit dem Tode bestraft. Heute sind die Vögel vom Aussterben bedroht, da ihr Lebensraum abgeholzt wird, um Ackerland zu gewinnen.

Ein Rückzugsgebiet des Quetzal ist das Biotopo del Quetzal im Bergnebelwald der Sierra de las Minas. Dieser Nationalpark liegt auf einer Höhe von 1500–2300 m und fast immer im Nebel. Weiter im Norden wird hingegen etwas völlig anderes geschützt. Im Nationalpark Tikal, inmitten des Regenwaldes, liegt eine imposante Ruinenstadt der Maya: riesige Pyramiden, weitläufige Plätze, gewaltige fein verzierte Paläste, viele von ihnen noch immer völlig überwuchert. Tikal war eine Stadt des Maya-Volkes, die in ihrer Blüte bis zu 80 000 Menschen beherbergte. Im 8. Jahrhundert nach Christus wurde Tikal jedoch innerhalb kurzer Zeit verlassen. Warum, wird noch erforscht.

In Guatemala, aber auch in Mexiko, Honduras und Belize, leben auch heute noch Nachfahren der Maya. Die meisten sind Bauern im Hochland westlich der Hauptstadt Guatemala. Viele von ihnen sind sehr arm und können ihre Kinder nicht zur Schule schicken. Aber auch Kinder, die zur Schule gehen, haben oft Schwierigkeiten: Die Lehrer sind meist keine Maya, sondern gehören zu den Nachfahren der spanischen Kolonialherren, die bis 1820 hier herrschten. Sie kommen oft aus den Städten, sprechen nur Spanisch, das die Maya-Kinder nicht verstehen, und wissen wenig über das Leben ihrer Schützlinge.

Angesichts der hohen Tempelpyramiden in der Ruinenstadt Tikal kommt man sich winzig vor. Auf diese Weise schüchterten die Herrscher das Volk ein.

Eines der bekanntesten Dörfer im Hochland ist Chichicastenango. Hier findet regelmäßig ein farbenprächtiger Markt statt, auf dem die Indianer der Umgebung ihre gewebten Stoffe oder Ernten verkaufen. Einmal im Jahr – am 21. Dezember – verwandelt sich der kleine Ort in ein riesiges Spektakel. Dann kommen die Menschen aus der Umgebung zusammen, um gemeinsam das Fest zu Ehren des Santo Tomás zu feiern. Für diesen katholischen Heiligen haben sie auch ihre Kirche gebaut, vor der Tänze stattfinden, Marktstände und Garküchen aufgebaut sind. Noch während der Frühmesse geht es draußen auf der Kirchentreppe ohrenbetäubend zu. Alle freuen sich auf diese Böllerei. Denn je mehr Knaller und Chinakracher in den Himmel gejagt werden, so glauben die Maya, desto besser werden ihre Gebete erhört.

EL SALVADOR

In einem Vorort von San Salvador, der Hauptstadt von El Salvador, gehen die Kinder in eine ganz besondere Schule. Es gibt zwar kein Schulgebäude, aber jeden Vormittag kommen ihre Lehrerinnen mit zwei Kisten vorbei, in denen alles ist, was sie für den Unterricht brauchen: Bücher, Hefte und Buntstifte.

Die Kinder in San Salvador gehen gerne in ihre „Schule unter freiem Himmel“. Sie lernen dort lesen und schreiben. Natürlich gibt es auch Schulen, wie wir sie kennen, aber eben nicht überall, da El Salvador ein armes Land ist. Deshalb können viele Kinder auch gar nicht zur Schule gehen. Täglich helfen sie ihren Eltern, auf den kleinen Familienfeldern Mais, Kartoffeln, Obst und Gemüse anzubauen, von denen sie leben. Meist liegen ihre Dörfer im Hochland. Viele Bauern arbeiten jedoch auch auf den großen Plantagen im Süden, die reichen Großgrundbesitzern gehören. Dort bauen sie – meist für wenig Geld – Kaffee, Zuckerrohr oder Baumwolle für ihre Arbeitgeber an. Diese Produkte werden jedoch nicht im Land verarbeitet, sondern an das Ausland verkauft. Der Ackerboden in El Salvador ist sehr fruchtbar, denn es ist Vulkanerde. Viele der Vulkane des Landes liegen wie auf eine Schnur aufgezogen entlang der Pazifikküste und riegeln das Hochland gegen die Küste ab. Einige sind noch aktiv und so sind Vulkanausbrüche in dem kleinen Land keine Seltenheit.

Die Nationalparks El Salvadors sind Rückzugsgebiete vieler einzigartiger Tiere. Wandert man durch den Montechristo-Nationalpark – im Dreiländereck El Salvador, Honduras, Guatemala –, kann man mit etwas Glück ein „Summen“ hören. Es hört sich an wie von einem Insekt, stammt aber von dem kleinsten Vogel der Welt, dem Kolibri. Mit bis zu 80 Flügelschlägen in der Sekunde ist er Weltmeister im Flügelschlagen. In der Balzzeit, wenn er nach einem Partner Ausschau hält, schafft er sogar 200 Schläge. Im Flug gleicht er ein wenig einem Hubschrauber. Dabei kann er in alle nur erdenklichen Richtungen fliegen: vorwärts, rückwärts, seitwärts, rauf, runter. Und sogar in der Luft „stehen“ kann er, wenn er mit seinem langen Schnabel Blütennektar aus den Blüten trinkt. In El Salvador leben 23 verschiedene Kolibriarten, in ganz Amerika sind es sogar 320.

In dem kleinsten Land Zentralamerikas herrschten lange Zeit viele Unruhen und Bürgerkriege. In solch einer schwierigen Zeit entstand um 1960 in El Salvador – wie in anderen Ländern Zentral- und Südamerikas auch – ein besonderer Musikstil, den die Einheimischen als Nueva Canción bezeichnen. Das ist Spanisch und bedeutet „neues Lied“. Die Menschen drücken darin ihr Leid, ihren Kummer und ihre Kritik an der Regierung bis hin zu ihrer Bereitschaft zum bewaffneten Widerstand aus – aber auch ihre Liebe zum Land.

Kolibris kommen nur in Amerika vor, von Alaska bis Feuerland.

FLÄCHE
21 041 km²

EINWOHNER
6,99 Mio.

HAUPTSTADT
San Salvador

AMTSSPRACHE
Spanisch

WÄHRUNG
1 El-Salvador-Colón (¢) = 100 Centavo

FLAGGE

Blau und Weiß sind die Farben der ehemaligen Zentralamerikanischen Union (heute Honduras, Guatemala, Costa Rica, Nicaragua und El Salvador) und stehen zudem für die Lage des Landes zwischen zwei Ozeanen. Das Wappen zeigt die vulkanreiche Landschaft.

HONDURAS

FLÄCHE
112 088 km²

EINWOHNER
7,0 Mio.

HAUPTSTADT
Tegucigalpa

AMTSSPRACHE
Spanisch

WÄHRUNG
1 Lempira (L) =
100 Centavo (cts.)

FLAGGE

Die fünf Sterne symbolisieren die fünf Provinzen der ehemaligen Zentralamerikanischen Föderation, die sich nach der Unabhängigkeit von Spanien seit 1823 zusammenschlossen, dann aber bald in die Staaten Honduras, Guatemala, Costa Rica, Nicaragua und El Salvador zerfielen.

Im Nordosten von Honduras, in der Region Mosquitia, liegt der riesige Nationalpark Río Plátano. Er reicht von den Mangrovenwäldern und Sumpfgebieten an der Küste bis zum Gebirge im Landesinnern mit seinen Bergregenwäldern.

Der dichte Wald des Landes wird von Jaguaren durchstreift. Jaguare sind die größten Katzen Amerikas. Mit ihrem gefleckten Fell ähneln sie den Leoparden Afrikas, doch wenn man genau hinsieht, erkennt man – vor allem auf dem Rücken – die Ringstruktur der Flecken. Manchmal kommen sie auch ganz schwarz auf die Welt. Dann nennt man sie schwarze Panther. Die Tiere sind Fleischfresser und da sie recht gute Schwimmer sind, zählen die zahlreichen Fische und Wasservögel aus den Flüssen und Seen ebenfalls zu ihrer Beute.

Die sumpfige Nordostküste von Honduras heißt Mosquitoküste. Allerdings ist der Name etwas missverständlich, denn die Küste ist nicht nach den Moskitos – den Steckmücken – benannt, sondern ursprünglich nach den Miskito, einem indianischen Volk, das schon lange Zeit hier und im Nachbarland Nicaragua lebt. Als die Spanier das Land eroberten, benannten sie die damalige Miskitoküste kurzerhand um. Die Miskito benutzen beim Fischen Einbäume – geschickt ausgehöhlte und zugeschnittene Baumstämme –, um ihre Netze einzuholen, und jagen überdies Meeresschildkröten. Auch die Kinder helfen mit, damit jeden Tag etwas auf den Tisch kommt. Am Strand gibt es Muscheln, die sie sammeln und nach Hause bringen.

In anderen Landesteilen sieht es völlig anders aus: Bananenpflanzen, so weit das Auge reicht. Hier werden auf riesigen Plantagen Bananen angebaut, die zum Verkauf in die ganze Welt verschifft werden. Besitzer dieser Plantagen sind meist große Handelsgesellschaften, die in den weit entfernten Vereinigten Staaten von Amerika sitzen. Man nennt solch ein Land, das vom Obstbau für fremde Firmen lebt, auch „Bananenrepublik".

Die Bananenblüte hängt durch ihr hohes Gewicht weit herab. Aus ihr wachsen die Bananen erst quer heraus, dann biegen sie sich nach oben zum Licht.

Bananen wachsen übrigens an Stauden, das heißt, sie haben keinen harten Stamm wie Bäume. Die Pflanze selbst kann bis zu 5 m hoch werden, die Bananenblätter bis zu 6 m lang. Sie bilden eine riesige Krone, unter der es schattig ist. Bananen gehören in Honduras fast zu jedem Essen dazu. Es gibt Bananensuppe, gebratene Bananen und natürlich jede Menge Rezepte für einen süßen Nachtisch. Aber nicht alle Bananen sind süß, wie etwa die Mehlbananen, die wie Kartoffeln zubereitet werden.

Die wichtigsten Beutetiere des Jaguars sind Otter, Bergschafe, Schildkröten und Fische.

NICARAGUA

Ein sehr beliebtes Essen der Nicaraguaner ist Gallo Pinto, was übersetzt so viel wie „gescheckter Hahn" bedeutet. Es besteht aus Reis und roten Bohnen. Dazu isst man Maisfladen, die in Mittelamerika Tortillas heißen, Rührei und Bananen. Alles zusammen also ein buntes, eben geschecktes Essen.

Die Zutaten zu der Nationalspeise Gallo Pinto – Chilischoten für eine scharfe Chilisoße, Bohnen und Bananen – wachsen im Westen des Landes besonders gut. Dort liegen viele zum Teil aktive Vulkane, deren ausgeflossene Lava sich nach einigen Jahren zu einem fruchtbaren Ackerboden zersetzt. Obwohl es in dieser Region immer wieder Erdbeben gibt, leben hier die meisten Nicaraguaner.

Südwestlich der Vulkankette erstreckt sich der riesige Nicaraguasee, der etwa so groß wie das deutsche Bundesland Sachsen ist. Aus dem See erheben sich 400 Inseln. Die größte von ihnen wird Ometepe – das heißt in der Indianersprache Nahuatl „zwei Hügel" – genannt und besteht aus zwei Vulkanen, die durch eine Landbrücke miteinander verbunden sind. Das Wasser ist das ganze Jahr über 24 °C warm. Aber beim Baden kann einem schon mal mulmig werden, denn im See lebt der mehr als 3 m lange Nicaragua- oder Bullenhai. Normalerweise ist er aber für Menschen nicht gefährlich.

In Nicaragua hatte lange Zeit, ab etwa 1936, nur eine Familie das Sagen: die Somozas. Als der Diktator Anastasio Somoza an die Macht kam, unterdrückte er die Bevölkerung, bekämpfte seine politischen Feinde mit brutalsten Mitteln und setzte seine Verwandten auf wichtige Posten. Viele Menschen waren darüber sehr wütend und organisierten sich zu einer Widerstandsgruppe, die man auch Sandinisten nennt. 1979 gelang es ihnen, Somoza zu stürzen. Ihre politische Grundeinstellung – sie waren Kommunisten – gefiel allerdings den Vereinigten Staaten von Amerika gar nicht. Darum mischten sie sich in die Politik Nicaraguas ein und unterstützten die frühere Somoza-Armee, die sogenannten Contras. Sie kämpften gegen die Sandinisten, die von den kommunistischen Ländern Kuba und der Sowjetunion mit Waffen versorgt wurden. Dieser Bürgerkrieg dauerte bis 1990. Viele Menschen starben und das Land wurde noch ärmer, als es vorher schon war.

Unter Somoza wurde die Bildung der Menschen sehr vernachlässigt. Das versuchten die Sandinisten nach dem Sturz der Diktatur zu ändern: Hunderttausende Jugendliche meldeten sich als freiwillige Lehrer und brachten den Menschen Lesen und Schreiben bei. Heute sieht die Lage leider wieder ganz anders aus. Immer mehr Menschen sind wieder Analphabeten. Zwar kostet der Schulbesuch weiterhin nichts, aber die Schulen sind aufgrund von Sparmaßnahmen so schlecht ausgestattet, dass den Lehrern nichts anderes übrig bleibt, als für bestimmte Dinge Geld zu nehmen, etwa für das Ausstellen der Zeugnisse. Und diese Gebühren können sich viele Eltern nicht leisten.

Die Ernten der Bauern werden nicht selten durch Dürren oder Überschwemmungen vernichtet.

FLÄCHE
121 428 km²

EINWOHNER
5,6 Mio.

HAUPTSTADT
Managua

AMTSSPRACHE
Spanisch

WÄHRUNG
1 Córdoba (C$) = 100 Centavo (c, cts)

FLAGGE

Das Land trägt – wie andere zentralamerikanische Länder auch – die weiß-blaue Flagge der Zentralamerikanischen Föderation. Die fünf Vulkane auf dem Wappen symbolisieren die ehemaligen Mitgliedsländer. Der Regenbogen steht für Hoffnung und eine leuchtende Zukunft.

COSTA RICA

FLÄCHE
51 100 km²

EINWOHNER
4,2 Mio.

HAUPTSTADT
San José

AMTSSPRACHE
Spanisch

WÄHRUNG
1 Costa-Rica-Colón (₡)
= 100 Céntimo (c)

FLAGGE

Weiß und Blau sind die Farben der ehemaligen Zentralamerikanischen Föderation. Rot kam hinzu, um in der Flagge die Farben der französischen Trikolore – ein Zeichen für Freiheit – zu haben.

Als der Entdecker Christoph Kolumbus im Jahre 1502 die Küste Costa Ricas erreichte, traf er auf ein indianisches Volk mit goldenem Kopfschmuck. Daraus schloss er auf reiche Goldvorkommen und nannte das Land „reiche Küste", auf Spanisch „Costa Rica". Doch er wurde bitter enttäuscht, denn viel Gold gab es hier nicht. Dafür aber eine wunderschöne, reiche Natur.

Die meisten Einwohner Costa Ricas sind Nachkommen spanischer Einwanderer.

Die vielfältige und artenreiche Landschaft Costa Ricas zieht heute viele Touristen an. Dazu gehören einerseits traumhafte weiße Strände und andererseits die Regenwälder, die sich zu beiden Seiten der Bergkette im Landesinneren bis an die pazifische und karibische Küste ziehen. Tief in den Wäldern sind Raubkatzen wie Jaguar und Puma, aber auch die mit vielen Hornplatten gepanzerten Gürteltiere, die langnasigen Ameisenbären und die trägen Faultiere zu sehen. Die hier lebende Art, das Dreifingerfaultier oder Ai, hängt fast den ganzen Tag mit dem Rücken nach unten an einem Ast. Diese Tiere verschlafen nicht nur die Nacht, sondern meist 18 Stunden am Stück. Aber auch danach sind sie alles andere als aktiv. Sie hängen bewegungslos in den Baumkronen und senken ihre Körpertemperatur so weit, dass sie kräftig Energie einsparen und mit wenig Nahrung auskommen – und so müssen sie sich wiederum nicht so viel bewegen, um diese zu suchen. Ungewöhnlich ist auch ihre Tarnung: In ihrem Pelz siedeln Algen. Dadurch schimmert er grünlich und die Tiere sind in dem dichten Blätterwald kaum zu sehen. Andere Pelzbewohner sind die algenfressenden Raupen verschiedener Schmetterlingsarten, von denen es in Costa Rica ungefähr 1300 gibt!

Doch nicht alle im Urwald sind träge – in den Bäumen herrscht vielmehr stets ein reges Treiben. Schließlich tummeln sich hier viele Hundert Vogelarten und vier verschiedene Affenarten wetteifern um die besten Äste: Kapuzineraffen, Brüllaffen, die kleinen Totenkopfäffchen und der Klammeraffe mit seinem bis zu 90 cm langen Greifschwanz.

Besonders interessant ist der Regenwald Bosque Eterno de los Niños – der „ewige Wald der Kinder". Er wurde von Kindern für Kinder gegründet. Alles begann damit, dass im Jahre 1987 eine Gruppe schwedischer Schulkinder von der Zerstörung des Regenwaldes gehört hatte. Die Kinder sammelten Geld und schickten es nach Costa Rica, um den bedrohten Regenwald hoch in den Bergen von Tilarán zu kaufen und zu schützen. Heute sind auch Kinder aus zahlreichen anderen Ländern an dem Projekt beteiligt.

Nur etwa 30 km südwestlich des Kinderwalds donnern Autos und Lastwagen über die Panamericana, eine Straße, die durch ganz Amerika verläuft und auch an San José, der 1000 m hoch gelegenen Hauptstadt, vorbeiführt.

Dreifingerfaultiere sind absolute Einzelgänger. Nur zur Paarung haben sie Kontakt zu Artgenossen.

In einem Regenwald in Costa Rica wurde eine 240 m lange Liane entdeckt.

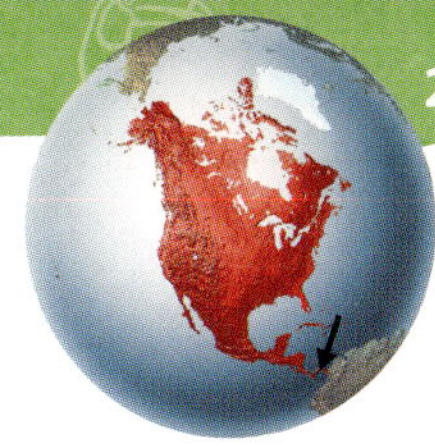

PANAMA

Panama – das letzte Land vor Südamerika, wohin aber keine Straße führt. Selbst die berühmte Panamericana, die eigentlich von Alaska bis Feuerland verläuft, ist an der Grenze zwischen Panama und Kolumbien unterbrochen. Nur ein schmaler Pfad durch den Regenwald führt hinüber auf den südamerikanischen Teil des Doppelkontinents.

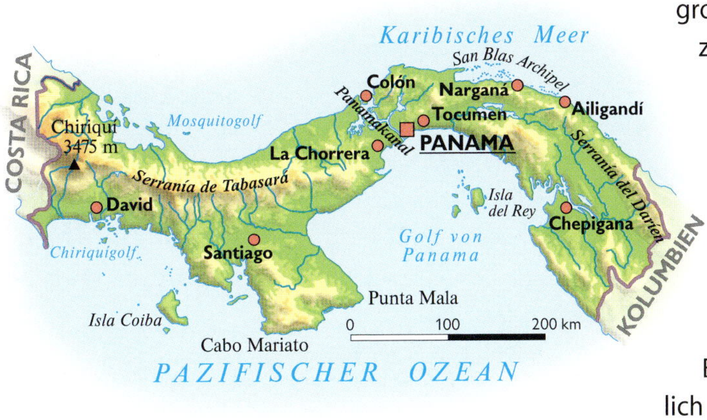

Der Grund dafür, dass keine Straße von Panama nach Kolumbien führt, liegt vor allem im Drogen- und Waffenhandel. Das Grenzgebiet ist zu unsicher, die Baukosten für eine Straße zu hoch. Scherzbolde machen auch die Ratten dafür verantwortlich, die hier – wie überall in den Wäldern Panamas – durch die Luft sausen: die Fliegenden Panama-Baumstachelratten. Ihren Namen bekamen die Tiere aufgrund ihres von borstigen Stacheln durchsetzten Fells und der Flughaut zwischen Vorder- und Hinterpfoten. Die Ratten können nicht wirklich fliegen. Beim Sprung von Baum zu Baum spannen sie durch Abspreizen ihrer Pfoten die Flughäute auf und können so durch die Luft gleiten.

Doch Panama ist für etwas vollkommen anderes weltbekannt. Gemeint ist der knapp 82 km lange Panamakanal, der die Hauptstadt Panama am Pazifischen Ozean mit Colón am Karibischen Meer verbindet. Früher, als es den Kanal noch nicht gab, mussten Schiffe mehr als 30 000 km um ganz Südamerika herum zurücklegen, um beispielsweise von San Francisco nach New York zu kommen. Ab dem 15. August 1914 verkürzte sich die Route schlagartig auf etwa ein Drittel: Der Panamakanal wurde eröffnet. Der Bau des Kanals hatte 34 Jahre lang gedauert und währenddessen starben 30 000 Arbeiter an Erdrutschen und Tropenkrankheiten wie Malaria und Gelbfieber. Den Kanal hatten die Vereinigten Staaten von Amerika bauen lassen, sie übergaben ihn aber im Jahr 2000 an Panama. Das Land verdient mit den rund 14 000 Schiffen, die jährlich durch den Kanal fahren, viel Geld. Dennoch müssen auch heute viele Schiffe die Seeroute um Kap Hoorn nehmen – die modernen Ozeanriesen sind einfach viel zu groß, um den Kanal zu durchfahren. Darum gibt es Pläne, die Schleusen zu verbreitern, was aber sehr teuer wird.

Etwa 100 km östlich von Colón, dem nördlichen Endpunkt des Kanals, liegt die Comarca Kuna Yala, auch San Blas Archipel genannt. Die etwa 360 Inseln und Inselchen sind die Heimat der Kuna. Bei diesem Volk sind die Frauen hoch angesehen. Die Häuser werden immer von den Müttern an die Töchter vererbt und alle Männer ziehen nach der Hochzeit in das Haus ihrer Frauen. Die Kuna sind in Mittelamerika für ihre Molas bekannt, farbenfrohe Stickereien, mit denen sie ihre Trachten verzieren, die sie aber auch in der Hauptstadt verkaufen.

Am pazifischen Eingang des Panamakanals müssen die Schiffe als Erstes drei aufeinanderfolgende Schleusen passieren.

FLÄCHE
75 041 km²

EINWOHNER
3,2 Mio.

HAUPTSTADT
Panama

AMTSSPRACHE
Spanisch

WÄHRUNG
1 Balboa (B/.) =
100 Centésimo (c, cts)

FLAGGE

Die Farben Rot und Blau symbolisieren die großen politischen Parteien. Weiß steht für Frieden. Der blaue Stern steht für eine faire Denkweise, der rote für das Gesetz.

KOLUMBIEN

FLÄCHE
1 141 748 km²

EINWOHNER
45,3 Mio.

HAUPTSTADT
Bogotá

AMTSSPRACHE
Spanisch

WÄHRUNG
1 Kolumbianischer Peso (kol$) = 100 Centavo (c, cvs)

FLAGGE

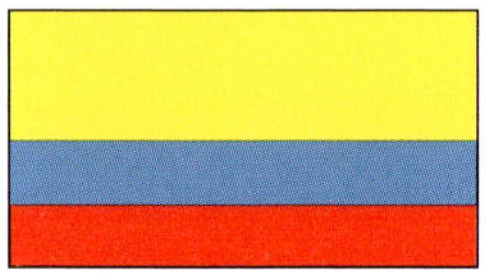

Die Bedeutung der Farben ist vielfältig – die Kolumbianer selbst sagen: Gelb steht für das Gold und den Reichtum des Landes, Blau für die Meere und den Himmel, Rot für das im Unabhängigkeitskampf vergossene Blut.

Wer nach Kolumbien fährt, kommt um eines nicht herum – „Raspado" zu essen. Das Wort kommt aus der spanischen Sprache, die man in Kolumbien spricht, und bedeutet „geschabt". Und in der Tat wird dazu von einem Eisblock etwas Eis heruntergeschabt und mit buntem Sirup mit Fruchtgeschmack übergossen.

Vor allem im östlichen Regenwaldgebiet Kolumbiens, wo es fast das ganze Jahr über tropisch warm und feucht ist, ist Raspado eine willkommene Erfrischung. Doch die meisten Kolumbianer leben im Westen des Landes, im Andenhochland, wo die Temperaturen viel erträglicher sind. Zu den Hochlandbewohnern zählen auch die Kogi. Dieses indianische Volk lebt ganz im Norden Kolumbiens in den Bergen von Santa Marta. Dort, keine 50 km vom Karibischen Meer entfernt, liegt auch der 5775 m hohe Pico Cristóbal Cólon. Die Kogi siedeln nicht an einem einzigen Ort, sondern verlegen ihre Dörfer und Felder je nach Jahreszeit in die Berge oder mehr ins Tal. Dadurch versuchen sie, die bestmöglichen Ernten zu erwirtschaften. Da es in den steilen Bergen keine Straßen gibt, sind Pferde ihre wichtigsten Tiere. Sie bringen die Menschen und ihr Hab und Gut auf schmalen Pfaden sicher ans Ziel.

Sonst fahren die Kolumbianer aber meist mit dem Bus. Auf Langstrecken nehmen sie die modernen Überlandbusse, doch auf dem Land steigen alle in die „Chivas". Das sind Busse mit bunten Holzkarosserien, die sich für die oft mit Schlaglöchern übersäten Strecken perfekt eignen. Sie sind meistens randvoll bepackt. Mitgenommen wird, was reinpasst. Und ist unten kein Plätzchen mehr frei, findet sich meist noch eines auf dem Dach. Doch egal, wo man sitzt, unten, oben, im Taxi oder im Restaurant – überall hört man Salsa-Klänge, eine typisch südamerikanische Musik, die jedermann zum Mitschwingen anregt.

Damit die Bauern nicht mehr Koka – die Grundlage für die Droge Kokain –, sondern Bananen anbauen, werden sie von der Regierung unterstützt – denn das verbotene Koka brächte ihnen mehr Gewinn.

Doch Kolumbien hat auch andere Seiten. Die Städte Cali, die etwa 200 km südwestlich von der Hauptstadt Bogotá in den Anden liegt, und das nördlicher gelegene Medellín gelten als die gefährlichsten Städte Südamerikas. Schuld ist der Handel mit der Droge Kokain. Sie wird aus den Blättern des Kokastrauchs gewonnen, der hier illegal angebaut wird. Eine Gruppe von sehr mächtigen und reichen Menschen kontrolliert den Handel mit der Droge. Diese Reichen unterstützen auch Armeen, die gegen die Polizei oder Staatsarmee kämpfen. Täglich sterben unschuldige Menschen in diesem Land, das wegen des einträglichen Geschäfts mit dieser Droge nicht zur Ruhe kommt.

ECUADOR

Im Andenhochland von Ecuador, nicht weit von der Hauptstadt Quito, erhebt sich der Cotopaxi. Mit seinen 5897 m ist er einer der höchsten aktiven Vulkane der Erde und nach dem 6310 m hohen Chimborazo der zweithöchste Berg Ecuadors. Zudem gibt es in Ecuador noch 15 andere Vulkane, von denen zehn aktiv sind.

FLÄCHE
272 045 km²

EINWOHNER
13,4 Mio.

HAUPTSTADT
Quito

AMTSSPRACHE
Spanisch

WÄHRUNG
1 US-Dollar (US-$) = 100 Cent (c, ¢)

FLAGGE

Gelb symbolisiert die Sonne, das Getreide und den Wohlstand, Blau den Himmel, das Meer und die Flüsse. Rot steht für das Vaterland und das Blut, das für dessen Unabhängigkeit vergossen wurde.

Die Anden Ecuadors sind die Heimat der Hochlandindianer. Sie leben in den Tälern und an den Berghängen und bauen auf kleinen, manchmal winzigen Feldern Kartoffeln, Mais oder Maniok an. Doch meist reicht die Ernte nicht für die ganze Familie aus. Deshalb arbeiten viele Bauern zusätzlich an der feuchtheißen und flachen Küste auf großen Bauernhöfen, die hier Haziendas heißen. Das ist Spanisch, die Amtssprache in Ecuador, die auch die meisten Ecuadorianer sprechen. Die Hochlandindianer können allerdings oft nur Ketschua, was zu Verständigungsproblemen führen kann. Deshalb lernen die Kinder im Hochland heute beides: In der ersten Klasse ist der Unterricht erst einmal auf Ketschua, ab der 2. Klasse findet er zunehmend auf Spanisch statt. In Quito hört man hingegen viel Spanisch. Und auch sonst erinnert vieles daran, dass Ecuador einst spanische Kolonie war. Den besten Überblick über die Altstadt mit ihren gut erhaltenen Kolonialbauten hat man vom Panecillo (übersetzt: kleiner Brotlaib). So heißt ein Hügel am Rande der Altstadt. Bei gutem Wetter kann man von dort aus auch den Cotopaxi sehen.

Etwa 100 km nördlich von Quito liegt Otavalo. Die Andenstadt ist seit Jahrhunderten für ihren Markt bekannt. Ein Besuch des Textilmarkts ist einmalig. Die Indianer – in Südamerika als Indios bezeichnet – sind Meister im Weben und stellen wunderbare Ponchos und Teppiche her. Die Wolle stammt meistens von Lamas oder Alpakas. Das sind beides kleine Kamelarten, die in den Anden Südamerikas gezüchtet werden. Lamas werden auch als Lasttiere benutzt. Man sollte ihnen aber nicht zu nahe kommen, denn sie bespucken einen gerne mit einem übel riechenden grünen Speichel, wenn man sie stört.

Der tollpatschig wirkende Blaufußtölpel ist ein genialer Flieger und Taucher.

Andere Tiere in Ecuador werden hingegen strikt geschützt: die Tiere auf den Galápagosinseln weit draußen vor der Küste Ecuadors – 965 km vom Festland entfernt. Hier konnten sich aufgrund der Abgeschiedenheit vom Festland Tierarten entwickeln, die es nirgendwo sonst auf der Welt gibt, etwa die Galapagos-Schildkröte, der Galapagos-Landleguan oder der Blaufußtölpel. Damit diese empfindliche Pflanzen- und Tierwelt nicht gestört wird, dürfen sich Touristen hier ausschließlich mit Führern und auf streng vorgegebenen Pfaden bewegen.

SPRACHE

Hallo!

Ketschua

Ketschua wird in Südamerika von mehr als 7 Millionen indianischen Hochlandbewohnern gesprochen. Das Wort „Puma“ stammt übrigens aus dieser Sprache.

1 = huk
2 = iskay
3 = kimsa
4 = tawa
5 = pichqa

Hallo = Raphi
Tschüs = Huk p'unchaw rikurisun
Wie heißt du? = Imataq sutiyki?
Ich heiße … = Ñuqapaqa … sutiymi
Wie geht's? = Ima hinataq kachkanki?
Danke = Pachi
Bitte = Ama hinachu qhawaq
Entschuldigung = Qispichiway

Chance am Backofen

Der Duft von frisch gebackenem Brot weht auf die Straße, als sich die Schultür öffnet. Mit Bastkiepen auf dem Rücken ziehen Francisco und seine Mitschüler zum Marktplatz der alten Inkastadt Cuzco hoch oben in den peruanischen Anden. Jeden Abend verkaufen die Kinder dort Kuchen und Brot aus ihrer kleinen Schulbäckerei. Francisco strahlt. Noch vor Kurzem lebte der 9-Jährige auf der Straße – ohne Eltern, ohne regelmäßiges Essen, ohne eine Zukunft. Dann aber hörte er vom Projekt „Huch'uy Runa", was auf der alten Inkasprache Ketschua so viel heißt wie „kleine Menschen, die vorankommen". In der Ganztagsschule lernen rund 200 peruanische Straßenkinder nicht nur Lesen und Schreiben, sondern auch ein Handwerk. So können sie später eine gute Arbeit finden. Die Lehrer haben Francisco sogar geholfen, einen Schlafplatz bei enfernten Verwandten zu bekommen. Seine eigentliche Familie aber, so sagt der Junge, sind „Huch'uy Runa" und seine Freunde aus der Schul-Backstube.

GEOlino Menschenskinder!

PERU

Der Kondor kann 70 Jahre und älter werden.

Im Andenhochland Perus lebt der größte flugfähige Vogel der Erde. Es ist der Andenkondor, der eine Flügelspannweite von mehr als 3 m hat. Damit kann er stundenlang durch die Berge segeln, von Aufwinden emporgetragen, oft in Höhen von bis zu 5500 m. Dabei hält der zu den Geiern gehörende Vogel Ausschau nach Aas.

Peru bricht in Sachen Höhe viele Rekorde. Im Hochland leben viele Menschen, vor allem indianische Bauern, deren Städte und Dörfer oft höher liegen als die höchsten Berge Europas. Viele nehmen den Zug, wenn sie an die Küste reisen. Von Huancayo im Hochland in die Industriestadt Callao an der Küste führt eine Eisenbahnlinie über die Anden. Die Lokomotive ackert sich bis auf eine Höhe von 4815 m, einen der höchsten Punkte, der weltweit von einer Eisenbahn erreicht wird. Die Osthänge der Anden herab führt hingegen keine Bahn. Hier, wo sich die beiden Quellflüsse des Amazonas, der Río Ucayali und Río Marañon, treffen, beginnt das weite undurchdringliche Tiefland des Amazonas.

Mit dem Titicacasee brechen Peru und der Nachbarstaat Bolivien einen weiteren Rekord: Er ist der höchstgelegene schiffbare See der Welt. Auf dem See lebt auch das Volk der Uro. In ihrem Leben spielt das Schilf, das am Seeufer wächst, eine wichtige Rolle. Daraus stellen sie fast alles her, was sie brauchen: ihre schwimmenden Inseln, auf denen sie leben, ihre Hütten, ihre Boote – selbst den Tee und ein Gemüse bereiten sie aus der für sie so kostbaren Pflanze zu.

Die Boote der Uro bestehen aus zusammengebundenen Schilfbündeln. Die Schilffasern quellen im Wasser auf und dichten auf diese Weise das Boot ab.

In der Nähe von Cuzco, im östlichen Hochland liegt auch die geheimnisvolle Stadt Machu Picchu. Sie wurde um 1450 von den Inka als Festungsstadt gebaut. Bereits 100 Jahre später verließen die Inka ihre Stadt wieder und bis heute weiß keiner, warum. Über 350 Jahre schlummerte die Stadt unbemerkt von den spanischen Eroberern, die das Land 1532 in Besitz nahmen. Erst 1911 wurden die Ruinen von einem Forscher entdeckt. Alles stand noch so da, wie es die Inka verlassen hatten: Straßen, Tempel, Paläste, eine gigantische Sonnenuhr, unzählige Ackerbauterrassen und Bauernhöfe. Die Mauern waren ohne Mörtel gebaut, denn die Inka hatten die Steine genau passend behauen und nahtlos aneinandergefügt.

Das Inkareich war riesig. Da es noch keine Telefone gab, übernahmen schnelle Läufer die Aufgabe, Nachrichten über weite Strecken zu überbringen. Wenn es um die Übermittlung von wichtigen Zahlen ging, benutzten sie ganz besondere Schnüre, die sie Quipu nannten. Ein Quipu bestand aus einer langen Hauptschnur, an der viele kleine Nebenschnüre befestigt waren. Sie waren mit vielen Knoten versehen und für die Boten wichtige Gedächtnisstützen. Die Hirten in den Anden benutzen Quipus bis heute, um ihre Herdentiere zu zählen.

FLÄCHE
1 285 216 km²

EINWOHNER
27,5 Mio.

HAUPTSTADT
Lima

AMTSSPRACHEN
Spanisch, Ketschua, Aimara

WÄHRUNG
1 Neuer Sol (S/.) = 100 Céntimo

FLAGGE

Weiß steht für Frieden, Würde und Fortschritt, Rot für Mut und Krieg. Einer Legende nach wählte der Befreier des Landes, San Martín, diese Farben, weil ein Schwarm Flamingos über ihn hinwegflog, als er Peru zum ersten Mal betrat, und er dies für ein gutes Omen hielt.

CHILE

FLÄCHE
756 096 km²

EINWOHNER
16,0 Mio.

HAUPTSTADT
Santiago de Chile

AMTSSPRACHE
Spanisch

WÄHRUNG
1 Chilenischer Peso (chil$) = 100 Centavo

FLAGGE

Die Flagge geht auf die Flagge der USA zurück. Der Stern steht als Symbol für Fortschritt und Ehre. Blau erinnert an den Himmel, Weiß an den Schnee der Anden und Rot an das im Unabhängigkeitskampf gegen Spanien vergossene Blut.

Durch die Kessellage herrscht in Santiago de Chile oft Smog. Nur selten ist die Luft so rein, dass man die Stadt von den umgebenden Hügeln aus überblicken kann.

In den Anden Nordchiles kann man den Weltraum besonders gut erforschen, denn in mehr als 300 Nächten im Jahr ist der Himmel sternenklar. Deshalb haben sich acht europäische Länder zusammengeschlossen und auf dem 2400 m hohen Berg La Silla eine Sternwarte mit riesigen Teleskopen eingerichtet. Das größte hat einen Durchmesser von 3,6 m.

Chile ist ein extrem lang gestrecktes, schmales Land mit den unterschiedlichsten Landschaften und Klimazonen.
An der Nordküste Chiles zum Beispiel erstreckt sich die Atacamawüste. Sie ist 950 km lang, also etwa so lang wie Deutschland, und eine der trockensten Regionen der Erde. In einigen Gebieten der Atacama hat es seit Menschengedenken noch nie geregnet. Grund dafür ist ein kalter Meeresstrom vor der Küste, der Humboldtstrom, der aus der Antarktis kommt. Er verhindert die Bildung von Regenwolken, sorgt aber auch für viel Nebel. Diesen nutzen die Kakteen, Echsen und Nagetiere, um in dieser Trockenheit zu überleben. Sie haben sich darauf spezialisiert, von dem dünnen Wasserfilm, mit dem der Nebel die Wüste überzieht, zu leben. Die Atacamawüste ist die Schatzkammer Chiles. Früher hat man hier viel Salpeter für die Herstellung von Düngemitteln und Sprengstoffen abgebaut, heute ist es Kupfer, das in 3000 m Höhe in einer der größten Kupfergruben der Erde aus dem Berg gebrochen wird. Die Grube Chuquicamata ist 4,5 km lang, 2,5 km breit und 700 m tief. Täglich werden unglaubliche 600 000 t Gestein gefördert, die mit riesigen Lkws abtransportiert und in die ganze Welt verkauft werden. Aus einer Tonne, also 1000 kg Gestein, kommen am Ende übrigens nur 10 kg Kupfer heraus.

Etliche Kilometer weiter südlich, in einem Talkessel der Anden, liegt die Hauptstadt Santiago de Chile. Einige der öffentlichen Gebäude in der Stadt erinnern noch heute an die Diktatur, die zwischen 1973 und 1990 in Chile herrschte. Im Jahre 1973 riss der General Augusto Pinochet mithilfe der Armee die Herrschaft an sich. Viele, die gegen seine Diktatur waren, wurden gefoltert und ermordet. Im Fußballstadion in Santiago mussten 1973 40 000 politische Gefangene mehrere Monate lang auf engstem Raum zusammenleben. 1990 kam endlich die Erlösung: Pinochet wurde als Präsident abgesetzt und der Weg zu einer Demokratie war wieder frei.

Von Santiago aus sind es noch etwa 3000 km bis Feuerland. Dort liegen der Endpunkt der 72 000 km langen Panamericana – der Straße, die in Alaska beginnt und durch ganz Amerika führt – und das Kap Hoorn. An dessen sturmumtosten Klippen sind unzählige Schiffe zerschellt, die vom Atlantik in den Pazifik fahren wollten. Ein wenig Abhilfe schaffte die Entdeckung der Magellanstraße, einer Meerenge zwischen Feuerland und dem Festland, die 1520 von dem portugiesischen Seefahrer Ferdinand Magellan erstmals befahren wurde. Heute ist der weite Weg um Südamerika herum dank des Panamakanals meist nicht mehr nötig.

In Quillagua in der Atacamawüste wurde zwischen 1964 und 2001 der geringste Jahresniederschlag der Welt gemessen: nur 0,5 mm im Jahr! In Deutschland sind es etwa 700 mm.

BOLIVIEN

Sucre, die Hauptstadt Boliviens, besitzt eine schöne Altstadt aus der Zeit, als das Land noch unter spanischer Herrschaft stand. Bolivien wird aber nicht von hier aus regiert. Der Sitz der Regierung, wo also das Parlament tagt und Gesetze beschließt, ist La Paz. Da die Stadt auf 3631 m Höhe liegt, ist sie die höchstgelegene „Hauptstadt" der Welt.

La Paz liegt am Ostrand des Altiplano. Das spanische Wort bedeutet auf Deutsch Hochebene und meint hier die ebene Region, die zwischen der Ost- und der Westkordillere der Anden liegt. Es ist eine weite, bis auf 3800 m ansteigende Landschaft, vom kalten Wind gepeitscht und fast baumlos. Im Süden geht sie sogar in eine Wüste mit dem größten Salzsee der Erde über, den Salar de Uyuni. Trotz der Trockenheit und Kälte im Altiplano leben hier die meisten Bolivianer. Die indianischen Bauern in dieser Region züchten Lamas und Alpakas und bauen viele verschiedene Kartoffelsorten an.

Die wichtigste Pflanze aber, die hier kultiviert wird, ist der Kokastrauch. Tausende Familien leben davon. Schon die Inka kannten die Vorteile, die das Kauen von Kokablättern hat: Man kann damit die Leistung steigern oder seinen Durst und Hunger stillen. Der größte Teil der Ernte bleibt allerdings nicht in Bolivien. Er wird zu der gefährlichen Droge Kokain verarbeitet, die dem Menschen sehr schadet. Für die Bauern ist der Anbau von Koka aber oft die einzige Möglichkeit, etwas Geld für ihre Familien zu verdienen.

Im Osten Boliviens, jenseits der Berge erstreckt sich das weite, feuchtwarme Amazonastiefland, wo ebenfalls Koka angebaut wird. Dafür wird leider immer wieder Regenwald abgeholzt. Die Betriebe, die aus den Blättern Kokain herstellen, benutzen auch viele chemische Dünge- und Pflanzenschutzmittel, die den Amazonas verschmutzen und damit das Leben vieler Pflanzen und Tiere gefährden.

Der Regenwald Boliviens ist die Heimat der Totenkopfäffchen. Sie tragen ihren Namen aufgrund ihres hellen Gesichts mit dem dunklen Maul, das ein wenig an einen Totenkopf erinnert. Aber die kleinen Äffchen sind alles andere als gruselig. Sie werden nur ungefähr 35 cm groß und 1 kg schwer. Totenkopfäffchen leben hoch oben in den Bäumen. Sie sind wahre Meister im Klettern und können einen Riesenkrach veranstalten, wenn sie in Horden durch die Baumriesen ziehen.

Aus der Wolle von Alpakas – einer Kamelart, die in den Anden lebt – fertigen die Indianer des Hochlands Ponchos und andere wärmende Kleidung.

FLÄCHE
1 098 581 km²

EINWOHNER
8,8 Mio.

HAUPTSTADT
Sucre

AMTSSPRACHEN
Spanisch, Ketschua, Aimara

WÄHRUNG
1 Boliviano (Bs) = 100 Centavo (c.)

FLAGGE

Rot steht für das Blut der Nationalhelden, ihre Opferbereitschaft und Liebe, Gelb für die Bodenschätze und das Volk der Inka, die diese als Erste nutzten. Grün symbolisiert die Hoffnung und den Fortschritt.

SOUVENIR

Die Kartoffel

Die Kartoffel stammt aus dem Andenhochland von Bolivien, Peru und Chile. Sie wurde dort schon vor Jahrhunderten von den Inka als Lebensmittel angebaut. Im Jahre 1565 gelangte dann die Pflanze mit den Eroberern nach Spanien und erreichte um 1600 auch Frankreich, England und Italien. 1630 wurde sie in Deutschland bekannt. Seitdem ist sie in Europa zu einem wichtigen Grundnahrungsmittel geworden.

PARAGUAY

FLÄCHE
406 752 km²

EINWOHNER
6,0 Mio.

HAUPTSTADT
Asunción

AMTSSPRACHEN
Spanisch, Guaraní

WÄHRUNG
1 Guaraní (PYG) = 100 Céntimo (cts)

FLAGGE

Die Nationalfarben wurden vermutlich aus Bewunderung für die Französische Revolution als Symbol für den Freiheitskampf ausgewählt.

Der Río Paraguay, nach dem das Land benannt ist, ist die Heimat der Capybaras. Es ist das größte Nagetier der Erde, sieht plump aus wie ein Flusspferd, ist aber eng mit den Meerschweinchen verwandt. Das Wort Capybara stammt aus der Sprache des Guaraní-Volkes und bedeutet „Herr der Gräser". Die Tiere fressen nämlich unentwegt Gras.

Capybaras werden bis zu 1,30 m lang und 60 cm hoch. Sie werden auch als Wasserschweine bezeichnet, auch wenn sie nicht mit Schweinen verwandt sind. Die heiße Zeit des Tages verbringen sie gern in seichtem Wasser.

Die Guaraní leben im Osten Paraguays als Bauern. Ihr ganzes Siedlungsgebiet erstreckt sich aber weit über die fruchtbaren Hügel und Ebenen Paraguays hinaus. Sie leben auch in Bolivien, Argentinien, Brasilien und Uruguay. Obwohl das Volk nur 30 000 Angehörige besitzt, spricht ein Großteil der Paraguayer heute Guaraní. Die Sprache wurde vor etwa 400 Jahren von den katholischen Missionaren benutzt, um das Volk leichter zum christlichen Glauben zu bekehren. Daraufhin setzte sich die Sprache durch und ist heute neben Spanisch zweite Amtssprache.

Im Lebensraum der Guaraní, nahe der brasilianischen Grenze, steht auch der große Itaipú-Staudamm, der die Wassermassen des Río Paraná zu einem See aufstaut. Sie speisen eines der größten Wasserkraftwerke der Erde. Der damit erzeugte Strom ist wichtig für das Land. Aber auf der anderen Seite mussten Tausende Guaraní umgesiedelt werden und verloren dadurch ihre Heimat.

Im Unterschied zum feuchtwarmen Osten Paraguays, wo die meisten Menschen leben, ist der trockene Nordwesten fast menschenleer. In dem großen Gras- und Buschgebiet, das Gran Chaco genannt wird und das sich bis nach Argentinien und Bolivien erstreckt, weiden riesige Rinderherden. Sie gehören einigen wenigen Viehbaronen, deren Landbesitz gigantisch ist. Die Kinder auf den Farmen lernen schon ganz früh reiten, damit sie später beim Viehtrieb mithelfen können.

Im Gran Chaco leben auch deutschstämmige Mennoniten. Das sind Angehörige einer evangelischen Religionsgemeinschaft, die früher in Deutschland wegen ihrer Religion verfolgt wurden. Deshalb wanderten sie von Deutschland zunächst in die Ukraine und von dort nach Paraguay aus. Sie sprechen bis heute Deutsch – einen niederdeutschen Dialekt, das sogenannte Plautdietsch – und haben sich viele Traditionen aus ihrer einstigen Heimat bewahrt. Wenn man in die Nähe ihrer Kolonien kommt, begegnet man Straßenschildern mit Ortsnamen wie Friedensruh und Rosenort.

Im Gran Chaco wächst ein ganz besonderer Baum. Er wird Quebracho genannt, was auf Spanisch so viel wie „Axtbrecher" bedeutet. Sein Holz ist außergewöhnlich hart und schwer und hat schon so manche Axt zum Bersten gebracht. Es ist als Bauholz sehr begehrt – auch im Ausland.

ARGENTINIEN

Fast jedes Kind kennt sie und verehrt sie vielleicht auch ein wenig: die Fußballhelden der argentinischen Nationalmannschaft. Einige von ihnen spielen auch in europäischen Fußballvereinen, doch bei Länderspielen kämpfen sie oft in ihrem Heimatstadion in Buenos Aires, dem „El Monumental", um einen Sieg. Hier haben ungefähr 65 000 Zuschauer Platz.

In Buenos Aires, der Hauptstadt Argentiniens, leben ungefähr 12 Millionen Menschen. Der Name der Stadt bedeutet in der Landessprache „Gute Lüfte", die hier wohl früher geweht haben, als Argentinien noch spanische Kolonie war. Heute hängt wie bei vielen Metropolen von den Abgasen oft eine Dunstglocke über der Stadt. Hier, genauer gesagt in den Armenvierteln von Buenos Aires, entstand zu Beginn des 20. Jahrhunderts der heute weltbekannte Tango. Das ist ein sehr ausdrucksstarker Tanz, der vom einst schweren Leben der Einwanderer erzählt. Sie kamen aus Spanien, Italien, Österreich, Deutschland, Frankreich und Großbritannien. Der Tango ist aus der Stadt nicht wegzudenken: Wenn man abends durch die Straßen von Buenos Aires bummelt, dringen aus vielen Tanzlokalen Bandoneon-Klänge an das Ohr. Das Bandoneon ist eine kleine, argentinische Ziehharmonika, die zur Tangomusik einfach dazugehört.

Die Argentinier lieben auch ihre Grillfeste, die sie Asado nennen. Dabei brutzeln Rindfleischstücke, aufgeklappte Hähnchen, Bratwürstchen, Kalbsbries oder Kalbsdärme langsam vor sich hin. Langsamkeit ist dabei wichtig. Denn während alles am Feuer gart, hat man mit der Familie oder Freunden viel Zeit zum Reden. Dabei bereiten die Frauen und Mädchen Salate oder den Nachtisch zu, die Männer und Jungs sind für das Fleisch zuständig.

Fleisch ist eines der wichtigsten Lebensmittel in Argentinien. In den riesigen flachen Pampas, wie das fruchtbare Grasland Argentiniens heißt, weiden

Zum typischen Asado werden die Rindfleischstücke senkrecht um das Feuer gestellt und mehrfach gedreht.

FLÄCHE
2,78 Mio. km²

EINWOHNER
37,9 Mio.

HAUPTSTADT
Buenos Aires

AMTSSPRACHE
Spanisch

WÄHRUNG
1 Argentinischer Peso (arg. $) = 100 Centavo (c)

FLAGGE

Blau und Weiß stehen für den Himmel und den Schnee der Anden. Die goldene Sonne trägt 32 abwechselnd gerade und geflammte Strahlen. Sie erinnert an die Sonne, die im Mai 1810 schien, als die argentinische Bevölkerung gegen die Spanier revoltierte.

In Argentinien gibt es viele Tangostile.

Wenn Argentinier von „carne" (übersetzt: Fleisch) reden, meinen sie dunkles Fleisch, also nur Rindfleisch. Hühnchen- oder Schweinefleisch gelten im Land der Rinderzucht nicht als „carne".

ARGENTINIEN Fortsetzung

50 Millionen Rinder und über 13 Millionen Schafe. Das Fleisch kommt sogar nach Deutschland in die Supermärkte. Die großen Rinderherden gehören meistens reichen Großgrundbesitzern und werden von „Gauchos“ und „Vaqueros“, wie die argentinischen Cowboys genannt werden, gehütet. Sie sind Meister im Reiten und manchmal kann man sogar noch einen Gaucho dabei beobachten, wie er auf ganz traditionelle Weise ein Rind einfängt. Dazu benutzt er – wie die Rinderhirten früher – Bolas, drei miteinander verbundene 1,5 m lange Wurfleinen, an deren Enden jeweils eine Kugel hängt. Sie wird dem Tier so geschickt zwischen die Beine geschleudert, dass sich das Tier darin verheddert und zu Boden fällt.

Zur Zubereitung von Matetee wird der Tee in einem Kürbisgefäß aufgegossen und dann mit einem Röhrchen getrunken.

Besonders schnelle und wendige Pferde bilden die Gauchos zu El-Pato-Pferden aus. El Pato ist eine Art Basketball zu Pferde. Dabei treten zwei Mannschaften mit jeweils vier Reitern auf einem 200 m langen Spielfeld gegeneinander an. Ziel ist es, einen Lederball, der von einem kleinen Gestell mit vier Griffen umgeben ist, in einen Korb am Ende des Reitfeldes zu werfen. Die Pferde jagen dann mit bis zu 50 km/h über das Spielfeld. Es ist ein ziemlich waghalsiger Sport.

Die gigantischen Iguazú-Wasserfälle an der Grenze zu Brasilien sind 2700 m breit!

Nach dem Sport oder nach getaner Arbeit trinken die Gauchos – wie viele Argentinier – gern einen Matetee. Es ist ein wahrer „Zaubertrank“ gegen körperliche und geistige Ermüdung, Hitze und Hunger. Denn in dem grünlichen Aufguss, der aus den Blättern einer Stechpalme hergestellt wird, ist reichlich aufputschendes Koffein. Dazu kommen noch viele Mineralstoffe und Vitamine. Das Wort „Mate“ stammt von „mati“. So nannten die Indianer Südamerikas ein kürbisartiges Gefäß, aus dem sie das Gebräu aus fein zerstampften Blättern tranken. Und tatsächlich wird Mate noch immer aus einer kleinen Kalebasse getrunken, aus der man ihn mithilfe einer sogenannte Bombilla ansaugt. Die Bombilla ist ein Metallröhrchen mit einem kleinen Sieb am Ende, das die Pflanzenteile in dem Gefäß zurückhält.

Auch wenn die Steppenlandschaft der Pampas, die nicht nur Viehweiden, sondern auch die Kornkammer des Landes sind, einen großen Teil in der Mitte Argentiniens einnimmt, sind die Regionen im Norden und Süden des Landes nicht minder interessant. Im Gegenteil: Im Dreiländereck Paraguay – Argentinien – Brasilien stürzen inmitten eines Nationalparks tosende Wassermassen in die Tiefe: die Wasserfälle von Iguazú. Im Süden Argentiniens erstreckt sich die Kältewüste Patagoniens. Hier weht so gut wie immer ein stürmischer Wind. Karge Gras- und Strauchlandschaften ziehen sich die Andenhänge mit ihren gigantischen Gletschern hinauf. Einer der beeindruckendsten ist der Perito-Moreno-Gletscher. Schon von Weitem kann man die Eismassen krachen und poltern hören. Sein 5 km breiter, in der Sonne funkelnder Gletscherstrom schiebt sich täglich ungefähr 1 m in den Lago Argentino vor und taut dort durch das wärmere Seewasser langsam von unten an. Dadurch bilden sich Schwachstellen im Eis und hin und wieder brechen riesige Brocken davon ab. Fachleute sagen: Der Gletscher kalbt.

Noch einige Hundert Kilometer weiter südlich, vom Norden Argentiniens 3700 km entfernt, liegt die Insel Feuerland. Sie liegt damit schon am Rand der Antarktis und ist die Heimat großer Pinguin- und Robbenkolonien.

URUGUAY

Uruguay ist ein kleines Land. Es ist nur halb so groß wie Deutschland. Hier leben 3,4 Millionen Menschen, in Deutschland dagegen sind es 82,5 Millionen – also 25-mal so viele. Eigentlich gibt es hier nur eine große Stadt. Es ist die Hauptstadt Montevideo im Süden Uruguays am Río de la Plata.

Río de la Plata ist ein spanischer Name und bedeutet übersetzt „Silberstrom". Woher der Name kommt, ist unklar. Vielleicht, weil die spanischen Eroberer, die Uruguay in Besitz nahmen, hofften, auf große Silbervorkommen zu stoßen – da wurden sie allerdings enttäuscht. Auf jeden Fall aber wurde das abgebaute Silber aus den Minen Boliviens über ihn verschifft. Eigentlich ist der Río de la Plata gar kein Fluss, sondern der Mündungstrichter zweier Flüsse: des Río Uruguay und des Río Paraná, der aus Argentinien kommt. Gemeinsam münden sie in den Atlantik, an dessen Küste wunderschöne Badestrände liegen.

Hinter Montevideo erstrecken sich weite Grasflächen – „Los Campos". Hier weiden elfmal mehr Schafe, Rinder und Pferde, als es Menschen in Uruguay gibt. Das Fleisch wird oft ins Ausland verkauft und macht die Menschen wohlhabend. Viele Kinder, die mit ihren Eltern und Familien in dieser Campos-Landschaft wohnen, lernen schon ganz früh, die Tiere zu hüten oder sie mit Pferden zusammenzutreiben.

Auf die riesigen Viehweiden verirrt sich manchmal auch der große Pampashirsch. Früher war diese Hirschart hier weit verbreitet, auch in den Grasländern benachbarter Länder. Doch als die europäischen Siedler in die Campos vordrangen, wurde ihr Lebensraum immer kleiner. Da Uruguay auch keine Schutzgebiete eingerichtet hat, kann man nur noch wenige dieser Hirsche beobachten. Vielleicht am beeindruckendsten ist ihr Verhalten in der Brunftzeit. Dann tobt unter den Männchen ein erbitterter Wettstreit um die Weibchen. Es kommt zu Duellen zwischen den Rivalen. Dabei kann man die aneinanderstoßenden Geweihe schon von Weitem hören und zudem die Hirsche riechen. Die Drüsen, die die Hirsche zwischen ihren Zehen haben, geben nämlich einen ziemlich kräftigen Knoblauchgeruch ab.

Uruguay ist auch Fußballfans der ganzen Welt ein Begriff. Hier fand im Juli 1930 die erste Fußballweltmeisterschaft statt. Nur vier Mannschaften aus Europa begaben sich auf die lange dreiwöchige Schiffsreise. Zudem nahmen sieben Mannschaften aus Südamerika, die Vereinigten Staaten von Amerika und Mexiko teil. Im Endspiel trat Uruguay gegen Argentinien an und der kleine Gastgeber schlug den großen Nachbarn mit 4 : 2.

Der Palacio Salvo, ein Palast im Herzen der Hauptstadt Montevideo, war zu seiner Bauzeit (1925) mit einer Höhe von 120 m das höchste Gebäude Südamerikas.

FLÄCHE
175 016 km²

EINWOHNER
3,43 Mio.

HAUPTSTADT
Montevideo

AMTSSPRACHE
Spanisch

WÄHRUNG
1 Uruguayischer Peso (urug$) = 100 Centésimo (cts)

FLAGGE

Die Flagge geht auf die Flaggen Argentiniens und der USA zurück. Die neun Streifen symbolisieren die ursprünglichen Provinzen des Landes, die Sonne steht für die Freiheit Uruguays, der ersten unabhängigen Nation in Südamerika.

Beim ersten Spiel der Fußball-WM im Jahre 1930 sahen nur 500 Zuschauer zu.

Spielplatz auf dem Dach

Schafft Rafaela den Sprung über die Schaumstoffhürde? Ihre zwei Brüder machen es ihr nicht leicht. Noch bevor die 8-Jährige Anlauf nimmt, fangen die Steppkes zu kichern an. Und wenn sie losprusten, muss Rafaela einfach mitlachen. So unbeschwert spielen die drei nur hier oben – auf dem Dach ihres Hauses. Unten, auf den Straßen ihrer Heimatstadt Rio de Janeiro, ist es viel zu gefährlich. Denn Rafaelas Familie lebt nicht im Zentrum, wo die Polizei für Ordnung sorgt, sondern in Rocinha, dem größten der über 700 Armenviertel der Großstadt. Diese Viertel wurden ohne Bauerlaubnis errichtet. Viele der Häuser sind baufällig, haben oft weder fließend Wasser noch Strom oder Telefon, und in den Gassen schießen oft die Drogenbanden aufeinander, wenn sie sich wieder mal Revierkämpfe liefern. In Rocinha aber versuchen die Menschen, ihr Leben mit kleinen, aber wichtigen Projekten zu verbessern: etwa mit einem Kinderzentrum. Nachmittags lernen Rafaela und ihre Freunde dort malen, treiben Sport und kichern um die Wette.

BRASILIEN

Im Norden Brasiliens fließt träge der Amazonas, der neben dem afrikanischen Nil der längste Strom der Erde ist. Er ist ungefähr 6500 km lang. Große Schiffe können ihn etwa 1500 km – bis Manaus – befahren, kleinere sogar bis nach Iquitos in Peru. Aus seiner 250 km breiten Mündung ergießen sich etwa 200 Millionen Liter Süßwasser in den Atlantik – in der Sekunde!

Im Gebiet des Amazonas ist es das ganze Jahr über heiß und feucht. Das hat damit zu tun, dass hier am Äquator die Sonne das ganze Jahr sehr intensiv scheint und dadurch viel Wasser verdampft. Dadurch türmen sich riesige Regenwolken auf, die sich täglich sturzbachartig ergießen. Ohne sie gäbe es die tropischen Regenwälder des Amazonastieflandes nicht, die die Heimat von über 250 Säugetieren und 2000 Vogelarten sind. Über die Anzahl der verschiedenen Pflanzen lässt sich hingegen kaum etwas sagen. Jedes Mal, wenn Forscher aus den Tiefen des Urwalds zurückkehren, haben sie neue Arten entdeckt.

Im Amazonas selbst leben die berüchtigten Piranhas und die weit weniger bekannten Beilbauchfische. Deren Flossen schwirren fast wie Kolibriflügel und dann schießen sie pfeilschnell aus dem Wasser, um Insekten zu fangen. Die Fische können mit ihrem kielförmigen Bauch sogar wie Windsurfer auf der Wasseroberfläche entlanggleiten. Ein anderer merkwürdiger Bewohner des Regenwaldes ist der 60–65 cm lange Hoatzin, im Deutschen auch Schopfhuhn oder Zigeunerhuhn genannt. Da diese Vögel nur einen winzigen Magen haben, wird die Nahrung schon in ihrem Kropf gespeichert und vorverdaut. Bei vollem Kropf wird dem Vogel der Kopf schnell zu schwer. Dann lehnt er sich mit der Brust voran an einen Baum, um sich auszuruhen.

Auffällig sind auch die Jungtiere. Sie tragen Krallen an ihren Flügelenden, mit denen sie ein wenig wie Urvögel aussehen. Mithilfe dieser praktischen Helfer können sie gut die Bäume hochklettern, solange sie noch kaum fliegen können. Wachsen die Jungen heran, bilden sich die Krallen zurück.

Der Regenwald ist auch eine Schatzkammer für die Medizin. Immer wieder werden neue Pflanzenwirkstoffe entdeckt, andere sind seit Jahrhunderten bekannt. Curare beispielsweise – ein Extrakt aus Rinden und Blättern verschiedener Lianen, der heute auch künstlich hergestellt wird – wurde früher bei einer Operation zur Muskelentspannung verabreicht. Einige Indianer des Amazonas nutzen Curare jedoch nicht als Medizin, sondern als schnell wirkendes Pfeilgift für die Jagd. Leider ist dieser Reichtum der Natur mehr und mehr

FLÄCHE
8 547 404 km²

EINWOHNER
184,2 Mio.

HAUPTSTADT
Brasília

AMTSSPRACHE
Portugiesisch

WÄHRUNG
1 Real (R$) = 100 Centavo

FLAGGE

Grün symbolisiert die Regenwälder, die gelbe Raute den Diamantenreichtum des Landes. Die blaue Himmelsscheibe zeigt den südlichen Sternenhimmel. Die Sterne stehen für die Verwaltungseinheiten. Der Schriftzug „Ordem e Progresso" bedeutet „Ordnung und Fortschritt".

Piranhas haben messerscharfe Zähne. Damit nagen sie ihre Beute binnen Sekunden bis aufs Skelett ab.

BRASILIEN Fortsetzung

Die Yanomami leben in Malocas, großen Rundhäusern, in denen 30–100 Familienmitglieder Platz finden.

Das Wahrzeichen Rio de Janeiros, die riesige, 30 m hohe Christusstatue, ist mit einer Bergbahn zu erreichen. Von hier oben hat man einen tollen Blick über die Stadt und auf einen Bergkegel, den weltberühmten „Zuckerhut".

bedroht. Davon ist auch das Volk der Yanomami betroffen, die in mehreren Hundert Dörfern weit entfernt von anderen Siedlungen leben. Seit in ihrem Siedlungsgebiet Gold entdeckt wurde, suchen große Firmen und kleine Goldsucher hier ihr Glück und fügen dem Regenwald großen Schaden zu. Er wird abgeholzt und das giftige Quecksilber, das man zum Auswaschen des Goldes braucht, verseucht den Amazonas.

Aber das ist nicht der einzige Grund für die zunehmende Rodung des Regenwalds. So baut man beispielsweise seit Mitte des letzten Jahrhunderts an der Transamazonica-Straße. Wenn sie fertig ist, soll sie die Atlantik- und die Pazifikküste verbinden und damit eine Landverbindung schaffen, wie es sie bisher nicht gibt. Die Indianer in dem Gebiet, das die Straße durchqueren soll, wehren sich seit Langem dagegen. In der Vergangenheit hatte das für viele schlimme Folgen. Ganze Dörfer wurden zerstört und ihre Bewohner umgebracht, damit man den Bau der Straße weiterführen konnte. Das Makabre daran: Die bisher gebauten Straßenabschnitte sind schon zum großen Teil wieder von einem dichten Pflanzenkleid überwuchert.

Fern des Regenwalds, an der Atlantikküste, gibt es in Brasilien auch riesige Städte, in denen das Leben pulsiert. In Rio de Janeiro etwa findet jedes Jahr der weltberühmte Karneval von Rio statt. Drei Tage vor Aschermittwoch ziehen prächtig ausstaffierte Tänzer mit ihren kunstvollen Wagen durch das Sambadrom, wie das eigens dafür gebaute Stadion heißt. Für diese Tage trainieren die 14 Samba-Schulen von Rio das ganze Jahr über Tag für Tag. Den besten Tänzern in den prächtigsten Kostümen auf den fantasievollsten Wagen winkt ein begehrter Preis. Auch in den Armenvierteln der Stadt, die Favelas genannt werden, gibt es Samba-Schulen. Sie sind für die Menschen hier besonders wichtig: Die Tänzerinnen, Kostümnäherinnen oder Trommler sind stolz auf ihr Können und hoffen immer wieder auf den großen Erfolg. Damit auch sie eines Tages berühmte Samba-Tänzer werden, üben schon die Kinder die schnellen Schritte.

Andere träumen davon, einmal ein großer Fußballstar zu werden und auf diese Weise den Favelas zu entkommen. Schließlich kamen viele weltbekannte Fußballstars aus armen Familien. Im Land des fünfmaligen Weltmeisters spielen so gut wie alle Jungs mit ihren Freunden Fußball: im Verein, auf der Straße, mit Bällen aus Leder oder aus Lumpen – Hauptsache Fußball.

SOUVENIR

Der Gummi

In den Wäldern Brasiliens wächst der Kautschukbaum. Der milchige Saft, den man von ihm abzapfen kann, wurde schon vor langer Zeit von den Indianern zur Herstellung eines elastischen Balls verwendet. Als die Europäer den Baum 1755 für sich entdeckten, glich das einer Sensation. Denn Kautschuk war die Grundlage für elastisches Material, den Gummi. 1770 entstand zum Beispiel der erste Radiergummi aus Kautschuk. Zwischen 1890 und 1912 gab es dann – nach der Entwicklung des Autos und dem Bedarf an Reifen – einen regelrechten „Kautschuk-Boom", der zur Anlage von Kautschukplantagen führte.

In Brasilien lebt die größte Spinne der Welt. Der Körper der Goliath-Vogelspinne kann 12 cm groß werden, die Beinspannweite 30 cm betragen.

SURINAME

Wald, Wald und nochmals Wald – fast ganz Suriname ist von tropischem Regenwald bedeckt. Kein Wunder, hier regnet es reichlich und es ist immer schön warm. Wunderbar für Schmetterlinge, Orchideen – und die Riesenotter.

Riesenotter können 2 m groß werden. Selbst im trüben Wasser finden sie sich gut zurecht und können jagen. Sie haben nämlich empfindliche Tasthaare, die ihnen verraten, wo sich Fische im Wasser bewegen. Das ist lebenswichtig, denn Riesenotter müssen täglich mindestens 4 kg Fisch fressen.
In den Regenwäldern im Landesinneren leben die Marons. Das sind Nachfahren von geflohenen, schwarzen Sklaven, die in kleinen Gemeinschaften an den Flüssen im Bergland siedeln. Eine der größten Gruppen sind die Saramaka, die eine eigene Sprache sprechen. Der Großteil der Surinamer aber spricht im Alltag Sranantongo, manchmal auch Taki-Taki genannt. Es ist eine Mischsprache aus portugiesischen, englischen und niederländischen Wörtern. Wenn sich zwei Freunde unterhalten, kann das so klingen: Bisman trowe van dede sneki na strati (Der Nachbar hat eine tote Schlange auf die Straße geworfen). Die Amtssprache aber ist Niederländisch, denn bis 1975 war Suriname eine niederländische Kolonie. Da viele Surinamer in ihrer Heimat keine Arbeit finden, wandern viele in die Niederlande aus.

FLÄCHE
163 265 km²

EINWOHNER
437 000

HAUPTSTADT
Paramaribo

AMTSSPRACHE
Niederländisch

WÄHRUNG
1 Suriname-Dollar (SRD) = 100 Cent

FLAGGE

Rot steht für Liebe und Fortschritt, Weiß für Gerechtigkeit und Frieden, Grün für die Vegetation. Der Stern ist Symbol der Einheit der vielen Bevölkerungsgruppen.

GUYANA

Wenn man durch die Straßen von Georgetown, der Hauptstadt Guyanas, geht, hört man seltsamerweise viele Menschen indisch sprechen. Schließlich stammt die Hälfte aller Guyaner aus Indien.

Guyana war bis 1966 britisch und die Briten holten Mitte des 19. Jahrhunderts viele Plantagenarbeiter aus Indien, das damals eine ihrer Kolonien war. Leider gibt es immer wieder Konflikte zwischen der indischstämmigen Bevölkerung, die sich ihre hinduistische Kultur bewahrt hat, und den Nachkommen ehemaliger Sklaven aus Schwarzafrika. Im Landesinnern Guyanas erstrecken sich riesige Regenwaldgebiete. Sie sind von vielen Flüssen durchzogen, die auch die wichtigsten Verkehrswege sind. Straßen gibt es nur sehr wenige. Und so mancher Fluss ist wegen zahlreicher Wasserfälle nur mit kleinen Einbäumen befahrbar. Die Indianer, die hier siedeln, nehmen dann die leichten Boote aus dem Wasser und tragen sie ein Stückchen zu Fuß, bis die Stromschnellen umgangen sind. Aufpassen müssen sie dabei stets auf die Anakonda. Sie ist mit ihren 9 m Länge eine der größten Schlangenarten der Welt. Bei der Jagd würgt sie ihren Fang so lange, bis kein Blut mehr zum Herzen gelangt und das Beutetier das Bewusstsein verliert.

Im Regenwald leben Tapire. Sie haben einen kurzen Rüssel und ernähren sich von Pflanzen.

FLÄCHE
214 969 km²

EINWOHNER
706 000

HAUPTSTADT
Georgetown

AMTSSPRACHE
Englisch

WÄHRUNG
1 Guyana-Dollar (G$) = 100 Cent (¢)

FLAGGE

Grün steht für die Vegetation, Gelb für die Bodenschätze und Rot für Reformen. Das weiße Dreieck symbolisiert die Flüsse und spektakulären Wasserfälle des Landes.

VENEZUELA

FLÄCHE
912 050 km²

EINWOHNER
26,2 Mio.

HAUPTSTADT
Caracas

AMTSSPRACHE
Spanisch

WÄHRUNG
1 Bolívar (Bs, B) =
100 Céntimo (c, cts)

FLAGGE

Die drei Farben stehen für die Trennung des Landes von der ehemaligen Kolonialmacht Spanien – deren Farben sind Rot und Gelb – durch das blaue Meer. Die sieben Sterne repräsentieren die Provinzen. Die Flaggen von Ecuador, Kolumbien und Venezuela ähneln sich. Alle Länder gehörten einst zu Groß-Kolumbien.

Im Südosten Venezuelas, im Bergland von Guayana, erheben sich 115 mächtige Inselberge bis zu 2000 m über den umliegenden Regenwald. Man nennt sie Tepuis. Der berühmteste ist der Auyán Tepui. Die Wassermassen, die über seine Abbruchkante stürzen, bilden mit 980 m Fallhöhe den höchsten Wasserfall der Welt, den Angelfall.

Die Tepuis – steil aufragende und zerklüftete, oben flache Tafelberge, die über die Jahrmillionen durch Wind, Wetter und Flüsse geformt wurden – sind der Lebensraum vieler Pflanzen, die es sonst nirgendwo auf der Welt gibt. Sintflutartige Regenfälle machen es den Pflanzen aber nicht leicht zu überleben. Im Boden sind nur wenig Nährstoffe und so mussten sich die Pflanzen anpassen: Viele Pflanzen sind zu Fleischfressern geworden. Sie locken ihre Opfer in Kelche, wo sie von einer Flüssigkeit zersetzt, also quasi gefressen werden.

Im Norden der Felsenberge liegt das Tiefland des Río Orinoco. Es ist ein tropisch-schwüles Schwemmland, das ganz im Osten ein riesiges Delta bildet. In den Regenwäldern am Orinoco leben viele verschiedene Tiere und Pflanzen. Um den Pfeilgiftfrosch zu entdecken, muss man großes Glück haben. Er lebt vor allem im Bodenlaub des Urwaldes. Mit seinen saugnapfähnlichen Zehen kann er aber auch gut Bäume hochklettern, um sich in die Wasseransammlungen in trichterförmigen Pflanzenblättern zu setzen. Deshalb wird er auch Gelbgebändeter Baumsteigerfrosch genannt. Der Name „Pfeilgiftfrosch“ bezieht sich auf seine Haut, aus der die Indianer ein Pfeilgift für die Jagd herstellen.

Die faszinierenden Tepuis bestehen aus Sandstein. Die Hochflächen sind meistens nur aus der Luft erreichbar.

Der Regenwald im Orinocodelta ist auch die Heimat vieler Indianer, so auch der Warao. Für sie wurde eine Schule gebaut, in der die Kinder auch Spanisch lernen, sodass sie später bessere Chancen haben, sich in der Welt außerhalb des Deltas zu behaupten. Da es in dem Mündungsgebiet unzählige Wasseradern, aber kaum Straßen gibt, werden die Kinder jeden Tag mit einem Boot eingesammelt und in die Schule gebracht.

In Caracas, der Hauptstadt von Venezuela, leben hingegen kaum Indianer. Die meisten Bewohner sind Weiße oder Mestizen, also Nachfahren indianischer und europäischer Mischehen. Viele von ihnen arbeiten in der Erdölindustrie, der größten Industrie des Landes. In Venezuela gibt es nämlich so viel Erdöl vor der Küste, dass das Land fast seine ganzen Ausgaben damit bezahlen kann. Und das können wirklich nur wenige Länder der Erde. Deshalb gibt es auf den Märkten auch immer volle Stände, wo man alles mögliche Obst und Gemüse des Landes kaufen kann. Dazu gehören auch Kochbananen. Sie sind nicht süß, aber dafür enthalten sie so viel Stärke wie eine Kartoffel. So werden sie auch gegessen: geschält, als Püree oder in Scheiben geschnitten und gebraten.

GRENADA

Egal, ob man an Weihnachten in einen Lebkuchen beißt oder eine Cola trinkt – ganz oft ist ein Stückchen des Inselstaates Grenada drin: Muskatnuss. Jede vierte Muskatnuss der Welt stammt nämlich aus Grenada.

Eigentlich stammt die Muskatnuss aus Indonesien, kam aber 1843 mit den dortigen Kolonialherren, den Niederländern, nach Grenada. Dann begann der Siegeszug des braunen Samenkerns, von „King Nugmet“, wie er von den Einheimischen genannt wird. Plötzlich wurde sie überall verwendet. In Grenada werden aber auch andere Gewürze angebaut und ins Ausland verkauft: Gewürznelken, Zimt, Piment und vieles mehr. Und wandert man über die gebirgige Insel, duftet alles irgendwie nach Weihnachten. Auch die Jachten und die vielen Kreuzfahrtschiffe, die die buchtenreiche Küste ansteuern, bekommen eine Brise davon ab. Da die meisten Grenader Nachfahren afrikanischer Sklaven sind, ist der Tag der Sklavenbefreiung am 1. August (1.8.1833) ein wichtiger Festtag. Dann kommen auch viele Verwandte und Freunde aus dem Ausland zurück, wo sie arbeiten und Geld für ihre Familien verdienen. Sie bleiben meist auch zu „Spicemas“, dem Karneval, der ebenfalls Anfang August stattfindet. Vor allem die Kinder freuen sich auf all die Straßenfeste und die Karnevalsgruppen, die maskiert durch die Städte ziehen.

FLÄCHE
344 km²

EINWOHNER
89 000

HAUPTSTADT
Saint George's

AMTSSPRACHE
Englisch

WÄHRUNG
1 Ostkaribischer Dollar (EC$) = 100 Cent (c)

FLAGGE

Die sechs äußeren Sterne symbolisieren die Gemeinden. Der mittlere Stern steht für die Hauptstadt Saint George's, die Muskatnuss (links) für die Landwirtschaft des Landes.

TRINIDAD UND TOBAGO

Direkt vor der Küste Venezuelas liegen die beiden Inseln Trinidad und Tobago. Der Inselstaat lebt von seinen Erdöl-, Ergas- und Asphaltvorkommen und von den Touristen, die Jahr für Jahr wegen der traumhaften Sandstrände oder der einzigartigen Musik kommen.

Trinidad ist nämlich die Heimat des weltbekannten Calypso, eines Musikstils, den die afrikanischen Sklaven entwickelten, als ihnen verboten wurde, sich in ihrer Muttersprache zu unterhalten. Anfangs trommelten die Musiker noch auf alten leeren Ölfässern, heute sind die metallenen Trommeln der sogenannten Steelbands reich verziert und perfekt gestimmt. Das heißt, je nachdem, wo man den Trommelschlägel ansetzt, erklingt ein anderer Ton. Damit lassen sich richtige Melodien spielen. Der Calypso wurde ursprünglich beim Karneval gesungen. Das ist auch heute noch so: Beim berühmten Karneval von Trinidad tanzen die Menschen durch die Straßen der Hauptstadt Port of Spain. Darauf freuen sich besonders die Kinder der Stelzenschule im Armenviertel. Sie trainieren das ganze Jahr über für den Karnevalsdienstag. Dann tanzen sie in ihren prächtigen Kostümen auf ihren 2 m hohen Stelzen zu Calypso oder Reggae.

In der Karnevalszeit können die Steelbands auf Trinidad aus mehr als 100 Musikern bestehen.

FLÄCHE
5128 km²

EINWOHNER
1,3 Mio.

HAUPTSTADT
Port of Spain

AMTSSPRACHE
Englisch

WÄHRUNG
1 Trinidad-und-Tobago-Dollar (TT$) = 100 Cent (cts)

FLAGGE

Die Streifen symbolisieren das Meer zwischen den Inseln. Weiß steht für die Gleichheit, Rot für die Freundlichkeit und Schwarz für die Stärke der Bevölkerung.

FLÄCHE
431 km²

EINWOHNER
278 000

HAUPTSTADT
Bridgetown

AMTSSPRACHE
Englisch

WÄHRUNG
1 Barbados-Dollar (BDS$) = 100 Cent (c)

FLAGGE

Blau steht für den Himmel und das Meer, Gelb für die vielen Sandstrände. Der Dreizack ist das Symbol des Meeresgottes Neptun.

BARBADOS

In den warmen Gewässern um die Insel Barbados leben ungewöhnliche Fische. Sie können nicht nur schwimmen, sondern auch fliegen! Mit ihren flügelähnlichen Flossen schießen sie blitzschnell 1,5 m hoch aus dem Wasser und gleiten bis zu 200 m weit.

Fliegende Fische kommen auch ins Lieblingsgericht der Barbadier. Es wird Cou-Cou genannt und ist ein Maisbrei, der mit Okra-Schoten zubereitet wird. Eine andere Delikatesse sind die gebratenen Schweineschwänze, die man etwa am Holetown-Fest kosten kann. Das Fest findet immer im Februar statt und erinnert an die Ankunft der ersten britischen Siedler im Jahr 1627. Eine Woche lang gibt es dann Straßenmärkte, Paraden und viel Musik. Dass hier einmal die Briten Kolonialherren waren, ist heute noch überall spürbar. Man trinkt wie in Großbritannien Tee und spielt begeistert den englischen Nationalsport Kricket. Auf der flachen Vulkaninsel wachsen neben dem Zuckerrohr, von dem viele Menschen leben, überall Feigenbäume. Ihre lang herunterhängenden Luftwurzeln sehen wie Bärte aus. Das fanden auch die ersten portugiesischen Seefahrer, als sie die Insel erkundeten, und nannten die Insel „Barbados" – nach dem portugiesischen Wort „barba" für Bart.

Okra ist in Mitteleuropa kaum bekannt – sie stammt aus dem Hochland Äthiopiens.

FLÄCHE
389 km²

EINWOHNER
117 000

HAUPTSTADT
Kingstown

AMTSSPRACHE
Englisch

WÄHRUNG
1 Ostkaribischer Dollar (EC$) = 100 Cent (c)

FLAGGE

Blau symbolisiert den Himmel, Gelb die Sonne, Grün die Vegetation. Das dreigeteilte „V" steht für „Victory" (deutsch: Sieg) und die Vielfalt des Landes.

SAINT VINCENT UND DIE GRENADINEN

Auf der Insel Saint Vincent sind die Sandstrände pechschwarz. Das liegt an dem vulkanischen Ursprung dieser Karibikinsel – der Vulkan Soufrière ist ständig aktiv. Die Sandstrände der 100 Grenadinen-Inselchen sind hingegen weiß.

Dank des tropischen Klimas sind die Inseln weitgehend von dichtem Regenwald bedeckt. Das war auch das Erste, was die Besatzung des niederländischen Sklavenschiffs sah, das 1675 vor der Küste von Saint Vincent Schiffbruch erlitt. Die Sklaven retteten sich auf die Insel Saint Vincent und vermischten sich mit den Kariben, einem kriegerischen Indianerstamm, der hier lebte. Daraus entstand ein neues Volk, die Schwarzen Kariben, von denen im Norden der Insel heute noch 2000 leben.

Der Großteil der Bevölkerung lebt von der Landwirtschaft. Auf Saint Vincent wird auch eine ganz besondere Pflanze angebaut. Sie wird Pfeilwurz genannt und unter dem englischen Namen Arrowroot exportiert. Aus ihren Wurzelstöcken wird ein Stärkemehl hergestellt. Damit kann man Flüssigkeiten verdicken und da es sehr gut verdaulich ist, wird es unter anderem bei der Herstellung von Baby- und Kindernahrung verwendet – und zum Leimen von hochwertigem Computerpapier.
Ansonsten wird in dem kleinen Inselstaat auch gerne gefeiert. Bekannt sind die „Nine Mornings": In den neun Nächten vor Heiligabend wird gesungen und es finden Umzüge und Straßenfeste statt – schließlich ist es dort im Dezember warm.

DOMINICA

Im Inselinnern von Dominica gibt es immer heißes Wasser – auch ohne Herd. Dort befindet sich in einem Vulkankrater der Boiling Lake (übersetzt: der kochende See). Der Vulkan ist so aktiv, dass das Wasser im See immer auf 92 °C erhitzt wird. Leider zu heiß zum Baden.

Das Innere des kleinen, nur 45 km langen und 25 km breiten Inselstaates ist mit undurchdringlichem Bergregenwald bedeckt. Er ist die Heimat der Kaiseramazone. Ihr Gefieder ist grün, blaugrün, dunkelviolett und purpurrot. Dieser Papagei kommt nur hier vor, doch mittlerweile gehört er zu den seltensten Vögeln der Insel, da sein Lebensraum durch Abholzung schrumpft. Neben der heutigen karibischen Mischbevölkerung, die in den Städten Jing-Ping spielen, eine hier typische Akkordeonmusik, lebt an der Ostküste der Insel noch eine kleine Gemeinschaft Kariben. Als sie vor mehreren Tausend Jahren, vom amerikanischen Festland kommend, die karibischen Inseln besiedelten, vertrieben sie die damaligen Ureinwohner, die Aruak-Indianer. Doch dann wurden sie ihrerseits durch die Kolonialisierung zurückgedrängt. Im Jahr 1902 übergaben ihnen die Briten eine kleine Reservation mit als unfruchtbar geltenden Böden, die sie jedoch erfolgreich bewirtschafteten. Heute verkaufen sie ihre Ernten auf dem Markt in Roseau.

FLÄCHE
751 km²

EINWOHNER
69 300

HAUPTSTADT
Roseau

AMTSSPRACHE
Englisch

WÄHRUNG
1 Ostkaribischer Dollar (EC$) = 100 Cent (c)

FLAGGE

Grün steht für die Vegetation, Rot für den Sozialismus. Die Kaiseramazone in der Mitte ist der Nationalvogel des Landes.

SAINT LUCIA

Eine Insel mit Seeräuberschatz – nach einer Legende liegt auf der kleinen Insel Pigeon im Norden von Saint Lucia der Goldschatz eines berüchtigten Piraten vergraben, der hier gelebt haben soll: von Kapitän „Holzbein".

An die Geschichte von Kapitän Holzbein erinnert ein Museum auf der winzigen Insel, die heute durch einen aufgeschütteten Damm mit der Hauptinsel verbunden ist. Im Museum erfährt man auch, dass hier früher Indianer – die Kariben – lebten und dass Saint Lucia 14-mal den Besitzer wechselte – immer zwischen Frankreich und Großbritannien. Anhand der ausgestellten Kanonen und der Ruinen der mächtigen Befestigungen kann man sich gut vorstellen, wie schwer hier gekämpft wurde.
Ist man auf Saint Lucia unterwegs, kann es schon mal ziemlich nach Schwefel stinken. Saint Lucia ist nämlich vulkanischen Ursprungs und überall trifft man auf Krater und kleine Schlammvulkane, aus denen heiße, schwefelhaltige Gase aus dem Erdinnern aufsteigen. Eine wirkliche Besonderheit aber und Wahrzeichen der Insel sind zwei vulkanische Kegelberge an der Südwestküste. Sie werden Kleiner und Großer Piton genannt und ragen fast 800 m in den Himmel.

Die Insel mit den beiden Pitons wird von vielen Schiffen angesteuert – von kleinen Segeljachten bis zu größeren Kreuzfahrtschiffen.

FLÄCHE
616 km²

EINWOHNER
164 000

HAUPTSTADT
Castries

AMTSSPRACHE
Englisch

WÄHRUNG
1 Ostkaribischer Dollar (EC$) = 100 Cent

FLAGGE

Blau symbolisiert das Meer, Gelb die Sonne. Schwarz und Weiß stehen für die Bevölkerung. Das schwarze und das gelbe Dreieck zeigen die zwei Kegelberge der Insel.

ANTIGUA UND BARBUDA

FLÄCHE
442 km²

EINWOHNER
68 300

HAUPTSTADT
Saint John's

AMTSSPRACHE
Englisch

WÄHRUNG
1 Ostkaribischer Dollar (EC$) = 100 Cent (c)

FLAGGE

Rot steht für die Tatkraft der Einwohner, Schwarz für ihre afrikanische Herkunft, Blau für die Hoffnung. Die Sonne symbolisiert die Unabhängigkeit.

Wer auf dem bunten Wochenmarkt in Saint John's an einem der vielen Imbissstände etwas bestellt, muss ganz schön aufpassen: Die Einheimischen essen ziemlich scharf. Der „Pepperpot", also Pfeffertopf, ist nur eines der extra scharfen Gerichte.

An den Küsten der beiden von Korallenriffen umgebenen, vulkanischen Inseln leben unzählige Vögel. Dazu gehören auch riesige Kolonien von Braun- und Nashornpelikanen. Der Braunpelikan ist der einzige Pelikan der Welt, der nach seiner Beute taucht. Hat er Fische entdeckt, sticht er aus 10 m Flughöhe mit angelegten Flügeln ins Wasser. Und auch der Nashornpelikan hat etwas Besonderes zu bieten: In der Paarungszeit wächst ihm ein bis zu 7 cm hohes Horn auf dem Schnabel. Es wird danach wieder abgestoßen. Als die Inseln noch britisch waren, wurde auf Plantagen mithilfe von Sklaven viel Zuckerrohr angebaut. Heute sind diese Felder Weideland oder verwildert. Allerdings erinnert an diese Zeit eine typische karibische Zuckerwindmühle, in der früher feste Brocken aus Rohrzucker zu feinem Streuzucker zermahlen wurde. Sie wird gerne von den Touristen besichtigt, die an den zahlreichen Stränden der Inseln Urlaub machen.

Der Nashornpelikan kann 1,70 m lang werden.

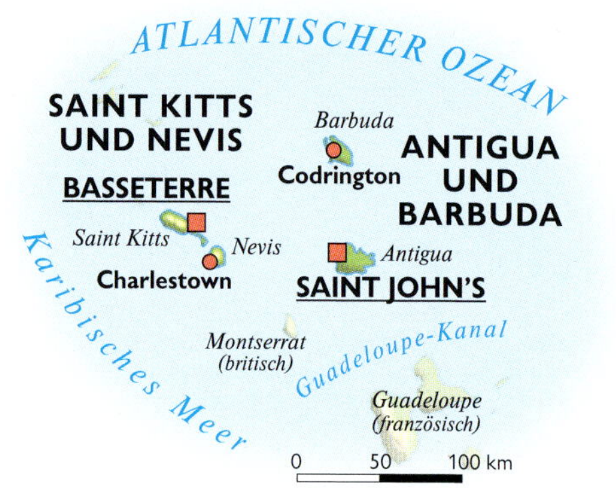

SAINT KITTS UND NEVIS

FLÄCHE
262 km²

EINWOHNER
39 000

HAUPTSTADT
Basseterre

AMTSSPRACHE
Englisch

WÄHRUNG
1 Ostkaribischer Dollar (EC$) = 100 Cent (c)

FLAGGE

Grün steht für die Natur, Rot für die Unabhängigkeit. Schwarz erinnert an die afrikanische Herkunft der meisten Einwohner. Die Sterne sind Sinnbild für Hoffnung und Freiheit.

Als Christoph Kolumbus 1493 die Insel Nevis entdeckte, war der 985 m hohe Vulkan im Inselinneren von dichtem Nebel umhüllt. Das erinnerte den Entdecker an den Schnee auf den Bergen in seiner Heimat und er nannte die Insel Nevis – nach dem spanischen Wort „nieve" für Schnee.

Auch Saint Kitts, die Nachbarinsel von Nevis, ist gebirgig. Die Berghänge sind von dichtem Regenwald bedeckt. Schaut man auf einer Wanderung genauer hin, sieht man zum Beispiel, dass hier Pflanzen wie etwa Farne oder Orchideen auf Bäumen wachsen. Man nennt sie Aufsitzer oder Epiphyten. Sie siedeln sich so weit oben an, da sie auf dem Boden der dichten Wälder zu wenig Licht abbekommen würden. Den Bäumen schaden sie dabei nicht. Der Inselstaat ist ein Touristenmagnet – hierher zieht es Segler und Taucher, Strandurlauber und solche, die sich für Geschichte interessieren. Auf Saint Kitts erhebt sich die britische Festung Brimstone Hill aus dem 17. Jahrhundert. Von ihr aus konnten die Briten herannahende französische Schiffe von Weitem erspähen. Die beiden Länder stritten sich nämlich über 100 Jahre lang um die beiden Inseln. Die Briten gewannen und die Inseln waren bis 1983 in britischem Kolonialbesitz.

Mit einer alten Schmalspurbahn, der „Zuckerbahn", kann man die Berge umrunden und die Plantagen besuchen.

DOMINIKANISCHE REPUBLIK

Sonne, Meer, Sand – die Dominikanische Republik mit ihren weißen, von Palmen bestandenen Traumstränden ist ein beliebtes Reiseziel. Viele Dominikaner leben vom Tourismus, arbeiten im Hotel oder Restaurant oder als Führer für die Reisegäste. Das ist sehr wichtig für das Land.

Der Tourismus bringt den Dominikanern nicht nur Vor-, sondern auch Nachteile. Viele Hotels gehören reichen – zuweilen ausländischen – Unternehmern. Und da viele Urlauber die meiste Zeit ihres Aufenthalts im Hotel bleiben und nicht bei Einheimischen einkaufen, wandert das Geld der Touristen zum größten Teil in die Taschen von wohlhabenden Dominikanern oder Ausländern.

Einige Touristen besuchen aber auch die Hauptstadt Santo Domingo. In der 1496 gegründeten Stadt gibt es die ältesten Gebäude Amerikas aus der spanischen Kolonialzeit. Zwar wurde schon 1492, also im Jahr der Entdeckung Amerikas durch Kolumbus, eine Siedlung auf der Insel Hispaniola errichtet, doch sie bestand nicht lange: Als die 39 Leute der Schiffsbesatzung, die Kolumbus als Vorposten in der Neuen Welt zurückließ, unter den Ureinwohnern der Insel ein Massaker anrichteten, wehrten sich die Indianer, brachten alle Besatzungsmitglieder um und zerstörten die Siedlung.

Santo Domingo ist aber nicht nur für seine schöne Altstadt bekannt. Sie ist der Ort, wo jedes Jahr im Juli das Merengue-Festival stattfindet. Dann wetteifern die besten Tänzer zum Rhythmus des Merengue. Jeder Taktschlag wird durch einen Trommelschlag betont. Ein Akkordeon, Rasseln und eine Marimba – eine Art Xylofon mit Kürbissen als Klangkörper – gehören meist zu einer Band dazu.

Zur Salzgewinnung wird Meerwasser in flache Becken geleitet. Nach der Verdunstung des Wassers bleibt Salz übrig, das dann zusammengeschoben und von Hand in Transportbehälter geschaufelt wird.

Um einiges ruhiger geht es in den Gebirgswäldern des Landes zu. Sie sind die Heimat des seltenen Dominikanischen Schlitzrüsslers. Dieser Insektenfresser sieht ziemlich eigenartig aus: Sein Kopf ist groß, seine Nase rüsselartig und beweglich, der Schwanz dick und unbehaart, seine Augen sind klein, die Ohren groß und abstehend. Mit seinem giftigen Speichel, der an den Scheidezähnen im Unterkiefer austritt, lähmt er seine Beute schon beim ersten Biss. Manchmal wagt er sich bis in die Nähe der großen Tabak- und Zuckerrohrplantagen, wo viele Dominikaner arbeiten. Denn nicht nur der Tourismus bietet viele Arbeitsplätze, sondern auch die lokale Zigarrenindustrie, der Bergbau und die Salzgewinnungsanlagen im Süden des Landes. Hier arbeiten auch viele Hilfsarbeiter aus dem viel ärmeren Nachbarland Haiti, das die westliche Hälfte der Insel einnimmt.

FLÄCHE	48 511 km²
EINWOHNER	8,8 Mio.
HAUPTSTADT	Santo Domingo
AMTSSPRACHE	Spanisch
WÄHRUNG	1 Dominikanischer Peso (dom$) = 100 Centavo (cts)

FLAGGE

Das weiße Kreuz symbolisiert den katholischen Glauben, Blau steht für Freiheit und Rot für Blut.

Der Dominikanische Schlitzrüssler kommt nur auf der Insel Hispaniola vor – ist hier also „endemisch“.

HAITI

FLÄCHE	27 750 km²
EINWOHNER	8,1 Mio.
HAUPTSTADT	Port-au-Prince
AMTSSPRACHEN	Französisch, Kreolisch
WÄHRUNG	1 Gourde (Gde.) = 100 Centime (cts.)
FLAGGE	

Die Farben Blau, Rot und Weiß erinnern an die französische Revolution. Das Wappen symbolisiert den Freiheitskampf gegen die französischen Kolonialherren und zeigt eine Palme, das Freiheitssymbol der Sklaven.

Wer in Haiti mit dem Bus unterwegs ist und aussteigen will, klopft üblicherweise mit einem kräftigen „Tap Tap" an die Seitenwand des Busses. Deshalb werden die Busse auch Tap-Tap genannt. Ist der Bus voll, setzen sich Männer und besonders mutige Jungs einfach zum Gepäck aufs Dach.

Haiti ist für seine bunten Malereien bekannt. Sie sind überall zu finden, nicht nur auf den öffentlichen Bussen, sondern auch auf Häuserwänden oder in schicken Galerien. Wenn man durch die Straßen der Hauptstadt Port-au-Prince geht, kann man die Straßenkünstler bei ihrer Arbeit beobachten. Sie leben vom Verkauf ihrer Bilder, sitzen an Straßenecken oder auf dem Markt und malen, was sie sehen: zum Beispiel Frauen, die für ihre Ernten mit den Käufern gute Preise aushandeln. Verkauft wird alles, was in Haiti wächst: Gemüse wie Mais, Maniok, Süßkartoffeln und Bohnen, aber auch Obst wie Mangos und Bananen. Nicht nur die Sprache, sondern auch die Küche Haitis ist eine Mischung aus vielen Ländern. Sie erinnert an die bewegte Geschichte des Landes, das von Spaniern und Franzosen besetzt war. Die Kolonialherren brachten zudem in großer Zahl Sklaven aus Westafrika hierher, damit sie die riesigen Plantagen bestellten.

Darum ist auch die Religion der Haitianer eine Mischung aus verschiedenen Glaubenswelten. Die Religion wird Wodu genannt, auf Englisch Voodoo („wuuduu" gesprochen). Ein Teil der Religion wurde von den westafrikanischen Sklaven nach Haiti gebracht, wo sie sich mit dem Christentum der Kolonialherren vermischte. So finden beispielsweise viele Wodu-Feste an christlichen Feiertagen statt. Die Religion verehrt einen höchsten Gott und viele Geister, und die Menschen glauben

In den Armenvierteln von Port-au-Prince gibt es wegen der schlechten Lebensbedingungen immer wieder Proteste und Unruhen, die sich gegen die Regierung richten.

ganz fest daran, dass man das Schicksal durch Tieropfer oder Talismane beeinflussen kann. Die Haitianer beten für ein besseres Leben, denn das Land ist sehr arm. Deshalb können auch nicht alle Kinder zur Schule gehen. Viele helfen bei der Haus- oder Feldarbeit oder müssen sich ganz alleine um ihre Geschwister kümmern, weil ihre Eltern nur in der benachbarten Dominikanischen Republik, der anderen Hälfte der Insel Hispaniola, Arbeit finden.

Spannend ist auch die Geschichte der kleinen Insel Tortuga (übersetzt: Schildkröte) im Norden Haitis. Sie war im 17. Jahrhundert der erste Seeräuberstaat. Damals trieben viele Piraten in der Karibik ihr Unwesen und Tortuga war ein idealer Stützpunkt: Dort gab es reichlich Tiere zum Jagen, Süßwasser zum Trinken und kleine verwinkelte Buchten, in denen die Piraten ihre Schiffe verstecken konnten.

SPRACHE

Kreol

Die Wörter des haitianischen Kreolisch, kurz Kreol genannt, haben französische, spanische und indianische Wurzeln. Die Grammatik ist afrikanisch.

1 = en	4 = kat
2 = de	5 = senk
3 = twa	

Hallo = Alo
Auf Wiedersehen = Ba bay
Wie geht es dir? = Ki jan ou ye?
Danke = Mèsi
Bitte = Souple
Entschuldigung = Eskizem

JAMAIKA

Jamaika war im Verlauf der Erdgeschichte lange von den anderen Inseln der Karibik getrennt. Auf diese Weise konnten sich Tierarten entwickeln, die es nur hier gibt – sogenannte „endemische“ Arten wie etwa die hellbraun gestreifte Jamaika-Ohreule, deren zittriges „Huuuuuh“ nachts durch die Wälder Jamaikas schallt.

Das Innere Jamaikas ist die Heimat der Jamaika-Ferkelratte, die es wie die Jamaika-Ohreule nur hier gibt. Das Nagetier ist vor allem nachts unterwegs, um Blätter, Zweige, Rinde, Früchte oder Pflanzenstängel zu fressen. Am Tag ruht sich die ganze Ferkelratten-Familie dann zusammen in einer Höhle oder Spalte aus. Davon gibt es in Jamaika viele, denn zwei Drittel des Landes werden von einem etwa 800 m hohen ausgedehnten Kalkplateau eingenommen, in dem sich durch viele Flüsse und Rinnsale große und kleine Höhlen und Risse gebildet haben. Von hier oben hat man einen tollen Blick auf die zahlreichen Buchten, an denen Hotels, Fischerboote und Segeljachten liegen.

Schulmädchen in Schuluniform bei einem Ausflug zum Giddy House: Es war früher ein Munitionslager der britischen Kolonialherren, das bei einem Erdbeben schief gestellt wurde.

Jamaika ist aber auf der ganzen Welt für andere Dinge bekannt. Dazu gehört die Rastafari-Religion. Sie wurde in den Armenvierteln der Hauptstadt Kingston von Nachfahren afrikanischer Sklaven gegründet, die hofften, irgendwann wieder in ihre alte Heimat Afrika zurückkehren zu können. Sie warteten sehnsüchtig auf einen Messias, der sie von der Unterdrückung durch die weißen Kolonialherren befreien könnte. Diesen Erlöser sahen sie 1930 in Haile Selassie, als dieser sich im fernen Äthiopien zum Kaiser krönen ließ. Von seinem Geburtsnamen – Ras Tafari – leitet sich der Name der Religion ab. Ein besonderes äußeres Kennzeichen der Anhänger sind die Dreadlock-Frisuren mit langen verfilzten Strähnen. „Dreadlocks“ ist englisch und bedeutet übersetzt „schreckliche Locken“. Die Rastafari-Anhänger glaubten früher, die Haare würden ihnen Stärke und Macht verleihen.

Die Rastafari-Religion wurde vor allem durch die Reggae-Musik bekannt. Diese Musik entstand auf Jamaika in den Jahren um 1960. Vorreiter waren andere Musikstile, die die ehemaligen Sklaven aus Afrika mitgebracht hatten. Der berühmteste Reggae-Musiker war Bob Marley. Bis zu seinem Tod im Mai 1981 setzte er sich in seinen Liedern für die Armen und Unterdrückten ein.

Vieles auf Jamaika erinnert noch heute an die britische Kolonialzeit, die erst 1961 endete. So tragen die Kinder wie in Großbritannien Schuluniformen und es wird viel „Tee“ getrunken. Allerdings heißen hier alle heißen Getränke einfach „Tee“. Auch wenn man einen Kaffee bestellt, bekommt man meist die Antwort: „Ja, okay einen Tee“ – erhält aber einen Kaffee.

FLÄCHE
10 990 km²

EINWOHNER
2,6 Mio.

HAUPTSTADT
Kingston

AMTSSPRACHE
Englisch

WÄHRUNG
1 Jamaika-Dollar (J$)
= 100 Cent (c)

FLAGGE

Die schwarzen Dreiecke erinnern an die Härten der Unterdrückung und Sklaverei in der Vergangenheit. Grün symbolisiert Hoffnung und die Vegetation, das gelbe Kreuz die Sonne.

Die Ferkelratte ist ungefähr so groß wie ein Wildkaninchen.

KUBA

FLÄCHE
110 860 km²

EINWOHNER
11,3 Mio.

HAUPTSTADT
Havanna

AMTSSPRACHE
Spanisch

WÄHRUNG
1 Kubanischer Peso (kub $) = 100 Centavo

FLAGGE

Die Flagge geht auf die Flagge der USA zurück. Rot steht für das im Kampf um Unabhängigkeit gegen die Kolonialherren vergossene Blut, der Stern symbolisiert die Freiheit. Die drei blauen Streifen erinnern an die ehemaligen Provinzen Kubas. Weiß steht für Tugend und Gerechtigkeit.

In Kuba lieben nicht nur die Kinder das Zuckerrohr – die Halme, in denen das süße Mark sitzt, kauen und lutschen hier Groß und Klein. Ursprünglich stammt die Pflanze aus Südasien. Sie kam erst mit den spanischen Eroberern nach Kuba und Mittelamerika, wo sie das Leben der Menschen veränderte: Pflanzungen wurden angelegt und Sklaven für die harte Plantagenarbeit aus Afrika geholt.

Bis heute ist das Leben in Kuba nicht ganz leicht und vieles ist hier Luxus, was für uns selbstverständlich ist – zum Beispiel Autos. Davon sieht man in Havanna, der etwas heruntergekommenen, aber sehr charmanten Hauptstadt Kubas, nur wenige. Und die, die man sieht, sind meistens Oldtimer. Sie werden von ihren Besitzern liebevoll gepflegt, da sie sich keine neuen Autos leisten können. Zudem sind die Benzinpreise für die meisten Kubaner zu hoch, weshalb viele mit dem Fahrrad zur Arbeit oder zum Einkauf fahren.

Weshalb es Land und Menschen wirtschaftlich nicht so gut geht, ist eine lange Geschichte: 1959 wurde Kuba von dem Diktator Fulgenicio Batista befreit. Er hatte das Land – mit Unterstützung der USA – lange unterdrückt. Ganz an der Spitze der Befreiungskämpfer standen der Kubaner Fidel Castro und der Argentinier Ernesto „Che" Guevara. Alle Großgrundbesitzer und Fabrikbesitzer wurden enteignet – Kuba wurde sozialistisch. Das fanden die Vereinigten Staaten von Amerika gar nicht gut, und Kuba wurde – zu Zeiten des sogenannten Kalten Krieges – zum Zankapfel zwischen den USA und der sozialistischen Sowjetunion. Seitdem kaufen die US-Amerikaner nichts mehr in Kuba ein, was für die kubanische Wirtschaft sehr schlecht ist. 30 Jahre lang half vor allem die Sowjetunion dem sozialistischen Inselstaat in der Karibik, doch als der sowjetische Staat 1991 zusammenbrach, fiel auch die finanzielle Hilfe weitgehend weg. Deshalb können sich die Kubaner nicht viel leisten. Auf eines wollen sie jedoch nur ungern verzichten: auf ihre Zigarren. Überall sieht man Männer – aber auch Frauen – mit dicken von Hand gerollten „Havannas".

Kuba ist aber auch für die Lebensfreude seiner Menschen und für seine Musik und Tanzstile berühmt. Die Insel ist die Geburtsstätte des Musikstils Son, ursprünglich eine Mischung aus der Gitarrenmusik spanischer Farmer und afrikanisch-kubanischen Trommelrhythmen. Diese beschwingte Musik bringt fast jedermann zum Tanzen – sie vermittelt das Lebensgefühl der Kubaner und ist auch in Europa sehr bekannt.

In Havanna sind überall amerikanische Oldtimer zu sehen – wie hier vor dem sogenannten Kapitol im Zentrum der Hauptstadt.

SOUVENIR

Der Tabak

Als Christoph Kolumbus 1492 in Kuba ankam, stießen er und seine Mannschaft auf Indianer, die etwas sehr Seltsames machten: Sie rauchten zusammengerollte Tabakblätter, die sie in ihrer Sprache Cohiba nannten. Das war der Ursprung der Zigarre – und so kam die Angewohnheit zu rauchen mit den spanischen Entdeckern nach Europa. Zur Herstellung von Zigarren werden die geernteten Tabakblätter zunächst sorgsam gelagert und belüftet und dann nach Größe und Geschmack sortiert. Richtig teure Zigarren werden mit viel Geschick von Hand gerollt.

BAHAMAS

Nordöstlich von Kuba erheben sich die Gipfel von hohen untermeerischen Gebirgszügen aus dem Meer. Der höchste ist der 63 m hohe Mount Alvernia auf Cat Island. So heißt eine der 700 Inseln und Inselchen der Bahamas, von denen 29 bewohnt sind. Kein Wunder also, dass sich vieles im Leben der Menschen am und im Meer abspielt.

Aus dem Meer um die Bahamas gewinnt man zum Beispiel die riesigen Conch-Schnecken („konk“ ausgesprochen). Ihr festes Fleisch ist eine Spezialität der Bahamas, und die Bahamaer sind Meister in der Zubereitung ganz verschiedener Conch-Gerichte: Das Muschelfleisch bereitet man als Salat oder Suppe zu, frittiert es oder – besonders bei Kindern beliebt – bietet es als Burger zwischen zwei Brötchenhälften an. Und Conch-Schnecken sind sogar beim Musikmachen als Begleitung zur Gitarre allgegenwärtig: als Blasinstrument. Allerdings erfordert es ganz schön viel Übung, um dem Schneckenhaus einen der tiefen satten Töne zu entlocken.

Die Conch ist auch bei den vielen Tauchtouristen bekannt, die Jahr für Jahr auf die Bahamas kommen. Hier fasziniert sie unter anderem die Vorstellung, an einem der größten bekannten Meeresgräben der Welt, dem Great Bahama Canyon, zu tauchen. Er erstreckt sich über eine Länge von 225 km, ist 37 km breit und knapp 4300 m tief. Sportaucher, die meist nur bis in eine Tiefe von 30–40 m vordringen, können dabei nur erahnen, wie weit es unter ihnen noch runtergeht.

Auf San Salvador oder der benachbarten Insel Samana Cay begann auch die Entdeckung Amerikas. Am 12. Oktober 1492 betrat Christoph Kolumbus hier Land. Obwohl er ein genialer Seefahrer war

Die Steilwände der Korallenriffe sind die Heimat vieler faszinierender Unterwasserpflanzen und Tiere.

und in seinem Bordbuch alles ganz genau niedergeschrieben hatte, streiten sich die Forscher bis heute darüber, auf welcher Insel er wirklich erstmalig amerikanischen Boden betrat. Für die Bahamaer ist es San Salvador. Deshalb wurden dort für Touristen ein Museum, Hotels und ein Flughafen eingerichtet. Samana Cay hingegen ist unbewohnt.

Wie in anderen Teilen der Karibik machten auch hier – um die Bahamas – lange Zeit Piraten die Gewässer unsicher. Sie hatten erkannt, dass die Inseln ein guter Ausgangspunkt für ihre Beutezüge waren. Schließlich mussten die Handelsschiffe der Spanier und Franzosen, die damals beide Kolonien im südlichen Teil der heutigen Vereinigten Staaten von Amerika hatten, alle irgendwie die engen Meeresstraßen der Bahamas passieren. Ideal, um ihnen aufzulauern, sie mit den kleinen und schnellen Piratenschiffen zu überfallen und zu kapern.

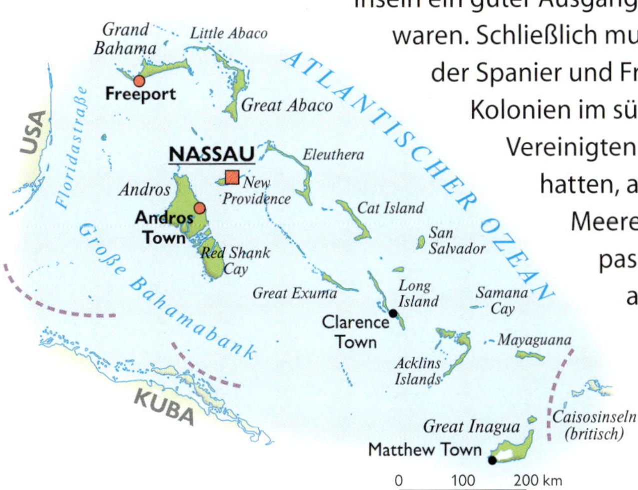

FLÄCHE
13 939 km²

EINWOHNER
300 000

HAUPTSTADT
Nassau

AMTSSPRACHE
Englisch

WÄHRUNG
1 Bahama-Dollar (B$) = 100 Cent (c)

FLAGGE

Schwarz steht für die überwiegend afrikanische Bevölkerung, Gelb für die zahlreichen Strände, Blau für das die Inseln umgebende Meer.

Das Schneckenfleisch im Inneren des Gehäuses der Conch ist schneeweiß.

GESAMTFLÄCHE
26 Mio. km²
(8 Mio. km² Land,
18 Mio. km² Meer)

EINWOHNER
1,5 bis 2 Mio.

GRÖSSTE EISMÄCHTIGKEIT
3300 m (Grönland)

ARKTIS

Zur Arktis gehört alles, was nördlich des Nordpolarkreises liegt. Dieser zieht sich durch den äußersten Norden Russlands und Finnlands, berührt die Nordspitze Islands, durchschneidet den Südteil Grönlands und schließlich das nördliche Kanada und Alaska.

Der Nordpol, also der Punkt, an dem die Erdachse oben den Globus durchsticht, liegt nicht auf Festland, sondern im Nordpolarmeer, besser gesagt, inmitten gefrorenen Meereises. Blickt man von hier in den Nachthimmel, sieht man direkt über sich einen kleinen kräftig leuchtenden Stern: den Nordpolarstern. Er wies früher, als es noch keinen Kompass gab, Seefahrern und Reisenden den Weg: Sahen sie ihn, wussten sie genau, wo Norden ist.

Das Leben im nördlichsten Gebiet unserer Erde ist nicht einfach. Das Thermometer kann auf weniger als – 50 ° Grad sinken und ständig können eiskalte Winde und Schneestürme einbrechen. Trotz allem wohnen hier Menschen, die sich auf das Leben in der rauen Umwelt eingestellt haben. Alle Ureinwohner der Arktis waren früher Jäger. Sie jagten vor allem Walrosse, Robben und Wale. Heute gehen sie auch anderen Berufen nach und leben meistens in festen Siedlungen. In vielen Häusern – zumindest in Alaska, Kanada und Grönland sowie Skandinavien – stehen Radioapparate, Fernseher, Telefone und Computer mit Internetzugang. In der eisigen Kälte der Winter sind diese Satellitenverbindungen oft die einzige Kontaktmöglichkeit zum Rest der Welt. Doch die Polarbewohner verlassen sich nicht bei allem auf moderne Erfindungen: So sieht man hier neben PS-starken Motorfahrzeugen auch von Hunden gezogene Schlitten vor den Häusern stehen. Sie werden etwa in Grönland bevorzugt, wenn es darum geht, Gletschergebiete zu queren, die von tiefen Spalten übersät sind. Und sie funktionieren auch, wenn die Motoren kaputt oder eingefroren sind.

In Grönland werden die Schlittenhunde nicht – wie etwa in Skandinavien – hintereinander angeschirrt. Stattdessen laufen alle nebeneinander: Wenn einer in eine Gletscherspalte fällt, reißt er so nicht automatisch die anderen mit in die Tiefe.

Auch die Tiere der Arktis sind bestens an die eisige Umwelt angepasst. Besonders beeindruckend sind Eisbären. Durch ihr helles Fell sind sie im ewigen Eis perfekt getarnt. Und damit ihre schwarze Schnauze sie nicht verrät, wenn sie einer Robbe auflauern, lernen Eisbären von klein auf, ihre Nase mit ihrer hellen Pranke zu verdecken. So harren sie auf dem Eis stundenlang an einem Atemloch einer Robbe aus, bis diese zum Luftholen an die Wasseroberfläche kommt.

Die Fellhaare der Eisbären sind durchsichtig, erscheinen aber durch die Reflexion des Lichts weiß. Die Haare sind zudem innen hohl, die Luft darin hält den Körper warm. Dank der Schwimmhäute zwischen den Zehen sind Eisbären gute Schwimmer. Den Winter verbringen sie in einer Schneehöhle.

ANTARKTIS

Im Gegensatz zur Arktis, die sich über die nördlichen Regionen Europas, Amerikas und Asiens erstreckt, vor allem aber aus einer riesigen Fläche von Meereis besteht, gehört zu der Region, die man als Antarktis bezeichnet, ein eigener Kontinent: Antarktika. Im südpolaren Sommer ist das auch deutlich zu sehen: Dann blühen in den nun eisfreien schmalen Küstenstreifen des riesigen Festlandes sogar vereinzelt Moose oder andere genügsame Pflanzenarten.

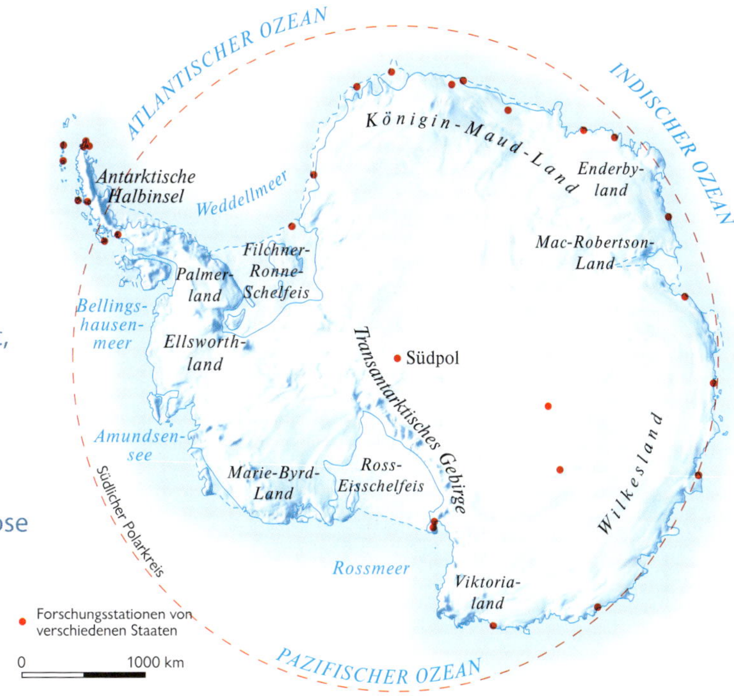

In der Antarktis leben auch Tiere, etwa die großen Kaiserpinguine, die ihre Jungen in großen Kolonien aufziehen. Auch zahlreiche Wale zieht es in die kalten Gewässer, die voller riesiger Krillschwärme sind. Krill – das sind ungefähr 5 cm große Krebse – ist die wichtigste Nahrung für viele Fische, Wale, Robben, Pinguine und Seevögel.

Ansonsten ist die Antarktis der Kontinent der Gletscher. Die gewaltigen Eismassen sind ständig in Bewegung. Manche Gletscher schieben sich über 1000 m im Jahr in Richtung Meer. Dort kalben sie – es bricht also Eis an der Vorderkante ab – und entlassen gigantische Eisberge in die See. Zudem ist der Kontinent von sogenanntem Schelfeis umgeben. Das sind ebene Eismassen, die im Flachwasserbereich vor der Küste schwimmen. Das Eis der Gletscher, das meistens 2000 bis 4000 m dick ist, wird von Klimaforschern untersucht. Dazu bohren sie tief ins Eis, denn anhand der Bohrkerne lässt sich herausfinden, wie das Klima früher war. Je tiefer man bohrt, desto älter ist das Eis, das man zutage fördert. An den bisher entnommenen Bohrkernen – sie reichen etwa 3200 m tief – lassen sich 740 000 Jahre Klimageschichte nachvollziehen!

Pinguin beim Füttern des Jungtieres. Dazu würgt das Vater- oder Muttertier den verdauten Fisch wieder hoch.

Neben den Klimaforschern leben auch andere Wissenschaftler in den über 80 antarktischen Polarstationen, etwa Biologen, Geologen, Meteorologen oder Glaziologen, die das Eis und die Gletscher untersuchen. Im antarktischen Sommer – also von etwa Oktober bis März – sind es ungefähr 4000, im Winter ungefähr 1000 Menschen. Die Forscher kommen aus der ganzen Welt. Schließlich ist die Antarktis nicht wie andere Kontinente in Staaten aufgeteilt. Allerdings erheben Staaten wie Argentinien, Neuseeland, Chile oder auch Großbritannien Ansprüche auf einzelne Gebiete und wollten früher die Abgeschiedenheit des Kontinents für militärische Tests nutzen. Doch 1959 konnten sich dann endlich alle Länder darauf einigen, dass die Antarktis nur friedlich genutzt werden darf, etwa zu Forschungszwecken.

GESAMTFLÄCHE
52 Mio. km², (12,4 Mio. km² Land, 1,5 Mio. km² Schelfeis, 38,1 Mio. km² Meer)

EINWOHNER
keine ständigen Einwohner

GRÖSSTE EISMÄCHTIGKEIT
4000 m

Pinguine können nicht fliegen, aber hervorragend schwimmen und tauchen. Sie fressen hauptsächlich Fische und andere Meerestiere. Pinguine leben in großen Kolonien, die Eier werden von den Männchen ausgebrütet.

OZEANE

GESAMTFLÄCHE
362 Mio km²

DURCHSCHNITTLICHE TIEFE
3700 m

GRÖSSTE TIEFE
11 034 m (Marianengraben)

GRÖSSTES MEER
Pazifischer Ozean, 181,34 Mio. km²

FLACHSTES MEER
Asowsches Meer (ein Nebenmeer des Schwarzen Meers), 15 m

Wenn die Astronauten auf der Internationalen Raumstation ISS auf die Erde schauen, erscheint sie ihnen als blauer Planet. Grund dafür sind die riesigen Weltmeere, die etwa zwei Drittel der Oberfläche unseres Planeten bedecken. Dazu gehören das Nordpolarmeer im Norden, der Atlantik zwischen Amerika, Europa und Afrika, der Indische Ozean im Süden Asiens, der Pazifik zwischen Amerika und Asien und das Südpolarmeer rund um die Antarktis.

Neben den großen Weltmeeren gibt es viele kleinere Meere, die von den Ozeanen nur über schmale Meeresstraßen zugänglich sind. Deshalb nennt man sie auch Nebenmeere. Ein Beispiel ist das Mittelmeer im Süden Europas. Sie sind meist auch nicht sonderlich tief, im Gegensatz zu den Ozeanen, die großteils mehr als 2000 m tief sind. Der tiefste Punkt liegt im Marianengraben im nordwestlichen Pazifik – zwischen den Philippinen und den Marshallinseln – in 11 034 m Tiefe.

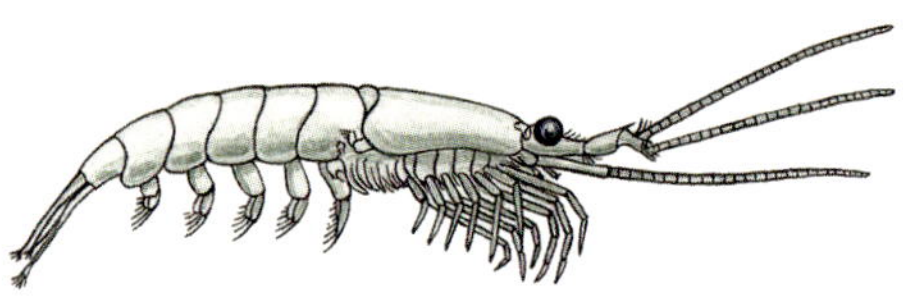

Von Kleinkrebsen wie diesem ernähren sich viele Meerestiere: Wale, Robben, Tintenfische und sogar Meeresvögel.

Auf dem Meeresboden gibt es aber viele solcher Gräben und Rinnen und es ziehen sich auch lange schmale Gebirgszüge durch die Ozeane: die mittelozeanischen Rücken. Sie entstehen dadurch, dass hier glutflüssiges Gestein – sogenanntes Magma – aus dem Erdinneren aufsteigt und im kalten Meereswasser schnell abkühlt und fest wird. Es entsteht also ständig neues Festgestein, das an diesen Nahtstellen zwei Erdplatten auseinanderdrückt.

Lange Zeit glaubte man, dass in der Tiefsee unterhalb von 1000 m überhaupt kein Leben möglich ist. Bis hierher dringt kein Sonnenlicht mehr. Dennoch können hier Lebewesen wie Bakterien existieren. Zudem erzeugen einige Fische durch komplizierte chemische Vorgänge in ihrem Körper etwas Licht. Die Anglerfische gehören dazu: Die Weibchen tragen oberhalb des Mauls ein Leuchtorgan, das sich wahrscheinlich aus einem der vordersten Stachel der Rückenflosse entwickelt hat. Damit locken sie Beute an, die sie dann mit ihrem riesigen Maul schnappen. Die Männchen sind viel kleiner, beißen

Delfine sind Säugetiere und gehören zu den Walen. Sie leben in großen Gruppen zusammen und können sich untereinander mit Klick- und Pfeiflauten verständigen. Zum Atmen müssen sie alle paar Minuten an die Wasseroberfläche.

Das Große Barriereriff vor der Nordostküste Australiens bildet eine Barriere – also einen Schutzwall – zwischen dem offenen Meer und der Küste. Es ist komplett durch Korallen aufgebaut.

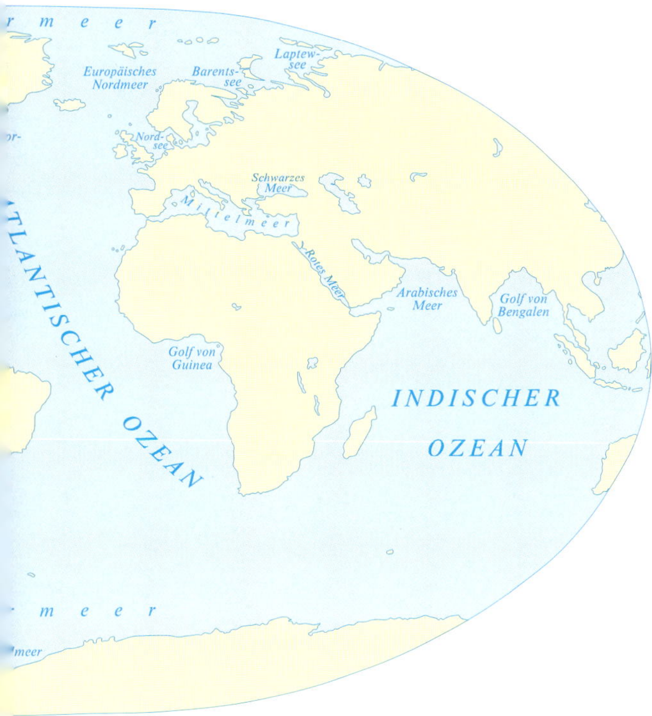

sich an einem Weibchen fest und verwachsen mit ihm. Den Rest ihres Lebens verbringen sie angewachsen an ihrer Partnerin und werden von ihr mit Nahrung versorgt.

Im Unterschied zur Tiefsee wimmelt es nahe der Oberfläche nur so von Leben. Am Beginn der Nahrungskette stehen winzig kleine Algen, die in den oberen Wasserschichten leben. Diese werden von winzigen Tieren, wie etwa Kleinkrebsen, gefressen. All diese im Wasser schwebenden Minipflanzen und -tiere werden Plankton genannt und sind die Nahrung für größere Tiere wie Fische oder Meeressäuger. Zu den bekanntesten Meeressäugetieren gehören die Delfine und andere Walarten, die in allen Meeren vorkommen: von den kalten Polarregionen bis zu den warmen Meeresbereichen der Tropen.

Meeresbiologen können einzelne Buckelwale an den charakteristischen Kerben in ihren Fluken – den riesigen Schwanzflossen – wiedererkennen und so deren Weg durch die Meere verfolgen.

Die flachen Küstenbereiche tropischer Meere sind die Heimat einer ganz besonderen Lebensgemeinschaft: der Korallenriffe. Aufgebaut werden sie von kleinen Tieren, den Korallen, die durch Einlagerungen von Kalk harte Skelette bilden. Da totes Skelettmaterial immer wieder neu überwachsen wird, bilden sich nach und nach lang gezogene Korallenbänke, auch Korallenriffe genannt. Diese harten, kalkigen Riffkörper schützen viele Küsten vor Tsunamis und Sturmfluten, andererseits werden die lebenden, weichen Korallen durch die heftigen Wellenbewegungen zerstört.

Tiefseefische wie dieser Anglerfisch haben meist ein extrem großes Maul mit langen, spitzen Zähnen.

Die Meere der Welt sind ständig in Bewegung, etwa durch die Gezeiten. Bei Ebbe sinkt das Wasser, etwa sechs Stunden später steigt es mit der Flut wieder. Zudem sorgen riesige Meeresströmungen dafür, dass das Wasser quer durch alle Weltmeere ausgetauscht wird. Angetrieben werden diese Strömungen durch Winde. Einer der größten Meeresströme ist der Golfstrom, der quer über den Atlantik warmes Wasser aus der Karibik nach Europa bringt und das Klima in Europa beeinflusst. Ein sehr kalter Strom hingegen ist der nährstoff- und fischreiche Humboldtstrom an der Küste Südamerikas. Durch seinen Einfluss kühlt auch die Luft in der Küstenregion ab und Regenfälle bleiben aus. So kommt eine der trockensten Wüsten der Erde zustande – die Atacama in Nordchile.

Landschaft und Klima

WELCHE LEBENSRÄUME BIETET DIE ERDE?

Um überleben zu können, brauchen Menschen Nahrung und Schutz vor Wetter und Gefahren. In Mitteleuropa leben wir heute in festen Häusern und kaufen Lebensmittel im Supermarkt ein. Das ist aber nicht überall auf der Welt so und war auch bei uns nicht immer so. Wo man wie lebt, hängt großteils auch von der Landschaft und vom Klima ab – und die sind auf der Welt sehr unterschiedlich. Deshalb haben die Menschen gelernt, sich an die verschiedenen Bedingungen anzupassen.

Wo lassen Menschen sich nieder?

In den Küstenregionen bietet das Meer Nahrung. Das ist vor allem dann wichtig, wenn das Hinterland nur schwer zugänglich ist. Die norwegischen Lofoten beispielsweise sind so gebirgig, dass dort kaum Landwirtschaft betrieben werden kann. Auf diesen Inseln leben die Menschen vom Fisch, den sie in die ganze Welt verkaufen. Auch in Hochgebirgsregionen wie dem Himalaja können nur wenige Menschen von dem leben, was ihnen der karge Boden bietet. Viele halten Vieh, das sich sein Futter selbst sucht. In China haben sich die Menschen auf andere Weise an die hügelige Landschaft angepasst. Sie terrassieren die steilen Hänge und legen auf den kleinen Terrassen ihre Reisfelder an. Das Anlegen und die Bewässerung der Felder sowie die Ernte sind allerdings sehr mühsam. Leichter haben es da die Menschen in den Flusstälern. Am Brahmaputra in Bangladesh etwa tritt das Wasser regelmäßig über die Ufer und überschwemmt das Land mit nährstoffreichem Schlamm, der Getreide und Obst gut wachsen lässt. Zu starke Überschwemmungen können aber auch die Menschen und ihre Häuser gefährden. Häuser werden überall auf der Welt gebaut – aus Schilfrohr, Holz, Lehm, Beton oder Stahl, je nachdem, was vorhanden ist und in der jeweiligen Region den besten Schutz bietet. Je größer die Siedlungen, umso mehr freien Raum braucht man. Wälder und Berglandschaften bieten sich nur für Dörfer an, für große Städte braucht man hingegen baumlose und auch möglichst ebene Gegenden.

Warm oder kalt, nass oder trocken?

Fast noch wichtiger für das Leben an einem Ort ist das Klima. In Deutschland nennt man es „gemäßigtes Klima", weil es hier weder brütend heiß noch bitterkalt wird und wir nicht extrem viel oder wenig Regen haben. Deshalb ist die Landwirtschaft sehr ertragreich und das Leben relativ einfach. In

sehr kalten Gebieten wie in Sibirien ist der Boden hingegen fast das ganze Jahr über gefroren, es gibt wenig Nahrung für die Menschen und sie müssen sich gut gegen die Kälte schützen. In den Tropen ist es genau entgegengesetzt: Es ist immer heiß und feucht. Die Bauern dort können dadurch zwar häufig mehrmals im Jahr ernten, aber in der schwülen Luft ist die Arbeit auch sehr anstrengend. Zudem regnet es manchmal so stark, dass der wertvolle Boden weggeschwemmt wird. In Bangladesh haben die Menschen wiederum mit anderen Problemen zu kämpfen: Hier herrscht regelmäßig der Monsun. Dieser regenreiche Wind ist zwar einerseits hocherwünscht, weil er den ersehnten Niederschlag mit sich bringt, andererseits ist er manchmal so stark, dass er das Meerwasser weit in das Land hineindrückt. Immer wieder werden dann die Ländereien an der Küste überschwemmt, die die Menschen mühsam wieder aufbauen müssen. An anderen Orten der Erde bleibt der Regen dagegen manchmal unerwartet aus. In Äthiopien und Somalia zum Beispiel vertrocknen deshalb immer wieder die Ernten. Hungersnöte sind die Folge. Noch anders ist das Leben in Regionen, wo es generell nicht oder nur wenig regnet – zum Beispiel im Norden Afrikas. Ohne Wasser kann auf Feldern nichts wachsen, weshalb die meisten Menschen dort von der Viehzucht leben. Ist das Gras an einer Stelle abgeweidet, ziehen sie mit ihren Tieren zur nächsten Wasserstelle. Aus diesem Grund leben sie nicht in festen Häusern, sondern in Zelten, die schnell auf- und abgebaut werden können. Es sind Nomaden.

Wie verändert der Mensch die Natur?

Die Menschen sind von der Natur abhängig, sie verändern sie aber auch selbst, um ihre Lebensbedingungen zu verbessern. Schon seit Jahrtausenden machen sie Landschaften nutzbar, sodass dort Landwirtschaft betrieben oder Häuser und Straßen gebaut werden können. Da es immer mehr Menschen auf der Welt gibt, wird auch immer mehr Natur verändert, manchmal mit schlimmen Folgen. In Deutschland beispielsweise werden Flüsse wie der Rhein in enge Kanalbetten gezwängt, aus denen sie bei starkem Hochwasser wieder austreten und bewohntes Land überfluten. In den Trockengebieten, etwa der Sahelzone Afrikas, werden die wenigen Bäume als Brennholz gefällt und die Sträucher von großen Viehherden abgeweidet. Da das Wasser hier nicht ausreicht, damit sich das Land erholen kann, wird es allmählich zur Wüste, in der keiner mehr leben kann. In den Tropen hingegen wachsen genug Bäume, doch hier werden riesige Regenwälder von großen Unternehmen gerodet, die an

dem wertvollen Tropenholz viel Geld verdienen. Ohne die Bäume hat der Boden aber keinen Halt mehr, wird weggeschwemmt und unbrauchbar. Die riesigen Wälder sind auch wichtig für das Klima. Sie wirken dem Treibhauseffekt – einer natürlichen Erscheinung, die aber durch die Abgase von Autos, Flugzeugen oder Fabriken beschleunigt wird – entgegen. Dadurch erwärmt sich die Erde immer mehr. Extreme Wettererscheinungen wie Wirbelstürme, Starkregen oder Dürren, die den Menschen gefährlich werden können, sind die Folge. Deshalb ist es wichtig, dass die Menschen darauf achten, die Natur nur so zu nutzen, dass sie keinen Schaden nimmt.

Länder und Völker

MEIN LAND, DEIN LAND – WEM GEHÖRT EIN LAND?

Alle Länder dieser Welt sind die Heimat von einem oder mehreren Völkern und jeder Mensch gehört einem dieser Völker an. Das Gefühl, irgendwo hinzugehören, ist für Menschen sehr wichtig. Es gibt ihnen Sicherheit und Identität.

Was ist ein Volk?

Insgesamt gibt es auf der Welt viel mehr Völker als Länder. Manche Völker sind sehr groß, wie die 82 Millionen Deutschen, manche sehr klein, wie die brasilianischen Xingu-Indianer, von denen es nur etwa 3500 gibt. Alle Völker haben eine bestimmte Herkunft, eine Geschichte und eigene Traditionen. Oft haben sie eine gemeinsame Sprache, manche aber auch mehrere – die Schweizer sprechen beispielsweise vier verschiedene: Deutsch, Französisch, Italienisch und Rätoromanisch. In einem Land können unterschiedliche Völker zusammenleben, andere Völker leben wiederum über verschiedene Länder verteilt. So zum Beispiel die Kurden, die es in der Türkei, in Syrien, im Irak und im Iran gibt. Alle Menschen, die zu einem Land gehören, haben die gleiche Nationalität. Sie besitzen die Staatsbürgerschaft und damit den Pass dieses Landes.
Kleine Völker haben es manchmal schwer, sich zu behaupten. Gehören sie zu einem großen Land, kann es sogar passieren, dass die Regierung ihnen verbietet, nach ihren Traditionen zu leben und ihre Sprache zu sprechen. So erging es beispielsweise den Tibetern, als ihr Land von China besetzt wurde. Nur im Geheimen können sie ihre Sprache und auch ihre Religion am Leben erhalten. Manchmal

haben aber auch die Jugendlichen kein Interesse daran, die Bräuche ihres Volkes zu bewahren. So gehen viele Traditionen mit der Zeit ganz verloren und das Volk hört auf zu bestehen. Es gibt aber auch Völker, denen es wichtig ist, ihr über Jahrhunderte überliefertes Brauchtum an die nächste Generation weiterzugeben. So zum Beispiel die Waliser in Großbritannien, denen es sogar gelungen ist, über den Schulunterricht oder Radiosendungen bereits fast vergessenes Volkstum wieder zu beleben und zu verbreiten.

Warum gibt es Grenzen?

Zwischen den Ländern der Welt sind Grenzen gezogen. Menschen grenzen sich überall von anderen ab: durch einen Zaun zum Nachbargarten genauso wie durch eine Landesgrenze. Grenzen sind wichtig, sie geben den Menschen ein Gefühl von Sicherheit und Zugehörigkeit. Innerhalb der Grenzen wollen wir und alles, was zu uns gehört, sicher sein. Dort stellen wir Regeln auf, nach denen wir leben. Viele Grenzen gibt es schon sehr lange. Aber gerade auch in den letzten Jahrzehnten haben auf der Welt viele Völker versucht, sich von großen Staaten zu lösen, selbst über ihre angestammte Region zu bestimmen und Grenzen zu den Nachbarn zu ziehen. So entstehen immer wieder neue Länder, wie etwa im ehemaligen Jugoslawien. Dort gab es aufgrund solcher Wünsche nach Unabhängigkeit schlimme Kriege wie zwischen Serbien und Kroatien, aber auch friedliche Trennungen wie zwischen Serbien und Montenegro.

Auch bestehende Grenzen schaffen große Probleme. Vor etwa 150 Jahren unterwarfen einige europäische Staaten Afrika und teilten den Kontinent in Kolonien unter sich auf. Die Grenzen zogen sie allerdings, ohne die Menschen, die dort schon lange lebten, zu fragen. So wurden Völker auseinandergerissen, andere, die sich fremd waren, mussten plötzlich zusammen leben. Die Kolonien sind inzwischen eigenständige Länder, aber immer wieder kommt es zu Kämpfen, weil Grenzen nicht anerkannt werden oder verfeindete Völker sich innerhalb eines Landes bekriegen.

Wer darf über die Grenze?

Manche Grenzen sind kaum zu sehen, andere bestehen aus Mauern und Stacheldraht. Wer über eine Grenze kommen darf, ist meistens genau festgelegt. Deutsche können heute problemlos in viele europäische Länder einreisen. Sie müssen meist nicht einmal mehr ihren Pass vorzeigen. Das haben die Länder untereinander so vereinbart. Sehr stark bewacht ist hingegen die Grenze zwischen den USA und Mexiko. Mexiko ist ein armes Land und viele Einwohner möchten in den USA arbeiten und Geld verdienen. Da die USA aber befürchten, dass zu viele Fremde in ihr Land kommen und sie dadurch selbst in Schwierigkeiten geraten, darf nur eine bestimmte Anzahl einreisen. So versuchen viele Mexikaner, unerlaubt über die Grenze zu kommen. Das ist gefährlich, aber um den schlechten Verhältnissen in ihrem Land zu entkommen, gehen sie dieses Risiko ein.

Warum ziehen Menschen in ein anderes Land?

Armut wie in Mexiko oder Flucht vor Krieg sind Gründe, warum Menschen ihre Heimat verlassen. Aber es gibt auch solche, die freiwillig in ein anderes Land gehen, weil ihnen dort eine gute Arbeitsstelle winkt oder sie einfach etwas Neues kennenlernen wollen. In die USA sind Menschen aus sehr vielen Ländern eingewandert: Asiaten, Europäer und Afrikaner. Viele kamen aus freien Stücken, andere, wie etwa die Sklaven früher, wurden gewaltsam hierher gebracht. Das Zusammenleben funktioniert nicht immer. Einwanderer, die aus Mittel- und Südamerika in die USA kamen, werden zum Beispiel oft argwöhnisch betrachtet, weil sie viel unter sich bleiben, nur ihre Sprache sprechen und den anderen Menschen deshalb fremd bleiben. Durch die Vermischung der Völker ist in den USA aber auch viel Neues entstanden wie zum Beispiel der Jazz, der eine Mischung aus europäischen und afrikanischen Musikstilen ist. Und viele Menschen leben gerade wegen der Vielfalt und der Freiheit der Kulturen in den USA.

Regierungsformen

WER BESTIMMT IN EINEM LAND?

Wenn Menschen zusammenleben, kann nicht jeder einfach tun, was er will. Das ist in der Familie genauso wie in der Schule. Vor allem, wenn wie in einem Land sehr viele Menschen zusammenleben, gäbe es sonst ein großes Chaos. Deshalb müssen Regeln aufgestellt werden. Weil es zu lange dauern würde, wenn alle Menschen eines Landes bei der Ausarbeitung der Regeln mitreden würden, muss es einen oder einige geben, die diese Regeln festlegen – die also ein Land regieren. Wer das ist, ist in den Ländern der Erde sehr unterschiedlich.

Wer ist König, wer Untertan?

Früher hatte in sehr vielen Ländern ein König oder Kaiser das alleinige Sagen. Diese Form der Regierung nennt man Monarchie. Das Wort kommt aus dem Altgriechischen und bedeutet „Alleinherrschaft“. Die Untertanen mussten sich unterordnen und für die Herrscher arbeiten. König wird man meist durch die sogenannte Thronfolge, das heißt, wenn man der nächste Nachkomme – zum Beispiel das erste Kind – des bisherigen Königs ist.
Das heißt aber nicht unbedingt, dass man auch die Fähigkeiten besitzt, die man braucht, um ein Land zu regieren. Ein guter König sorgt dafür, dass es seinen Bürgern gut geht, dass alle wichtigen Dinge im Land – wie Schulen oder die Wirtschaft – funktionieren und die Menschen friedlich miteinander leben. Ein schlechter König verwendet das Geld des Landes nur für sich und lässt schlimmstenfalls sein Land verwahrlosen. Darunter müssen dann viele Menschen leiden, ohne etwas daran ändern zu können. Echte Monarchien, in denen der König regiert, gibt es heute nur wenige. Die bekannteste ist Saudi-Arabien. Einige Länder in Europa, wie Großbritannien oder Spanien, haben zwar noch große Königsfamilien, doch die Monarchen regieren das Land nicht mehr selbst, sondern vertreten es vor allem nach außen. Die Staatsgeschäfte des Landes führt eine vom Volk gewählte Regierung.

Regieren in einer Demokratie alle?

Sehr viele Länder der Welt werden heute von Personen regiert, die für diese Aufgabe ausgewählt wurden. Diese Regierungsform nennt man „Demokratie“. Das ist auch ein altgriechisches Wort, das „Herrschaft des Volkes“ bedeutet. In Demokratien regieren meistens ein Regierungschef – das kann der Präsident des Landes oder ein Kanzler sein – und ein Parlament, das aus vielen Personen, den sogenannten Abgeordneten besteht. Die Abgeordneten werden von den Bürgern eines Landes gewählt, sodass jeder mitbestimmen kann, wer sein Land regiert. Der Regierungschef wird manchmal direkt von den Bürgern, manchmal aber auch von den Abgeordneten gewählt. Zusammen beraten sie über Gesetze und stimmen darüber ab. Da dabei jeder seine Meinung sagen kann, dauert die Entscheidungsfindung über ein neues Gesetz manchmal sehr lange. Und es kommt auch vor, dass sich die Abgeordneten überhaupt nicht einigen können. Dann muss der Gesetzesvorschlag verändert werden.
In einer Demokratie sind die Rechte der Menschen in einer sogenannten Verfassung festgelegt. In Deutschland ist es das Grundgesetz. Darin steht zum Beispiel, dass alle Menschen vor dem Gesetz gleich sind. Das heißt, dass niemand schlechter behandelt werden darf, nur weil er zum Beispiel einer

anderen Religion angehört, eine andere Hautfarbe hat, behindert oder homosexuell ist. Auch dass Männer und Frauen gleichberechtigt sind und nicht zum Beispiel – wie es früher war – Frauen nicht wählen oder nicht studieren dürfen, ist dort festgelegt. Zudem steht dort, dass jeder seine Meinung frei äußern darf. Das ist vor allem für die Journalisten wichtig, die in Zeitungen oder im Fernsehen berichten, was in der Welt passiert. So erfahren die Menschen auch, was die Regierung tut, und können entscheiden, ob sie das gut oder schlecht finden, und die Regierung dann wiederwählen oder nicht. Wenn den Bürgern etwas nicht gefällt, können sie auch dagegen demonstrieren und so versuchen, es zu verhindern oder zu verbessern.

Was ist eine Diktatur?

In Diktaturen gilt all das, was in der Verfassung eines demokratischen Staates niedergeschrieben ist, nicht. Die Herrscher sind meist durch Gewalt an die Macht gekommen. Sie regieren, ohne sich darum zu kümmern, ob die Bürger damit einverstanden sind und ob es ihnen gut geht. Das Leben in einer Diktatur ist deshalb sehr schwierig. Die Menschen sind oft arm, weil die Machthaber das Geld des Landes für sich verbrauchen. Meist sind sie wütend auf ihre Regierung, haben aber auch große Angst, sich zu wehren. Denn diejenigen, die ihre Meinung frei sagen und die Machthaber kritisieren, werden oft hart bestraft. Journalisten dürfen nur das berichten, was die Regierung genehmigt – also auch nur Gutes über die Herrscher. Über die schlechten Dinge erfahren die Menschen nichts und auch nichts darüber, wie die Menschen in anderen Ländern der Welt leben. Was im Fernsehen gesendet wird und welche Internetseiten geöffnet werden können, bestimmt der Staat. Neben solchen reinen Diktaturen gibt es auch Staaten, die sich zwar als demokratisch bezeichnen, in denen es aber nur eine Partei gibt, die die Bürger wählen können. Sie gibt vor, was im Land geschieht. Beispiele für solche „Parteidiktaturen" sind die frühere DDR oder China. Manchmal gelingt es Menschen dennoch – wie etwa in der DDR oder Polen –, sich durch beharrliche, aber friedliche Demonstrationen von solchen Regierungen zu befreien.

Krieg

WARUM GIBT ES KRIEGE?

Wenn zwei Länder einen Streit mit Waffen und ihren Armeen austragen, führen sie gegeneinander Krieg. Sie versuchen, ihren Willen mit Gewalt durchzusetzen, statt miteinander zu reden und zu verhandeln. Wenn hingegen zwei Gruppen innerhalb eines Landes gegeneinander kämpfen, nennt man das Bürgerkrieg. Noch nie gab es seit Menschengedenken eine Zeit, in der es überall auf der Welt friedlich war.

Wie fängt ein Krieg an?

Auslöser für Kriege gibt es viele. Manchmal wird ein Krieg begonnen, weil die Herrscher eines Landes noch mächtiger sein und ihr Reich vergrößern wollen. Dabei geht es häufig auch um Bodenschätze, wie zum Beispiel Erdöl. Damit kann man viel Geld verdienen, weil die Menschen es als Benzin, zum Heizen oder zum Betreiben großer Fabriken brauchen. Deswegen will jeder es gern besitzen.

Auch der Zugang zu Süßwasser ist sehr wichtig. Deshalb befürchtet man zum Beispiel in den trockenen Regionen Afrikas und Asiens größere Auseinandersetzungen darüber, welches Land wie viel Wasser aus einem Fluss entnehmen darf, der durch mehrere Länder fließt. Ein Beispiel ist der Nil, von dem drei große Länder abhängen: Äthiopien, Sudan und Ägypten. Oft geht es auch um die Religionszugehörigkeit: Dann denkt ein Volk, seine Religion sei besser als andere oder sogar die einzig richtige. Wenn das Volk die Macht dazu hat, ist es auch schon vorgekommen, dass es den Menschen eines anderen Volkes oder einer anderen Religion

verbietet, so zu leben, wie sie möchten, und diejenigen bestraft, die sich nicht fügen. Wehren sich die unterdrückten Menschen ebenfalls mit Gewalt, kommt es zum Bürgerkrieg.

Was passiert, wenn Krieg ist?

Im Krieg müssen oft viele Menschen sterben. Soldaten werden im Kampf getötet, aber auch Zivilisten – das sind Menschen, die nicht zur Armee gehören – werden durch Waffen oder Bomben verletzt oder getötet. Im Krieg können Verletzte und Kranke oft nicht gut behandelt werden, weil es keine Ärzte und Krankenhäuser mehr gibt. Vieles wird im Krieg zerstört: Häuser, Fabriken, Felder, Straßen. Die Menschen verlieren ihre Wohnungen, sie haben keine Arbeit und keine Lebensmittel mehr. Sehr oft müssen sie aus ihrer Heimat fliehen, um sich in Sicherheit zu bringen oder um nicht zu verhungern. Viele sind jahrelang auf der Flucht, manche können nie wieder nach Hause zurückkehren. Kinder können in Kriegszeiten meist nicht zur Schule gehen, weil die Lehrer als Soldaten eingesetzt oder die Schulen zerstört wurden. Besonders schlimm ist es, wenn Kinder selber kämpfen müssen. Kinder als Soldaten einzusetzen, ist zwar verboten, aber manche werden dennoch einfach entführt und zum Kämpfen gezwungen. Vor allem arme Kinder werden in manchen Ländern von älteren Soldaten angeworben. Ihnen werden ein guter Lohn und ein besseres Leben versprochen. Nichts davon stimmt. Viele Kindersoldaten hungern, sie müssen gegen andere kämpfen, vielleicht sogar töten. Und oft verlieren sie selbst ihr Leben. Was sie im Krieg erleben, vergessen die Kinder ihr ganzes Leben nicht mehr.

Was kommt nach dem Krieg?

Ein Krieg hinterlässt vor allem Zerstörung. Es dauert oft lange, bis wieder ein normales Leben möglich ist. Häuser und Straßen müssen repariert oder neu gebaut werden. Die Felder müssen bestellt und Fabriken wieder errichtet werden, damit die Menschen Essen, Kleidung und all die anderen Dinge bekommen, die sie brauchen. Das alles ist sehr mühsam und kostet viel Geld. Doch das haben die meisten Länder gerade nach dem Krieg nicht, weil Krieg zu führen sehr teuer ist. Eine große Gefahr nach einem Krieg sind Landminen. Das sind kleine Sprengkörper, die explodieren, wenn man darauf tritt oder fährt. Früher wurden große Flächen damit versehen, damit niemand sie mehr überqueren konnte. Nach dem Krieg liegen sie dann weiter in der Erde und es sind vielfach Kinder, die beim Spielen auf Minen treten und schwer verletzt oder sogar getötet werden.
Ist der Krieg zu Ende, müssen die Menschen lernen, damit umzugehen, was sie während des Krieges erlebt haben. Viele haben schlimme Dinge gesehen, andere sind sehr traurig, weil sie Freunde oder Verwandte im Krieg verloren haben. Für sie ist es oft nicht leicht, einfach wieder arbeiten oder zur Schule zu gehen. Meist ist die Situation nach Bürgerkriegen besonders schwierig. Dann müssen die Menschen lernen, wieder mit denjenigen zusammenzuleben, gegen die sie vorher gekämpft haben.

Kann man Kriege verhindern?

Kriege lassen sich auch verhindern. Nicht immer muss aus einem Konflikt ein Krieg werden. Vor allem hinsichtlich der Nutzung des Wassers von Flüssen, die durch mehrere Länder fließen, wurde bislang immer eine Lösung gefunden. Um so schreckliche Kriege wie den Ersten und Zweiten Weltkrieg zu verhindern, wurde die UNO gegründet. Das ist die Abkürzung für United Nations Organisation, auf Deutsch Vereinte Nationen. Fast alle Länder der Welt gehören ihnen an. Eine ihrer Aufgaben ist es, bei Problemen zwischen zwei Staaten zu vermitteln. Sie können auch ihre Friedenstruppen, die sogenannten Blauhelme, an Orte schicken, in denen es Unruhen gibt, um dort für Sicherheit zu sorgen und Frieden wiederherzustellen. Allerdings müssen die Mitgliedsstaaten damit einverstanden sein. Das zu erreichen, ist nicht einfach, da die Staaten oft unterschiedlicher Meinung über einen Einsatz in einem Krisengebiet sind.

Wirtschaft und Arbeit

WARUM MUSS MAN ARBEITEN?

Die meisten erwachsenen Menschen auf der Welt gehen einer Arbeit nach. Sie dient immer in der einen oder anderen Weise dem Lebensunterhalt. Manche bauen auf Feldern ihre eigenen Lebensmittel an, andere arbeiten in einer Fabrik oder in einem Büro und bekommen dafür ein Gehalt, von dem sie sich kaufen können, was sie zum Leben brauchen. Manche erlernen ihr Handwerk, indem sie bei den Eltern mitarbeiten, andere studieren für ihren Beruf jahrelang an einer Universität. Es gibt aber auch Arbeit, für die man überhaupt keine Ausbildung braucht.

Arm oder reich?

In Ländern, die wirtschaftlich wenig entwickelt sind, sind die meisten Menschen Bauern oder Viehzüchter. Sie haben kaum Maschinen, die ihnen die Arbeit erleichtern, und müssen sehr hart arbeiten, um gerade genug zu essen, Kleidung und ein Dach über dem Kopf zu haben. Urlaub oder Freizeitvergnügen kennen sie nicht. Die Kinder müssen oft zu Hause mithelfen und ihre Geschwister versorgen, während ihre Eltern arbeiten gehen. In vielen Fällen gehen die Kinder sogar selbst arbeiten, um Geld für die Familie zu verdienen. Aber auch in Ländern, die wirtschaftlich sehr weit entwickelt sind, wo die Menschen tolle Urlaubsreisen machen können und wo es in den Läden viele schöne Dinge zu kaufen gibt, kann sich das nicht automatisch auch jeder leisten. Denn das Geld ist nicht gleichmäßig auf alle verteilt. Einige Menschen

verdienen sehr, sehr viel, bei anderen reicht der Lohn gerade für das Nötigste. All das hängt unter anderem davon ab, auf was für eine Schule man gegangen ist, was man studiert oder welchen Beruf man erlernt hat.

Zu viel oder zu wenig Arbeit?

Fast überall gibt es auch Menschen, die gar keine Arbeit haben. Gründe dafür können sein, dass es in ihrem Beruf nicht genug Arbeitsstellen gibt, sie krank sind oder dass sie ihren Job verloren haben und keinen neuen bekommen, etwa weil sie dem Arbeitgeber zu alt sind. Manchmal bekommen auch schon Jugendliche gar nicht erst eine Stelle, um einen Beruf zu erlernen. Für Angestellte gibt es in Deutschland ein System, das jenen helfen soll, die keine Arbeit finden können: Dazu geben Angestellte einen Teil ihres Gehalts ab. Das geschieht nicht nur, um anderen zu helfen. Die Grundidee dieses Systems ist, dass schließlich jeder, der heute Arbeit hat, sie morgen auch verlieren könnte. Dann ist man selbst froh, wenn einem geholfen wird. Das Geld, das die Menschen ohne Arbeit erhalten, ist zwar nicht viel, reicht aber zum Leben. In anderen Ländern bekommen Arbeitslose gar keine Hilfe und müssen selbst zurechtkommen. Auch wenn es in Deutschland viele Menschen gibt, die Arbeit suchen, gibt es gleichzeitig auch Menschen, die so viel zu tun haben, dass sie ihre Arbeit kaum bewältigen können und davon sogar krank werden. Dennoch wird die Arbeit nicht automatisch aufgeteilt, weil der Arbeitgeber dann zwei Menschen bezahlen müsste, was er oft aber nicht will.

Was ist die „Wirtschaft"?

Alles, was mit dem Herstellen und Kaufen von Dingen oder mit anderer Arbeit, die verrichtet und bezahlt wird, zu tun hat, nennt man die „Wirtschaft" eines Landes. In einem sogenannten Entwicklungsland ist die Wirtschaft wenig entwickelt. Die Menschen stellen das, was sie brauchen, meist selbst her und leben in sehr einfachen Verhältnissen. Viele haben keinen Strom und kein fließendes Wasser. Dies müsste von der Gemeinde oder von einer Firma bereitgestellt werden und die gibt es dort nicht oder sie funktioniert nicht gut. Zudem gibt es kaum große Fabriken und Geschäfte, nur wenige Schulen und Krankenhäuser. Viele Länder Afrikas sind Entwicklungsländer. Die meisten Länder Europas sind hingegen Industrieländer. Hier können wenige Menschen mithilfe von Maschinen Lebensmittel und Kleidung für alle herstellen. Andere können gleichzeitig neue Dinge entwickeln, die das Leben schöner oder leichter machen, wie Kühlschränke, Computer oder Flugzeuge. Durch die Arbeit verdienen alle Geld und können sich ein immer besseres Leben leisten.
Bringt die Wirtschaft einem Land viel Geld ein, kann es neue Straßen oder Wohnungen bauen, Kindergärten, Schulen oder Krankenhäuser unterstützen und Theater oder Sportvereine fördern. Geht es der Wirtschaft schlecht, gibt es dafür weniger Geld.

Was bedeutet „Globalisierung"?

Über das Internet bekommen wir heutzutage jederzeit Informationen über fast jeden Ort der Erde, und mit dem Flugzeug kann man in nur einem Tag ans andere Ende der Welt fliegen. So kann man bei uns Bananen kaufen, die gestern in Südamerika geerntet wurden, oder Waschmaschinen, deren Motor in Taiwan, die Waschtrommel in Osteuropa und die Elektrokabel in Indien gefertigt wurden. Diese immer enger werdende Verbindung aller Länder der Welt nennt man „Globalisierung". Sie bringt den Menschen viele neue Möglichkeiten, aber auch Probleme. Der Hauptgrund dafür ist, dass zwischen reichen und armen Ländern kein Gleichgewicht herrscht und gerade große Firmen sehr viel Macht haben. Sie bauen Fabriken in ärmeren Ländern und bringen den Menschen dort Arbeit, bezahlen ihnen dafür aber sehr niedrige Löhne. Das Endprodukt verkaufen sie dann zu hohen Preisen und behalten den so gemachten Gewinn für sich. Gleichzeitig gehen durch die Verlagerung der Firmen in solche sogenannten Billiglohn-Länder in den reichen Ländern Arbeitsplätze verloren.

Religionen

WIE VIELE RELIGIONEN PASSEN IN EINE WELT?

Überall auf der Welt gibt es Religionen. Denn die meisten Menschen haben wichtige Fragen und hoffen, durch ihren Glauben Antworten darauf zu finden: Warum gibt es uns Menschen? Wie lebe ich richtig? Was passiert, wenn wir sterben? Einige Religionen haben so viele Anhänger, dass man sie Weltreligionen nennt: Judentum, Christentum, Islam, Buddhismus und Hinduismus. Darüber hinaus gibt es Naturreligionen, in denen die Menschen an Geistwesen glauben, die das Leben der Menschen beeinflussen. Und natürlich gibt es auch Menschen, die keinen Glauben haben. Man nennt sie Atheisten.

Wie beeinflusst der Glaube unser Leben?

Der Glaube hatte immer schon großen Einfluss auf das Leben der Menschen. Er bestimmt das Leben jedes Einzelnen mit, der zum Beispiel als Christ an Weihnachten die Geburt Jesu feiert, als Muslim einmal im Jahr vier Wochen fastet oder als Hindu kein Rindfleisch isst. Die Religionen beeinflussen aber auch das Leben der gesamten Gesellschaft eines Landes und das betrifft dann sowohl Gläubige als auch Nichtgläubige. So wird in christlichen Ländern beispielsweise am Sonntag nicht gearbeitet, weil der Sonntag der Tag des Kirchgangs ist. In islamischen Ländern hingegen ist der Freitag der Tag, an dem Ämter und Schulen geschlossen sind und man gemeinsam in der Moschee betet. Und Juden ruhen am Sabbat, dem Samstag.

Religion oder Politik?

Wie stark der Einfluss einer Religion in einem Land ist, hängt davon ab, wie strenggläubig die Menschen dort sind, ob eine bestimmte Religion vorherrschend ist oder ob mehrere Religionen nebeneinander bestehen – und davon, wie viel Einfluss die Religion auf die Politik nimmt. So verbietet beispielsweise die katholische Religion die Abtreibung eines ungeborenen Kindes. In Irland ist diese deshalb gesetzlich verboten, in Deutschland hingegen ist sie unter bestimmten Umständen erlaubt. Dabei berücksichtigt der deutsche Staat jedoch nicht die Vorstellungen der katholischen Kirche, sondern wägt ab, unter welchen Umständen die Tötung eines ungeborenen Kindes gegen die Verfassung des Staates verstößt. Wenn sie das nicht tut, ist eine Abtreibung zugelassen, etwa aus medizinischen Gründen oder wenn die Schwangerschaft durch eine Vergewaltigung zustande gekommen ist. Das liegt daran, dass Religion und Staat in Deutschland strikt getrennt sind und Gesetze auch ohne die Zustimmung der religiösen Oberhäupter durchgesetzt werden können. In anderen Staaten ist diese Trennung von Staat und Religion kaum vorhanden, zum Beispiel in einigen muslimischen Ländern. Dort gehen die Kinder dann in religiöse Schulen, die Koranschulen, und die Gerichte urteilen nach den Gesetzen des Korans, der heiligen Schrift des Islam. Ein Land der Erde, Iran, wird sogar direkt von religiösen Führern regiert. Einen solchen Staat bezeichnet man als Gottesstaat.

Das musst du glauben!

In den meisten Religionen gibt es heilige Schriften wie den Koran der Muslime, die Bibel der Christen oder die Thora und den Talmud der Juden. In ihnen stehen Geschichten und Gedanken, die Menschen vor langer Zeit aufgeschrieben haben. Manchmal stehen darin auch Regeln, wie man sich verhalten soll. Im Koran steht zum Beispiel, dass ein Muslim während der Fastenzeit Ramadan einen Monat lang tagsüber nichts essen und trinken darf. Dabei hat jede Religion ihre eigenen Regeln und Geschichten und manchmal widersprechen sich diese auch. Viele strenggläubige Menschen sind der Meinung, dass nur das richtig ist, was in ihrer heiligen Schrift steht, und alles andere nicht gilt. Deshalb gibt und gab es zwischen Religionen schlimme Konflikte. So mussten und müssen immer wieder Menschen wegen ihres Glaubens aus ihrer Heimat fliehen, weil sie von neuen Herrschern oder Andersgläubigen nicht geduldet werden. Als China zum Beispiel das Land Tibet einnahm, zerstörten sie dort viele tibetische Klöster und verboten den Gläubigen, nach ihrer Religion, dem buddhistischen Lamaismus, zu leben. Wer nicht gehorchen wollte, wurde schlimm behandelt oder musste aus dem Land fliehen. Zudem gab es im Laufe der Geschichte viele Kriege, die aus religiösen Gründen geführt wurden: zum Beispiel die Kreuzzüge, bei denen im Mittelalter Christen in nicht christliche Länder einfielen und versuchten, den dort lebenden Menschen mit Gewalt ihren Glauben aufzuzwingen.

Menschen versuchen auch friedlich, andere von ihrer Religion zu überzeugen. Das nennt man Missionieren. Sowohl christliche als auch muslimische Missionare wollten zum Beispiel vor etwa 150 Jahren ihren Glauben nach Afrika bringen. Sie errichteten dort Schulen und Krankenhäuser, unterrichteten und behandelten die Menschen dort und brachten ihnen gleichzeitig ihren Glauben nahe.

Was ist Religionsfreiheit?

Keine Religion ist richtig oder falsch – jeder Mensch sollte glauben dürfen, was er möchte. Deshalb gilt in vielen Ländern die Religionsfreiheit. Aber auch jeder einzelne Mensch muss jeden anderen Menschen nach seiner Religion leben lassen. Das ist ganz wichtig, weil überall Menschen mit unterschiedlichem Glauben miteinander leben müssen. Am besten funktioniert das, wenn man versucht, die anderen Lebensweisen und Meinungen kennenzulernen und zu verstehen. Dann kocht man eben einfach kein Rindfleisch, wenn man mit einem Hindu zusammen essen möchte, und findet es auch nicht komisch, wenn ein Muslim zum Beten die Schuhe auszieht – weil man weiß, warum.

Schule

MUSS MAN ODER DARF MAN ZUR SCHULE GEHEN?

In vielen Ländern gibt es eine Schulpflicht, das heißt, alle Kinder müssen ab einem bestimmten Alter zur Schule gehen. Wenn die Eltern ihr Kind nicht zur Schule schicken, werden sie bestraft. Der Schulbesuch ist kostenlos. Auf diese Weise bekommt jedes Kind eine Ausbildung, egal welchen Beruf seine Eltern haben, ob sie arm sind oder reich.

Warum gehen nicht alle Kinder zur Schule?

Es gibt auch Länder, in denen man für die Schule bezahlen muss. Wenn die Eltern arm sind und das Schulgeld nicht aufbringen können, müssen die Kinder zu Hause bleiben. Oft helfen sie ihren Eltern daheim oder müssen sogar selbst Geld dazuverdienen. Auch in Ländern, in denen Krieg herrscht, können die Kinder oft nicht zur Schule, weil die Lehrer als Soldaten kämpfen oder die Schulgebäude zerstört wurden, sodass kein Unterricht stattfinden kann. Für manche Kinder ist auch der Schulweg viel zu weit. Es gibt nicht überall so viele Schulen wie bei uns und die Kinder müssen häufig stundenlang zu Fuß gehen, um ihre Schule zu erreichen. Das erlauben viele Eltern nicht, auch deshalb, weil sie die Kinder zu Hause brauchen, damit sie im Haushalt oder auf dem Feld mithelfen. Mädchen sind besonders benachteiligt. Wenn nur einige der Kinder einer Familie zur Schule gehen können, wird es oft nur den Söhnen erlaubt. Dass Mädchen lesen und schreiben lernen, finden viele Eltern nicht so wichtig.

Wer bestimmt, was unterrichtet wird?

In Deutschland gibt es – wie in vielen Ländern – feste Lehrpläne, nach denen sich die Lehrer richten müssen. In ihnen steht, was Kinder lernen sollen. Festgelegt werden sie von Kommissionen, in denen Menschen sitzen – oft ehemalige Lehrer –, die sich mit dem Thema Bildung auskennen. Alle paar Jahre wird überprüft, ob die Lehrpläne noch gut sind. Es gibt aber auch Privatschulen. Meistens waren ihre Gründer nicht damit einverstanden, was an den staatlichen Schulen unterrichtet wird. Wer seine Kinder auf eine Privatschule schicken will, muss meistens Geld für den Schulbesuch bezahlen. Manche Eltern schicken ihre Kinder auch auf religiöse Schulen. Das können zum Beispiel Klosterschulen sein, in denen neben all den anderen Fächern viel über die Religion gelehrt wird, oder Koranschulen, in die viele Kinder in muslimischen Ländern gehen, um dort schreiben und alles über das heilige Buch des Islam, den Koran, zu lernen.

Warum ist Bildung wichtig?

Bildung macht stark. Wenn Kinder lesen, schreiben und rechnen können, können sie als Erwachsene meistens bessere Berufe erlernen und ein sichereres Leben führen. Sie wissen auch mehr über die Welt und verstehen besser, warum Menschen so handeln, wie sie es eben tun. Zudem gelingt es ihnen eher, sich gegen Ungerechtigkeiten zu wehren, weil sie begreifen, was ihre Streitpartner sagen und mit ihnen selbstbewusst verhandeln können.

Familie

FAMILIE = MUTTER, VATER, KIND?

Eine Familie besteht aus Eltern und ihren Kindern. Zudem gehören auch die Großeltern und die weitere Verwandtschaft dazu. Menschen wohnen in Familien zusammen, weil es so leichter ist, das Leben zu organisieren. Schließlich muss sich jemand um den Haushalt kümmern, jemand muss die Kinder versorgen, jemand muss arbeiten gehen und Geld verdienen. Für einen allein ist das sehr schwierig.

Wie viele unter einem Dach?

Familien können sehr unterschiedlich groß sein. Während die meisten Paare in Deutschland ein oder zwei Kinder haben, bringen in Afrika Frauen häufig sechs oder sieben Kinder zur Welt. Nicht selten wohnen dabei alle zusammen in einem Raum. Viele Kinder zu haben, bedeutet dort, dass später auch viele Menschen mithelfen können, die Familie zu ernähren. Besonders wichtig wird das, wenn die Eltern zu alt sind, um zu arbeiten, und dann von ihren Kindern versorgt werden. In Deutschland ist das nicht mehr so notwendig, weil alte Menschen auch Geld vom Staat bekommen und es Einrichtungen gibt, in denen sie versorgt werden, wenn sie es selbst nicht mehr können. Es gibt auch Länder, in denen der Staat vorschreibt, wie viele Kinder man bekommen darf, zum Beispiel China. Dort soll jedes Paar nicht mehr als ein Kind bekommen. Auf diese Weise will die Regierung verhindern, dass es bald zu viele Menschen in dem Land gibt.

Wozu braucht man eine Familie?

Als Kind wird man in einer Familie sicher aufgezogen, man weiß, wo man hingehört und man lernt, was man braucht, damit man sich später allein zurechtfindet. Man lernt zum Beispiel, Aufgaben zu übernehmen oder wie man sich anderen gegenüber richtig verhält. Vieles von dem, was wir wissen, lernen wir auch in der Schule. Kinder, die nicht zur Schule gehen, lernen alles von ihren Eltern oder anderen Verwandten. Sie haben dann zum Beispiel oft auch den gleichen Beruf wie die Eltern. Kinder, die keine Familie haben, haben es sehr schwer. Gerade in Ländern, in denen Krieg herrscht, oder in denen Krankheiten wie Aids viele Menschen töten, gibt es viele Waisenkinder. Manchmal lassen Eltern ihre Kinder auch allein zurück, weil sie nicht für sie sorgen können und hoffen, in einem anderen Land Arbeit zu finden. In vielen Ländern – auch in Deutschland – gibt es Heime, in denen elternlose Kinder wohnen können, zu essen bekommen und meist auch zur Schule gehen. In anderen Ländern der Erde müssen Waisenkinder aber auch allein zurechtkommen. Sie müssen für sich – und nicht selten auch noch für kleinere Geschwister – Kleidung und Essen und einen Schlafplatz besorgen. Wenn sie eine Arbeit finden, mit der sie Geld verdienen können, ist diese oft sehr mühsam oder unangenehm und wird meistens schlecht bezahlt. Spielen oder gar zur Schule gehen können diese Kinder fast nie. Weil sie niemanden haben, der sich um sie kümmert, laufen die Kinder auch große Gefahr, dass rücksichtslose Menschen diese Situation ausnutzen und die Kinder zwingen, ohne oder für wenig Lohn und unter schlimmen Bedingungen für sie zu arbeiten.

GLOSSAR

Aids → HIV

Äquator
Der Äquator ist eine gedachte Linie rund um den Erdball, die unsere Erde in eine Nord- und eine Südhalbkugel teilt. Die Sonnenstrahlen treffen hier steil auf die Erde, weshalb es in den Regionen um den Äquator immer sehr heiß ist.

arabisch
Der Begriff „arabisch" bezieht sich auf alles, was mit den Arabern zu tun hat. Als solche bezeichneten sich früher die Menschen, die auf der Arabischen Halbinsel lebten, also dort, wo heute Länder wie Saudi-Arabien, Jemen und die Vereinigten Arabischen Emirate liegen. Da die Araber vor vielen Hundert Jahren auch in die Nachbarregionen (Jordanien, Syrien, Irak, usw.) und nach Nordafrika zogen und dort ihren Glauben, den → Islam, verbreiteten, bezeichnet man auch die Länder Nordafrikas als arabisch.

Atoll
Atolle sind ringförmige Korallenriffe. Sie entstehen folgendermaßen: Zunächst gibt es einen untermeerischen Vulkan, dessen Gipfel über den Meeresspiegel rausragt (1). An seinen Rändern wachsen im flachen, warmen Wasser **Korallen**. Das sind Tiere, die sich aus dem Wasser Mineralien holen und damit ein hartes Kalkskelett aufbauen. Die Korallen wachsen und vermehren sich und aus den vielen Kalkskeletten bilden sich **Riffe** (2). Während der Vulkan durch Wind und Wellenschlag langsam abgetragen wird, wachsen die Korallenriffe in die Höhe und bilden um den versinkenden Vulkan einen Ring aus kleinen Inseln, den man Atoll nennt. Manchmal ist in seiner Mitte noch ein letzter Rest des Vulkans zu erkennen (3), manchmal ist der Vulkan nicht mehr zu sehen (4).

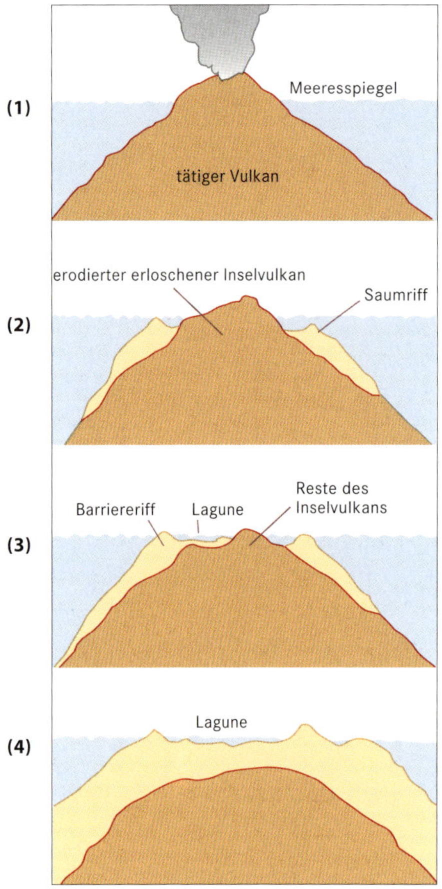

Beduinen
Als Beduinen bezeichnet man arabische → Nomadenvölker, die in den Wüsten und Steppengebieten des Nahen Ostens – also zum Beispiel in Saudi-Arabien – und Nordafrikas leben.

Buddha → Buddhismus

Buddhismus
Im Buddhismus, der als Weltreligion viele Anhänger in Asien, aber auch in Europa und Nordamerika hat, gibt es keinen Gott, der verehrt wird. Die Gläubigen folgen den Weisheiten **Buddhas**, der vor ungefähr 2500 Jahren in Indien gelebt hat. Das allerwichtigste für Buddhisten ist, ein Leben nach den vier edlen Wahrheiten zu führen. Kurz gefasst besagen diese, dass das Leben Leiden bedeutet, das entsteht, weil die Menschen immer mehr besitzen wollen. Nur, wer sich von Besitz trennt und keinen begehrt, kann den Weg zum Glück finden.

Bürgerkrieg
Unter einem Bürgerkrieg versteht man einen Krieg, der in einem Land zwischen verschiedenen Gruppen geführt wird. Das können verschiedene Völker sein, manchmal kämpft auch die Armee oder die Polizei eines Landes gegen eine gegnerische Gruppe. Mitglieder solcher Gruppen bezeichnet man oft auch als Rebellen.

Cañon
Cañons (englisch: Canyons) sind tiefe Schluchten, die dadurch entstanden sind, dass sich Flüsse über einen sehr langen Zeitraum in harte Gesteinsschichten gegraben haben. Einer der bekanntesten ist der Grand Canyon im US-Bundesstaat Arizona.

Commonwealth
Das Commonwealth of Nations, an dessen Spitze Großbritannien steht, ist ein Verbund von rund 50 unabhängigen Staaten. Die meisten von ihnen waren früher → Kolonien des British Empire, also von Großbritannien. Nachdem sie unabhängig wurden, schlossen sie sich freiwillig zum Commonwealth zusammen, um ihre gemeinsamen Interessen besser vertreten zu können.

Delta
Als Delta wird eine dreiecksförmige Mündung eines Flusses bezeichnet. Das Wort leitet sich von dem dreieckigen griechischen Buchstaben Delta (Δ) ab. Ist die Landschaft, die ein Fluss durchfließt, vor der Einmündung ins Meer sehr flach, wird die Fließgeschwindigkeit des Wassers immer langsamer, das vom Fluss transportierte Material wie Sand und Schlick lagert sich zum Teil ab. So entstehen kleine Hügel, der Fluss spaltet sich nach und nach auf und fließt in immer mehr kleineren Mündungsarmen zum Meer. Aus der Vogelperspektive sieht die Mündungslandschaft wie ein großes Dreieck aus.

Demokratie
Eine Demokratie ist eine Staatsform, das heißt eine Art und Weise, wie ein Land regiert wird. Das Wort kommt aus der altgriechischen Sprache und bedeutet soviel wie „Herrschaft des Volkes". Das heißt, alle Bürger und Bürgerinnen sind frei und haben die gleichen Rechte und Pflichten. Alle Menschen dürfen ihre Meinung äußern, sich versammeln oder sich informieren. Durch Wahlen bestimmen die Bürger, von welchen Personen oder Parteien sie eine Zeitlang regiert werden wollen.

Diktator → Diktatur

Diktatur
Diktaturen sind das Gegenteil von → Demokratien. Hier herrschen einige wenige Menschen, manchmal sogar nur eine Person, die auch **Diktator** genannt wird. Diktatoren kommen meist nicht durch Wahlen an die Macht, sondern mit List und Gewalt, oft mithilfe des Militärs. Die Regeln, die in der Verfassung des Landes stehen, werden nicht eingehalten oder einfach abgeschafft.

Edelhölzer → Tropenholz

Erdplatten
Unsere Erde ruht auf einigen großen und mehreren kleineren Erdplatten, die auf einer zähflüssigen Masse im Erdinneren schwimmen. Sie bewegen sich etwa 2–10 cm pro Jahr. Bewegen sie sich aufeinander zu, gibt es ein Platzproblem: Eine Platte muss abtauchen, die andere verfaltet sich, wie es an der Westküste Südamerikas geschieht, oder beide beginnen, sich aufzufalten, wie es in Nordindien passiert. In beiden Fällen entstehen hohe Gebirge. Erdplatten, die sich voneinander wegbewegen, machen Platz für glutflüssiges Magma aus dem Erdinneren. Das geschieht in vielen Ozeanen und auch am → Ostafrikanischen Grabensystem. Steigt das Magma auf, bilden sich Vulkane. In den Ozeanen kühlt das Magma im kalten Wasser schnell ab, wird zu festem Gestein, das entlang des langen Risses ein kleines lang gestrecktes Gebirge bildet. Man nennt diese Bergzüge **mittelozeanische Rücken**. Sie durchziehen die großen Ozeane.

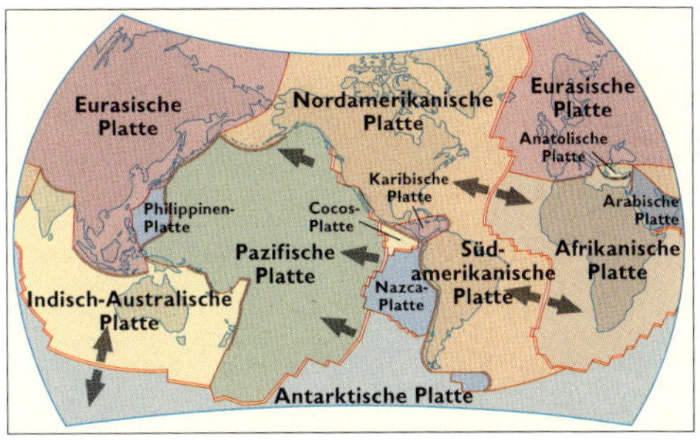

Die Kontinente (weiß) liegen auf verschiedenen Erdplatten (farbig), die sich ständig bewegen.

EU → Europäische Union

Europäische Union
Die Europäische Union, kurz **EU,** ist ein Zusammenschluss von vielen europäischen Staaten. Diese handeln in zahlreichen Bereichen gemeinsam und fassen Beschlüsse, die für alle Mitgliedsstaaten gelten. Zum Beispiel verfolgen sie eine gemeinsame Wirtschaftspolitik oder arbeiten hinsichtlich der polizeilichen Verfolgung von Straftätern zusammen. In vielen Ländern der EU bezahlt man mit dem Euro. Als Bürger eines EU-Landes kann man ohne Passkontrolle in ein anderes EU-Land einreisen. Der Zusammenschluss begann 1951. Damals hieß er noch „Europäische Gemeinschaft" und bestand aus sechs Mitgliedsländern: Belgien, Deutschland, Frankreich, Italien, Luxemburg und den Niederlanden.

EXPO
Unter EXPO (einer Abkürzung des englischen oder französischen Wortes *exposition*, das Ausstellung heißt) versteht man eine Weltausstellung, die etwa alle fünf Jahre an wechselnden Orten stattfindet. Auf ihr zeigen die teilnehmenden Staaten ihre wissenschaftlichen, technischen und kulturellen Neuheiten.

Export
Unter dem Begriff Export (auf Deutsch: Ausfuhr) versteht man die Lieferung von Gütern, die im eigenen Land hergestellt werden, an Kunden in anderen Ländern. Das Gegenteil ist Import.

Gelbfieber → Tropenkrankheiten

Gezeiten
Auf den großen Gewässern der Erde treten die sogenannten Gezeiten Ebbe und Flut auf. Bei Ebbe sinkt das Wasser, etwa sechs Stunden später steigt es mit der Flut wieder. Der Wechsel zwischen Ebbe und Flut wird durch die Anziehungskraft des Mondes verursacht.

Golf
Ein Golf ist eine große Meereseinbuchtung. Bekannte Beispiele sind der Golf von Mexiko südlich der USA, der Persische Golf zwischen Irak und Saudi-Arabien und der Golf von Guinea vor Kamerun.

Hinduismus
Der Hinduismus ist eine Weltreligion. Sie wird vor allem in Indien gelebt. Die Hindus glauben, dass sie nach dem Tod wiedergeboren werden. Als was man wiedergeboren wird, ob als reicher Mensch oder vielleicht sogar als Tier, hängt davon ab, wie man sich im Laufe seines Lebens verhalten hat. Wer viel Gutes tut, wird im nächsten Leben in eine höhere Kaste hineingeboren. Die Kasten kann man sich ein wenig wie Berufsgruppen vorstellen, auch wenn das heute nicht mehr ganz zutrifft. An oberster Stelle stehen die hoch angesehenen Brahmanen, ganz unten die Unberührbaren, Parias genannt. Sie müssen oft die Schmutzarbeit machen.

Hirse
Hirse ist nach Weizen, Gerste, Mais und Reis die wichtigste Getreideart auf der Erde. In Afrika und Asien ist sie für viele Menschen die Hauptnahrung. Aus ihr werden meist Fladenbrot, Brei oder Bier hergestellt. Die drei wichtigsten Hirsearten sind die Rispenhirse, die in Asien weit verbreitet ist, sowie die Perlhirse und die Mohrenhirse (auch **Sorghum** genannt), die in Afrika wichtig sind.

Rispenhirse
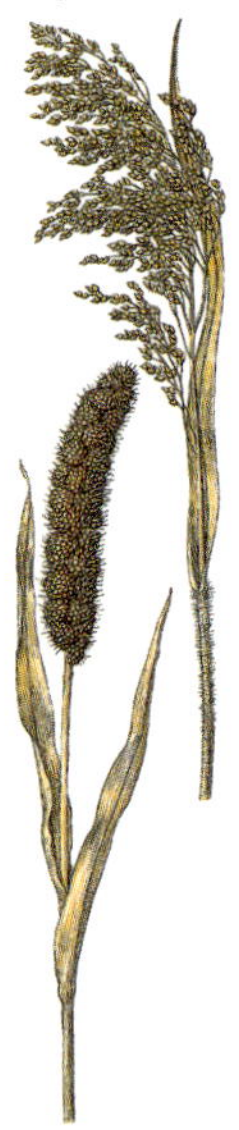
Perlhirse

HIV
HIV, auch Menschliches Immunschwäche-Virus genannt (auf Englisch „human immunodeficiency virus"), ist ein Virus, das die Krankheit **Aids** verursachen kann. Immunschwäche bedeutet, dass das natürliche Abwehrsystem, mit dem ein Mensch Krankheiten abwehren kann, nicht gut funktioniert. Die Krankheit Aids muss aber nicht ausbrechen, man kann das Virus auch lange ohne Folgen in sich tragen. Allerdings kann man dennoch andere Menschen anstecken.

Hurrikan
Hurrikans sind tropische Wirbelstürme, die sich im Atlantik vor Afrika entwickeln. In Asien heißen solche Wirbelstürme **Taifun** und entstehen im Pazifik.

Islam
Der Islam ist eine der großen Weltreligionen. Die Gläubigen heißen Moslems oder **Muslime**. Sie verehren den Propheten Mohammed, der zwischen 570 und 632 nach Christus lebte. Das heilige Buch des Islam ist der **Koran**. Die Texte sind zum Teil sehr schwer zu verstehen und es gibt in vielen Ländern Gelehrte, die die Texte auslegen. Deshalb ist das Leben der Muslime nicht überall gleich: Zum Beispiel sollen sich Frauen und Mädchen nach einigen Auslegungen verschleiern, nach anderen hingegen nicht. Eines gilt aber für alle Muslime. Sie müssen fünfmal am Tag beten, egal, wo sie gerade sind: daheim, unterwegs oder im Gebetshaus, der **Moschee.** Von ihrem Turm, den man **Minarett** nennt, ertönt dann auch der Gebetsruf.

Jams
Jams ist in vielen Teilen der Tropen ein wichtiges Grundnahrungsmittel. Die 4–8 kg schwere Wurzelknolle wächst wie unsere Kartoffel unter der Erde. Ihr weißlich, gelbliches Fleisch schmeckt auch ähnlich wie Kartoffeln und wird auch so zubereitet.

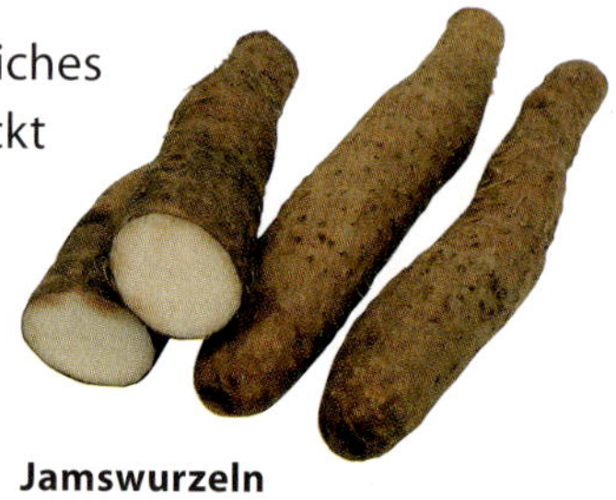
Jamswurzeln

Judentum
Das Judentum ist eine der fünf Weltreligionen. Jüdische Gemeinden gibt es auf der ganzen Welt, besonders viele in Israel. Ihre Gotteshäuser heißen Synagogen. Ihr wichtigstes Buch, die **Thora**, ist in hebräischer Sprache geschrieben, weswegen jüdische Kinder auf der ganzen Welt Hebräisch lernen. Das zweite wichtige Buch ist der **Talmud**, in dem Geschichten stehen, die helfen, die Thora richtig zu verstehen. Ihre Gebete richten die Juden an Gott, den sie Jahwe nennen. Für das Gebet legen fromme Juden einen Gebetsschal um und tragen ein kleines Käppchen, die Kippa.

Kolonial... → Kolonie

Kolonie
Seit dem Jahr 1500 haben viele europäische Staaten andere Länder in Afrika, Amerika und Asien in Besitz genommen. Man nennt die unterworfenen Länder Kolonien. Meistens mussten die dort lebenden Völker den Glauben der Kolonialherren, also das Christentum, übernehmen. Ihr Land und seine Rohstoffe wurden von den Europäern ausgebeutet. Diese Eroberungspolitik nennt man **Kolonialismus.** Die Kolonialzeit endete für viele Länder erst nach 1945.

Kommunismus → Sozialismus

Korallen → Atoll

Koran → Islam

Kultur
Wenn man von anderen Kulturen spricht, meint man andere Völker oder Gemeinschaften – das können auch ganze Staaten sein –, die andere Sitten und Bräuche, andere Denkweisen und Werte haben. Auch eine andere Religion oder ein anderes Bildungs- und Erziehungssystem beeinflussen die Kultur einer Gemeinschaft.

Landmine
Landminen sind Waffen, die direkt unter der Erdoberfläche verlegt werden und explodieren, wenn jemand auf sie tritt. Es gibt Länder, die nach einem Krieg noch Jahrzehnte danach von Minen verseucht sind. Oft werden Kinder beim Spielen Opfer von Minen, verlieren Gliedmaßen oder werden tödlich verletzt.

Malaria → Tropenkrankheiten

Mangroven
Mangroven sind Bäume, die vor allem in den Tropen in Küstennähe wachsen. Im Gegensatz zu den meisten anderen Pflanzen gedeihen sie auch in Salzwasser. Sie sind wichtige Kinderstuben für Fische und andere Meerestiere, weil die Tiere in ihrem verzweigten Wurzelwerk gut geschützt sind. Da ihre Stelzwurzeln zudem stark und tief im Boden verankert sind, schützen Mangrovenwälder die Küstenregionen auch vor gefährlichen Flutwellen.

Mangroven bei Ebbe: Hier sind die verzweigten Stelzwurzeln gut zu sehen.

Maniok wird immer nur nach Bedarf geerntet, da die Wurzeln schnell verderben.

Maniok
Maniok stammt aus Brasilien und Paraguay. Die Pflanzen können bis zu 3 m hoch werden. Wichtig sind die stärkehaltigen Wurzeln, die bis zu 50 cm lang, 10 cm dick und 2–4 kg schwer werden können. Da die Knollen hochgiftige Blausäure enthalten, können sie nicht roh verzehrt werden. Erst durch aufwändiges Schälen, Wässern, Stampfen und Erhitzen können die Giftstoffe entfernt werden. Meist wird Maniok zu Brot, Fladen oder Brei verarbeitet.

Menschenrechte
„Alle Menschen sind frei und gleich an Würde und Rechten geboren." Das besagen die Menschenrechte, wie sie die → Vereinten Nationen im Jahre 1948 aufgeschrieben haben. Kein Mensch soll benachteiligt werden, weil er anders aussieht, anders spricht, eine andere Religion hat, politisch anders denkt oder krank ist. In vielen Ländern ist das leider nicht selbstverständlich und die Regierungen missachten diese Rechte.

Minarett → Islam

Mittelozeanischer Rücken
→ Erdplatten

Monarchie
Früher gab es viele Länder, in denen Könige oder Kaiser an der Spitze standen. Ihre Untertanen mussten sich unterordnen und für sie arbeiten. Diese Form der Regierung nennt man auch Monarchie. Das Wort kommt aus der altgriechischen Sprache und bedeutet so viel wie „Alleinherrschaft". Richtige Monarchien, in denen die Monarchen alleine bestimmen können, gibt es heute kaum noch – ein Beispiel ist Swasiland –, meistens haben sie nicht mehr die alleinige Macht. Eine vom Volk gewählte Regierung herrscht über das Land und der König oder die Königin vertritt es bei wichtigen Staatsbesuchen oder Festen. So ist es beispielsweise in England oder Spanien.

Monsun
Der Monsun ist ein Wind, der vor allem als Folge von unterschiedlich starker Erwärmung von Landmassen und Ozeanen entsteht. Er hat großen Einfluss auf das Klima in den tropischen Ländern Ostafrikas, Süd- und Südostasiens. Je nach Jahreszeit weht der Monsun aus einer anderen Richtung. In Indien zum Beispiel dauert der Sommermonsun von Juni bis Oktober. Er weht aus südwestlicher Richtung und bringt viel feuchte und warme Luft vom Indischen Ozean mit. In dieser → Regenzeit ergießen sich manchmal Unmengen an Regen über das Land. Der Wintermonsun hingegen weht von November bis Februar aus nordöstlicher Richtung und bringt

trockene Luft aus dem Inneren Asiens mit. Eine → Trockenzeit ist die Folge.

Moschee → Islam

Muslim → Islam

Nationalpark
Nationalparks sind Gebiete mit ungewöhnlichen, oft einmaligen Landschaftsformen oder Tieren. Man hat sie unter besonderen Schutz gestellt, um sie vor Zerstörung zu bewahren. Pflanzen dürfen nicht gepflückt, Tiere nicht gejagt, die Landschaften also vom Menschen nicht verändert werden.

Nobelpreis
Der Nobelpreis geht auf den Chemiker Alfred Nobel zurück und ist die bedeutendste Auszeichnung für Wissenschaftler auf den Gebieten der Physik, Chemie, Medizin oder Physiologie und Wirtschaftswissenschaften. Zudem wird jährlich ein Schriftsteller mit dem Nobelpreis für Literatur gewürdigt und eine Persönlichkeit, die sich auf besondere Weise politisch engagiert hat, mit dem Friedensnobelpreis ausgezeichnet.

Nomaden
Nomaden sind Menschen, die an keinem festen Ort wohnen. Sie leben meist in Zelten, die schnell auf- und abbaubar sind. Viele sind Viehzüchter oder Jäger. Es gibt Vollnomaden, bei denen die ganze Sippe umherzieht, und Halbnomaden, bei denen nur ein Teil der Gruppe mit den Tieren von Weideplatz zu Weideplatz zieht.

Oase
Oasen sind fruchtbare Stellen mitten in Wüsten. Das Wasser, das die Grundlage für eine Oase bildet, stammt meist aus Quellen oder Brunnen, die von Wasservorkommen gespeist werden, die tief unter der Erdoberfläche liegen.

Osmanisches Reich
Das Osmanische Reich bestand von 1299 bis 1923. Es erstreckte sich von der Halbinsel Krim in der heutigen Ukraine über den Nahen Osten bis nach Ungarn, zudem bis nach Nordafrika. Im Laufe des 18. und 19. Jahrhunderts wurde es durch Kriege immer kleiner. Die heutige Türkei ist sein Nachfolgestaat.

Ostafrikanisches Grabensystem
Das ostafrikanische Grabensystem entstand dadurch, dass aus dem Erdinneren große Mengen glutflüssiges Magma nach oben drang. Dadurch dehnt sich die Erdkruste und reißt zuweilen auf. Folge ist eine Art Riss in der Erdkruste, den man auf der Karte richtig gut erkennen kann. Im Norden besteht er aus zwei Ästen: aus dem Ostafrikanischen Graben und dem Zentralafrikanischen Graben. Entlang dieser Dehnungszone entstanden vor Millionen von Jahren sowohl gigantische Vulkane als auch riesige lang gestreckte Senken, die sich mit Wasser füllten: eine Seenkette entstand.

Parlament
Das Wort „Parlament“ bedeutet so viel wie „Volksvertretung“. In den meisten Ländern, in denen eine → Demokratie herrscht, wählen die Bürger ihre Volksvertreter oder Abgeordneten. Sie bilden das Parlament. Es diskutiert und beschließt neue Gesetze und kontrolliert die Arbeit der Regierung. In Deutschland heißt das Parlament Deutscher Bundestag.

Passatwind
Der Passatwind tritt in den Tropen rund um den Erdball auf. Auf der Nordhalbkugel weht der Nordostpassat, auf der Südhalbkugel der Südostpassat. Kommen die Winde vom Land, sind sie heiß und trocken, wehen sie über Meere, können sie dort Wasserdampf aufnehmen und bringen Regen.

Pfahlbauten
Dort, wo Menschen sich vor Feuchtigkeit, Überschwemmungen, Ungeziefer oder Raubtieren schützen müssen, bauen sie ihre Häuser oft auf Pfähle.

Pfahlbau auf den Salomoninseln

Pipeline
Pipelines sind Rohrleitungen, mit denen Erdöl und Erdgas über weite Entfernungen transportiert werden.

Plantage
Plantagen sind große landwirtschaftliche Betriebe. Typisch für Plantagen ist, dass nur ein einziges Produkt – etwa Kaffee oder Baumwolle – in großer Menge angebaut wird. Oft wird es dann ins Ausland verkauft.

Pole
Dort, wo die Erdachse die Erdkugel durchsticht, liegen die Pole: im Norden der Nordpol, im Süden der Südpol. Der Nordpol liegt – von einer dicken Eisschicht bedeckt – mitten im arktischen Nordpolarmeer. Der Südpol liegt auf

dem Festland der Antarktis. Die Sonnenstrahlen treffen an den Polen sehr schräg auf die Erde. Deshalb ist es dort kälter als in den anderen Regionen der Welt.

Provinz
Als Provinz wird ein größeres Gebiet bezeichnet, das unter staatlicher, manchmal auch kirchlicher Verwaltung steht.

Regenwald
Regenwälder kommen dort vor, wo es besonders feucht ist und meist täglich regnet. Das ist in tropischen Gebieten, aber auch in gemäßigten Breiten wie an der Westküste Nordamerikas der Fall. Regenwälder sind sehr üppig. Ihre Tier- und Pflanzenwelt ist sehr vielfältig.

Regenzeit
Als Regenzeit bezeichnet man eine Zeit im Jahr mit regelmäßigem und reichlichem Niederschlag. Es gibt sie vor allem in den → Tropen. Auslöser ist die Sonnenstrahlung, die in diesen Regionen steil einfällt. Dadurch verdampft Wasser, was zu Wolkenbildung führt.

Republik
In einer Republik darf das Volk mitbestimmen und seine Volksvertreter selbst wählen. Republiken sind also eigentlich demokratische Staatsformen. Es gibt jedoch auch Länder, die sich Republik nennen, aber nicht demokratisch sind.

Riff → Atoll

Sahelzone
Die Sahelzone liegt in Afrika südlich der Wüste Sahara. Sie ist eine Halbwüste und erstreckt sich von West nach Ost über den ganzen Kontinent von Senegal bis nach Somalia. In dieser riesigen Zone ist Ackerbau kaum möglich.

Salzsee
Salzseen sind abflusslose Seen in Trockengebieten oder Wüsten. Sie entstehen dadurch, dass das Wasser der zufließenden Flüsse durch die Sonneneinstrahlung schnell verdunstet. Zurück bleiben die Mineralsalze, die das Flusswasser auf seinem langen Weg durch die Berge gelöst hat. In manchen Salzseen ist der Salzanteil im Wasser zehnmal so hoch wie in den Ozeanen.

Savanne
Savannen sind große Graslandschaften, die meist von einzelnen Bäumen und Sträuchern durchsetzt sind. Sie sind der Lebensraum vieler Tiere wie Elefanten, Giraffen oder Löwen.

Sorghum → Hirse

Sowjetunion (UdSSR)
Die Sowjetunion ging nach einer großen Revolution 1918 aus dem mächtigen russischen Zarenreich hervor. Sie bestand aus 15 sogenannten Sowjetrepubliken, darunter auch Russland. Die UdSSR (Union der sozialistischen Sowjetrepubliken) war 1991 das größte Land der Erde. Nach 1991 zerfiel sie in heute unabhängige Republiken.

Sozialismus
Die Bewegung des Sozialismus entstand zu Beginn des 19. Jahrhunderts, als es viele arme Arbeiter und wenige, sehr reiche Fabrikbesitzer gab. Dies empfanden die Menschen als ungerecht. Der Sozialismus tritt für Gleichheit und Gerechtigkeit für alle Menschen ein. Eine Abspaltung und gleichzeitig Verstärkung des sozialistischen Gedankens ist der **Kommunismus**, der lange Zeit in der → Sowjetunion die treibende Lehre war. Dort gab es kaum Privatbesitz, alles sollte allen gehören: Fabriken, landwirtschaftliche Betriebe, Verkehrsbetriebe. Das Leben wurde dadurch sehr stark vom Staat vorgegeben und kontrolliert.

Steuern
Steuern sind Gelder, die von den Bürgern an den Staat abgegeben werden. Damit bezahlt der Staat seine Beamten, baut Schulen oder Straßen.

Subtropen → Tropen

Sultan
Ein Sultan ist ein islamischer Herrscher und entspricht etwa einem König. Sein Herrschaftsgebiet ist das Sultanat.

Taifun → Hurrikan

Talmud → Judentum

Taro
Taro ist eine großblättrige Pflanze, die in den → Tropen und Subtropen angebaut wird und vor allem in Westafrika, aber auch in Südostasien und Ozeanien ein Grundnahrungsmittel ist. Vor allem die Wurzelknollen werden gegessen, müssen jedoch vorher gekocht werden. Die jungen Blätter und Stiele der Pflanze können wie Spinat zubereitet werden.

Taropflanze

Thora → Judentum

Tradition
Unter Tradition versteht man die Weitergabe von Erfahrungen, Sitten und Bräuchen eines Volkes. All das wird durch die Gemeinschaft, meist durch die Familie von einer Generation an die andere weitergegeben.

Trikolore
Eine Trikolore ist eine dreifarbige Nationalflagge. Meistens ist damit die blau-weiß-rote Flagge Frankreichs gemeint, die auch als Symbol für Freiheit steht, da sie kurz nach der Französischen Revolution, dem Kampf für mehr Freiheit in Frankreich, entstand.

Trockenzeit
Als Trockenzeit wird die regelmäßig wiederkehrende Zeit bezeichnet, in der es in den → Tropen und Subtropen wenig oder gar nicht regnet. Nach der Trockenzeit folgt eine → Regenzeit.

Tropen
Unter Tropen versteht man Gebiete zu beiden Seiten des → Äquators. Dort steht die Sonne das ganze Jahr sehr hoch am Himmel. Dadurch ist die Verdunstung hoch, Wolken bilden sich und regnen sich wieder ab. Deshalb wächst in dieser Region auch tropischer → Regenwald. Mit zunehmender Entfernung vom Äquator gehen die Tropen in die sogenannten **Subtropen** über. Dort fällt die Sonne etwas flacher ein und das Klima ist nicht mehr so schwül und heiß, zuweilen sogar trocken. Das Mittelmeer liegt beispielsweise in den Subtropen.

Tropenholz
Der Begriff Tropenholz bezieht sich auf die in den tropischen → Regenwäldern wachsenden **Edelhölzer**. Zu ihnen zählen Mahagoni, Ebenholz, Teak oder Palisander. Ihre Maserungen und Farben sehen besonders schön aus, außerdem fehlen ihnen die Jahresringe, weil es in den → Tropen keine Jahreszeiten gibt. Die Hölzer gelten als besonders wertvoll.

Tropenkrankheiten
Zu den Tropenkrankheiten gehören zum Beispiel die **Malaria** und das **Gelbfieber**. Die Malaria ist die häufigste Tropenkrankheit, an der im Jahr 300 Millionen Menschen erkranken. Die Krankheiten werden durch die Stiche bestimmter Insekten übertragen und gehen immer mit hohem Fieber einher. Werden die Krankheiten nicht behandelt, kann man daran sterben.

Unabhängigkeit
Ein Land genießt Unabhängigkeit, wenn es sich selbst regiert und von anderen als unabhängiger Staat angesehen wird. In den letzten zwanzig Jahren haben viele Staaten ihre Unabhängigkeit erklärt. Vorher waren sie Teil eines größeren Staates.

UNESCO
Die UNESCO ist Teil der → Vereinten Nationen und wurde 1945 gegründet. Eine ihrer Aufgaben ist es, vor allem Kindern, aber auch Erwachsenen auf der ganzen Welt zu helfen, eine Schule zu besuchen. Eine weitere Aufgabe ist es, das Kultur- und Naturerbe der Erde zu schützen.

UNO → Vereinte Nationen

Vereinte Nationen
Die Organisation der Vereinten Nationen (auf Englisch „United Nations Organization", kurz **UNO**) wurde 1945, also kurz nach dem Zweiten Weltkrieg gegründet. Damit wollte man verhindern, dass sich ein solcher Weltkrieg wiederholt. Heute sind fast alle Länder der Welt Mitglied der UNO. Sie setzt sich für den Weltfrieden, für Sicherheit, ein freundschaftliches Miteinander der Länder und für die → Menschenrechte ein. In Staaten, in denen diese Ziele gefährdet sind, werden international zusammengesetzte UN-Friedenstruppen eingesetzt, die sogenannten Blauhelme.

Wadi
Wadis sind trocken gefallene Flusstäler, die nur nach starken Regenfällen Wasser führen. Das Wort stammt aus der arabischen Sprache.

Zuckerrohr
Zuckerrohr wird vor allem in den Tropen angebaut. Die Halme können 5 cm dick und über 4 m hoch werden. Aus Zuckerrohr kann man Zucker herstellen. In vielen Ländern nutzt man die Pflanze aber auch als Viehfutter oder als Kraftstoff für Autos.

Zuckerrohr gehört wie unser Schilf zu den sogenannten Süßgräsern.

Zweiter Weltkrieg
Der Zweite Weltkrieg dauerte von 1939 bis 1945. Er begann damit, dass deutsche Soldaten in das benachbarte Polen einmarschierten. Unter der Führung des Diktators Adolf Hitler wollte Deutschland groß und mächtig werden. Ihm zur Seite standen Verbündete, Italien und Japan. Gegner waren die Vereinigten Staaten von Amerika, die → Sowjetunion, Großbritannien und Frankreich. Deutschland eroberte viele Länder, seine Gegner konnten die Gebiete aber nach und nach wieder befreien, bis Deutschland den Krieg 1945 aufgab.

REGISTER

A

Abidjan *104*
Aborigines *200, 201, 202, 203*
Abu Dhabi *144*
Abu Simbel *88*
Abuja *107*
Accra *104*
Addis Abeba *136, 139*
Adelsberger Grotten *63*
Affenbrotbaum *98*
Afghanistan *164*
Afrikaans *117*
Afrikanischer Nationalkongress (ANC) *118, 119*
Agadès *92*
Agaven *224*
Agent Orange *187*
Ägypten *88–89*
Ahaggar *84*
Ahorn *216*
Ai *230*
Aids *137*
Akaba *148*
Akropolis *55*
Albaner *60*
Albanien *58*
Alexander der Große *57*
Algerien *84*
Algier *84*
Alhambra *77*
Alkmaar *22*
Alpakas *233, 237*
Alpen *64, 66, 67, 72, 73*
Alpen, Dinarische *59, 61, 62, 63*
Alpen, Julische *63*
Alphorn *67*
Altai *163*
Amazonas *214, 235, 237, 243*
Amman *148*
Ampel *24*
Amsterdam *22*
Anakondas *245*
ANC *118, 119*
Anden *214, 232, 233, 235, 236, 237, 240*
Andorra *76*
Andorra la Vella *76*
Angelfall *246*
Angkor Vat *188*
Anglerfische *258*
Angola *116*
Ankara *51*
Antananarivo *126*
Antarktis *236, 257*
Antigua und Barbuda *250*
Antilopen *123*
Apartheid *118, 119*
Apia *205*
Äquator *110, 111, 112, 133*
Äquatorialguinea *110*
Arabisch *147*
Aralsee *160*
Argentinien *239–240*
Arktis *140, 217, 256*
Armenien *156*
Armstrong, Neil *40*
Aruak *249*
Arusha *130*
Asado *239*
Aschchabad *159*
Aserbaidschan *158*
Ashanti *104*
Asmara *138*
Assalsee *139*
Assuan *88, 90*
Astana *161*
Asterix und Obelix *73*
Asunción *238*
Atacamawüste *236*
Atatürk, Mustafa Kemal *52*
Athen *55, 56*
Äthiopien *136*
Ätna *69*
Atoll *169, 198, 206, 213*
Atomium *21*
Atomwaffen *161, 180*
Auslegerboot *198, 210*
Australien *198, 199, 200–202*
Ayers Rock *202*
Azteken *223, 225*

B

Bab el Mandeb *139*
Babylonien *154*
Bagdad *154*
Bahamas *255*
Bahasa Indonesia *196*
Bahrain *145*
Baikalsee *37, 38*
Baikonur *161*
Bairiki *206*
Baja California *224*
Baku *158*
Balaton *48*
Balearen *78*
Balkan *50*
Balkanhalbinsel *57*
Bamako *95*
Bambara *95*
Bamileke *108*
Bananenstaude *228*
Bandar Seri Begawan *195*
Bandiagara *95*
Bangalore *169*
Bangkok *192*
Bangladesh *166, 171*
Bangui *113*
Banjul *99*
Baobab *98*
Barbados *248*
Bar-Mizwa *150*
Barriereriff → Riff
Basar *51, 52*
Basseterre *250*
Batak *197*
Batista, Fulgenicio *254*
Baumschlangen *121*
Baumstachelratten *231*
Baumsteigerfrösche *246*
Baumwolle *95, 159, 160*
Bauxit *100*
Beduinen *143, 144, 146, 148*
Beilbauchfische *243*
Beinruderer *190*
Beirut *152*
Belém *79*
Belgien *21*
Belgrad *60*
Belize *225*
Belmopan *225*
Bengalische Königstiger *171*
Benin *106*
Berber *82*
Berberaffen *77*
Berg der Kreuze *35*
Berggorillas *132*
Bergkarabach *158*
Bergzebras *119*
Berlin *16*
Bern *66*
Bernstein *35*
Bethlehem *149*
Beuteltiere *200*
Bhutan *172*
Biber *33*
Big Hole *119*
Bikini-Atoll *213*
Binnenschifffahrt *16*
Bioko *111*
Birma *190*
Bischkek *163*
Bisons *36, 220*
Bissagosinseln *100*
Bissau *100*
Blaue Mauritius *128*
Blaufußtölpel *233*
Blue Hole *225*
Bobo-Dioulasso *94*
Bogotá *232*
Böhmen *46*
Bolivien *237*
Bollywood *167*
Bombay *167, 169*
Bonn *16*
Bonobos *80, 114*
Boomslang *121*
Borneo *194*
Bosnien und Herzegowina *61*
Bosporus *51, 53*
Botswana *121*
Bougainville *210*
Bounty *207*
Brahmanen *168*
Brahmaputra *171*
Brasília *243*
Brasilien *243–244*
Bratislava *47*
Bratwurst *18*
Brazzaville *112*
Brennerpass *64*
Brest *36*
Bridgetown *248*
Briefkastenfirmen *66*
Brillenträger-Pinguine *118*
Brisbane *202*
Britisch-Indien *166, 171*
Brotfrucht *206*
Brunei *195*
Brüssel *21*
Buchara *160*
Buckelwale *205, 259*
Budapest *48*
Buddhastatuen *164*
Buddhismus / Buddhisten *170, 172, 174, 175, 176, 190, 192 / 193, 196*
Buenos Aires *239*
Bujumbura *131*
Bukarest *49*
Bulgarien *50*
Bunjeejumping *208*
Buñol *78*
Buntbarsche *124, 131*
Buren *118*
Bürgerkrieg *84, 90, 100, 101, 102, 112, 114, 116, 125, 131, 132, 135, 152, 164, 165, 170, 188, 197, 227, 229*

Burkina Faso *94*
Burren *26*
Burundi *131*
Buschleute *121*
Buskashi *164*
Bwa *94*

C

Cabinda *116*
Cable Car *221*
Cabora-Bassa-See *125*
Calypso *247*
Camargue *74, 75*
Canberra *200*
Cape Canaveral *161, 218*
Capybara *238*
Caracas *246*
Caraga Kids *186*
Carnac *73, 74*
Cäsar (Julius Cäsar) *58, 69*
Casino *72*
Castries *249*
Castro, Fidel *254*
Cays *225*
Ceaucescu, Nicolae *49*
Čevapčići *60*
Ceylon *170*
Cheops *89*
Chicago *220*
Chichicastenango *225*
Chile *236*
Chimborazo *233*
China *175–178*
Chinesisch *177*
Chinesische Mauer *178*
Chinguetti *96*
Chişinău *43*
Chivas *232*
Chiwa *160*
Cholera *115*
Chopi *125*
Christentum *14, 89, 105, 122, 136, 150, 152, 153, 205*
Clownfische *198*
Coco Chanel *73*
Çocuk Bayramı *52*
Colombo *170*
Colón *231*
Comarca Kuna Yala *231*
Comic *21, 73*
Commonwealth *23, 128*
Conakry *100*
Conch-Schnecken *255*
Cortez, Hernando *223*
Costa Rica *230*
Cotonou *106*
Cotopaxi *233*
Crac de Chevaliers *153*
Curare *243*
Currywurst *18*
Cuzco *235*

D

da Gama, Vasco *79*
Dahomey *106*
Dakar *98*
Dalai Lama *175, 176*
Dalap-Uliga-Darrit *213*
Damaskus *153*
Dänemark *29*
Danzig *44*
Datteln *84, 86*
Datumsgrenze *206*
Dau *143*
Daumenklavier *112*
Dayak *194*
DDR *16, 46*
Dekhan-Hochland *169*
Delfine *166, 258, 259*
Demokratie *17, 44, 56, 176, 236, 264*
Demokratische Republik Kongo *112, 114, 123, 131, 132*
Den Haag *22*
Deutschland *16–18*
Dhaka *171*
Dhofar *143*
Día de los Muertos *224*
Diamanten *101, 114, 119*
Didgeridoo *200, 202*
Diktatur / Diktator *36, 40, 49, 149, 154, 159, 180, 188, 229, 236, 254, 265*
Dili *197*
Dinka *90*
Dinosaurier *18, 82*
Disney World *218*
Divali *207*
Djembe *100*
Djenné *95*
Djibouti *139*
Dnjepr *42*
Dobšína *47*
Dodó *128*
Dodoma *130*
Dogon *95*
Doha *145*
Dolomiten *68*
Dominica *249*
Dominikanische Republik *251*
Donau *48*
Douala *108*
Dover *24*
Drachen *172, 178*
Drachenblut *142*
Drachensteigen *164, 181, 183*
Drakensberge *120*
Dreifingerfaultiere *230*
Dronte *128*
Dschambija *142*
Dschingis Khan *179*
Dubai *144*
Dublin *26*
Dubrovnik *62*
Dudelsack *25*
Duduk *156*
Dugongs *145*
Durmitor *59*
Dürre *135*
Duschanbe *163*
Dzongkha *172*
Dzongs *172*

E

Ebene der Tonkrüge *189*
Ecuador *233*
Edam *22*
Eiffelturm *73*
Einbaum *124*
Eisbären *256*
Eiscreme *69*
Eishockey *216*
Eishotel *31*
El Pato *240*
El Salvador *227*
El Silbo *78*
Elbursgebirge *155*
Elche *30*
Elefanten *98, 116, 130, 170, 189*
Elfen *27*
Elfenbeinküste *103*
Elfstedentocht *22*
Emir *144*
Eniwetok-Atoll *213*
Ensete *136*
Entdeckerdenkmal *79*
Erdbeben *51, 59, 156, 159, 170, 178, 184, 185, 197, 221, 229*
Erdgas *28, 41, 84, 87, 103, 107, 143, 144, 145, 158, 159, 195, 217*
Erdnüsse *98, 99*
Erdöl *28, 84, 87, 103, 106, 107, 111, 112, 116, 143, 144, 145, 146, 147, 154, 158, 159, 195, 217, 246*
Erdplatten *27, 51, 89, 131, 136, 156, 185, 197, 221, 258*
Eritrea *138*
Erzgebirge *47*
Esala Perahera *170*
Eskimos *29, 217*
Estland *33*
Etoshapfanne *117*
Euphrat *153, 154*
Euro-Münzen *70*
Europäische Union *15, 20, 21*
Eurotunnel *24*
Everglades *218*
Ewe *104, 105*
EXPO *21, 73*

F

Falafel *152*
Falken *144*
falsche Banane *136*
Fata Morgana *86*
Faultiere *230*
Federgeld *208*
Feldhockey *136*
Ferkelratten *253*
Ferrari *68*
Fès *82*
Festival des Meeres *208*
Feuerland *231, 236, 240*
Fiaker *65*
Fidschi *207*
Filmfestival, afrikanisches *94*
Finnland *32*
Fjorde *28*
Flamenco *78*
Flämisch *21*
Flandern *21*
fliegende Fische *248*
Flüchtlinge *115*
Flusspferde *109, 121*
Flutwelle → Tsunami
Formel-1-Rennen *68, 72, 145*
Fouta Djalon *100*
Frankreich *72–74*
Freetown *101*
Fregattvögel *213*
Friedensnobelpreis *31, 44, 176*
Fujijama *183*
Fulbe *94, 100, 107*
Funafuti *206*
Fürstentum *66, 72, 76*
Fußball *25, 108, 132, 155, 239, 241, 244*

G

Gaborone *121*
Gabun *111*
Gagarin, Juri *40, 161*
Galápagos *233*
Gambia (Fluss) *99, 100*
Gambia (Land) *99*
Gämsen *14*
Ganda *133*
Gandhi, Mahatma *168*
Ganges *168, 171*
Ganvié *106*
Gaucho *240*
Gazastreifen *150*

Gebetsfahnen *140, 172*
Gebetsmühlen *172*
Genna *136*
Georgetown *245*
Georgien *157*
Gesichtsschleier *92*
Gewaltherrschaft → Diktatur
Gewürzvanille *126*
Geysir *27*
Ghana *104*
Gibraltar *77*
Giftschlangen *188, 192*
Ginseng *181*
Giraffen *81, 92, 114, 119, 121, 134*
Giseh *88, 89*
Gletscher *27, 28, 31, 47, 64, 163, 169, 199, 224, 240, 256, 257*
Gobi *179*
Golanhöhen *153*
Golden Gate *214, 221*
Goldhamster *153*
Goldlanguren *172*
Golfstrom *14, 24, 29, 259*
Goliath-Vogelspinne *244*
Goma *132*
Gorbatschow, Michail *17, 40*
Gorée (Île Gorée) *98*
Gorillas *108, 113, 114, 132*
Göttersagen *55*
Gouda *22*
Gozo *71*
Graf Dracula *49*
Granada *77*
Grand Canyon *221, 274*
Grauwale *224*
Grenada *247*
Griechenland *55–56*
Griechisch *56*
Grillfest *239*
Grönland *256*
Großbritannien und Nordirland *23–25*
Grottenolme *63*
Grüne Insel *26*
Guaraní *238*
Guatemala *226*
Guinea *100*
Guinea-Bissau *100*
Gulyás (Gulasch) *48*
Gummi *102, 244*
Guyana *245*

H

Haddsch *147*
Haggis *25*
Hagia Sophia *51*
Haiti *252*
Haka 204
Halbaffen *126*
Hallein *65*
Halligen *18, 19*
Hallstatt *65*
Hammerfest *28*
Handy-Weitwurf-Weltmeisterschaften *32*
Hanoi *187*
Hanse *34*
Harare *122*
Hausa *107*
Havanna *254*
Hawaii *221*
Hebräisch *149*
Heimaey *27*
Helsinki *32*
Henna *82*
Herzegowina *61*
Heuschrecken *92, 93*
Highland Games *25*
Himalaja *166, 169, 172, 174*
Hina Matsuri *183*
Hindi *168*
Hinduismus / Hindus *128, 166–168, 170, 174, 196, 207, 245, 270*
Hindukusch *164*
Hirse *94*
Hisbollah *152*
Hitler, Adolf *16, 149*
HIV *137*
Hochlandrinder *25*
Hochlandspiele *25*
Hoggar *84*
Holi-Frühlingsfest *168*
Hollywood *167, 221*
Holmenkollen *28*
Honduras *228*
Hongkong *177*
Honiara *208*
Hotspot *111*
Hummer *218*
Hurrikan *218, 225*
Hurtigrute *28*
Hurvínek *46*
Husain, Saddam *154*
Hutu *131, 132*

I

Ifugo *186*
Iglu *217*
Iguazú *240*
Ilulissat *29*
Indianer / Indios *216, 220, 233, 244, 245, 249, 254*
Indien *167–169*
Indonesien *196–197*
Indus *166*
Indusdelfine *166*
Ingwer *207*
Inka *235, 237*
Inlesee *190*
Innsbruck *65*
Inuit *217, 29*
Inuktitut *217*
Iquitos *243*
IRA *25*
Irak *146, 153, 154*
Iran *155*
Irawadi-Fluss *190*
Irland *26*
Irokesen *216*
Islam *147, 150*
Islamabad *166*
Island *27*
Israel *149–150*
ISS *161, 219*
Issykkul *163*
Itaipú *238*
Italien *68–69*

J

Jaguare *225, 228*
Jaguarundis *225*
Jainas *167*
Jakarta *196*
Jamaika *253*
Jamaika-Ferkelratten *253*
Jamaika-Ohreulen *253*
Jams *105, 208, 210*
Jangtsekiang *177*
Jánošik, Juraj *47*
Japan *183–184*
Japanisch *184*
Jazz *219*
Jebel Ali *144*
Jemen *142*
Jerewan *156*
Jerusalem *149, 150*
Jiddisch *150*
Jing-Ping *249*
Joghurt *50*
joiken *32*
Jordan *148, 153*
Jordanien *148*
Judentum *150*
Jukkasjärvi *30*
Jurte *163, 179*
Jütland *29*

K

K2 *166*
Kaaba *147*
Kabeljau *79*
Kabul *164*
Kabylei *84*
Kaffee *65, 128, 133, 136, 138*
Kairo *88*
Kaiseramazonen *249*
Kaiserpinguine *257*
Kaiserschmarrn *65*
Kakao *103, 225*
Kakum-Nationalpark *104*
Kalahari *121*
Kalkterrassen *52*
Kalligrafie *183*
Kalter Krieg *40*
Kälterekord *37*
Kambodscha *188*
Kamele *87, 96, 138, 144, 148, 233, 237*
Kamerun *108*
Kamerunberg *108, 110*
Kampala *133*
Kanada *216–217*
Kanal von Korinth *56*
Kanarische Inseln *78*
Kandy *170*
Kängurus *200, 201*
Kannibalismus *207*
Kaolin *120*
Kap Agulhas *118*
Kap der Guten Hoffnung *118*
Kap Hoorn *236*
Kap Verde *99*
Karakale *161*
Karakorum *169*
Karakul *160*
Karakum *159*
Karawanen *87, 92, 95, 96, 143*
Kariben *248, 249*
Karneval *219, 244, 247*
Karpaten *49*
Karstlandschaft *63*
Karthago *86*
Kartoffel *26, 237*
Kartoffelfäule *26*
Kasachstan *161*
Kaschmir *166*
Käse *22, 67, 73*
Kasematten *20*
Kaspisches Meer *140, 157, 159*
Katar *145*
Kathmandu *174*
Kattas *126*
Kaugummi *195*
Kaukasus *156, 57*
Kautschuk *102, 244*
Kaviar *158*
Kawa *205*
Keilschrift *154*
Kenia *134*
Kente-Tücher *104*
Ketschua *233*
Khartoum *90*

Khmer *188*
Khyberpass *164*
Kibbuz *149*
Kiew *42*
Kigali *132*
Kilimandscharo *130*
Kimberley *119*
Kimono *184*
Kindersoldaten *101, 114*
Kinderwald *230*
King, Martin Luther *219*
Kingston *253*
Kingstown *248*
Kinshasa *114*
Kirgistan *163*
Kiribati *206*
Kiruna *30*
Kisuaheli → Suaheli
Kiwi *204*
Kleidervorschrift *155*
Klimaforscher *257*
Klöster *172, 176*
Knäckebrot *31*
Koalas *200*
Kochbanane *133, 246*
Kodomono-Hi *183*
Kogi *232*
Koka / Kokain *232, 237*
Kokospalme *129*
Kolchisebene *157*
Kolibris *227*
Kolosseum *69*
Kolumbien *232*
Kolumbus, Christoph *218, 230, 250, 251, 254, 255*
Kommunismus *36, 40, 47, 58, 60, 175, 176, 177, 180, 185, 188, 229, 254*
Komoren *129*
Kondor *235*
Kongo (Fluss) *112, 114*
Kongo → Republik Kongo oder Demokratische Republik Kongo
Königreich → Monarchie
Königskobra *188*
Kopenhagen *29*
Kopernikus, Nikolaus *45*
Kopet-Dag *159*
Kopten *89*
Korallenriff → Riff
Korea → Nord-Korea oder Süd-Korea
Korkeichen *79*
Kosaken *42*
Kosovo *60*
Kotor *59*
Krabben *125*
Kragenechsen *200, 201*
Krakau *45*
Krebs (Krankheit) *42, 161, 202*
Krebstiere *38, 198, 206, 257, 258, 259*
Kreml *39*
Kreol *252*
Kreuzritter *153*
Kricket *23*
Krim *42*
Kroatien *62*
Krokodile *101, 197*
Kronenkraniche *133*
Kruger-Nationalpark *119*
Krummdolch *142*
Kuala Lumpur *194*
Kuba *254*
Kudus *123*
Kula-Ring *210*
Kung-Fu *176*
künstlicher Fluss *87*
Kupfer *54, 64, 114, 123, 156, 210, 217, 236*
Kupfergürtel *123*
Kurden *52, 154*
Kurische Nehrung *35*
Kuwait *146, 154*

L

La Gomera *78*
La Paz *237*
La Silla *236*
Labé *100*
Lacrosse *216*
Lagos *107*
Lakota *220*
Lalibela *136*
Lamas *233, 237*
Lambaréné *111*
Landminen *116, 125, 170, 188*
Lanzarote *78*
Laos *189*
Laotische Felsenratten *189*
Lappland *32*
Lausitz *18*
Legoland *29*
Lemuren *126*
Lenin, Wladimir *39, 40*
Leoparden *106, 130*
Lesotho *120*
Lettland *34*
Lëtzebuergsch *20*
Lhasa *175*
Libanon *152*
Liberia *102*
Libreville *111*
Libyen *87*
Liechtenstein *66*
Lilongwe *124*
Lima *235*
Lincoln, Abraham *219*
Lindgren, Astrid *30, 31*
Lipizzaner *63*
Lissabon *79*
Litauen *35*
Litauisch *35*
Livingstone (Stadt) *122, 123*
Livingstone, David *122, 123*
Ljubljana *63*
Llanfair PG *25*
Lomé *105*
London *23*
Loreley *16*
Los Angeles *221*
Los Campos *241*
Löwen *87, 130*
Luanda *116*
Luchse *47*
Lukaschenko, Alexander *36*
Lumbini *174*
Lusaka *123*
Luxemburg *20*
Luxemburgisch *20*

M

Machu Picchu *235*
Madagaskar *126*
Madrid *76*
Magdeburg *16*
Magellan, Ferdinand *236*
Magellanstraße *236*
Magnetit *30*
Mähren *46*
Mais *224*
Makedonien *57*
Malabo *110*
Malawi *124*
Malaysia *194*
Male *169*
Malediven *169*
Mali *95*
Malta *71*
Malteserschwamm *71*
Mammuts *37*
Managua *229*
Manaus *243*
Mandaraseen *87*
Mandela, Nelson *119*
Mangroven *100, 108, 112, 171, 187, 195, 228*
Manila *186*
Maniok *105*
Manta(rochen) *208*
Maori *204*
Maputo *125*
Marathonlauf *55, 56*
Margays *225*
Mariachi *224*
Marianengraben *258*
Marimba *251*
Marionettentheater *46*
Marokko *82*
Marons *245*
Marrakesch *82*
Marseille *74*
Marshallinseln *213*
Maseru *120*
Maskat *143*
Masken *94, 108, 172*
Massai *134*
Massaua *138*
Masuren *44*
Matetee *240*
Matmata *86*
Matterhorn *67*
Mauren *77, 96*
Mauretanien *96*
Mauritius *128*
Maya *225, 226*
Mbabane *120*
Médénine *86*
Meerwasserentsalzung *71, 146*
Meke *207*
Mekka *147*
Mekong *188/189*
Melekeok *212*
Menam *192*
Menama *145*
Mennoniten *238*
Menschenhandel *43*
Merengue *251*
Mesopotamien *154*
Mexiko *223–224*
Mikronesien *212*
Minen (Sprengkörper) *116, 125, 170, 188, 277*
Minsk *36*
Moskitos *228*
Mississippi *220*
Mittelatlantischer Rücken *27*
Mittelozeanischer Rücken *258*
Mittelpunkt Europas 35
Mittsommerfest *31*
Moçambique *125*
Moctezuma II. *223*
Mogadischu *135*
Mohawk *216*
Molas *231*
Moldau *46*
Moldawien *43*
Mombasa *134*
Monaco *72*
Monarchie *20, 82, 120, 145, 172, 174, 205, 264*
Mondkalender *178*

Mondlandung *40, 67*
Mongolei *179*
Monrovia *102*
Monsun *169, 170*
Monte Carlo *72*
Monte Rosa *67*
Montenegro *59, 60*
Montevideo *241*
Monza *68*
Moroni *129*
Moskau *37–39*
Mosquitoküste *228*
Mostar *61*
Mount Everest *174*
Mountain Zebra Park *119*
Mufflons *54*
Mumien *89*
München *18*
Murmeltiere *67*
Muskatnuss *247*
Muslime / muslimisch (s. auch → Islam) *50, 51, 58, 60, 61, 77, 84, 95, 104, 107, 136, 139, 152, 153, 166, 196*
Myanmar → Birma

N

Naadam-Fest *179*
Nachitschewan *158*
Nacktmulle *135*
Nahuatl *223*
Nairobi *134*
Namenstag *44, 45*
Namib *117*
Namibia *117*
Nashörner *130*
Nashornpelikane *250*
Nashornvögel *102*
Nassau *255*
Nassersee *88, 90*
Nationalpark „W" *92*
Nationalpark Banc d'Arguin *96*
Nationalpark Beloweschskaja Puschtscha *36*
Nationalpark Durmitor *59*
Nationalpark Etosha *117*
Nationalpark Everglades *218*
Nationalpark Gauja *34*
Nationalpark Grand Canyon *221*
Nationalpark Kakum *104*
Nationalpark Kruger *119*
Nationalpark Montechristo *227*
Nationalpark Mountain Zebra Park *119*
Nationalpark Nouabalé-Ndoki *112*
Nationalpark Plitwitzer Seen *62*
Nationalpark Quiçama *116*
Nationalpark Río Platano *228*
Nationalpark Serengeti *130*
Nationalpark Sierra de las Minas *226*
Nationalpark South Luangwa *123*
Nationalpark Tai *104*
Nationalpark Tikal *226*
Nationalpark Triglav *63*
Nationalpark Tsavo *134*
Nationalpark Uluru-Kata Tjuta *203*
Nationalpark Virunga *132*
Nationalpark Yellowstone *220*
Nauru *213*
Naypyidaw *190*
N'Djamena *91*
Ndola *123*
Negev *149*
Nema *96*
Nenzen *41*
Nepal *174*
Neu-Delhi *167*
Neuguinea *196, 210*
Neujahrsfest *159, 178, 181*
Neuseeland *204*
Neusiedler See *64*
New Orleans *219*
New York *218*
Ngorongoro-Krater *130*
Niamey *92*
Nicaragua *229*
Nicaraguasee *229*
Niederkalifornien *224*
Niederlande *22*
Niger (Fluss) *92, 95, 100, 106, 107*
Niger (Land) *92*
Nigeria *107*
Nijasow, Sapamurad *159*
Nikosia *54*
Nil *88, 89, 90, 136*
Nilpferde *109, 131*
Nîmes *74*
Nobelpreis *31*
Nomaden *82, 84, 87, 90, 91, 92, 94, 96, 127, 139, 153, 179, 220*
Nord-Korea *180, 181*
Nordlicht *32*
Nordzypern *54*
Noruz *159*
Norwegen *28*
Norwegisch *28*
Nouabalé-Ndoki-Nationalpark *112*
Nouakchott *96*
Nouc mam *187*
Nueva Canción *227*
Nuku'alofa *205*

O

Oase *84, 86, 87, 92, 159, 160*
Obervolta *94*
Ogoni *107*
Ohridsee *57*
Oimjakon *37*
Okapis *114*
Okawango *121*
Oktoberrevolution *39*
Oldtimer *254*
Olympische Spiele *55*
Oman *143*
Orang-Utans *194, 196*
Oromo *136*
Oryx-Antilopen *143*
Oslo *28*
Osmanisches Reich *51*
Ostafrikanisches Grabensystem *124, 134, 136*
Osterfest *42, 50*
Österreich *64–65*
Ostpakistan *166, 171*
Ostsee *29, 34*
Osttimor *197*
Ottawa *216*
Ötzi *64*
Ouagadougou *94*
Ozeane *258, 259*
Ozelots *225*
Ozonloch *202*

P

Pagan *190*
Pagoden *190, 194*
Pakistan *166, 171*
Palästinensische Autonomiegebiete *150*
Palau *212*
Palikir *212*
Palmendiebe *206*
Palolo *205*
Pamir *163*
Pampas *239, 240*
Pampashirsche *241*
Pamplona *77*
Pamukkale *52*
Panama *231*
Panamakanal *231*
Panamericana *230, 231, 236*
Pandas (Pandabären) *178, 190*
Panther *228*
Papageien *249*
Papageitaucher *27*
Paprika *48*
Papst *44, 70*
Papua *210*
Papua-Neuguinea *210*
Paraguay *238*
Paramaribo *245*
Parias *168*
Paris *72, 73*
Patagonien *240*
Paviane *118, 119*
Peking *175, 176*
Peleponnes *55, 56*
Pelikane *250*
Pentecost *208*
Perlen *145*
Persianer *160*
Persischer Golf *144, 276*
Peru *235*
Petra *148*
Petronas Towers *194*
Pfahlbauten *106, 194, 197*
Pfeilgift *121, 243, 246*
Pfeilgiftfrösche *246*
Pfeilwurz *248*
Pferde *63, 75, 161, 179, 232, 240*
Pharaonen *88, 89*
Philippinen *186*
Phnom Penh *188*
Phönizier *86, 87, 152*
Phosphat *105, 213*
Pillendreher *88, 89*
Pilsen *46*
Pinatubo *186*
Pinguine *240, 257*
Pinnawela *170*
Pinochet, Augusto *236*
Pinselohrschweine *104*
Pippi Langstrumpf *30, 31*
Piranhas *243*
Piraten *249, 252*
Piräus *56*
Pjöngjang *180*
Planica-Tal *63*
Plankton *259*
Plantage *102, 103, 105, 110, 128, 133, 227, 228, 252*
Plattensee *48*
Plitwitzer Seen *62*
Podgorica *59*
Pointe-Noire *112*
Poker *155*
Pol Pot *188*
Polarkreis *27, 28, 30, 40, 256*
Polarlicht *32*
Polarstern *256*
Polen *44–45*
Pommes frites *21*
Pompeji *69*
Pont du Gard *74*
Popocatépetl *223, 224*
Pörkölt *48*
Port Louis *128*

Port Moresby *210*
Port of Spain *247*
Port Vila *208*
Port-au-Prince *252*
Porto Novo *106*
Portugal *79*
Postschiff *28*
Potala *175*
Prag *46*
Praia *99*
Prärie *220*
Provence *74*
Puerto Rico *218*
Pumas *225, 233*
Purpurschnecken *152*
Puszta *48*
Pygmäen *108, 113*
Pyramiden *88, 89, 90*
Pyrenäen *72, 76, 77*

Q

Qat *142*
Quallen *202, 212*
Quastenflosser *129*
Quebec *217*
Quetzal *225*
Quiçama-Nationalpark *116*
Quipu *235*
Quito *233*

R

Rabat *82*
Raben *23*
Radioaktivität *42*
Rallye Dakar *100*
Raspado *232*
Rastafari *253*
Rätoromanisch *66*
Ratten *189, 231, 253*
Raumfahrt *40, 161, 218*
Reggae *253*
Reichstagsgebäude *17*
Reis *126, 171, 189*
Reisterrassen *186*
Rennrodeln *34*
Republik Kongo *112, 114*
Revolution, Samtene *47*
Revolution, Singende *33*
Reykjavik *27*
Rhein *16, 22*
Rhône *74*
Riad *147*
Riese *35, 45*
Riesengebirge *45*
Riesengleithörnchen *195*
Riesenotter *245*
Riesentrappen *130*
Riesin Neringa *35*
Riff *89, 128, 169, 202, 207, 213, 225, 250, 255, 258*
Rifting *131*
Riga *34*
Rikscha *169*
Rila-Gebirge *50*
Rinder *25, 37, 90, 134, 174, 238, 240*
Rio de Janeiro *244*
Río de la Plata *241*
Río Orinoco *246*
Roadtrain *200, 201*
Robben *240, 256, 257*
Roboterhund *184*
Rochen *100, 208*
Rocky Mountains *220*
Rom *68, 69, 70*
Roquefort *73*
Roseau *249*
Rotes Meer *89*
Rotterdam *22*
Ruanda *132*
Rübezahl *45*
Rugby *155, 204*
Rumänien *49*
Russisch *40*
Russland *37–40*
Russlanddeutsche *161*

S

Saemangeum *181*
Safari *134*
Sägerochen *100*
Sahara *84, 87, 91, 92, 95, 96, 97*
Sahelzone *80, 91, 92*
Sahraoui *85*
Saint George's *247*
Saint John's *250*
Saint Kitts und Nevis *250*
Saint Lucia *249*
Saint Patrick's Day *26*
Saint Vincent und die Grenadinen *248*
Salomoninseln *208*
Salpeter *236*
Salz *92, 134, 139, 148*
Salzbergwerk *45, 65*
Salzsee *86, 139, 237*
Samana Cay *255*
Samarkand *160*
Samba *244*
Sambesi *122, 123, 125*
Sambia *123*
Samoa *205*
San *121*
San Francisco *221*
San José *230*
San Marino *70*
San Salvador (Insel) *255*
San Salvador (Stadt) *227*
Sanaa *142*
San Blas Archipel *231*
Sandottern *61*
Sängerfeste *33*
Sango *113*
Sankt Petersburg *40*
Santiago de Chile *236*
Santo Domingo *251*
Santorin *56*
São Tomé *110*
São Tomé und Príncipe *110*
Sarajevo *61*
Sarandë *58*
Särge *104*
Sari *167*
Saudi-Arabien *147*
Sauna *32*
Savanne *121*
Save *62*
Schafscherweltmeisterschaft *204*
Schanghai *177*
Schären *31*
Schimpansen *80, 108, 112, 114*
Schleier *92, 142, 146, 155, 164*
Schlittenhunde *256*
Schlittschuhläufer *22*
Schlitzrüssler *251*
Schmetterlinge *185, 230*
Schnabeltiere *201*
Schnecken *255*
Schneeeulen *37*
Schneeleoparden *163*
School of the Air *200*
Schopfhühner *243*
Schrift *154*
Schriftzeichen *183, 184*
Schule der Luft *200*
Schule unter freiem Himmel *227*
Schwarzes Meer *50*
Schweden *30, 31*
Schweitzer, Albert *111*
Schweiz *66–67*
Schweizergarde *70*
Schwimmende Märkte *192*
Schwyzerdeutsch *67*
Seam Riep *188*
Seekarten *213*
Seekühe *145*
Seepferdchen *186*
Seewespen *202*
Ségou *95*
Seide *176*
Seidenstraße *160*
Semipalatinsk *161*
Senegal (Fluss) *100*
Senegal (Land) *98*
Seoul *181*
Serbien *59, 60*
Serengeti *130*
Sewansee *156*
Seychellen *129*
Seychellennuss *129*
Seychellen-Riesenschildkröten *129*
Sherpa *174*
Šiauliai *35*
Sibirien *37, 140*
Sibirische Tiger *37, 140*
Siebenbürgen *49*
Sierra de las Minas *226*
Sierra Leone *101*
Sierra Nevada *76*
Sifakas *126*
Sigulda *34*
Simbabwe *122*
Sinai *89*
Sindbad *143*
Singapur *195*
Singhalesen *170*
Skarabäus *88, 89*
Ski fahren *28*
Skischanze *63, 65*
Sklaven *98, 99, 101, 102, 110, 116, 128, 139, 219, 220, 245, 246, 252, 254*
Skopje *57*
Skorpion *148*
Slowakische Republik *47*
Slowenien *63*
Smetana, Friedrich *46*
Sofia *50*
Sohar *143*
Sokotra *142*
Solidarność *44*
Somalia *135*
Somoza, Anastasio *229*
Sonnenwind *32*
Sonshan-Gebirge *176*
Sorben *18*
Soroca *43*
Sotho *120*
Soweto *119*
Sowjetunion *17, 33, 34, 35, 36, 40, 43, 44, 47, 60, 157, 158, 159, 161, 180, 187, 229, 254*
Spaceshuttle *218*
Spanien *76–78*
Spanisch *77*
Spejbl *46*
Spitzmaulnashörner *123*
Spurweite *36*
Sputnik 1 *40, 161*
Sranantongo *245*
Sri Lanka *170*
Stabkarten *213*

Stalin, Josef *40*
Stanley, Henry *114*
Staudamm / Staumauer *65, 88, 104, 120, 122, 125, 172, 178, 238*
Steelbands *247*
Steingeld *212*
Steinkreise/Steinblöcke *24, 74*
Stelzenfischer *170*
Steppe *161, 164, 179, 240*
Steppenzebras *130*
Sternwarte *236*
St.-Lorenz-Strom *216*
Stockholm *30*
Stonehenge *24*
Stör *158*
Streifenhyänen *139*
Streifenkiwis *204*
Stummelaffen *108*
Suaheli *129, 133, 134*
Sucre *237*
Südafrika *118–119*
Sudan *90*
Süd-Korea *180, 181*
Suezkanal *89*
Sultanat *195*
Sumatranashörner *194*
Sumerer *154*
Sundarbans *171*
Suomi *32*
Suppenrestaurant *187*
Suriname *245*
Suva *207*
Swakopmund *117*
Swasi *120*
Swasiland *120*
Sydney *202*
Syrien *153*

T

Tabak *254*
Tadschikistan *163*
Taifun *185*
Taiga *37*
Tai-Nationalpark *104*
Taipeh *185*
Taipeh 101 *185*
Taiwan *185*
Taj Mahal *167*
Taki-Taki *245*
Taliban *164*
Tallinn *33*
Tamaschek *84*
Tamilen *170*
Tanganjikasee *131*
Tango *239*
Tansania *130*
Taoudenni *95*
Tapas *76*
Tapire *245*
Tap-Tap *252*
Taraschlucht *59*
Taro *205*
Taschkent *160*
tätowieren *204*
Tatra, Hohe *47*
Taurusgebirge *52*
Tausendundeine Nacht *143*
Tee *170*
Teezeremonie *84, 184*
Tegucigalpa *228*
Teheran *155*
Tejo *79*
Tempel *55, 88, 158, 170, 174, 176, 188, 190, 192, 226, 235*
Tempelberg *150*
Ténéré *92*
Tenochtitlán *223*
Tepui *246*
Termiten *112, 202*
TGV *74*
Thai *192*
Thailand *192*
Thar *169*
Thimphu *172*
Thon Buri *192*
Thora *150*
Tibesti *91*
Tibet *175*
Tienschan *163*
Tierkreiszeichen *178*
Tiflis *157*
Tiger *37, 140, 171*
Tigerstaaten *181, 185*
Tigré *138*
Tigrinja *138*
Tigris *154*
Tikal *225*
Timbila *125*
Timbuktu *95*
Tin Whistle *26*
Tipi *220*
Tirana *58*
Titicacasee *235*
Tobasee *197*
Togo *105*
Tok Pisin *210*
Tokio *183, 184*
Tomatenschlacht *78*
Tonga *205*
Tonle Sap *188*
Topkapı-Palast *51*
Tortillas *76, 224*
Tortuga *252*
Totenfest *224*
Totenkopfäffchen *237*
Totes Meer *148, 149*
Township *119*
Trabbi *17*
Transamazonica *244*
Transnistrien *43*
Transsibirische Eisenbahn *38*
Transsilvanien *49*
Triglav *63*
Trinidad und Tobago *247*
Tripolis *87*
Trobriand-Inseln *210*
Trolle *27*
Troodos-Gebirge *54*
Tropfsteinhöhle *63*
Tsavo-Nationalpark *134*
Tschad *91*
Tschador *155*
Tschadsee *91*
Tschechische Republik *46*
Tschernobyl *42*
Tschurtschchela *157*
Tshwane *118*
Tsunami (große Flutwelle) *169, 170, 184, 192, 197*
Tuareg *84, 92, 94*
Tukane *214*
Tulpen *22*
Tundra *37*
Tunesien *86*
Tunis *86*
Tunneltiger *24*
Türkei *51–52, 153*
Türkisch *52*
türkisches Kinderfest *52*
Turkmenbaschi *159*
Turkmenistan *159*
Tutsi *131, 132*
Tuvalu *206*
Twa *131*

U

Überschwemmungen *125, 127, 135, 170, 171, 229*
UdSSR → auch Sowjetunion *40*
Uganda *133*
Ukraine *42*
Ulan-Bator *179*
Uluru *202*
Unberührbare *168*
Ungarisch *48*
Ungarn *48*
Unruhen → Bürgerkrieg
Ural *37*
Urga *179*
Uro *235*
Uruguay *241*
USA *218, 219, 220, 221*
Usambaraveilchen *130*
Usbekistan *160*

V

Vaduz *66*
Valletta *71*
Vanuatu *208*
Varanasi *168*
Vardar *57*
Vatikanstadt *70*
Venedig *58*
Venezuela *246*
Verbotene Stadt *176*
Vereinigte Arabische Emirate *144*
Vereinigte Staaten von Amerika *218–221*
Versammlungshäuser *212*
Versteinerte Baumstämme *50*
Vesuv *69*
Vezo *127*
Victoria *129*
Victoria Falls *122*
Victoriasee *130, 133*
Vientiane *189*
Vierwaldstätter See *66*
Vietnam *187*
Viktoriafälle *122, 123*
Vilnius *35*
Virunga-Nationalpark *132*
Vogelspinne *244*
Volta *94*
Voodoo *252*

W

Wald der Kinder *230*
Waldelefanten *103, 111*
Wale *205, 224, 259*
Wałęsa, Lech *44*
Walkabout *202*
Wallonen *21*
Wapitis *220*
Warao *246*
Wardawar-Fest *156*
Warschau *44*
Washington D.C. *218*
Wasserfall *122, 240, 245, 246*
Wasserhyazinthe *126*
Wasserpuppentheater *187*
Wasserscheide *45*
Wasserstraßenkreuz *16*
Wattenmeer *18, 181*
Weihnachtsmann *36*
Weihrauch *143*
Weißkopfseeadler *220*
Weißrussland *36*
Weligama *170*
Wellington *204*
Weltraumbahnhof *161, 218*
Welwitschia mirabilis *117*
Wende *17, 40*
Westjordanland *150*

Westpakistan *166, 171*
Wiedergeburt *168*
Wien *64, 65*
Windhuk *117*
Windmühlen *22*
Winkerkrabben *146*
Winnetou *62*
Wirbelstürme *171, 185, 218, 225*
Wisente *36*
Wladiwostok *38*
Wodu *252*
Wolof *98*
Wüstenluchse *161*

X

Xhosa *119*
Xylofon *125*

Y

Yaks *174*
Yamoussoukro *103*
Yanomami *244*
Yaoundé *108*
Yap Inseln *212*
Yaren *213*
Yellowstone Nationalpark *220*
Yeti *174*
Ylang-Ylang *129*
Yoruba *107*

Z

Zagreb *62*
Zaïre *114*
Zaren *39*
Zebras *80*
Zeder *152*
Zeichentrickfilme *183*
Zentralafrikanische Republik *113*
Zeus *55*
Zigeunerhühner *243*
Zuckerrohr *128, 250, 254*
Zweistromland *154*
Zweiter Weltkrieg *16, 44*
Zypern *54*

Bildquellenverzeichnis

aisa, Archivo iconográfico, Barcelona 49, 66, 86, 94, 105, 106, 108, 113, 118, 126, 131, 136, 147, 150, 188, 212, 212, 241, 249, 277
akg-images, Berlin 17, 153, 193
Bryan and Cherry Alexander Photography, Dorset 41
ANZENBERGER AGENCY, WIEN 222
Dr. Michael Apel, München 146
Archiv Waldmann, Stuttgart 181
Australian Tourist Commission, ATC, Frankfurt am Main 200
Remi Benali, Arles 97
Bibliographisches Institut & F. A. Brockhaus, Mannheim 14, 25, 52, 54, 56, 87, 91, 92, 103, 128, 128, 130, 140, 143, 174, 186, 187, 188, 199, 201, 204, 214, 221, 226, 243, 251, 258, 274, 276, 277
Biosphoto / Gilles Nicolet, Paris 109
H. Bork, Komaba 175
© CORBIS / Royalty-Free
73, 74, 79, 88, 167, 202, 258, 259
© CORBIS / Danny Lehman 51
© DeA Picture Library 24, 27, 156, 214, 216, 277
Prof. Dr. E. Dege, Wahlstorf 181
djpr, Frankfurt am Main 177
Europäische Zentralbank, Frankfurt am Main 70
Photo- und Presseagentur FOCUS, Hamburg / G. Steinmetz 211
Fremdenverkehrsamt der VR China, Frankfurt am Main 176
Fremdenverkehrsamt Luxemburg, Mönchengladbach 20
Prof. W. Fritz, Köln 25, 26
gettyimages / AFP / Pedro Armestre, München 83
gettyimages / Yoray Liberman, München 53
gettyimages / Stuart Westmorland, München 209
Paul Hahn, Berlin 137
IFA-Bilderteam, Ottobrunn 59, 280
Image Source, Köln 55
Dr. V. Janicke, München 42, 84, 120, 184, 190, 190, 278
Kessler-Medien, Saarbrücken 15, 22, 46, 56, 65, 74, 144
KNA – Katholische Nachrichten-Agentur, Bonn 234
Dr. R. König, Preetz 235
Dr. E. Krebs, Zoologischer Garten Köln, 80
Katja Kreder, München 162
Hoa Qui / laif, Köln 127
REDUX / laif, Köln 115, 165
VU / laif, Köln 191
Prof. C. Lienau, Münster 58
McCluskey & Associates, Kronberg / California Division of Tourism / R. Holmes, Copyright 1997 221
MEV Verlag, Augsburg 18, 62, 77, 112, 123, 140, 196
Yui Natsuyagi, New York 242
Richard Nowitz, Rockville 203
Bildarchiv Okapia, Frankfurt am Main 67, 230
Matthieu Paley, Bihorel 173
picture-alliance / akg-images, Frankfurt am Main 35, 45, 154
picture-alliance / Bildagentur Huber, Frankfurt am Main 14, 21, 23, 27, 29, 30, 48, 50, 55, 63, 67, 68, 69, 73, 77, 78, 82, 89, 98, 125, 128, 134, 148, 170, 186, 194, 198, 201, 217, 220, 225, 230, 244, 250, 253
picture-alliance / CMI / Picture24, Frankfurt am Main 29
picture-alliance / dpa, Frankfurt am Main 16, 17, 19, 28, 31, 33, 36, 37, 38, 39, 40, 40, 46, 47, 52, 54, 57, 60, 61, 64, 65, 69, 80, 88, 89, 90, 92, 95, 98, 100, 101, 101, 102, 103, 104, 105, 107, 110, 111, 112, 114, 116, 116, 117, 123, 124, 129, 131, 132, 133, 135, 135, 138, 139, 139, 142, 142, 143, 144, 145, 146, 148, 150, 152, 153, 154, 155, 155, 156, 157, 159, 159, 160, 160, 161, 164, 164, 166, 166, 168, 168, 171, 172, 176, 178, 179, 179, 180, 183, 184, 185, 189, 192, 196, 200, 204, 210, 217, 218, 219, 220, 221, 224, 224, 229, 231, 232, 235, 236, 238, 239, 239, 244, 246, 247, 251, 252, 254
picture-alliance / Godong, Frankfurt am Main 82, 87, 96, 96, 99, 106
picture-alliance / HB-Verlag, Frankfurt am Main 71, 78, 207, 207, 228
picture-alliance / Keystone, Frankfurt am Main 34
picture-alliance / KNA, Frankfurt am Main 149, 172
picture-alliance / kpa photo archive, Frankfurt am Main 43, 63, 124, 129, 202, 208, 213
picture-alliance / Helga Lade Fotoagentur, Frankfurt am Main 45, 99, 169, 178, 205
picture-alliance / Bildarchiv Okapia, Frankfurt am Main 18, 32, 33, 39, 61, 113, 114, 121, 122, 126, 130, 132, 134, 158, 163, 171, 174, 176, 200, 227, 228, 234, 237, 240, 248, 255, 255, 256, 257, 276, 279
picture-alliance / Photoshot, Frankfurt am Main 138, 182, 226
picture-alliance / Picture Press / B. Simmons, Frankfurt am Main 198
picture-alliance / Picture Press / M. + U. Wiede, Frankfurt am Main 250
picture-alliance / scanpix, Frankfurt am Main 121
picture-alliance / Stockfood, Frankfurt am Main 225, 240
Polnisches Fremdenverkehrsamt, Berlin 44
Nathalie Polynice, Albi 75
Reuters / Andrea Comas, Hamburg 85
Reuters / Finbarr O'Reilly, Hamburg 93
Reza, Webistan 151
RIA Novosti, London 37
H. Ristau, Leipzig 31
K. Rudloff, Berlin 253
R. Seelig, Frankfurt 224
Silvestrisonline, Kastl 24, 206
South African Tourism, Frankfurt am Main 119, 119, 161
Staatliches Museum für Naturkunde, Stuttgart 35
wildlife 245, 259
Bibliographisches Institut & F. A. Brockhaus, Mannheim / Prof. Dr. H. Wilhelmy (†) 74